KB002863

평양과 베네치아,

공화국의 재발견

김 정 훈

法 文 社

베네치아는 푸른 바닷물로 가득 채워져 있다. 아드리아 바닷가 위에 둥둥 떠 있는 마치 세상 밖에서 나타난 환상의 도시처럼 보일 때도 있다. 어떻게 이토록 많은 인공섬을 모자이크처럼 엮어서 하나의 거대한 바다 도시로 만들 수 있었을까? 그런데 베네치아의 바깥 모습보다 더 놀라운 것은 베네치아의 내면 깊은 곳에 감추어진 천년의 공화국 역사였다. 아름다운 바닷길과 물 위의 곤돌라만 보면, 베네치아의 오랜 공화국 역사는 잘 보이지도 않은 채 잊히곤 하였다. 셰익스피어의 <베니스의 상인>에 비유한다면, 그것은 샤일록과 안토니오의 관계와 비슷했다. 고리대금업자인 샤일록은 워낙 유명해서 잘 알아보지만, 정작 주인공 안토니오는 잘 기억하지 못하는 것처럼 말이다. 샤일록은 유명하지만, 주인공은 안토니오이고, 안토니오는 제목에서처럼 베네치아의 상인이었다. 베네치아의 풍광이 아름답고 유명해도 그것은 겉모습일 뿐, 베네치아의 주인공은 베네치아의 자유인이 세운 위대한 천년 공화국의 역사가 분명했다.

공화국의 시대에 살면서 공화국이라는 말처럼 낡고 익숙한 단어도 없지만, 막상 "공화국이란 무엇인가?"라는 질문을 받았을 때, 왠지 당황스러운 적이 많았다. 그저 공화국이란 너무도 당연하게 국가를 지칭하는 대명사처럼 수많은 나라가 자신을 공화국으로 인식하고 있기 때문이었다. 그렇지만 모든 나라가 공화국일 수도 없고 공화국이 될 자격도 없는 경우가 대부분이다. 돌이켜보면 불의에 항거했던 자유인의 역사속에서 민주주의는 등장했고, 민주주의의 강점과 약점을 보완하면서 모두 함께 잘 사는 나라를 세우기 위해서 우여곡절을 거치면서 공화국은 발전해 왔다. 민주정치를 수정하고 보완하면서 모든 사람이 함께 번영하고자 하는 그런 나라를 가리켜 라틴어로 '공공의 것'(res publica)이라고 했다. 그리고 이를 영어로 옮기는 과정에서 소리를 받아서 음역할 때는 공화국(republic)이라고 했으며, 특별히 그것의 의미를 강조할 때는 '함께 번영하는 나라'(commonwealth)로 표현하곤 했다.

　　절대군주의 부당한 통치를 거부한 공화국은 오래전 아테네에서 로마로 이어졌고 지중해의 고대문명 속에서 발전했지만, 로마에 황제가 등장하고 공화국이 소멸하면서 제국만이 껍데기처럼 남았다. 그러나 로마제국의 허물어진 폐허를 헤치고, 지중해 바닷가 갯벌에 모여든 사람들은 다시금 자유인의 공화국, 베네치아를 세웠고 공화국은 부활할 수 있었다. 서기 9세기부터 18세기까지 천년의 해양공화국 역사를 지켰던 베네치아는 프랑크제국, 비잔틴제국, 오스만제국의 왕들과 투쟁하면서 위기를 극복하였고 번영도 누렸다. 신대륙과 신항로가 발견되어 대서양의 시대가 열리자 베네치아의 공화국 인재들은 대서양의 연안으로 떠났지만, 그들은 결코 공화국을 잊지 않았다. 신의 나라도 왕의 나라도 아닌 자유인의 번영된 나라를 만들고자 했던 공화국의 후예들은 암스테르담에서, 런던에서 그리고 뉴욕에서 새로운 공화국의 시대를 열어나갔다.

　　상대적 기준이지만 한반도에 사는 한국인들만큼이나 공화국이란 말에 가슴 벅참을 느끼는 사람들도 그리 많지 않을 것이다. 대한민국 헌법 제1조, 『대한민국은 민주공화국이다. 대한민국의 주권은 국민에게 있고, 모든 권력은 국민으로부터 나온다.』에서는 더욱 그러하다. 참으로 짤막한 공화국의 헌법 제1조이지만, 우리의 공화국은 어떤 나라이고, 공화국의 주인은 누구이며, 공화국은 어떻게 운영되어야 하는가를 간결하면서도 분명하게 설명하고 있다. 그런데 언제부터인가 "대한민국은 민주공화국이다."에서 왜 공화국 앞에 항상 민주를 붙여야 하고, 붙이지 않으면 이상하고, 반드시 '민주공화국'이어야 하는가에 대한 의문점이 생겨났다. 영어식 국가명에서도 한국의 공화국(Republic of Korea)으로 표기하는데 말이다.

최근에는 책을 쓰면서 경험했던 광화문광장의 소리, "누구의 나라인가?"라는 질문을 수없이 들으면서 공화국의 광장과 공화국의 가치에 대하여 오랫동안 생각에 빠지기도 했다. 2016년 11월, 아버님께서 숙환으로 돌아가시고 병원 생활을 마치고 나와서 장례절차를 마무리하는 사이에 2017년 5월, 새로운 정부가 출범하였다. 예상보다 빠른 속도로 한반도에서는 남북갈등과 핵전쟁의 위기를 극복하기 위한 물밑작업이 시작되었고, 핵전쟁의 극단적 위기를 헤쳐 나가면서 2018년 2월, 평창 동계올림픽은 개최되었다. 몇 달 전까지만 하여도 유럽의 어느 선수 대표단은 한반도의 전쟁 위기 때문에 올림픽 참가를 유보하겠다고까지 했었다. 이러한 역사의 급격한 변화 속에서 적극적인 역사적 응전을 위한 그리고 새로운 한반도 공화국을 위하여 <평양과 베네치아, 공화국의 재발견>은 작성되었다.

이 책은 크게 5편으로 나뉘어 15개 장으로 구성되어 있다. 제1편에서는 고대 공화국의 생성 단계로 아테네의 민주정치와 로마의 공화국 성립과정을 살펴보고 있다. 제2편과 제3편에서는 로마공화국을 승계한 베네치아 천년 공화국의 유전적 특징을 추출하여 분석하는 단계로 정부론의 통합적 시각에서 접근하고 있다. 제4편에서는 베네치아공화국을 이은 17세기의 암스테르담, 18.5세기의 런던, 그리고 20세기 뉴욕에서 공화국의 후예들이 남겨 놓은 공통적 특징을 찾아서 새로운 공화국을 위한 준거 틀로 사용하고 있다. 이러한 논의를 기반으로 제5편에서는 새로운 태평양 시대를 맞는 한반도 공화국에 대한 미래지향적 설계도를 폭넓게 그리고 있다.

태평양과 유라시아의 역사는 우리가 준비하는 것보다 더 빠르게 변하고 그 빠른 역사의 조류 속에서 자칫 균형감을 잃고 당황할 수도 있다. 책의 각 5개 편 말미에 쉼터를 마련하여, '공화주의자'와의 <대화>와 함께 베네치아공화국의 현장사진 <갤러리>를 함께 삽입한 것은 균형감을 찾기 위한 여백일 수도 있다. 각 시대를 대표하는 공화주의자(키케로, 마키아벨리, 스피노자, 페인, 아렌트)와 대화하면서 긴박한 한반도의 역사 속에서도 당당하게 그렇지만 여유를 갖고 접근하기 위함이다. 다가오는 태평양 시대의 한반도에서 우리 모두 조급함을 버리고 담대히 역사에 응전할 수 있는 용기있는 사람이 되기를 기원하여 본다.

2018. 12. 1.

북한산 연구실에서

김 정 훈

제 4 편　베네치아공화국의 승계 도시　(187~256)

제5편 태평양의 해양공화국, 한반도 공화국 (257~316)

고대 아테네 문명과 로마공화국

고대와 현대라는 시간적 간격에도 불구하고 사람들의 생각과 행동에는 시대를 뛰어넘는 공통분모와 규칙성이 있다. 사람 본성이란 것이 시간이 지났다고 크게 바뀌지 않기 때문일 것이다. 옛사람의 고민거리가 오늘날의 현대인에게도 비슷한 고민으로 재현되는 것을 보면 더욱 그러하다. 고대 아테네 문명과 로마공화국을 탐색함도 이와 비슷한 맥락이다.

(앞면사진 : 베네치아 공화국을 지키는 로마의 신. 넵튠)

제1장

아테네(Athens)의 해양 민주주의

1. 아테네의 불평등 문제

아테네는 그리스 반도, 아티카 지방의 작은 폴리스(polis, 도시 국가)에서 시작되었다. 왕이 있었으나 점차 귀족 중심의 정치체제로 바뀌었고, 바닷길 교역로가 개척되면서 상업 활동이 번성했다. 기원전 6세기경, 왕의 폭정은 사라지고 경제적으로 풍요로워진 아테네였지만, 귀족 중심의 정치 체제하에서 심각한 빈부격차로 몸살을 앓았다.

솔론의 금권정치

아테네 귀족들이 해상무역으로 부자가 되고 대토지를 소유하면서 귀족과 평민 사이에 빈부격차가 심해졌다. 서로의 갈등이 폭발 직전이었고, 이와 같은 아테네의 불평등 문제를 해결할 적임자로 솔론(Solon)이 지명되었다. 정치적 위기상황에서 아테네 정부는 비상대권을 솔론에게 부여했으며, 솔론은 과감하고도 혁신적인 조치들을 강력하게 실천했다. 그 가운데 대표적인 것이 바로 '솔론의 금권정치'(金權政治, timocracy)로 불리는 정치혁신이었다. 타고난 귀족의 출신 성분에 따라서 정치 권력의 소유를 나누던 신분제 기준을 능력에 따른 재산 소유의 차이를 기준으로 바꾼 새로운 권력분배 방식이었다. 신분제 기준에서 돈과 소유물을 기준으로 권력을 재분배한 솔론의 개혁안(기원전 594년)은 당시 시각으로 보면 매우 획기적인 개혁안이었다.

솔론의 개혁은 부채 노예를 해방하고, 재산 소유의 정도에 따라 아테네 시민을 4대 계층으로 나누는 것에서 출발했다. 출생 신분과 관계없이 재산 소유 정도에 따라서 차등적으로 계층화되면서 경제계층의 신(new) 권력과 신분계층의 구(old)권력이 서로 중첩되었다. 타고난 출생 신분과 재산 소유가 항상 비례하는 것은 아니기 때문이었다. 출생 신분이 높다고 부자가 될 수 있는 것도 아니고, 반대로 출생 신분이 낮다고 부자가 되지 말라는 법도 없었다. 그 결과, 이해관계가 서로 다양하게 중복되면서 계급 간 대립의 극단성도 완만하게 줄어들었다. 솔론의 정치혁신 전략은 효과를 발휘하여 귀족들의 사적(私的) 권력 행사는 약해졌고, 정부의 공적(公的) 권력 행사는 강화되었다. 그러나 솔론은 귀족에 대하여 적대시하는 평민들의 입장만 옹호했던 다수파(多數派) 지상주의자는 아니었다. 과격한 다수의 극단적 요구에 대해서 솔론은 누구보다 용기 있게 다수를 막아섰고, 특히 토지 소유를 둘러싼 갈등문제에서는 항상 균형성 있는 태도를 보였다. 그가 귀족들의 양보를 평화적으로 끌어낼 수 있었던 배경에도 부자와 빈자 사이에서 나타나는 극단성을 적절히 조정하는 능력이 있었기에 가능했다.

어쨌든, 그 옛날 고대에 출신 성분(신분제)이 아닌, 자기 노력으로 일구어낸 재산의 소유 정도를 기준으로 정치 권력을 배분한다는 것은 획기적인 발상의 전환이었다. 타고난 신분보다 후천적 노력을 더 중시했던 기준이 등장했기 때문이었다. 귀족 집안에서 태어나서 부자인 경우도 있겠지만, 빈민가에서도 본인 노력으로 얼마든지 부자가 될 수 있었다. 그리고 부자가 되면 더 많은 정치 권력을 잡을 기회가 아테네 시민들 모두에게 부여되었다. 이러한 솔론의 금권정치의 밑바닥에는 엄청난 새로운 가능성이 싹트고 있었다. 재산 정도에 따라서 부자에게 더 많은 권력이 갔고, 가난한 자에게는 작은 권력만이 분배되었으나 결과적으로 아테네의 모든 시민이 권력을 나누어 갖게 된 것이었다. 부자는 많은 권력을 가질 수 있었으나 소수였고, 가난한 시민은 적은 권력을 가졌지만 숫자가 많았다. 가난한 시민이라도 다수가 힘을 결집할 경우, 총량에 의하여 부자보다 더 큰 권력을 쥘 수 있는 민주적 권력 구조가 등장했다. 결국, 솔론의 금권정치를 계기로 다수(多數)가 권력을 주도할 수 있는 민주정치(民主政治)의 기본적 토대가 마련된 셈이었다.

피시스트라투스의 참주정치

솔론의 금권정치가 완전히 성공했다고 보기는 어렵지만, 이전과는 다른 큰 변화는 분명히 생겨났다. 눌려있던 다수의 목소리가 커지고 자유롭게 정치적 발언을 행사할 수 있게 되면서 사회에 활력이 생기고 경제적 상거래가 더욱 확대될 수 있었다. 소수 귀족의 특권은 점차 약화 되었고, 더 큰 부자가 되기 위하여 대다수가 열심히 일하는 사회가 되었다. 그런데 아테네 시민의 다수가 보인 활력은 정치 권력 변동 측면에서 심각한 문제점도 발생시켰다. 솔론의 개혁 이후, 다수의 평민이 갑작스럽게 많은 정치적 권력을 장악하면서 특출한 인물에게 권력이 몰리는 '권력 쏠림현상'이 나타난 것이다. 금권정치는 다수를 기반으로 바람직한 민주정치의 가능성도 열어주었지만, 반대로 특정 인물이 다수를 선동하여 참주(僭主, tyrant) 또는 독재자로 등극할 가능성도 열어놓았다.

소수의 귀족에게 권력이 분점 되었을 때보다 다수의 시민에게 권력이 분산되었을 때 독재자의 등장 가능성은 더 커졌다. 또한, 다수의 시민이 시민적 역량을 적절히 갖추지 못했을 경우, 참주는 대중을 선동하여 권력을 장악했고 그런 대표적 인물로 피시스트라투스(Pisistratus)가 등장했다. 그는 기원전 560년을 전후로 아테네에서 독점적 권력을 휘두르며 강력한 참주로 우뚝 섰다. 그를 견제했던 세력들도 있었기 때문에 권좌에서 쫓겨 난 적도 있었다. 그렇지만, 기원전 546년부터 527년까지 약 20년 동안, 피시스트라투스는 아테네의 권력을 독점했고 왕의 지위를 얻었다고도 볼 수 있을 정도였다. 참주로 비난받았던 그의 업적을 두고 역사가들은 다양한 해석을 달았는데 이른바 피시스트라투스 찬반 양론이다.

긍정적 측면에서 그는 아테네의 군사력을 강화하고 정치를 안정화함으로써 이전보다 부강한 아테네를 만들었다는 평가를 받는다. 그러나 부정적 측면에서 그는 아테네 시민을 자신의 노예로 만들었으며 다시는 이런 참주가 재등장할 수 없도록 모든 시민이 각성해야 한다는 비판의 대상이 되었다. 어쨌든, 피시스트라투스와 같은 참주가 다시는 등장할 수 없도록 아테네 사회에서는 예방적 조처를 준비했고 그 결과, 개발된 제도가 그 유명한 도편추방제(陶片追放制)였다. 참주가 될 가능성이 있다면 도자기 조각에 그 인물의 이름을 써서 제출하게 했고 일정 수 이상의 지목 대상이 되면, 아테네 정부는 그를 추방하여 참주가 될 수 없도록 조처했다. 그렇지만 이 제도 역시 훗날, 정치적으로 경쟁하는 정치인들끼리 서로 상대를 비방하면서 악용된 사례가 많아서 완전한 제도라고 할 수는 없었다.

페리클레스의 민주정치

심각한 불평등 문제를 풀기 위한 솔론의 금권정치 이후, 피시스트라투스의 참주정치까지 경험하면서 아테네 시민들 사이에 정치를 혐오하는 분위기가 만연했다. 그러나 또 다른 쪽에서는 지속적인 정치개혁을 통하여 신분의 차별 없이, 정치에 참여할 수 있는 보다 합리적이고 이상적인 제도가 모색되었다. 그러던 어느 날, 예상치 못했던 사건이 아테네의 외곽에서 일어났다. 기원전 483년, 아테네 시가지의 동남쪽에 있는 라브리온 광산에서 엄청난 은광이 발견된 것이었다. 로또 당첨 같은 분위기 속에서 아테네 시민들은 은광에서 얻게 될 막대한 수입에 대한 분배문제를 놓고 격론을 벌였다. 은광 수입을 시민 모두에게 공평하게 나누어 분배할 것인지 아니면, 아테네의 국가안보를 위하여 국방

비에 지출할 것인가를 놓고 토론이 벌어진 것이다. 7년 전, 페르시아 제국의 침공을 마라톤 평원에서 막아냈던 아테네였지만, 또다시 페르시아 제국군대가 재침할 가능성이 있었다.

전쟁이 언제 시작될지는 누구도 확신할 수 없었지만, 아테네의 국가 안전을 위하여 대규모의 함대를 건조할 필요성은 분명했다. 그러나 반대하는 쪽에서는 시민들의 어려운 경제적 여건들을 고려하여 공평하게 은광 수익을 분배하는 것이 옳다고 강력히 주장했다. 상당한 기간의 숙의 과정을 거치면서 아테네 시민은 어려운 결정을 내렸다. 불확실한 미래이지만 전쟁 위험성을 앞두고 공동체 모두의 안전을 위해서 대규모 함대를 건조하기로 했다. 개별적 사익(私益) 대신에 공동의 이익을 추구한 공익(公益) 우선적 결정이었고, 시민들의 성숙한 시민의식을 보여준 증거였다. 그런데 혹시나 했던 전쟁이 정말 일어났다. 은광이 발견된 지 불과 3년밖에 지나지 않은 기원전 480년이었다. 페르시아는 막강한 해군 선단(약 600여 척)의 위용을 앞세워 그리스 반도의 크고 작은 폴리스를 위협했고 결국, 아테네의 목전까지 페르시아의 대함대가 몰려왔다. 아테네는 은광 수입으로 새로 건조한 200여 척의 함선을 추가 배치한 총 360여 척의 함선으로 그 유명한 살라미스전투에 임할 수 있었다. 아테네 해군은 페르시아의 제국군대를 격파했고, 아테네는 지중해 동부 지역의 해상권을 완전히 장악할 수 있었다.

그리스 반도의 작은 민주국가 아테네가 페르시아의 제국군대를 격파하는 순간, 아테네는 그리스 문명의 수호자로 등극할 수 있었다. 이로써 기원전 460년대를 전후로 펼쳐진 약 30년의 기간 동안 아테네는 최고의 전성기를 누렸고, 이 시기에 페리클레스(Pericles)의 민주정치(民主政治, democracy)는 문명의 꽃을 피웠다. 아테네는 내부적으로 스파르타를 압도했고, 외부적으로는 페르시아 제국군대의 공격을 격퇴하면서 지중해의 해상권을 확보했다. 그런데 이상적인 민주주의가 완성단계에 도달했다고 선언한 순간, 아테네의 민주정치는 자신의 폐쇄적 모순이라는 덫에 빠져들었고 급전직하로 쇠망했다. 기원전 431년부터 시작된 펠

로폰네소스 전쟁에서 아테네는 스파르타에 패배했고, 아테네의 민주정치가 보여주었던 영광도 순식간에 퇴색했다.[1]

2. 해양국가 아테네의 이상주의

아테네의 민주정치와 그 이상주의적 사상은 고대문명에 큰 영향을 주었다. 특히 아테네 시민들은 민주정치를 발전시키는 과정에서 특권을 배격하고자 선출보다 추첨을 선호했다. 선출은 우수한 사람을 선발하기 때문에 '경쟁' 지향적이었지만, 추첨은 당첨되면 누구라도 임무를 수행할 수 있었기 때문에 '평등' 지향적이었다.

추첨제도에 기초한 민주주의

추첨의 기본원리는 운(運)이다. 능력을 뚜렷이 구분할 수 있게 순위를 내는 경쟁이 아닌, 단순히 운으로 당첨되는 것이어서 추첨제에서는 특별한 노력이 필요 없다. 물론 운에 의존하는 것보다 노력을 기울여 얻는 것이 좋다는 상식적인 생각을 할 수 있다. 그런데 아테네 사람들은 이런 생각이 개인(個人) 차원에서 보면 당연하고 옳지만, 공공(公共) 차원에서 보면 그렇지 않을 수도 있다는 판단을 했다. 추첨제를 주장하는 아테네의 민주주의자들은 사람이 태어날 때 부모님을 선택했던 사람은 단 한 명도 없으며 단지 운에 따른 결과일 뿐이라고 보았다. 운이 좋아서 귀족 가문에서 태어날 수도 있고, 운이 나빠서 노예의 자식으로 태어날 수도 있다는 것이다.

따라서, 아테네 사람들은 출생 신분이란 운에 의하여 결정되는 것일 뿐, 그런 출생과 핏줄로 특권을 누리는 것은 잘못이라고 판단했다. 더

---

[1] 아테네가 한계점에 달했던 순간, 역사는 그리스 반도 북쪽의 마케도니아에서 활약했던 젊은 알렉산더를 주인공으로 선택했다. 알렉산더는 아테네와 스파르타는 물론이고 전체 그리스 반도를 장악했고 동부 지중해와 중동지역, 나아가 서인도에 이르는 광범위한 지역을 장악했다. 그의 헬레니즘 제국은 불과 13년 사이에 건설되었지만, 알렉산더가 33세의 나이로 사망하면서 그의 후예들에 의하여 헬레니즘 문명으로 계승되었다. 이와 같은 헬레니즘 문명을 통하여 아테네의 민주적 실험과 경험은 그리스 이외의 다른 지역에도 알려졌고 특히 로마 문명에 큰 영향을 주었다.

욱이, 공공의 업무는 누가 맡든지 문제가 없도록 제도를 만들면 된다고 보았다. 보편적 제도를 만들어 추첨으로 공공업무의 책임자를 결정하는 것이 더 바람직하다는 판단을 아테네의 민주주의자는 갖고 있었다. 기존의 상식적 편견을 버리고 생각할 경우, 현대를 사는 우리도 고대 아테네 사람들의 민주적 사고방식에 어느 정도 공감할 수 있다. 이런 맥락에서 '경쟁'이 아닌 '추첨'으로 공직 배분이 이루어진다면 과연 어떤 변화가 있을까? 우선 특정한 능력자를 경쟁을 통하여 선출하는 것이 아니므로 정부의 조직과 제도는 누가 책임자가 되든지 그 여부와 관계없이 개방적 구조에서 상식적으로 운영될 수 있게끔 만들어져야 한다. 상식적인 시민이라면 그 누구라도 공적 책임을 맡을 수 있기에 쉽고 편리한 조직설계가 필수적이다.

현대의 민주적 제도 가운데 시민배심원제도는 아테네의 추첨제 민주주의 방식과 비슷한 논리에서 만들어진 제도라고 볼 수 있다. '운'으로 시민배심원 자리에 앉게 되지만 어떤 시민이라도 그가 지닌 전문성 여부와 관계없이 올바른 상식적 판단을 할 수 있도록 제도적 지원을 받는다. 그렇기에 사안에 따라서는 일반 시민들이 사회적 관점에서, 전문적인 법률가 출신의 판사보다 더 합리적인 결정을 내릴 수도 있다. 혹여 경쟁과 선택으로만 법관이 선발되고 공부 잘하는 검사와 변호사에 의해서만 법원의 판결이 폐쇄적으로 이루어진다면 정의로운 결정보다 상호이해를 맞추는 의도적 판결이 내려질 위험성이 높다. 이와 같은 측면에서 고대 아테네 민주주의자들이 지니고 있었던 놀라운 지혜를 발견하게 된다. 민간부문에서는 치열한 경쟁에 의한 선발방식으로 더 우수하고 직무에 적합한 특정인재가 충원되어 조직의 경쟁력을 높이는 것이 필요하지만, 공공의 정부조직에서는 그렇지 않다는 것이다. 공공부문에서는 '시험'보다는 '추첨'이 더 공정하고 합리적일 수 있다는 것이 아테네 사람들의 민주적 관점이었다.

영웅을 거부한 해양 민주주의

아테네 폴리스가 해양국가로 발전하면서 아테네는 더욱 민주화될 수 있었다. 아테네에는 배를 타는 선원이 많았고 그들이 맡은 각자의 임무가 중요해지면서 민주사회의 특성이 아테네 사회에서 자연스럽게 받아들여졌다. 육지에서와는 달리 바다에서는 개인별 임무가 분명했고, 누구 하나가 빠져서 긴밀히 협력하지 못하면, 결국 모두가 함께 탄 배(공동체)가 침몰할 수 있었다. 육지에서는 1인의 명령에 따라서 일사불란하게 복종하고 움직이면 문제가 발생하지 않았지만, 바다라는 거친 자연환경에서는 일사불란한 명령체제는 거친 조류와 바람 앞에서 무기력할 뿐이었다. 이런 배경에서 해양국가인 아테네는 다른 나라에 비교하여 개인의 가치를 더 존중하면서도 절대적 능력을 지닌 1인의 영웅이 등장하는 것을 원하지 않았다. 어떤 영웅도 바다라는 거대한 자연 앞에서는 왜소할 수밖에 없고, 큰 배를 혼자서 움직일 수 있는 초능력자가 세상에는 존재하지 않는다는 것을 뱃사람은 모두 다 알고 있었기 때문이었다.

물론 아테네가 처음부터 영웅을 배척한 것은 아니었다. 혼란스러웠던 아테네의 국가적 위기상황에서 솔론은 마치 영웅처럼 나타나 상당한 성과를 올렸고, 많은 사람으로부터 존경을 받기도 했다. 그러나 솔론의 개혁성과가 약해지면서 귀족과 귀족, 귀족과 평민의 갈등 상황이 심해졌고 비판적 여론도 높아졌다. 이와 같은 사회적 위기상황에서 선동적 선전으로 피시스트라투스와 같은 참주가 등장하기도 한 것이었다. 결국, 참주의 등장으로 아테네의 민주체제는 전복되고 왕국으로 권력이 재편될 수도 있는 상황이었다. 아테네에 왕이 다시 등장할 수도 있다는 위기의식 속에서 시민들은 어떤 희생을 감수하고서라도 왕의 등장을 막고자 했다. 위기의 상황에서 영웅은 아테네의 단기적 문제는 해결할 수 있었지만, 결코 아테네를 위대하게 만들 수 없다는 것을 알고 있었다. 아테네의 시민들은 자유권을 되찾고자 투쟁했고, 결국 그들은 민주적 정치체제를 되찾았으며 세습군주의 등장을 막아낼 수 있었다.

그런데 이와 같은 아테네의 민주주의 발전의 밑바닥에는 해양문화가 강하게 자리 잡고 있었기에 가능했다는 평가가 분명히 존재한다. 육상의 군대에서와 달리 바다의 군대는 값비싼 갑옷과 창과 칼 그리고 말이 필요하지 않았기 때문이었다. 건강하다면 누구나 해병이 될 수 있었고 그래서 바다의 군인이 되는 데에는 귀족이나 부자일 필요가 없었다. 아테네의 해군력이 확장되면서 평민의 역할이 소수의 귀족보다 더 중요해졌고 그 결과, 평민의 지위가 크게 격상될 수 있었던 것도 아테네가 민주주의를 발전시킬 수 있었던 배경이라는 것이다. 더욱이, 평민 출신의 해병들이 안정된 급료를 받고 경제적 여건도 나아지면서 그들의 정치적 영향력도 자연스레 확대될 수 있었다. 생활이 너무 어려우면 민주정치에 참여하여 시민적 권력을 행사하기도 어려운데, 다수의 해병이 안정된 중산층으로 자리 잡으면서 아테네의 민주주의도 안정화될 수 있었음이다. 물론, 그런 해군들의 과도한 요구로 불필요한 전쟁까지 개입했던 아테네의 정책실패가 아테네의 쇠퇴를 초래한 것도 간과될 수 없는 부분이다.

정의롭지만 이기적이었던 아테네 민주주의

아테네 민주정치의 전성기를 대표하는 페리클레스가 자신의 국가를 가리켜 외친 연설은 투키디데스(Thucydides)의 역사서에 기록되어 오늘날까지도 빈번히 인용되곤 한다. 여기에서 페리클레스는 아테네 민주주의의 가치를 간결하지만, 매우 설득력 있는 화법으로 다음과 같이 말하고 있다. "우리의 법은 동등한 정의(equal justice)를 보장받을 수 있도록 제도화되었으며, 우리의 국가는 신분의 귀천과 관계없이 누구라도 정부의 공직자가 될 수 있고 차별받지 않습니다. 우리가 누리는 자유는 우리의 일상적인 보통의 생활로 이어지며 자신의 자유는 충분히 누릴 수 있습니다. (중략) 그리고 이와 같은 우리 아테네의 모든 민주적 가치는 바로 법 앞에서의 평등한 정의(equal justice under law)에 그 기원을 두고 있다고 할 것입니다."

심각했던 아테네의 신분적 불평등성을 아테네는 민주주의를 통한 법적 제도적 장치로써 고쳐나갔다. 아테네는 솔론의 개혁으로부터 약 100년의 시행착오를 거치면서 페리클레스 시대에 이르러 민주주의적 정의(正義)에 도달한 것처럼 보였다. 그런데 이해하기 어려운 괴이한 현상이 갑작스럽게 발생하기 시작했다. 민주주의의 정점에서 아테네의 민주주의는 갑작스럽게 허물어진 것이다. 아테네가 번영했던 그 시점에 아테네 시민들은 자신들의 기득권을 지키려 했고, 그들은 다른 사람들과 자신의 권리를 함께 공유할 것을 거부했다. 아테네의 시민권 자격부여는 매우 까다롭게 제한되었으며 아테네 시민권은 또 다른 형태의 특권적 계급의 상징으로 변질되었다. 아테네의 시민이 되기 위해서는 부모 모두가 아테네 시민이어야 한다는 독소조항까지 만들어졌다. 외국 여인과 결혼한 페리클레스의 아들조차 아테네의 시민권을 취득할 수 없었던 아테네 시민들의 극단적 이기주의는 주변의 동맹으로부터 원성을 사면서 고립되었고 그 결과, 아테네의 국력도 급속히 쇠락했다.

그리스 세계에서 아테네 사람들은 자신들 기득권만 챙기려는 속물 같은 존재로 여겨졌고 이웃 폴리스로부터 배척당했다. 아테네는 그리스 반도의 델로스동맹 수준을 충분히 뛰어 넘어설 수 있는 잠재적 능력을 갖추고 있었지만, 자신들의 눈앞에 있는 현실적 이기심에 빠져서 스스로 몰락할 수밖에 없었다. 아테네의 편협한 시민권 정책은 주변에서 친구를 구할 수 없게 만들었고, 더 이상의 동맹 폴리스를 확보할 수 없었다. 독불장군처럼 잘난 척하는 아테네를 향하여 그리스의 폴리스들은 등을 돌렸고 거대 제국이었던 페르시아를 물리쳤던 아테네가 작은 스파르타조차 상대할 수 없는 약소국이 될 수밖에 없었다. 이러한 아테네의 폐쇄적인 시민권 제도는 중요한 정책실패 사례로써 100년 후의 로마인들에게 좋은 반면교사(反面教師)가 되었다. 로마는 아테네와 달리 자신들의 시민권을 정복지의 노예 후손들에게도 기꺼이 선물하는 등, 매우 개방적인 자세를 취했다. 아테네와 로마는 모두 작은 폴리스에서 시작했지만, 로마의 보편성과 개방성은 로마를 아테네보다 위대하게 만들었고, 로마를 세계적인 공화국으로 성장시키는 초석이 되었다.

3. 아테네 몰락 이후의 고뇌

솔론의 정치개혁 이후 불과 100년도 안 된 기원전 4세기경, 아테네의 민주정치는 이미 쇠퇴하고 있었지만, 그런 아테네의 어려움 속에서 세계적인 철학자들 즉, 소크라테스, 플라톤, 아리스토텔레스가 한꺼번에 등장했다. 이미 세계는 아테네 이후의 새로운 세상을 탄생시킬 준비를 하고 있었던 것이다.[2]

소크라테스의 민주정치 비판

소크라테스(Socrates)는 기원전 469년, 아테네의 민주정치가 최고 전성기를 누리던 시기에 태어났지만, 그가 70세 노인으로 독배를 마셨던 기원전 399년의 아테네는 쇠퇴한 작은 폴리스였을 뿐이었다. 어쩌면 아테네에서 민주정치가 실패했기 때문에 새로운 정치체제를 모색할 수 있었고 그래서 소크라테스가 등장할 수 있었던 배경일 수도 있다. 소크라테스(기원전 469~399)는 동양의 공자(기원전 551~479)와 비슷한 시대의 인물로서 아테네의 시대적 문제를 각자 스스로 인식할 수 있도록 가르침을 주었던 큰 스승이었다. 평민 출신의 소크라테스였지만, 그의 제자 중에는 유명한 귀족 자제들이 많았는데 그 가운데 가장 대표적인 인물이 플라톤이었다. 아직도 소크라테스가 직접 저술한 책은 발견된 바 없지만, 플라톤의 저술에 담겨서 전승된 소크라테스의 생각과 사상은 서양철학의 출발점이라는 평가를 받고 있다.

소크라테스는 외견상 존경심을 불러일으킬 모습이 전혀 아니었고, 그의 부인조차 자신의 남편이 그토록 위대한 인물인지 몰랐다고 한다.

---

2) 본래, 경제 상황이 좋은 호황기보다 불경기에 위대한 경제학자가 등장하는 것과 비슷한 맥락일 것이다. 기원전 4세기, 고대의 서양 3대 철학자라고 할 소크라테스(~기원전 399), 플라톤(~기원전 347), 그리고 아리스토텔레스(~기원전 322)는 위기에 빠진 아테네를 중심으로 한꺼번에 등장했다. 아테네의 실패 이후, 치열한 철학적인 고민은 새로운 헬레니즘 문명을 잉태하였으며 곧이어 로마 문명으로 이어졌다.

소크라테스는 자기 생각을 끊임없이 광장에서 설파했고 스파르타와의 전쟁에서 패배하여 쇠퇴해가던 아테네의 젊은이들에게 새로운 이상과 열망을 불어 넣어 주고자 노력했다. 그러나 소크라테스가 젊은 친구들과 열띤 토론을 나누는 것을 못마땅하게 바라보던 기성 정치인들은 너무도 많았다. 기원전 399년, 소크라테스는 아테네 법정에 고발되었고, 모순된 아테네 문제의 결말인 '독배(毒杯)'에 의하여 70세의 늙은 철학자는 숨을 거두었다. 독배를 피할 수도 있었지만, 그는 기꺼이 독배를 마시면서까지 자신의 옳음을 철회하지 않았다. 소크라테스의 철학적 사상은 플라톤이 저술한 <국가론> 등을 통하여 전해지고 있는데, 왜곡된 소피스트들의 궤변을 비판하면서 진정한 이상과 목적론적 철학을 실체론적 시각에서 정립한 것으로 평가받는다. 정의와 절제 그리고 용기를 청년들에게 가르쳤지만, 그의 주장은 실패한 민주주의자를 비난하는 결과를 낳았고 아테네의 정치인들에게서 미움을 살 수밖에 없었다. 민주정치를 반대하는 귀족주의자로 몰린 스승 소크라테스의 주검 앞에서 플라톤은 매우 당연하게 아테네의 민주정치를 혐오할 수밖에 없었다.

그러나 소크라테스와 플라톤이 살았던 시대적 상황을 이해한다면, 단순하게 결과론적으로 소크라테스와 플라톤을 반(反) 민주주의자로 평가하는 부분에 매우 조심스러울 수밖에 없다. 소크라테스는 실천적 지식을 강조하면서 젊은이들이 진리를 찾을 수 있도록, 새로운 생명체를 받아내는 산파와 같은 역할을 했던 훌륭한 교육자였기 때문이다. 진리라는 생명체를 낳을 수 있도록 옆에서 잘 도와주는 도우미 같은 역할을 했던 교육자, 소크라테스는 올바른 민주정치로 아테네가 거듭날 수 있도록 아테네 시민들을 깨우치려고 했을 뿐이었다. 플라톤의 <국가론>에서 인용되었던 '소크라테스와의 대화'에서 소크라테스는 대부분 직접 무엇이 진리라고 강요하고 주장하지 않는 것을 볼 수 있다. 소크라테스는 계속된 질문과 질문 속에서 상대방이 스스로 진리를 잉태할 수 있도록 도움을 주었다. 이처럼 소크라테스는 아테네 시민들에게 새로운 민주주의의 이상을 찾도록 교육했던 교육자였다. 거듭된 질문 속에서 진리를 터득한 젊은이의 생각과 사상을 안전하게 옆에서 받아주는 역할, 그 유명한 소크라테스의 산파술(産婆術)은 그가 정치인이 아니라 교육자임을 확인시켜 주는 근거이기도 하다.3)

플라톤의 이상주의

소크라테스의 제자, 플라톤(Plato)은 스승과 완전히 다른 유형의 사람이었다. 플라톤은 명문 가정에서 그야말로 운 좋게 태어난, 게다가 어깨가 딱 벌어지고 잘 생긴 아테네 귀족 집안 출신의 청년이었다. 부인과의 관계도 그다지 좋지 않았던 소크라테스와 비교할 때 플라톤은 진정한 행운아였던 셈이다. 그런데 그런 멋진 플라톤이 가장 사랑하고 존경했던 인물이 스승 소크라테스였다. '플라토닉 러브'(Platonic Love)라는 말이 있는데 이는 플라톤이 사랑한 스승, 소크라테스에 대한 사랑과 존경을 의미하는 것이라고 한다. 청년 플라톤은 아테네 길거리에서 만난 소크라테스의 가르침을 받으면서 이성을 일깨웠고 플라톤의 초기 저작물은 어디부터 어디까지가 소크라테스이고 플라톤인가를 구분하기 힘들 정도로 겹쳐져 있다.

기원전 347년까지 81세의 장수를 누리면서 엄청난 저작물과 가르침을 남긴 플라톤이었지만 그에게도 절체절명의 위기는 있었다. 가장 위험했던 순간은 플라톤이 노예로 팔려간 시기였을 것이다. 스승의 죽음에 큰 충격을 받은 플라톤은 환멸에 차서 아테네로부터 멀리 떠났던 적이 있었다. 아테네가 있는 그리스를 벗어나 이탈리아까지 여행하면서 플라톤은 자신만의 독자적 사상체계를 구축하고자 했다. 특히, 이상적 국가실현을 추구했던 그는 시라쿠사(오늘날의 시칠리섬) 지역의 참주(독재자)가 행하는 실정을 목격하면서 그의 악행을 신랄히 비판한 적도 있었다. 그런데 그 소식을 전하여 들은 시라쿠사의 참주가 격노하여 플라

---

3) 소크라테스의 산파술은 공자를 비롯한 성현들의 말씀을 암기하는 유교식 주입교육과 정반대되는 측면을 보인다. 최근, 효율적인 암기식 교육과 객관식 선택형 문제의 지적 한계에 직면하면서 인공지능(AI)시대에 적합한 창의적 미래 교육의 새로운 방향이라는 측면에서 소크라테스의 산파술은 재평가되고 있다.

톤을 잡아다가 노예시장에 팔아 버리는 사건이 발생했다. 큰 고생 없이 성장했던 플라톤이 노예로 팔려가 고초를 겪고 있을 때, 우연히 그곳을 지나던 플라톤의 친구가 그를 알아보았고 값을 후하게 주어 노예에서 풀려날 수 있게 해 주었다. 친구 덕분에 무사히 아테네로 귀환한 플라톤은 친구에게 찾아가 더 크게 사례하고자 했지만, 친구는 한사코 돈을 받지 않았다. 플라톤은 친구에게 갚고자 했던 돈, 자신을 자유롭게 해 준 몸값을 뜻깊은 곳에 써야겠다고 결심했고, 그 돈으로 학교를 세웠다. 플라톤의 몸값으로 세운 학교가 그 유명한 아카데미아(Academia)가 된 것이다. 아테네의 아카데미아는 기원전 387년부터 서기 529년에 이르는 916년 동안 고대문명의 지식창고 역할을 충실히 담당했고, 이는 서양문명의 학술적 중심을 이루었다.

어쨌든 소크라테스와 플라톤 철학은 '이데아'(idea)라는 객관적이고 불변에 가까운 완전한 본질의 어떤 것을 핵심으로 한다. 이상적 관점에서 진정한 지식은 이성을 통해 이데아를 찾았을 때, 얻어진다고 보았으며 이데아라는 객관적 불변의 실체에서 '정의'(justice)를 찾고자 했다. 플라톤의 이와 같은 사상은 정치적 시각에서도 일관성 있게 반영되었고, 국가를 통치함에서도 정의롭고 올바른 완벽한 철인(哲人)의 존재를 강조하였다. 아테네 민주정치의 몰락과정 속에서 플라톤은 절대적 선(善)을 지닌 철인의 존재를 강조했고, 이는 아테네의 현실적인 민주주의와 정반대되는 것이기도 했다. 플라톤의 정치철학은 절대적인 이상을 추구함으로써 아테네의 현실적 문제점을 극복하고자 하였으나 자칫 절대적 권력 독재를 옹호하는 주장으로 오해받을 수 있는 위험성도 보였다.

아리스토텔레스의 현실주의

최고의 선생님을 스승으로 모셨고, 동시에 최고의 제자를 가르쳤던 아리스토텔레스(Aristotle)는 학자로서 남부러울 것 없는 인생을 살았다. 그의 스승은 플라톤이었고, 제자는 알렉산더 대왕이었기 때문이다. 아리스토텔레스는 기원전 384년, 아테네 북쪽 지역에 있는 마케도니아에서 출생했는데 그의 아버지는 마케도니아 왕의 주치의였다고 한다. 아리스토텔레스의 집안이 마케도니아 왕실과 깊은 관계를 맺을 수밖에 없었고 그가 가르쳤던 마케도니아의 왕자, 알렉산더와 밀접한 관계를 지녔음을 알 수 있는 대목이다. 아테네의 학자로서 알렉산더 왕자를 교육했던 아리스토텔레스는 아테네의 높은 지성을 젊은 왕자에게 전수할 수 있었다. 20세의 젊은 나이에 왕위를 계승한 알렉산더가 마케도니아의 국왕이 되면서(기원전 336년), 세상은 알렉산더를 통하여 새로운 문명을 탄생시킬 수 있었다. 비록, 아테네의 민주주의와 정치철학은 짧은 시간 불꽃처럼 활활 타오르다 사라진 것처럼 보였지만, 아리스토텔레스와 알렉산더를 통하여 헬레니즘 문명에 자연스럽게 녹아 들어왔다.

한편, 마케도니아 출생이었던 아리스토텔레스가 아테네의 학자가 될 수 있었던 배경에는 그의 스승, 플라톤이 있었다. 의사 아버지의 영향으로 아리스토텔레스는 자연과학에도 관심이 많았지만, 아테네에서 스승 플라톤을 만나면서 아리스토텔레스는 제자가 되었고 그의 운명은 바뀌었다. 아리스토텔레스는 스승 플라톤이 죽을 때까지 약 20년 동안, 아카데미아에서 연구에 몰입했고 스승이 돌아가신 직후에는 아테네를 떠나 마케도니아로 돌아왔다. 아리스토텔레스가 제자 알렉산더를 만나서 아테네의 민주주의와 민주정치, 이상주의와 정의로움을 전달하는 과정은 매우 열정적이고 강렬했다. 청년 알렉산더는 마치 강렬한 에너지를 흡수하는 블랙홀처럼 고대 그리스의 학문 세계를 빨아들였고, 엄청난 역량을 지닌 대제국의 젊은 대왕으로 성장하였다. 알렉산더는 그리스 전역을 석권하는 것에서 멈추지 않았으며 중동의 페르시아를 정복하고 인도로 향하면서 3개 대륙에 걸친 광대한 헬레니즘 문명권을 세울 수 있었다.[4]

---

4) 알렉산더대왕의 스승, 아리스토텔레스는 대왕의 후원으로 아테네에 리케이온(Lykeion) 학교를 세웠고 한때, 아카데미아보다 더 많은 제자를 양성하기도 했다. 리케이온에서 12년 동안 강의하고 연구하면서 아리스토텔레스는 방대한 학술서적들을 간행했으며 지중해 일대의 북아프리카에서부터 중동지역에 이르기까지 헬레니즘 문명의 지식을

그러나 기원전 323년, 알렉산더가 33세의 나이에 갑자기 요절하면서 아테네는 아리스토텔레스를 배척하는 세력들로 가득 차기 시작했다. 소크라테스를 죽음으로 몰았던 아테네의 과거를 상기시키면서 아리스토텔레스는 "아테네가 또다시 똑같은 죄를 짓게 할 수는 없다."라는 말을 남긴 채, 총총히 아테네를 떠났다. 기원전 322년, 아리스토텔레스는 아테네를 떠난 직후, 62세의 나이로 생을 마감했다. 소크라테스와 플라톤에 이은 아리스토텔레스는 그 누구보다 활발하게 연구를 했으며 수많은 인재를 교육하여 새로운 세상을 이끌 수 있게 하였다. 특히, 아리스토텔레스는 고대의 서양 학문에서 기본적인 토대를 세운 대학자로 평가되고 있다. 그는 물리학, 형이상학, 시, 생물학, 동물학, 논리학, 수사학, 정치학, 윤리학의 창시자였으며 그의 학문 세계는 헬레니즘 문명과 로마 문명 그리고 중세의 르네상스를 거쳐 근대문명에까지 이어져 내려왔다.

크게 전파해 나갔다. 녹음이 우거진 길을 천천히 거닐면서 강의한다고 하여 아리스토텔레스의 연구자들을 '소요학파'라고 부르기도 했는데 그들이야말로 진정한 헬레니즘 문명의 전도사였다고 할 수 있다.

제 2 장

로마(Rome)의 보편적 공화주의

1. 로마의 계급갈등 문제

아테네의 민주주의가 이상주의에 가까웠다면, 로마의 공화주의는 현실적이고 개방적이며 보편적이었다. 아테네가 작은 규모의 폴리스 수준을 넘어서지 못했다면, 로마는 세계적 국가로서 서양문명을 선도했다. 아테네와 로마는 작은 폴리스에서 출발했지만, 그 결말은 크게 달랐다.[1]

로마공화정 초기의 계급갈등

빈부격차로 고심하던 아테네에서 솔론이 혁신정치를 시작했을 당시(기원전 6세기), 로마는 첨예한 계급갈등에 직면했다. 로마의 시민들은 크게 귀족계급과 평민계급으로 나뉘었는데 왕이 축출되고 공화정은 출

---

1) 로마의 역사가 리비우스(T. Livius)는 쌍둥이 늑대소년 로물루스와 레무스 이야기를 그의 로마사 첫머리에 적고 있다. 티베르 강 언덕에 도시를 세운 로물루스는 왕이 되었고 그의 이름을 따서 로마는 시작되었다. 로마는 초기에 왕정체제로 시작했으나 기원전 6세기경, 공화정으로 바뀌었다.

범했지만, 귀족들이 자기 기득권을 지키기 위해 폐쇄적 특권계급으로서 군림했고, 새로운 정치세력의 신규 진입을 막아섰다. 평민들은 귀족의 독과점적 특권을 비판했지만, 로마의 중요 공직에는 귀족만이 진출할 수 있었다. 젊은 청춘들 사이에서도 귀족과 평민은 서로 혼인할 수 없었고 계급 상호 간의 갈등문제는 날로 심각해졌지만, 문제의 해법은 보이지 않는 상황이었다.

그런데 외부적 위기가 닥치면서 로마는 계급문제를 시급히 풀어야만 했다. 작은 폴리스였던 로마는 주변의 도시 국가들과 계속 전쟁을 벌여야 했고, 소수 귀족만으로는 계속되는 전쟁을 감당할 수 없었다. 귀족들이 자기 기득권을 지키려고 양보하지 않는다면, 로마 전체를 잃을 수도 있는 상황이었다. 마침내 귀족들은 자기특권을 줄이면서 평민의 권리를 증진 시키는 조치에 타협적으로 응할 수밖에 없었고 그 결과, 귀족과 평민은 서로 단결하여 강력한 국가를 만들어 나갈 수 있었다. 중무장한 보병의 대부분을 차지했던 평민의 발언권이 강해지면서 귀족 − 평민 간 계급갈등과 상호 차별도 완화될 수 있었다. 그렇지만 전쟁이 끝난 이후의 전리품 분배에서 귀족은 유리했고 평민은 불리했다. 귀족은 전쟁을 통하여 더 많은 영토를 확보하여 부자가 되었지만, 평민은 전쟁 와중에 자신의 농지를 돌보지 못하여 더욱 가난해지는 악순환에 빠진 것이다. 백 년 전, 빈부격차로 갈등했던 아테네의 상황과 비슷한 상황이 로마에서도 일어난 것이다.

부자 귀족을 위한 전쟁에 참여할 수 없다고 외쳤던 평민들은 자신들의 이익을 대변할 수 있는 평민회를 조직했고, 그들의 정치 − 경제적 이익을 옹호할 호민관도 선출하게 되었다. 기원전 5세기, 평민들은 귀족들에게 로마시민의 평등성을 보장할 성문화된 법률을 요구했고, 로마법의 모태가 될 '12표법'(Laws of 12 Tables)이 제정된 것은 바로 이 무렵이었다. 로마가 발전하고 팽창할수록, 로마는 더 많은 군사적 위기에 직면했고, 귀족은 평민의 적극적 전쟁참여를 더욱더 절실하게 필요로 했다. 이러한 배경에서 귀족과 평민의 차별 없는 결혼도 인정되었고,

기원전 4세기에 들어서서는 '리키니우스-섹스티우스 법'도 제정되었다. 법이 제정되면서 귀족계급이 독점했던 고위 공직에 로마의 평민들도 차별 없이 진출할 수 있는 통로가 열렸고, 귀족의 전유물이었던 원로원 의원에도 평민이 선출될 수 있었다. 이처럼, 로마의 개혁과정은 법의 제정 절차를 통하여 단계적으로 진전되었다. 특히, 기원전 3세기에 제정된 '호르텐시우스 법'은 평민들의 대표기관인 평민회(하원)의 결정이 귀족들의 대표기관인 원로원(상원)보다 우위를 점할 수 있게 됨으로써 귀족-평민 사이의 계급투쟁과 빈부격차라는 사회적 문제들을 크게 완화할 수 있었다.[2]

로마공화정의 발전과 포에니 전쟁

기원전 6세기부터 본격화된 로마의 공화정은 '호르텐시우스 법'이 제정된 기원전 3세기까지 약 300년에 걸쳐서 점진적으로 완성되었다. 보잘것없는 작은 폴리스에서 로마의 특권계급이었던 귀족들이 계속 자기 것만 지키려 했다면 로마는 일찌감치 다른 폴리스에 의하여 정복당했을 것이다. 로마는 다른 폴리스들보다 낙후되어 있었던 도시 국가였고 군사적 요새지역도 아니었기 때문이었다. 그러나 뒤처져 있었던 로마는 자신들보다 백 년이 앞서는 역사적 발전 단계를 경험했던 아테네의 성공과 실패사례를 열심히 학습했다. 로마는 아테네의 이기적이고 폐쇄적인 시민권 제도를 비롯한 실패 요인과 함께 민주적 제도가 지닌 국가번영의 요소도 동시에 이해하였다. 계속되는 귀족과 평민의 힘겨운 갈등 속에서도 로마는 극단성을 피했고 보편적 가치를 확장하는 방향으로

---

2) 기원전 451년, 로마법의 모태가 되는 '12표법'(Laws of 12 Tables)이 제정되었으며 기원전 367년에는 평민의 공직 진출 제한을 없앤 '리키니우스-섹스티우스법'이 만들어졌고 기원전 287년에는 평민회의 우월적 권한을 인정한 '호르텐시우스법'이 완성됨으로써 약 300여 년에 걸친 로마공화정의 제도적 기틀이 마련되었다. 특히 기원전 4세기, 리키니우스와 섹스티우스가 제정한 로마법에서는 두 명의 집정관 가운데 1인은 반드시 평민 출신이 되어야 한다고 규정을 삽입하였다. 이는 귀족과 평민이 정치적 통치세력으로서 함께 공존한다는 의미를 지니고 있었다. 또한, 동법에서 농지와 부채에 관한 규정도 상세히 삽입, 규정하고 있는데 이는 귀족과 평민 사이의 빈부격차 문제를 풀기 위한 적극적 노력이 구체적으로 제도화된 것을 의미하기도 한다.

시민들의 정치적 참여와 권리를 증진하는 융통성을 발휘했다. 로마의 시민권 확대, 시민들의 권리향상은 작은 로마를 세계국가 로마로 성장시키는 강력한 동력으로 작용한 것이다.

귀족 출신의 엘리트 장군과 충성심과 열정에 불타있는 병정들 사이의 단결된 힘으로 구성된 최강의 군대, 그것이 로마군단이었다. 로마가 하루아침에 만들어지지 않은 것처럼 로마공화국도 기원전 6세기부터 기원전 1세기까지 약 500년의 기간 동안 점진적으로 발전하였는데 그 절정기는 기원전 3세기였다. 작은 폴리스에서 이탈리아 전역을 석권했던 로마공화국의 힘은 이탈리아반도를 넘어서서 지중해라는 새로운 도전대상으로 향했다. 이는 지중해를 좌지우지했던 카르타고와의 전쟁을 의미하는 것이기도 했다. 이후, 지중해에서 벌어진 100년 전쟁, 그것은 패권국 카르타고와 도전국 로마 사이에 벌어진 3차 전쟁, 바로 포에니전쟁(Punic Wars)의 시작이었다.

제1차 포에니 전쟁은 시칠리아에 있는 시라쿠사와 메시나 사이에서 벌어진 분쟁에 로마와 카르타고가 개입하면서 시작되었다(기원전 264년). 시라쿠사는 플라톤이 이탈리아에 있을 당시, 참주의 분노를 사서 노예 생활을 했던 바로 그 지역(시칠리섬)이었다. 전쟁 초기, 로마군은 대규모 함대를 이끌고 지중해를 가로질러 아프리카 북단의 카르타고(지금의 튀니지)를 침공하여 대승을 거두었다. 그렇지만 카르타고의 반격도 만만치 않았고 결국, 로마군단은 아프리카에서 군대를 철수해야 했다. 전쟁이 아프리카 북단을 벗어나 다시금 시라쿠사로 옮겨졌을 때, 로마는 유리한 고지를 점령할 수 있었고 카르타고에 거액의 전쟁배상금까지 받아낼 수 있었다. 제1차 포에니 전쟁을 통하여 로마는 이탈리아반도 서쪽의 지중해 섬들(시칠리아, 사르데냐, 코르시카)을 자국 영토에 귀속시켰고, 지중해 중부에서의 패권도 확보했다. 이탈리아반도의 작은 폴리스, 로마가 지중해의 절반을 거머쥔 강력한 공화국으로 등극한 순간이었다.

한니발 전쟁과 로마공화국의 힘

그렇지만 진정한 패권국의 지위를 확정 짓기까지 로마공화국은 더 혹독한 시험을 치러야 했다. 제2차 포에니 전쟁에서는 그 유명한 카르타고의 영웅, 한니발(Hannibal)이 기다리고 있었기 때문이었다. 카르타고의 본거지인 북아프리카에서 출발한 한니발은 서쪽 지역의 이베리아 반도(스페인)를 먼저 점령했고, 이곳을 거점으로 강력한 한니발 군대를 양성했다. 그의 강력한 군단은 남프랑스를 거쳐 알프스를 넘어 북부 이탈리아를 침공했고 로마공화국의 동맹 도시들을 차례로 격파했다. 기원전 216년, 한니발은 로마시를 완전히 포위했고, 반세기 전에 벌어졌던 제1차 전쟁의 상황과 정반대의 극적인 상황을 연출했다. 한니발의 질풍노도처럼 몰아치는 공격 앞에서 로마공화국은 전멸할 수도 있는 위기에 직면한 것이다. 한니발의 공격명령만 있다면, 로마는 지도에서 사라질 수도 있었다. 그런데 한니발은 과거 알렉산더대왕이 페르시아 제국을 정복하면서 보여주었던 영웅적 여유로움 같은 것을 로마 정복과정에서 보여주고 싶었다. 로마와 로마의 주변 동맹 도시들이 자발적으로 한니발의 발아래로 몰려와 경배하기를 원했던 것이다.

그런데 한니발이 아무리 기다려도 로마의 동맹 도시들은 패배자인 로마공화국을 떠나려 하지 않았다. 델로스동맹의 아테네가 스파르타에 패배하자 순식간에 뒤돌아섰던 아테네의 동맹 도시들과는 너무도 달랐다. 알렉산더 앞에서 스스로 성문을 열었던 수많은 페르시아 제국의 도시들과도 달랐다. 멸망 직전의 로마공화국이었지만 로마를 버리는 동맹 도시는 거의 나타나지 않았다. 한니발은 당대 최고의 무력을 휘두를 수 있는 장군이었지만, 로마의 강건한 공화국 정치체제에 대해서는 제대로 이해하지 못했다. 로마공화국의 동맹 도시들은 강력한 카르타고의 위압적 통치보다 로마의 합리적 공화체제를 선호했다. 로마공화국의 동맹 도시들은 조만간 로마 시민권을 취득할 수 있었고, 공정한 로마 법제를 통하여 자유와 평등을 보장받을 수 있었지만, 카르타고에서는 그런 희망이 보이지 않았다. 한니발의 기세가 점점 약화하면서 로마의 스키피오(Scipio) 장군이 이끄는 군대는 한니발의 본거지를 역습했고, 카르타고의 포위망도 뚫을 수 있었다.

한니발은 로마를 목전에 두고 후퇴를 하면서 왜 로마의 주변 동맹도시들은 승리자인 카르타고를 따르지 않고 패배자인 로마를 따르는지 이해할 수 없었다. 한니발은 전쟁영웅이었지만 공화국이 지닌 위력은 이해할 수 없었기 때문이었다. 로마는 내부적으로 귀족과 평민들이 상호공존하고 협력했던 것처럼 자신들의 동맹시에 대해서도 보편적인 공화주의를 적용해 왔다. 만약, 로마가 페르시아제국이나 편협했던 아테네였다면 그래서 자신들의 특권만 내세웠다면, 한니발의 강력한 포위공격 앞에서 로마는 흔적도 없이 사라졌을 것이다. 그렇지만 로마는 약 300년의 내부적 갈등을 거치면서 지속적인 자기 변화를 시도했고, 모두가 함께 주인이 될 수 있는 공화국을 만들어 나갔다. 로마 귀족들은 자기특권을 내려놓았고, 다수 평민들은 귀족의 양보를 적절히 수용하면서 권력을 공유하는 공화적 가치를 만들었다. 로마는 폴리스 수준을 뛰어넘었으며 수많은 동맹 도시들을 포용할 수 있었고, 이탈리아반도를 넘어서서 지중해 전역에 세력을 펼친 세계국가, 로마공화국으로 성장했다.[3] 작은 폴리스 수준의 아테네 민주정치와 달리 민주주의를 수정하고 보완했던 로마공화국은 이탈리아반도를 넘어서서 유럽과 북아프리카 그리고 중동지역에 이르는 세계적 국가로 발전할 수 있었다.

2. 로마공화국의 보편주의

약 2,500년 전의 고대시대, 지중해 해안선을 따라서 크고 작은 수많

---

3) 제2차 포에니 전쟁에 이어서 반세기가 넘도록 오랜 기간 로마공화국과 카르타고 사이에는 긴장만 감도는 소강상태가 계속되었다. 그리고 어느 순간, 로마공화국은 자신들이 승리할 수 있는 결정적 시기가 왔다고 판단했다. 기회를 엿보며 점진적으로 국력을 키워왔던 로마공화국은 기원전 149년, 제3차 포에니 전쟁을 벌였고 공화국의 군대는 전광석화처럼 카르타고를 패퇴시켰다. 로마공화국은 카르타고가 다시는 재기할 수 없도록 붕괴시켰고 이는 어떤 도전세력에 대한 복수보다 철저했다. 카르타고가 사라진 지중해에서 로마는 유일한 패권 국가로 우뚝 섰으며 그런 로마공화국에 도전할 세력은 당분간 나타날 수 없었다. 로마가 위대해진 것은 초기의 로마왕국도 후기의 로마제국도 아닌 기원전 6세기부터 기원전 1세기까지의 로마공화국 시대였다.

은 폴리스가 있었지만, 로마와 아테네는 특별한 관계가 있었다. 로마는 아테네보다 100년 정도가 늦은 후발 폴리스였지만, 아테네를 교훈 삼아 더 나은 로마를 만들고자 했던 성실한 모범생 폴리스였다.

폴리비오스의 분석평가

아테네의 민주정과 비교하면서 로마공화정의 성공 원인을 상세히 분석한 인물은 그리스에서 노예로 끌려온 폴리비오스(Polybios)였다. 당대 최고의 역사학자이기도 했던 폴리비오스의 아버지는 그리스 북부, 마케도니아 왕국의 유명 정치가였다. 폴리비오스가 활동했던 시기가 기원전 2세기였으니 로마가 이탈리아를 통합하고, 카르타고를 공격하기 위한 제3차 포에니 전쟁을 준비하고 있었던 시대를 살았다고 하겠다. 숙적 카르타고를 격파하기 위해서 카르타고의 배후지역인 그리스의 마케도니아를 로마가 정복하는 과정에서 수많은 그리스 귀족들이 로마로 끌려왔는데 그 가운데 폴리비오스도 있었다.

기원전 168년, 폴리비오스는 전쟁 노예로 로마에 왔지만, 로마 귀족들은 그의 본래 신분에 맞추어 높이 우대했다. 당시의 로마 사회는 능력만 있다면, 그의 신분이 노예라도 최고 귀족의 스승이 될 수 있었고, 어떤 노예의 자손이라도 훗날 로마시민이 될 수 있었던 개방적이고 보편적인 공화국이었다. 폴리비오스도 그리스 반도에서 끌려온 노예였지만 그의 지적 평판 덕분에 로마의 최고 장군이었던 스키피오 가족의 가정교사로 초빙되었다. 그의 직업은 이제 카르타고의 영웅, 한니발을 물리쳤던 스키피오 장군의 양아들인 스키피오 주니어를 가르치는 가정교사로 바뀌었다. 폴리비오스는 스키피오 주니어의 선생님으로 활동하면서 실제의 전쟁터에서 로마와 아테네의 차이를 누구보다 정확하게 경험적으로 비교·분석할 수 있었다.

로마는 약 300년 동안의 진화과정을 거치면서 공화국의 제도를 세련되게 만들어 나갔고, 그 과정에서 세계국가로서의 저력을 갖추었다. 아테네의 민주정, 마케도니아의 헬레니즘 정치, 그리고 로마의 공화정으로 이어지는 서로 다른 상황을 가장 잘 이해할 수 있었던 폴리비오스는 그의 날카로운 역사 시각을 통하여 특히, 아테네를 비롯한 수많은 지중해의 폴리스들과 로마를 비판적으로 비교, 분석했다. 그는 아테네의 이상적 민주주의가 로마의 현실적 공화주의에 어떻게 접목되었으며 동시에, 로마공화국이 지닌 고유한 특성은 무엇인가를 세련되게 정리하였다. 그리스 고대문명의 후예였던 폴리비오스는 로마라는 새로운 공화국의 활약을 객관적 시각에서 분석한 것이다. 로마의 실제 전쟁 현장에서 역사학자로서 로마를 세밀히 관찰하면서 그는 로마공화국의 성공 요인을 다음과 같이 정리했다.

로마공화국의 혼합정체

폴리비오스는 로마의 정치체제를 분석하는 데 있어서 '경험적 순환론'을 활용했다.4) 폴리비오스는 1인 통치자가 지배하는 군주제(君主制)에서 초기에는 군주가 국가 전체를 제대로 통치하지만, 점차 안일함에 빠져 사익만 추구하는 참주제(僭主制)로 변질한다는 것을 경험적 사례를 들어서 설명한다. 군주제가 참주제로 변질되면, 귀족들은 반란을 일으켜 참주를 몰아내고 귀족 중심의 올바른 귀족제(貴族制)를 펼친다. 그러나 귀족제 역시 타락하고 변질되어 소수 귀족을 중심으로 특권 집단화되면 사람들을 괴롭히는 과두제(寡頭制)가 된다. 타락한 과두제를 몰아내기 위해 다수가 봉기하여 정권을 쟁취하게 되는데 이로써 민주제(民主制)가 나타나지만, 이 또한 이기적인 폭민제(暴民制)로 타락한다는 것이다.

폴리비오스는 이와 같은 경험적 순환론을 토대로 군주제, 귀족제, 민주제 가운데 어느 한쪽의 정치체제만으로는 완전할 수 없다는 주장을 펼쳤다. 시간이 지나가면 정치적 문제는 발생할 수밖에 없고, 순수한

---

4) 폴리비오스는 역사적 시각에서 아테네를 비롯한 지중해의 다양한 폴리스들 즉, 크고 작은 국가들이 거쳤던 굴곡진 역사를 비교 연구하면서 정치체제가 순환되는 과정을 이해하였다. 물론 이와 같은 폴리비오스의 경험적 순환론은 아리스토텔레스의 선행적 연구가 있었기에 가능했을 것이다.

하나의 정체만을 고집할 경우 권력의 쏠림현상은 더욱 가속화되어 국가는 약해질 수밖에 없다고 판단한 것이다. 간접적 화법이지만 아테네 몰락과 대비되는 로마의 번영을 폴리비오스는 분명하게 로마의 공화제도에서 찾았고 이를 다음과 같은 세 가지로 설명했다. 첫째, 로마공화국은 군주제의 특징인 집정관 제도를 취하였고 둘째, 로마공화국은 귀족제의 장점인 원로원 제도를 취하였으며 셋째, 로마공화국은 민주제의 장점인 평민회 제도를 동시에 갖추었다는 것이다. 즉, 로마는 군주제, 귀족제, 민주제의 강점을 서로 혼합한 공화제를 취함으로써 강력할 수 있었다고 평가한 것이다.

예컨대, 로마공화국에서는 권력의 쏠림 현상이 발생할 경우, 서로 다른 쪽이 상대를 견제함으로써 권력균형을 맞출 수 있다고 하였다. 폴리비오스는 이와 같은 로마공화국의 정치적 균형을 다음과 같이 표현했다. "로마에는 왕이 없지만, 집정관을 통해서 권력의 효율적 집행력을 갖추었고, 원로원을 활용하여 노련한 귀족의 뛰어난 정치적 감각이 발휘되며, 평민회를 통하여 일반인들도 권리를 보장받으면서 (전쟁에) 적극적으로 참여하는 애국심을 갖는다." 폴리비오스는 로마공화국이 지닌 이와 같은 정치적 혼합체 특성을 로마의 성공 요인으로 평가한 것이다. 훗날, 로마공화국의 마지막 수호자, 키케로(Cicero)가 로마라는 공화국을 가리켜 '공공의 것'(res publica)으로 정의할 수 있었던 것도 폴리비오스의 이런 평가와 무관하지 않다. 로마공화국은 왕, 귀족, 평민 누구 하나의 것도 아닌 로마 전체의 것이기 때문이다.

로마공화국의 개방성과 보편주의

로마공화국이 지닌 혼합정체는 자연스럽게 로마를 개방적으로 만들고 보편적 특성이 강한 국가로 발전시켰다. 민주적이지만 개인적이고, 정의롭지만 이기적인 아테네와 달리 로마는 대중적이고 보편적이었다. 앞서 언급했지만, 로마는 아테네와 비교할 때, 전체적으로 100년 정도 발전이 늦었던 후진국이었고 그래서 로마는 아테네처럼 콧대가 높지 않았다. 로마는 항시 낮은 자세로 배우는 것을 멈추지 않았고 특히, 그리스인들의 가르침을 기쁘게 받아들였다. 역설적이지만 수많은 도시 국가들 가운데 로마가 가장 발전이 늦은 후진국이어서 자신들의 기득권을 과감히 버릴 수 있었고, 그래서 지극히 현실적일 수 있었다는 것이다. 로마는 치열한 생존경쟁에서 살아남기 위하여 동맹 도시들의 적극적인 협력이 필요하였고, 그러한 로마인들의 겸손하고 개방적인 자세는 로마 공화국을 세계적인 국가로 만드는 원동력이 되었다.

기원전 3세기, 귀족의 원로원(상원) 결정보다 평민회(하원)의 결정이 우월하다고 인정한 '호르텐시우스 법'이 제정(기원전 287년)된 때는 로마의 공화제도가 안정적으로 정착한 시기였다. 소수의 귀족과 다수의 평민이 충돌하면서 빚었던 로마의 계급갈등은 공화주의적 법과 제도로써 균형성 있게 안정화되고, 이로써 로마는 로마 시민 모두의 공화국이 될 수 있었다. 아테네의 이상적 민주주의가 달성하지 못했던 과제를 로마는 현실적 공화주의로써 완성한 셈이었다. 그리고 그 결과, 치열한 전쟁터에서 엄청난 역량을 발휘하면서 여타 왕국이나 제국들을 제압하였다. 로마공화국은 강력한 군사력으로 중무장한 한니발의 공격 앞에서도 주변 동맹들이 보여준 굳건한 협력관계 덕분에 위기상황을 벗어나기도 했다. 잘난 척하고 이기적인 아테네가 스파르타에 패배했을 당시, 주변 동맹 도시들이 아테네를 순식간에 외면했던 것과 대비를 이루는 로마의 상황이었다.

폐쇄적이며 이기적이었던 아테네의 실패를 성실히 공부했던 로마는 아테네와는 매우 다른 개방적이고 보편적인 공화주의를 발전시켰다. 로마는 패전국의 노예라도 능력만 뛰어나면 그를 스승으로 초빙하는 데 주저하지 않았고, 노예의 자식이라도 로마에서 태어났다면 로마의 시민이 될 가능성을 열어주었다. 치열한 100년 전쟁을 치르면서 카르타고와 한니발에 대한 복수심에 불탔던 로마인이었지만, 그런 카르타고의 후손들조차도 로마의 시민이 될 수 있었던 곳이 로마공화국이었다. 아테네의 페리클레스조차 기원전 3세기에 태어났다면, 아들을 위해서라도 아테네가 아닌 로마를 선택할 상황이었다. 로마가 2000여 년 전, 세계적 국가로 등장할 수 있었던 것은 결코 우연에 의한 것이 아니었다.

3. 로마공화국의 변질과 황제의 등장

기원전 3세기, '호르텐시우스 법'의 제정으로 평민회(하원)의 입법 권한은 공식화되었고 원로원(상원)의 권한보다 우월할 수 있었다. 로마는 이 시기를 전후로 이탈리아반도와 지중해 전역을 석권하면서 유럽, 북아프리카, 중동지역으로 확장하였다.

종신독재관의 등장과 공화제의 붕괴

작은 폴리스에서 세계적 국가로 확장된 로마공화국의 성공은 역설적으로 로마의 정치 권력 구조에서 균형점을 잃어버리게 했다. 계속된 전쟁과 영토 확장으로 군국주의를 낳았고 거대 제국의 특성이 강해지면서 각 속령에서 발생하는 계속된 분쟁으로 전쟁을 멈출 수 없었다. 전쟁에서 승리한 장군들의 권력은 급속히 강화되었고 평민회나 원로원의 권한을 넘어섰다. 이와 같은 공화국의 변질과정에서 가장 두드러진 인물로 로마의 장군, 술라(Sulla)를 예시한다. 그는 가난한 귀족 출신이었지만 뛰어난 친화력과 전장에서의 놀라운 활약으로 로마 정계를 좌지우지했다. 기원전 88년, 술라는 로마공화국의 집정관이 되었고 명문 폼페이우스와 사돈을 맺으면서 로마 귀족의 보수 세력까지 대변하는 역할도 맡았다. 그로 인해 로마공화국의 선거제도를 개선하려는 진보적 시도에 강력히 반대하면서 다수파로부터 급습당하기도 했다.

다수파의 공격을 피하여 가까스로 로마를 탈출한 술라는 군대를 이끌고 로마 시내로 진군함으로써 로마공화국 최초의 군사 쿠데타를 일으켰다. 이로써 공화국의 집정관, 원로원, 평민회의 권력균형이 파괴되었고, 독재권을 행사한 술라는 시민들의 권리와 권한을 제한하면서 시민을 대변하는 호민관까지 살해하였다. 평상시에는 통상 두 명의 집정관(consul)에 의하여 로마의 국정이 균형적으로 운영되었지만, 술라는 비상시국에만 한정되었던 독재관(dictator)의 지위를 일상화시키면서 로마의 독재자가 되었다. 6개월로 한정된 독재관 임기를 종신제로 바꾼 술라는 호르텐시우스 법을 폐지하여 평민회의 권한을 무력화했고 수백 년의 로마공화국 전통을 일순간에 파괴했다. 이런 일련의 사태가 벌어진 해는 기원전 82년이었는데 결국 술라의 군사 쿠데타가 발생한 이후, 55년 후인 기원전 27년, 로마공화국은 붕괴하였다.

술라는 독재관으로서 원로원의 권한은 대폭 확대했지만, 반대로 평민회의 권한은 축소했고, 호민관의 역할도 껍데기만 남겼다. 그러나 그런 막강한 절대군주에 가까웠던 술라도 병 앞에서는 촌부에 불과했다. 병약해진 술라는 독재관 지위에서 스스로 사임했고 이듬해 곧 사망했다. 로마의 절대권력자, 술라에 대한 평가는 지금까지도 극명하게 나뉘고 있다. 그러나 그 평가가 어찌 되었든, 술라의 출현으로 인하여 로마의 공화국 체제는 급속히 붕괴했다. 술라에 이어서 더욱 강력한 권력자로 등장한 카이사르(Gaius Julius Caesar)에 의하여 로마공화국은 파국으로 치달았다.

공화파의 카이사르 암살

"브루투스 너마저……."라는 셰익스피어 희곡 대사에서처럼 카이사르의 암살 장면은 매우 극적이었다. 황제가 되기 직전, 카이사르는 공화파들, 그것도 그가 아끼던 브루투스(Brutus)에 의하여 암살당했기 때문이었다. 카이사르는 로마의 영웅이었지만, 동시에 로마공화국의 적이었다. 황제가 되려는 카이사르를 향하여 공화국을 지키려 했던 브루투스는 심적으로 크게 고민했다. 개인적 신의를 지키면서 카이사르와 함께 부귀영화를 누릴 것인가, 아니면 로마공화국을 지키기 위해 카이사르를 죽일 것인가. 결국, 브루투스는 칼을 꺼내어 수십 차례 카이사르의 가슴을 찌르며 로마공화국의 정의를 외쳤다. 그러나 브루투스의 날카로운 칼로도 멈출 수 없는 역사의 흐름은 어쩔 수 없었다. 카이사르의 죽음에도 불구하고 로마공화국의 몰락은 멈추지 않았다. 지중해 전역에 수많은 속주와 식민지를 거느린 로마제국에서 로마군단을 이끄는 장군의 힘은 너무도 막강했기 때문에 어느 장군이라도 로마의 집정관 자리를 꿰차면 결국 로마의 황제가 될 수밖에 없는 상황이었다.

젊은 시절, 카이사르는 다수파와 가까웠고 귀족파와 가까웠던 술라와 대립각을 세웠던 인물이었다. 그렇지만 카이사르가 술라 집안과 혼인하면서 카이사르는 권력의 정점에 설 수 있었다. 귀족파의 원로원은 다급하게 그를 견제하고자 카이사르가 집정관에 오르지 못하게 적극적으로 방해하였다. 이런 복잡한 권력 구조를 타파하기 위하여 카이사르는 제1차 삼두정치를 결성했고, 로마의 중심 권력을 한 손에 쟁취하면서 로마의 집정관에 올라설 수 있었다. 카이사르는 국유지 분배법안을 비롯한 각종 법안을 제출하여 로마의 평민들로부터 엄청난 인기를 얻었다. 그러나 공화국의 권력이 카이사르 1인에 집중되면서 왕의 등장을 경계했던 로마공화국의 수호자, 키케로 등은 카이사르를 강력히 견제 조치했다. 결국, 한발 물러난 카이사르는 갈리아 지역(오늘날의 남부 프랑스)을 정복한 후, 이 지역에 로마의 발전된 농경 문화를 전수하여 갈리아 원주민을 로마에 충성하는 로마시민으로 만들었다. 약 7년 동안, 갈리아 지역에서 강력한 군사력을 육성한 카이사르는 "주사위는 던져졌다"를 외치며 루비콘강을 건넜고 결국, 로마를 점령했다.

술라에 이어 다시금 종신독재관 지위에 오른 카이사르(Caesar)는 그 이름만으로도 이미 황제의 대명사가 되었다. 카이사르는 귀족들 상호간의 이해충돌로 진행되지 못한 개혁안을 거침없이 추진했으며 로마를 이탈리아반도가 아닌 세계적 국가에 걸맞은 체제로 탈바꿈시켰다. 로마의 시민권은 더욱 확대되었고, 사법개혁과 복지정책도 적극적으로 시행되었으며, 로마의 화폐제도 역시 크게 개선되었다. 이러한 개혁조치들은 로마의 평민들로부터 전폭적 지지를 받았지만, 원로원의 귀족은 불안하였다. 대중의 절대적 지지를 받은 카이사르는 1인 권력자였고, 로마는 어느새 민주정도 공화정도 아닌 전제적 군주정으로 변질되고 있었기 때문이었다. 결국, 브루투스와 같은 공화파들이 황제로 군림한 카이사르의 심장에 칼을 꽂았지만, 그렇다고 로마가 다시 공화국으로 회귀할 수는 없었다. 로마는 계속 전쟁을 하면서 농토를 확보해야 했고, 이를 위해서 막강한 군사력이 필요했다. 로마는 강력한 장군들의 군사력으로 로마를 지킬 수밖에 없는 고대국가 수준을 벗어날 수 없었기 때문이었다. 카이사르가 자신의 후계자로 정해두었던 양아들 옥타비아누스 카이사르(Octavianus Caesar)는 우여곡절 끝에 새로운 로마군부의 통수권자가 되었고 기원전 27년, 로마는 황제가 통치하는 로마제국으로 재출범하였다.

로마 황제의 등장

"로마에 정말 황제가 필요했을까?"라고 누군가 묻는다면, 카이사르의 양아들 옥타비아누스가 원로원에서 행한 연설을 들어보라는 말이 있다. 젊은 카이사르, 옥타비아누스는 원로원에서 "벽돌의 로마를 대리석의 로마로"라는 구호로 자신의 역할을 공약했고, 원로원은 그에게 아우구스투스(Augustus)라는 칭호를 선사했다. 아우구스투스 옥타비아누스 카이사르는 77세(서기 14년)까지 장수하면서 무려 41년 동안 로마 황제의 자리를 지켰다. 그리고 원로원에서 공약한 바와 같이 벽돌의 로마를 화려한 대리석의 로마로 탈바꿈시켰다. 그런데 그의 뛰어난 업적에도 불구하고 카이사르는 죽는 순간까지 단 한 번도 자신을 로마제국의 제1대 황제라고 칭하지 않았다. 최고의 권력자였지만, 외견상으로는 로마의 공화정을 지키는 제1인자로서 공화국의 미덕과 규범을 실천하려 애쓰는 모습을 보이고자 했기 때문이었다.

당대의 역사가들도 옥타비아누스 카이사르를 황제로 기록하지 않았다. 그는 평민을 돌보았으며 로마의 퇴역 병사들에게 자신의 사유재산을 털어서 은퇴자금으로 지급했다. 영토 확장보다는 현상유지를 원했으며 도로건설과 뛰어난 건축양식으로 로마를 풍요롭게 만들었다. 그런데 18세의 옥타비아누스를 카이사르가 일찌감치 자신의 후계자로 정했을 때, 사람들은 의아해했다고 한다. 카이사르 시니어가 카이사르 주니어를 후계자로 선택한 이유에는 옥타비아누스의 특별함이 있었기 때문이었다. 그 특별함을 설명할 수 있는 사례가 바로 옥타비아누스의 결혼 이야기이다. 독신남이었던 옥타비아누스는 당시의 기준으로는 혼기를 훨씬 넘긴 24세가 돼서야 비로소 사랑하는 여인을 만났다고 한다. 19세의 아름다운 리비아를 만나면서 첫눈에 사랑에 빠졌던 옥타비아누스였지만 이 사랑에는 중대한 문제가 있었다. 리비아는 이미 티베리우스라는 3살짜리 사내아이가 있는 유부녀였고, 그의 남편은 귀족 출신의 쟁쟁한 인물이어서 감히 옥타비아누스가 넘볼 수 있는 그런 처지도 아니었다. 그런데 옥타비아누스는 리비아의 남편을 만나서 천천히 오랜 기간 설득했고, 리비아의 남편은 놀랍게도 진정으로 그의 진심에 설득 당하여 옥타비아누스와 리비아를 맺어주었다. 심지어 리비아의 전남편으로서 옥타비아누스의 결혼식에서 사회까지 보았을 정도였다.

강인했지만 적이 많았던 카이사르와 달리, 어린 옥타비아누스는 평화적으로 심각한 갈등을 원만히 해결하는 가능성을 보여주었다. 부인을 빼앗기게 된 남편조차 설득하여 자신의 편으로 만들 수 있는 진정성이 옥타비아누스에게는 있었고, 황제에게 권력을 강탈당한 원로원조차 설득하여 자기 편으로 만들 수 있는 능력이 옥타비아누스에게는 있던 것이다. 물론 옥타비아누스를 권력 지향적이고 가식적인 인물이라고 평가할 수도 있다. 옥타비아누스는 로마의 세습 독재자로서 황제에 등극했지만, 끝까지 리비아를 사랑했고 그녀의 무릎 위에서 편안히 생을 마감했다. 더욱이, 옥타비아누스는 리비아의 전남편 아들인, 자신에게는 의붓아들인 티베리우스에게 자신의 황제 직위를 기꺼이 물려주고 세상을 떠났다. 성경의 마가(마르코)복음에 기록된 예수님의 말씀, "가이사(카이사르)의 것은 가이사에게"에서 등장한 로마의 제2대 카이사르가 바로 리비아의 아들, 티베리우스였고 이는 로마가 세습제 왕권 국가가 되었음을 확인해 주는 부분이기도 하다. 어쨌든 카이사르 시니어가 예견했던 것처럼, 옥타비아누스는 로마의 갈등을 너무도 평화롭게 풀어버렸다. 귀족을 대표하는 원로원, 평민을 대표했던 평민회, 그 모두가 로마의 젊은 카이사르, 옥타비아누스를 싫어하지 않은 것이다. 로마는 500년의 공화국 역사 가운데 가장 화려했던 정점의 순간에서 종식되었고, 기원전 27년부터 서로마의 멸망(기원후 476년)까지의 500년 동안, 군주국으로써 서서히 쇠퇴하였다.

아테네 민주정치와 로마공화국

1. 아테네 민주정치의 특성

고대 아테네에서 보여준 이상적 민주정치는 자유 시민인 다수자의 주권적 지위를 강조했다. 1인의 왕이나 소수의 귀족이 아닌 다수의 시민에게 권력을 배분하고, 권력을 가진 다수가 어떻게 하면 정부를 올바르게 운영할 수 있는가에 대한 방법과 제도를 고민했다.

신분보다 노력을 강조한 민주정치

아테네의 민주정치는 태생적 출신 성분의 차이, 신분 차별에서 비롯되는 부당함을 극복하려는 시도에서 시작되었다. 귀족과 평민 사이의 신분 차별과 불공평한 기회로 인한 빈부격차의 심화 문제를 극복하기 위하여 특별한 실험을 진행한 것이다. 그것이 바로 '솔론의 금권정치'였다. 아테네 민주정치의 산모역할을 했다는 금권정치가 민주정치와 관계가 깊다는 사실은 깊이 음미해볼 연구대상이다. 솔론은 타고난 신분으로 결정되는 세습적 지위와 그 차별의 불공평함을 완화하고자 했다. 귀족에 의한 통치와 귀족 중심의 정치제도를 금권정치를 통하여 바꾸고자한 것이다. 자신의 능력과 당대의 노력 결과에 비례한 재산 정도에 따라서 정치 권력을 배분함으로써 불공평함을 줄이고자 했음이다. 솔론은 귀족정치(신분)와 금권정치(노력) 가운데 후자를 강조함으로써 노력을 중시하는 아테네를 탄생시켰다.

오늘날의 시각에서 본다면, "금권정치에 의한 정치가 어떻게 민주정치인가."하고 강하게 반문할 수 있다. 그렇지만 왕과 소수의 귀족이 다수의 평민을 통제하던 신분 사회에서는 평민이 돈을 벌었다는 소식만 알려져도 순식간에 권력자들이 달려들어 힘없는 평민의 재산을 빼앗았던 시대였다. 아무리 노력해도 평민은 핏줄로 결정된 귀족의 지위를 넘볼 수 없었고, 그것은 다수의 평민에게 기회가 박탈된 사회였을 뿐이었다. 그런데 자기 노력으로 부자가 된 평민이 그 소유재산 정도에 따라서 정치적 권력을 배분받는다면, 평민에게도 분명 기회가 주어지는 사회라고 말할 수 있다. 그런 공정한 사회가 솔론 이후의 아테네였다는 것이다. 중요한 것은 신분이 아니라 노력으로 창출된 재산 정도였고, 그것에 비례하여 정치 권력도 배분된다면 보다 공정한 사회가 될 수 있다는 논리(금권정치)에서 아테네의 민주주의는 출발한 것이다.[1]

이처럼 태생적인 측면에서 보아도 민주주의는 단순하게 다수에 의한 통치라는 기계적 정의 이상의 중요한 의미를 함축하고 있음을 알 수 있다. 민주주의는 정치 권력의 배분 기준에서 신분이 아닌 '노력'이라는 합리적 기준을 강조한 금권주의에서 한 단계 더 발전한 제도이기 때문이다. 아테네 사람들은 귀족정치에서 금권정치로 국가운영체제를 전환했고 민주주의로 더욱 발전하면서 다수의 의사를 존중하는 사회가 될

---

1) 현실적으로 모든 사람이 똑같이 균등하게 권력을 나눌 수 없다면, 일단 태생적 신분보다는 나의 노력과 능력에 의하여 즉, 부의 소유 정도 차이에 따라서 권력을 차등 배분한다는 금권정치가 훨씬 정당하다는 논리가 제시된 것이다. 아테네의 민주주의는 이와 같은 금권주의에 기초하여 다수의 의사로 정치적 의사결정을 행하는 민주주의로 발전하였음을 간과해서는 안 된다. 그러나 당대의 노력이 아닌 부모가 세습한 재산에 의하여 정치 권력을 배분받는다면 그것은 또 다른 유형의 세습제 귀족주의에 불과하다고 할 것이다.

수 있었다. 아테네의 민주정치에서는 타고난 귀족도 어느 순간, 노력하지 않으면 가난뱅이가 될 수 있었고, 평민도 열심히 노력하여 부자가 된다면 권력자가 될 수 있었다. 출생 신분과 관계없이 자기 노력의 결과물로 정당하게 대우받는 민주정치 제도가 확립되었던 시기에 아테네는 작지만 강력할 수 있었다.

개인과 국가를 부강하게 만드는 정치체제

어떤 제도라도 그 제도의 도입 결과, 개인이나 국가가 빈곤해지면서 괴로운 삶을 살 수밖에 없다면 그것은 결코 좋은 제도가 아니다. 아테네의 민주정치 체제는 개인의 능력을 최대한 발휘할 수 있도록 북돋는 제도였고, 신분보다 노력을 중요시했던 정치체제였기 때문에 사람들은 각자 더 열심히 일하여 부자가 되고자 노력했다. 귀족과 평민, 부자와 빈자의 불평등 관계를 깨고 누구라도 당대의 자기 노력 여부에 따라서 부와 권력을 얻을 수 있었던 사회가 바로 아테네였다. 그렇지만 반대로 노력하지 않는 귀족이라면 자신의 기득권조차 한순간에 잃어버리면서 빈곤함에 치를 떨 수도 있는 사회였다. 타고난 신분과 출신 성분의 차이가 아니라 부의 소유 정도에 따라서 정치 권력이 차등 배분되는 제도가 정착되면서 아테네 시민들 각자는 이전보다 더 열심히 노력했고, 폴리스 전체적으로도 빈부격차는 줄고 국부는 증가했다.

그렇지만 아테네에서 민주정치가 뿌리내리는 과정에서 위험한 사건들은 계속 반복적으로 일어났다. 그 가운데 피시스트라투스의 참주 정치는 대표적인 위험 사례였다. 다수의 평민이 자기 이권(利權)을 앞에 두고 극단적 이기주의에 빠져 판단력을 잃었을 때, 민주사회는 급속히 왜곡될 수 있었음을 보여주었기 때문이다. 다수의 평민을 선동하여 다수의 권력 위에 군림한 선동가는 쉽사리 참주 지위에 등극했다. 다수의 대중에 영합하는 인기 있는 단발적 제안을 남발하면서 열렬한 지지를 받았고, 그런 다수파의 세력을 일거에 장악하는 순간, 왕이 될 수 있는 상황이 벌어진 것이었다. 왕의 등장은 시민들에게 자신이 더는 자유인이 아니고 노예라는 사실을 인정해야 했지만 때는 이미 늦었고 오랜 기간 고통을 감내해야 했다. 그러나 어느 순간, 참주의 힘이 약해졌다고 판단되었을 때, 시민들은 참주를 몰아내고 다시는 참주가 재등장하지 못하도록 강력한 보복 조치가 있었음도 간과할 수 없다.

공짜라는 유혹 어린 이권 배분이 얼마나 위험한 결과를 초래할 수 있는가를 경험했던 민주정치에서 반대로 행운의 여신을 만나는 사례도 있었다. 일종의 위기(危機)처럼 위(危)험한 순간을 벗어나자 기(機)회가 찾아온 것이다. 아테네 외곽에서 은광이 발견되었고 아테네 폴리스 전체가 로또복권에 당첨된 것과 같은 기회를 맞은 것은 이와 비슷한 사례이다. 그런데 당시의 아테네 시민들은 자신의 이기심과 공동체 전체의 공익 가운데 무엇을 선택할 것인가를 두고 중대한 결정을 했다. 만일 피시스트라투스 이전의 아테네 시민이었다면, 그들은 당연히 개인적 이권을 앞세우며 은광 수익을 각자 나눠 갖자고 주장했을 것이다. 그렇지만 시민적 공동선(共同善)의 가치를 인식했던 아테네 시민들은 한 차원 높은 결정을 했다. 공동체의 미래를 위하여 은광 수익으로 함대를 건조하여 외적(페르시아)의 침공에 대비하자는 선택을 한 것이다. 그리고 그 선택의 결과는 이미 앞서 살펴본 바와 같이 아테네의 승리로 귀결되었다. 이처럼 이기심을 탈피하여 '공동선'을 추구하는 민주정치의 합리적 결정은 개인뿐만 아니라 국가 전체의 국력을 강화하여 선도적인 국가가 될 수 있었음을 헤로도토스의 역사서는 기록하고 있다.

아테네 민주정치의 폐쇄적 한계

그러나 이상향에 가깝던 아테네 민주정치는 불과 몇십 년 만에 또다시 쇠락했다. 민주정치의 전성기이며 최고 절정기를 이끌었던 페리클레스는 아테네의 정치적 정의를 외쳤고 타고난 신분에 의하여 차별받지 않는 아테네는 그리스를 이끌어갈 최고의 존재라고 외쳤다. 그럼에도 불구하고, 아테네에서는 또다시 심각한 내부적 오류가 발생하고 있었다. 페리클레스는 아테네 최고의 미덕으로 자유를 말했으며 개인의 선택을 존중한다고 했지만, 그런 위대한 페리클레스의 아들조차 아테네의 시민이 될 수 없다는 현실이 있었다. 아테네에서 태어나고 아버지가 아테네 사람이라도 엄마가 외국인이면 아테네 시민이 될 수 없는 폐쇄적 폴리스가 세계적 국가로 성장할 수는 없었다. 기득권을 지키려는 아테네 민주정치의 이기심은 또다시 아테네의 한계를 드러내면서 아테네를 몰락시켰다.

아테네의 민주정치는 한때, 그리스 사회를 선도했지만, 그들의 이상적인 정치실험은 아테네를 벗어날 수 없었다. 아테네 민주정치는 기득권을 지키려는 배타적이고 이기적인 생각을 제어하지 못했고 아테네를 폐쇄적인 사회로 만들었기 때문이었다. 물론 외양상으로는 순수한 의도를 내걸었지만, 실제의 이유는 이기심이었다. 결국, 이기심으로 가득 찬 아테네의 민주정치는 모든 것을 잃는 결과를 초래했다. 아테네의 친구와 아테네를 흠모했던 동맹 도시들은 하나씩 떨어져 나갔고 아테네의 선도적 영향력은 사라져갔다. 정의를 외쳤던 아테네였지만 이기적이고 폐쇄적인 아테네는 혼자서 외롭게 몰락하는 운명을 자초한 셈이었다.

다수의 민주시민이 합리적이고 공동체적 공동선을 우선시했을 때, 아테네는 눈부시게 부강해졌고 민주주의와 공동체주의는 갈등 없이 일치되었다. 그러나 민주정치라는 간판만 내걸고 다수파들이 편협한 이기심에 빠져버렸을 때, 아테네의 민주주의는 빛을 잃으면서 공동체는 급속히 붕괴했다. 아테네의 다수파들이 권력 집단화하면서 그들은 또 다른 형태의 이기적인 특권층이 되어버렸다. 아테네의 다수파들은 말 그대로 다수(多數)였지만 특권을 외치는 왜곡된 집단에 불과했고 자신들만을 위하여 행동했을 때 그것은 왕정이나 귀족정의 타락과 다를 바 없었다. 아테네의 다수파들이 이기심에 함몰되었을 때, 아테네의 민주정치도 중우(衆愚)정치로 타락했다.

2. 로마공화국의 특성

아테네의 민주정치는 타락했지만 위대한 철학자들과 사상가들은 로마라는 신흥 폴리스를 통하여 새로운 공화정치를 준비시키고 있었다. 그리스 아테네의 경험을 타산지석으로 삼았던 후발주자, 로마는 평민(다수파)과 귀족(소수파)의 연대라는 공화주의가 중요하다는 것을 학습한 것이다.

권력의 혼합주의와 공화정치

로마는 역설적으로 아테네의 몰락을 반면교사로 삼았기 때문에 세계적인 국가로 성장할 수 있었다. 로마는 아테네보다 발전이 늦었던 후진국이었지만, 아테네의 성공과 실패의 원인을 정확히 분석하면서 아테네의 실수를 피해 나가는 지혜를 발휘했다. 로마의 많은 귀족이 그리스 출신의 학자들을 스승으로 삼았던 것은 비단 로마의 스콜피오와 그리스의 폴리비오스 관계만은 아니었다. 기원전 4세기부터 로마는 그리스의 학문 세계와 아테네 아카데미아 출신 학자들의 가르침을 받으면서 이상적 민주정치를 로마의 현실정치에 접목하는 작업에 몰두했다. 로마가 세계적 국가로 발전하는 과정에서 그리스 학문의 연구 성과물은 큰 도움이 되었고 특히, 아테네의 민주정치 사례는 로마의 공화정치를 탄생시키는 밑거름이 되었다.

아테네 민주주의가 몰락했던 시기에 아테네를 비판했던 소크라테스가 민주정치의 희생물로 독배를 마셨고, 그의 제자 플라톤은 당연히 스승의 죽음 앞에서 아테네 정치의 한계점을 비판했다. 그렇지만 로마인들에게 있어서 아테네의 민주정치가 지니고 있었던 강점과 약점은 양쪽 모두 소중한 사례였다. 이상적인 이데아를 구현할 수 있는 철인(왕)을 주장했던 플라톤의 주장도 좋았지만, 로마인들에게는 그의 제자 아리스토텔레스가 제시했던 객관적이고 현실적인 절충안에 더 깊이 공감했다. 로마인들은 아리스토텔레스에게서 '혼합정(混合政)의 기본원리'를 배울 수 있었다. 권력독점은 군주정치를 참주정치로, 귀족정치를 과두정치로, 그리고 민주정치를 중우정치로 몰락시킨다는 역사적 필연성을 이해한 것이다. 로마인들은 어떤 한쪽의 절대적 권력에서 평화가 오는 것이 아니라 다양한 권력 주체들이 서로 권력을 나누고 협력할 때, 진정한 평화가 올 수 있다고 판단했다.

이러한 배경 속에서 권력의 혼합주의를 주장했던 그리스 학자들의 생각은 기원전 3세기, 로마의 공화정치 수립에 결정적 계기를 마련해 주었다. 특히 "소수의 귀족보다 상식을 가진 다수(多數)가 더 나은 결정을 내릴 수 있다."라는 아리스토텔레스의 가르침은 로마 사회에 큰 영향을 주었다. 아리스토텔레스를 '첫 번째 공화주의자'로 평가할 수 있는 근거도 그의 가르침에 힘입어 로마의 공화정치가 안정적으로 발전할 수 있었기 때문이다. 평민과 귀족, 빈자와 부자의 심각한 계급적 갈등문세로 고심했던 로마인들에게 권력의 혼합논리는 설득력이 있었고, 그들의 사회적 통합을 평화적으로 달성할 수 있는 이론적 근거였던 셈이다. 극단적 대립을 피하고 권력을 나누어 갖는 방안을 구체적으로 고민했던 로마는 기원전 287년, 호르텐시우스 법을 통하여 공화국체제를 완성시켰다. 귀족(소수파)과 평민(다수파)의 권력을 상호 수용함으로써 로마 사회를 단단하게 통합시켰고, 이를 기초로 로마는 왕국도 아니고 귀족국가도 아닌, 모든 로마인의 국가인 로마공화국으로 발전했다.

보편적 공화주의를 제도화한 로마공화국

기원전 5세기, 아테네 민주정치의 오류를 교훈 삼아 '권력의 혼합주의'를 주장했던 아리스토텔레스의 가르침은 기원전 4세기에 제시되었다. 로마인들은 그런 가르침을 열심히 숙의하면서 역사의 교훈을 깨달았고 3세기, 호르텐시우스 법에 합의할 수 있었다. 귀족에 대하여 평민이 갖고 있던 불만과 관련하여 공화국은 평민회에서의 독자적 입법권을 인정하는 한편, 다수의 권력이 소수 권력에 종속되지 않음을 확인시켜 주었다. 귀족은 특권을 양보했지만, 평민들도 자신들의 절대적 우월권 주장은 포기했다. 귀족과 평민의 상호존중을 기초로 보편주의가 제도화되면서 로마는 특정 누구의 로마가 아닌 모든 로마인의 공화국이 될 수 있었다. 로마는 국가운영 차원에서도 정치적 혼합정체를 실현하였고 그 결과, '집정관 – 원로원 – 평민회'라는 균형적 권력체제로 운영되었다. 기원전 3세기, 한니발의 포위 공격으로 생사기로에 섰던 로마의 위기도 있었다. 그렇지만 단합된 공화국 체제를 갖추었던 로마는 3차에 걸친 100년의 지중해 전쟁에서 대부분의 경쟁국을 모두 제압한 유일한 패권국이 될 수 있었다.

로마가 보편적 공화주의를 발전시켜 나가는 과정에서 아테네 민주정치에서는 볼 수 없었던 정치 권력의 혼합방식을 추가했음은 특별히 강조할 부분이다. 이상적인 아테네의 민주적 추첨제도에 더하여 현실적 측면에서 로마는 선발제를 적절히 혼합했다. 로마는 민주정치와 귀족정치의 장점을 혼합하면서 우수한 능력자를 공직에 적극적으로 선발하는 방식을 취한 것이었다. '현실과 실용'이라는 관점에서 개인들 각각의 사람들은 능력에 차이가 있을 수밖에 없다는 것을 인정했고 그렇다면 우수한 인재를 선발하여 정부 운영의 효율성을 높이는 것이 더욱 바람직하다고 본 것이었다. 로마는 역대의 어느 국가보다 우수 인재로 구성된 정부를 만들어서 국가를 운영했기 때문에 세계적 국가로 확장된 로마에서도 국민역량을 효율적으로 결집할 수 있었다.

그렇지만 로마공화국도 민주주의라는 기본 이념에 매우 충실했고 평민과 귀족 사이의 대립에서 특히 다수의 로마 중산층 역할을 강조했음을 간과해서는 안 된다. 로마는 자기 토지를 소유한 자경농민을 로마의 중추세력인 중산층으로 평가했고, 그들이 건강해야 로마가 강건할 수 있다고 판단했다. 로마공화국이 이처럼 중산층의 중요성을 강조한 것에는 아테네의 민주정치 사례를 열심히 학습한 결과이기도 했다. 아테네의 중산층들이 페르시아의 침공을 막아내면서 민주정치의 전성기를 열었을 당시, 아테네의 공동체가 보여주었던 '공동의 선'을 로마인들은 이해하고 있었다. 그리고 아테네가 페르시아에 승리할 수 있었던 힘은 소수의 귀족이 아닌 다수의 중산층에게 있었음도 로마인들은 알고 있었다. 아테네의 역사적 사례는 로마인들에게 중요한 교과서로 활용되었고, 로마공화국은 아테네의 사례를 토대로 로마의 중산층이 지닌 중요

성을 항상 강조하였다.[2]

로마공화국의 시민권 개방화

로마는 아테네와 여러 면에서 비슷했고, 로마는 아테네의 신들을 대부분 로마의 신으로 모셔 왔을 정도로 아테네를 흠모했다. 그렇지만 시민권 분야에 있어서 로마는 아테네와 전혀 다른 정책을 취하였다. 아테네의 경우, 아테네 시민권은 마치 아테네의 특권을 보증하는 보증서라도 되는 것처럼 아끼고 제한했지만, 로마는 시민권 제도에 있어서 매우 관용적이고 개방적이어서 자신들의 시민권을 적극적으로 확대하고자 했다. 아테네에서는 페리클레스조차 그의 부인과 아들에게 시민권을 부여할 수 없는 못난 남편이고 아버지였지만 로마에서는 전혀 달랐다. 로마의 원수라고 불렀던 카르타고의 후예라도 로마에서 태어났다면 로마의 시민이 될 가능성은 언제든지 열려 있었기 때문이었다. 로마에서는 유대인이든 카르타고인이든 어떤 외국인이라도 로마에 충성하고 적절한 능력만 갖추고 있다면 로마 시민권을 취득할 수 있었다.

호르텐시우스 법이 통과된 기원전 3세기 이후, 로마는 그리스와 시리아, 북아프리카와 이베리아반도 그리고 알프스산맥을 넘어 갈리아(프랑스 지역)에 이르기까지 그 영토가 계속 확대되었다. 로마는 기원전 1세기 무렵, 지중해를 자신들의 내해로 만들었을 정도로 영토가 확장되었는데 이토록 빨리 로마영역이 확장된 배경에는 로마의 개방적 시민권 정책도 큰 역할을 했다. 로마는 아테네의 폐쇄주의와 달리 자신들의 점

---

2) 그러나 기원전 3세기, 로마가 세계적 국가로 팽창하면서 로마의 군사와 군단 규모는 계속 커졌다. 로마의 군사를 로마의 자경농민으로만 충당할 수 없는 상황이었다. 로마공화국은 자경농민을 핵심적 중산층으로 보편적 로마시민을 양성하는 데 목표를 두었지만, 로마가 제국으로 팽창하면서 이는 한계상황에 직면했다고 해석할 수 있다. 제국이 된 로마는 정복지에서 토지를 대량으로 쟁취하였고, 군단을 이끄는 로마장수들은 점령지 토지에 전쟁 노예를 투입하면서 현지에서 비용을 조달하여 용병을 구하는 구조를 마다하지 않았다. 해외 영토에서 대규모 농장을 만들고 대규모 노예가 투입되며 대규모 용병을 고용하는 것은 로마공화국의 체제 변질을 의미했다. 로마는 중산층에 기반을 둔 공화국이 아닌 군사력에 의한 제국으로 변질하면서 기원전 1세기, 왕국인 로마제국으로 바뀌게 되었다.

령지역에서도 기꺼이 자신들의 시민권을 선물했고, 정복지 시민들도 자신들이 로마시민이 되어 로마시민의 권리를 부여받는 것을 싫어하지 않았다.

어느 시점인가부터 로마의 중심 시가지에는 정복지에서 끌고 온 수많은 포로와 노예로 북새통을 이루었다. 로마는 세계적인 국가 지위와 그 거대한 규모에 맞는 새로운 국가운영체제를 찾아야 했다. 그래서 아테네의 제자, 로마는 스승보다 훨씬 관대하고 개방적인 제도를 도입했고, 새로운 로마의 이주자였던 포로와 노예에게도 개방적인 시민권 제도를 부여했다. 로마는 인적 자원을 중요시했기 때문에 전쟁 포로라고 하여도 그의 자녀가 약간의 노력만 한다면 로마시민이 되는 것을 제한하지 않았다. 로마가 지니고 있었던 보편주의와 개방주의 그리고 실용주의가 아테네의 민주주의에 접목되면서 로마는 세계적 국가로 확장, 발전하는 공화국이 될 수 있었다.

3. 아테네 민주정치를 수정, 보완한 로마공화국

그리스의 역사가 폴리비오스는 로마의 공화정치를 분석하고 평가한 대표적인 역사가였다. 그는 아테네가 경험했던 실책을 일깨우며 로마의 정치인들을 훈육하는 한편, 아테네의 이상주의를 로마의 현실주의에 접목하는 역할도 하였다. 아테네의 이상적 민주정치는 현실적인 로마공화정으로 계승되었다.

아테네의 민주정치와 로마의 공화주의

아테네는 빈부격차의 심각한 문제를 극복하는 과정에서 민주정치의 원리를 깨달았다. 귀족과 평민이라는 태생적 신분 계급이 아닌 노력과 성취도에 따라서 모든 자유인에게 정치적 권력을 차등 배분한 것이다. 자신의 능력과 근면함으로 성취한 재산 정도의 차이에 비례하여 정치권력을 4단계로 차등 배분했으나 그 결과, 다수에 의한 통치라는 민주정치 제도를 등장시켰다. 아테네의 민주정치는 상업으로 부를 축적한 부자들에게 더 많은 정치적 권한을 주었지만, 동시에 가난한 다수의 사람에게도 작은 권한을 분배했다.

많거나 적거나 재산이 있는 모든 자유민에게 정치 권력이 배분되었기 때문에 아테네에서는 평민도 정치할 수 있었다. 그러나 이렇게 등장한 다수파들이 자신의 사적 이익을 추구하는 세력으로 결집할 경우, 다수의 정치 권한은 한쪽으로 치우쳐지면서 중우정치로 타락할 수 있었다. 아테네가 민주정치의 정점에서 급속히 몰락하게 된 원인도 이러한 민주정치의 타락 때문이었다. 소크라테스의 죽음에 충격을 받은 플라톤이 민주주의를 비판했던 핵심도 결국은 민주주의가 타락할 수 있고 중우정치로 변질될 수 있었기 때문이었다. 그리스 출신의 학자들은 민주정치의 타락 가능성을 지적했고 여기에 귀를 기울인 사람들은 로마인들이었다. 그들은 이상적 민주주의를 현실적으로 수정하고 보완하는 데 주저하지 않고 마침내 그것을 보완하는 제도를 만들었다.

로마는 아테네의 민주정치가 지닌 강점과 약점을 교훈 삼아 혼합정을 로마의 처방책으로 선택하였다. 다수파의 극단적인 쏠림현상을 피하고 귀족제와 평민제의 정치적 혼합형태를 모색하면서 갈등을 완화할 수 있는 혼합정은 공화정의 출발지점이기도 했다. 귀족을 대표하는 원로원도 존중하고 동시에 다수파의 평민회 결정도 중시했기 때문이다. 기원전 3세기, 평민회(하원) 결정에 독립성을 인정한 호르텐시우스 법으로 로마는 안정된 공화국이 될 수 있었고 지중해의 백년전쟁에서도 승리할 수 있었다. 다수파에 쏠려서 몰락했던 아테네와 달리, 귀족과 평민의 공존을 통하여 로마는 전쟁 위기를 극복하고 성공한 국가로 발전했다. 폐쇄적이었고 극단적이었던 아테네와 달리 개방적이고 보편적이었던 로마는 모든 로마인의 공화국이 될 수 있었고 지중해 전역을 석권할 수 있었다. 지금까지 논의된 아테네와 로마가 걸었던 민주정치와 공화정치의 500년을 시대별로 나누어 정리하면 다음과 같다.

고대 아테네의 민주정치와 로마공화국의 500년 역사[3]

아테네의 민주정치	시기	로마의 공화정치
BC 594, 솔론의 금권정치 BC 560 전후, 피시스트라투스의 참주정치	기원전 6세기	군주제에서 귀족제로 전환 - 귀족과 평민의 계급갈등 심화
BC 480, 살라미스 해전 승리 BC 460 전후, 페리클레스의 민주정치 BC 404 스파르타에 패배 BC 403 아테네 민주정치의 복구	기원전 5세기	BC 451, 12표법 - 로마법의 모태
BC 399 소크라테스 처형 BC 384 플라톤의 아카데미아 개교 BC 336~323 알렉산더의 제국건설, 아리스토텔레스의 리케이온 개교 BC 322 아테네 민주정치 소멸	기원전 4세기	BC 367, 리키니우스-섹스티우스 법 - 평민의 공직 진출 제한 철폐, 2인 집정관 가운데 1인은 평민
	기원전 3세기	BC 287, 호르텐시우스 법 - 원로원(상원)과 평민회(하원)에서 평민회의 우월적 권한 인정 BC 264, 제1차 포에니 전쟁 - 카르타고에 대한 로마의 승리 BC 216, 제2차 포에니 전쟁 - 한니발의 로마포위, 위기극복
	기원전 2세기	BC 168, 포로로 끌려온 폴리비오스 - 스콜피오 주니어의 스승이 됨 BC 149, 제3차 포에니 전쟁 - 카르타고 멸망, 로마의 지중해 패권
	기원전 1세기	BC 88, 장군 술라가 집정관이 됨 BC 63, 키케로가 집정관이 됨 BC 44, 카이사르 암살 BC 43, 키케로 암살 BC 27, 옥타비아누스 카이사르의 등장 - 로마공화국의 소멸

---

3) Melisa Lane의 2014년 연구(The Birth of Politics)에 수록된 연도별 주요 사건을 기준으로 작성.

로마공화국의 운영체제, 혼합정

로마는 아테네의 성공과 실패라는 역사적 경험을 비판적으로 수용하면서 군주제, 귀족제, 민주제의 어느 한쪽으로만 치우치는 것은 바람직하지 않다고 판단했다. 계속되는 로마의 전쟁 위기상황에서 로마는 모든 계급의 시민들로부터 적극적인 협력과 참여가 필요했고 주변 지역과 끊임없이 투쟁하면서 내부적 계급갈등을 풀어나가야 했다. 로마인들은 세계적인 국가를 건설했지만, 자신들이 아테네인들처럼 선택된 민족이라고 주장하는 오만함은 보이지 않았다. 어찌 보면, 로마에 안정된 평화가 있었다면 로마의 귀족은 평민에게 정치적 권력을 나눠주지 않았을 것이다. 그러나 전쟁의 위협과 생존의 절박함에서 로마 귀족은 평민에게 양보하고 자신들의 기득권을 내려놓으면서 권력 공존을 인정하는 혼합체제를 선택했다.

그래서 로마공화국의 국정 운영에서는 세 가지의 얼굴을 동시에 만나볼 수 있다. 첫 번째 얼굴은 군주제 특징을 담고 있는 로마의 집정관 제도이고, 두 번째 얼굴은 귀족제 요소를 그대로 지닌 로마의 원로원 제도이며, 세 번째 얼굴은 이상적 아테네의 민주제를 실천한 로마의 평민회 제도였다. 로마공화국은 군주제와 귀족제 그리고 민주제의 권력 균형성을 제도화함으로써 어느 한 세력이 독점적으로 공화국의 운영 또는 지배체제를 장악할 수 없게 하였다. 민주정치의 다수파에 의한 쏠림현상과 극단주의화하는 경향을 완화하면서 혼합정치의 이념을 제도화한 것이다. 로마와 아테네를 민주적 측면에서만 보면 큰 차이가 없다고 볼 수도 있지만, 로마가 지닌 개방성, 실용성, 보편성은 로마를 통합 지향적 국가로 만드는 초석이었고, 이는 작은 폴리스 아테네에서는 찾아볼 수 없는 세계적 국가, 로마공화국만의 강점이었다.

이러한 과정을 통하여 로마는 현대공화국에서 만나볼 수 있는 다양한 제도들을 이미 오래전에 만들어낼 수 있었다. 로마공화국에는 평상시 2명의 집정관이 있었는데 이는 현대공화국에서 대통령과 부통령(국무총리)이 권력을 분점하고 있는 것과 비슷한 제도였다. 또한, 로마의 실권을 오래전부터 장악하고 있었던 귀족세력을 대표하는 원로원 제도 역시 현대공화국에서 그 비슷한 유형을 찾을 수 있다. 의회제도에서 양원제를 통하여 상원과 하원을 동시에 두고 있는 국가들이 많이 있는데 상원은 대체로 로마 원로원에 기원을 두고 있다고 볼 수 있다. 그리고 로마의 평민회는 다수의 로마 평민들 이익을 대변하는 기관으로서 오늘날의 하원이 여기에 해당한다고 볼 수 있다. 한편, 평민회에서는 그들의 권력을 보호할 수 있도록 호민관을 선출했는데 신체적 구속 위협에서 벗어날 수 있는 안정된 지위도 보장받았다. 현대의 공화국 국회의원들의 권한 가운데 불체포특권도 로마 평민회의 호민관이 지닌 특권에서 유래된 것으로 볼 수 있다.[4]

로마공화국의 역사적 가치

아테네와 로마에서 논의된 민주주의와 공화주의의 내용을 정리하면서 그것이 모두 한순간에 이루어지지 않았음을 알 수 있다. 길게는 기원전 9세기부터 기원전 1세기까지 약 1,000년 동안, 군주제와 귀족제를 거쳐서 아테네의 민주정치가 실행되었고, 그 문제점을 보완한 로마가 공화국으로 등장할 수 있었기 때문이다. 민주정치와 공화국만 따로 떼어 놓고 보아도 500년 이상의 역사적 우여곡절을 겪으면서 그 체제가 발전되었음도 확인할 수 있었다. 우선 용어 부분만 보아도, 그리스어로

---

4) 우리나라의 현행 헌법 제44조는 국회의원의 불체포특권을 규정하고 있다. 헌법 제44조 제1항에서 "국회의원은 현행범인인 경우를 제외하고는 회기 중 국회의 동의 없이 체포 또는 구금되지 아니한다."고 규정하고 있으며 제2항에서는 "국회의원이 회기 전에 체포 또는 구금된 때에는 현행범인이 아닌 한 국회의 요구가 있으면 회기 중 석방된다."라고 규정하고 있다. 이처럼 우리 헌법이 국회의원의 불체포특권을 규정한 것은 정부가 국회의원을 함부로 체포·구금함으로써 국회 기능을 위협할 수 없도록 하기 위함이다. 국회의원이 가지는 불체포특권은 국회의원의 신체의 활동 자유를 보장해 줌으로써 국회 자체의 법적 업무가 방해받지 않도록 함을 목적으로 하는 제도이며 고대 로마공화국의 평민회에서 선출한 호민관의 불체포특권과 깊은 관련성을 지니고 있다. 로마가 공화국에서 전제군주국으로 바뀌면서 호민관 제도와 호민관의 불체포특권은 모두 사라졌다. 참고로 근대 초기에는 1603년 영국의회에서 군주의 권한을 통제하면서 특권법(Privilege of Parliament Act)을 제정하여 영국의회 의원의 불체포특권을 인정하기 시작했다.

민주정치를 'demokratia'라고 했는데 이는 다수 인민(demos)과 통치 운영(kratia)이라는 단어가 합쳐진 합성어였다. 다수 인민이 통치 운영하는 정치체제를 영어권에서는 democracy라고 표현했고 부지불식간에 민주정치뿐만 아니라 민주주의를 포괄하는 의미로 사용되곤 하였다.

한편, 공화국의 어원은 라틴어 'res publica'에서 왔다고 볼 수 있다. 이는 로마의 키케로가 처음 지칭한 명칭이지만, 공화국은 개인의 것이 아닌 '공공의 것'이라는 의미를 강조하면서 그 핵심적 가치도 자연스럽게 설명되고 있다. 라틴어의 존재 또는 소유물(res)과 공공(publica)이 한데 어울려져서 만들어진 공화국(res publica)이라는 용어는 공화국이 특정인이나 특정 집단의 사유물(私有物)이 될 수 없다는 의미를 내포하고 있다. 앞서 살펴본 바와 같이 기원전 287년, 호르텐시우스 법을 통하여 로마는 귀족의 것도 아니고 평민들의 것도 아닌 공공의 것으로 합의하였고 로마는 공화국이 된 것이었다. 그렇지만 로마에서 카이사르(왕)가 등장하고 로마공화국이 1인의 카이사르에 의하여 통치되는 왕국이 되면서 로마의 공화국 시대는 역사에서 사라졌다. 이와 같은 맥락에서 고대 아테네 문명과 로마의 위대함은 로마공화국에서 완성되었다고 볼 수 있고 그 이후의 로마왕국은 진보가 아닌 퇴보로 이해할 수 있다.

한편, 지중해 세계의 로마가 쌓아 온 공화국의 역사를 직접 체험할 수 없었던 우리에게 공화국(republic)이라는 용어는 어딘지 어색할 수밖에 없었다. 더욱이 영국인들이 공화국의 의미를 영어식으로 풀어쓰면서 사용하는 코먼웰스(commonwealth)라는 단어를 국문으로 번역할 때에는 당황스러운 오역들이 나타나곤 한다.[5] 서양인이 유교 사상에 낯선 것처럼 우리에게 공화 사상이 낯선 것은 당연할 수도 있다. 따라서 로마공화국의 다음과 같은 두 가지 중요한 기준을 이해하여야 비로소 공화

---

5) 라틴어 res publica는 불어로 république를 거쳐 영어로 'republic'이 되었다는 사전적 설명도 있다. 또한, 영어권 국가들 가운데 특히 영국에서는 공화국 용어에 담겨있는 공동의 번영이라는 의미를 강조하여 공화국을 'commonwealth'로 번역하기도 한다 (Melissa Lane, 2014: 245-283). 지금도 미국의 연방을 이루는 주 가운데 보스턴이 위치한 매사추세츠주는 자신들을 가리켜 State라고 하지 않고 The Commonwealth of Massachusetts라고 한다.

국이 지닌 본질적인 의미에 공감할 수 있을 것으로 판단한다.[6] 먼저 로마공화국의 첫 번째 가치 기준은 국가란 과연 누구의 것인가에 대한 치열한 다툼과 갈등 속에서 국가의 소유권에 대한 기준을 명확히 규정한 것이었다. 로마공화국에서 국가는 왕의 것도 아니고 귀족의 것도 아니며 다수의 평민 것도 아니라는 결론을 내렸다. 공화국은 특정인이나 특정 집단의 사유물이 아닌 공유물(公有物)이라는 기준이었다. 공화국은 왕국도 귀족국가도 평민국가도 아니고 왕과 귀족 그리고 평민 모두가 함께 공유하는 국가라는 것이다. 두 번째 가치 기준으로서 로마공화국은 그렇다면 공유물인 공화국을 누가 어떻게 운영할 것인가에 대한 기준도 분명히 제시하여 주었다. 아테네 민주정치의 성공과 실패를 교훈 삼았던 로마는 민주제(평민회), 귀족제(원로원), 그리고 군주제(집정관)가 혼합된 혼합정체로써 공화국을 운영한다는 기준을 제시한 것이다. 특히 키케로는 민주제와 귀족제 사이의 어느 지점에서 공화국이 운영될 수는 있지만, 절대적 권한을 지닌 군주나 특정집단에 의하여 공화국이 운영될 수는 없다는 것을 분명히 밝혔다. 절대적 권한을 지닌 군주나 특정집단이 존재한다면, 그것은 공화국이 아니고 노예화된 국가에 불과하기 때문이라는 것이다. 이와 같은 로마공화국의 두 가지 기준 즉, '국가의 소유권(공유물)'과 '국가의 운영방식(혼합정체)'에 대한 기준은 고대의 로마인이 현재의 우리에게 제공해주는 공화국 발전을 위한 중요한 역사적 준거 틀이라 하겠다.

---

6) republic을 한자문화권에서는 공화(共和)로 번역하고 있는데 그 기원은 기원전 841년, 중국의 서주(西周) 시대에 폭군이 쫓겨난 이후 나라에 왕이 없었던 시기를 가리켜 공화 시대라고 지칭한 것에서 유래한다. 그렇지만 단순히 왕이 존재하지 않는다고 공화라고 한다면 로마공화국의 개념과 그것이 지닌 중요한 가치를 모두 잃어버릴 수 있다. 아테네와 로마는 약 500년의 왕권주의와 귀족주의 기간을 거친 이후에 다시금 약 500여 년의 기간을 거치면서 민주정치를 공화정치로 성숙시켜 나가는 과정을 겪은 이후에야 비로소 공화국을 완성시켰다. 따라서 로마공화국을 단순히 왕이 없는 국가로만 치부한다면 공화국이 지닌 가장 중요한 가치를 대부분 상실하고 공화국의 근대적 가치와 현대적 가치도 이해할 수 없는 함정에 빠질 수 있다.

로마공화국의 파수꾼, 키케로

사회자: 오늘 공화주의자와의 만남, 첫 번째 대화에 나와 주신 분은 키케로입니다. 로마공화국의 마지막 파수꾼으로 알려지신 분이시지요. 본격적인 대화에 앞서서 키케로의 간략한 약력을 소개해 드리겠습니다.

Who is …

키케로

☑ 본명은 Marcus Tullius Cicero, 기원전 106년 태어나서 기원전 43년에 세상을 떠남(63세).

☑ 변호사 출신이면서 로마공화국 최고의 정치가, 문장가로 유명했음.

☑ 플라톤과 아리스토텔레스로 이어지는 그리스철학에 정통했으며, 기원전 63년, 로마공화국 최고직인 집정관(Consul)에 올랐음.

☑ 공화국을 인민 모두의 것 즉, 공공의 것(res publica)으로 정의함.

키케로: 저를 로마공화국의 파수꾼으로 소개해주시고 이런 뜻깊은 자리에 가장 먼저 초대해주셔서 대단히 감사합니다. 저는 공화주의를 이론적으로 설명하는 학자라기보다는 로마공화국의 최고 정치가로서 말씀드리겠습니다.

사회자: 아, 그렇군요. 당신을 학자로 생각하기보다는 로마공화국의 최고 정치가로서 이해하고 첫 번째 질문을 드리겠습니다. 키케로, 당신은 정치인으로서 로마의 영웅인 카이사르가 황제가 되는 것을 반대했고, 끝까지 그에 저항하면서 로마공화국을 지키려 했습니다. 대체 당신이 그토록 지키려고 했던 '공화국'이란 무엇입니까. 답하여 주시기 바랍니다.

키케로: 제가 저술한 <공화국(De Re Publica)>에서 이미 밝힌 바 있지만, 공화국은 모든 인민의 것 즉, '공공의 것'(res publica)입니다. 물론, 이때의 인민은 단순히 공화국의 수동적 구성원으로 모여 있거나 동원된 사람

들의 집단은 아닙니다. 제가 말하는 인민은 정의에 대한 존중과 공공선(公共善)에 대한 연대감으로 결속된 다수의 결사체이기 때문입니다. 그런 인민들이 생활하기 위해서는 일정한 공간이 필요하겠지요. 그것이 공화국의 영토가 될 것이고 그 영토 위에 공유재산이라고 할 신전과 집회장, 도로 등을 건설할 것입니다. 또한, 이와 같은 공화국을 운영하기 위해서는 인민들의 의견을 수용할 수 있는 토의기관도 필요하겠지요. 그 기관은 한 사람, 소수의 사람, 그리고 다수의 인민에 의하여 운영될 수 있을 것입니다. 한사람에 의하여 그 기관이 대표된다면 우리는 그것을 군주정치(monarchy)라고 할 것입니다. 소수의 사람에 의하여 대표된다면 귀족정치(aristocracy)라고 하겠지요. 그리고 인민 다수에 의하여 운영된다면 민주정치(democracy)라고 하겠습니다. 공화국에서도 시대적 상황에 따라서 귀족정치와 민주정치 가운데 균형점이 이동할 수는 있을 것입니다. 그렇지만 카이사르가 황제로 군림하여 1인 통치체제라는 왕권체제를 세운다면, 그것은 공화국을 파괴하고 로마의 자유인을 황제의 노예로 만드는 것입니다. 따라서 이는 절대 용납할 수 없고 거듭 밝히건대, 카이사르는 로마공화국의 파괴자일 뿐 결코 로마의 영웅이 될 수 없습니다.

사회자 : 공화국에서도 귀족정치와 민주정치는 상대적으로 선택될 수 있다고 하셨는데 왕정체제는 안된다는 것이 잘 이해가 안 되는군요. 그리스의 철학자 플라톤이 말한 철인 왕과 같은 이상적인 왕정체제도 가능하지 않겠습니까?

키케로 : 플라톤의 이상적 국가관에 대해서는 학문적 측면에서 경의를 표합니다. 그렇지만 현실 정치적 측면에서 '인민 모두의 공동의 것'을 추구하는 공화국에서 왕정은 결국 '1인의 것'를 의미하기 때문에 근본적으로 대립할 수밖에 없습니다. 공화주의는 모든 인민이 자유롭고 평등해야 한다는 기본 원칙에서 출발하지만, 왕권주의는 왕의 권리를 특별하게 봅니다. 왕은 인민보다 우월한 지위에서 특별한 권한을 갖고 있으므로 왕과 일반 시민들이 상호 평등할 수 없습니다. 따라서 공화주의와 왕권주의는 양립할 수 없는 것입니다. 물론 제가 살았던 고대시대에는 상상할 수조차 없었지만, 근대 이후에는 입헌군주제가 등장했더군요. '군림은 하지만 통치는 하지 않겠다'라는 방식이라면 국가에 대한 실질적인 소유권이나 운영권에 대해서 왕권을 행사하지 않겠다는 것이므로 공화국과 양립할 수도 있겠지요. 그렇지만 카이사르는 입헌군주제를 추구했던 것이 아니고 전제적 절대군주를 원했던 것이니 공화국의 가치와 정면으로 충돌한다고 하겠습니다.

사회자 : 당신이 분명 공화주의자라는 것은 이해가 됩니다. 그렇지만 아테네의 민주주의자들과 기원전 1세기 로마공화국을 이끌었던 당신과 같은 공화주의자들은 대체 어떤 차이가 있었는지 잘 모르겠습니다.

키케로 : 좋은 질문이라고 생각됩니다. 민주주의와 공화주의에 대한 공통점과 차이점에 관하여 묻는 것으로 이해하겠습니다.

사회자 : 예. 그렇지요.

키케로 : 저는 기본적으로 민주주의와 공화주의, 양쪽 모두 공통으로 인민들의 '자유와 평등'을 추구한다고 봅니다. 단지 방법론에서 아테네는 이상적 민주주의를 추구하였는데 그 과정에서 나타난 긍정적 측면과 부정적 측면을 고려하여 현실적 측면에서 더욱 잘 법제화하고 제도화한 것이 로마의 공화주의라고 할 수 있습니다.

사회자 : 좀 더 구체적으로 말씀해 주시면 좋겠네요. 키케로.

키케로 : 예, 그럼 로마의 공화주의적 관점에서 '공화주의적 자유관'과 '공화주의적 평등관'을 예시하여 말씀해 드리도록 하겠습니다.

'공화주의적 자유관'이란,

- 진정한 자유는 인민들이 최고의 권력을 갖는 공화국에서만 존재한다.
- 자유는 정의로운 주인을 갖는 데 있음이 아니며 어떤 주인도 갖지 않는 데 있다.
- 자유로운 인민은 설득되지만 예속되지 않으며 지도자는 두지만, 주인을 두지는 않는다.
- 자유로운 인민은 오직 법에만 복종하며 타인에게 굴종하도록 강제할 수 없다
- 따라서 모든 인민은 자유롭기 위하여 법에 복종할 뿐이다.

'공화주의적 평등관'이란,

- 인민은 인종, 종교, 성별 등 모든 각각의 차이에서 벗어나 평등하다.
- 인민은 권리에 있어서 절대적 평등을 허용받는다.
- 인민은 동등한 평등을 보장받을 수 있는 제도화된 법에 따라서만 통제받을 뿐이다.
- 공화국에서는 특권을 지닌 절대군주는 존재할 수 없다.
- 이와 같은 공화국의 가치를 공유하고 지키는 것이야말로 진정한 애국(愛國)이다.

사회자 : 예, 키케로 당신은 당대 최고의 연설가답게 공화국의 자유와 평등에 대한 가치를 간략하게 잘 정리해 주시는군요. 그렇다면 그런 자유와 평등을 공화국에서는 어떤 방식으로 제도화하고 실행하는 것입니까?

키케로 : 사실상 어떤 이상적인 정치체제라도 한계점은 있을 수밖에 없습니다. 현명한 왕이라도 그의 아들이 현명하다는 보장은 없고, 올바른 귀족들이라고 항상 올바를 수 없겠지요. 다수의 인민도 마찬가지입니다. 그래서 폴리비오스가 말했던 바와 같이 군주정치와 귀족정치 그리고 민주정치가 잘 조합된 혼합정체가 제도적으로 바람직하다고 생각합니다. 물론 혼합정체를 기계적 의미로 해석하는 것은 아닙니다. 법과 제도는 실제로 모든 인민을 자유롭게 하여야 하고, 인민들은 서로 똑같이 평등하게 대우받아야 할 것입니다. 그렇게 되기 위해서는 바람직한 지도자가 등장할 수 있는 정치적 환경도 조성되어야 하고, 인민들 공동의 관심사를 실현할 수 있도록 공동의 협력체제도 완비되어야 할 것입니다. 이러한 정의로운 정치체제를 법률로 잘 제도화하기 위해서는 입법기관이나 집행기관이 실제로 인민을 최고의 권력자로 인정하고 받들 수 있도록 제도화되어야 합니다. 허위와 허식에 따라서 인민을 높이면서 실제로는 1인 또는 특정 집단이 인민의 권력을 강탈하도록 내버려 두어서는 안 됩니다. 저 키케로가 공화국을 가리켜 '인민 모두의 공동의 것'이라고 한 것에는 인민이 공화국의 주권자라는 근본이념을 실질적으로 재확인하기 위해서였습니다. 따라서 인민의 실질적 주권을 빼앗으려는 자가 있다면, 그는 공화국에서 격리되거나 그것이 여의치 않다면 단호히 처단되어야 할 것입니다.

사회자 : 그래서 인민의 주권을 빼앗으려는 카이사르를 죽이고자 하셨군요. 키케로.

키케로 : 로마의 무지한 사람들은 카이사르를 영웅이라고 생각했습니다. 마치 아테네의 무지한 다수가 피시스트라투스라는 1인의 참주와 의기투합하여 그를 왕처럼 추대했던 것과 비슷한 예입니다. 참주는 다수의 시민적 지지를 받았다고 하여도 결국에는 자유 시민을 노예로 만드는 악의 존재입니다. 카이사르는 많은 지역을 정복하여 로마의 권역을 확장했고, 다수파에 속하는 많은 로마시민의 환심을 사서 그럴듯한 개혁도 단행했지만, 결국은 로마시민의 주권을 빼앗는 강도 행위를 하려 했을 뿐입니다. 저와 같이 로마공화국의 가치를 지키고자 했던 공화주의자들은 기꺼이 카이사르를 제거하는 데 동의했고, 브루투스와 함께 공화주의자들은 카이사르를 암살했습니다. 그렇지만 저희 고대의 공화주의자들은 카이사르를 죽이는 것에는 성공했지만, 로마공화국이 로마제국으로 변질되어가는 그런 큰 흐

름을 막는 데는 역부족이었습니다. 참으로 안타까운 일이지만 그것이 로마공화국의 숙명이기도 했던 것이지요.

사회자 : 키케로, 강력했던 카이사르가 제거되면 다시금 로마는 공화정치를 회복하면서 공화국을 지킬 수 있었을 것 같은데 왜 그렇게 되지 못했을까요. 잘 이해가 안 되는군요.

키케로 : 한 명의 참주 또는 왕을 제거한다고 역사의 흐름이 바뀌는 경우는 거의 없습니다. 커다란 역사 흐름에서 각각의 인물들은 작은 물거품 같은 것이니까요. 물거품은 눈에 크게 보여서 영웅처럼 보일 때도 있지만 그런 물거품을 만들어낸 전체의 흐름을 직시하여야 역사의 진실을 파악할 수 있을 것입니다. 예컨대, 아테네와 로마는 작은 폴리스로 시작했고 역사적 발전과정도 비슷했습니다. 그렇지만 어느 시점부터 그 역사의 흐름에 분명한 차이가 나기 시작하지요. 이상적 민주정치를 추구했던 아테네였지만 다수파들이 극단적 편협함과 이기심에 쏠리면서 아테네는 작은 폴리스 수준을 벗어나지 못하고 몰락합니다. 그렇지만 로마는 아테네를 반면교사로 삼아서 보다 현실적이며 보편적인 가치로서 공화국을 발전시켰습니다. 로마의 엄청난 성공은 작은 폴리스 로마를 세계적인 국가, 로마로 확장 시킨 것입니다. 물론, 그런 로마공화국의 성공으로부터 근본적인 문제가 발생했습니다. 로마공화국의 계속된 영토 확장은 전쟁을 불가피하게 만들었고 계속된 전쟁은 공화국의 혼합정체를 뒤흔들어 놓게 됩니다. 전쟁은 군부세력을 비대하게 만들어 공화국 정부가 이를 통제할 수 없는 상황이 된 것입니다. 로마공화국의 성공에도 불구하고 로마는 토지에 기반을 둔 농업사회라는 시대적 한계가 있었습니다. 토지를 얻기 위해서 전쟁을 계속 진행할 수밖에 없었던 것이지요. 결국, 계속된 전쟁은 절대권력자를 필요로 했고, 이렇게 등장한 절대권력자들은 로마를 왕국으로 만들 수밖에 없었던 것입니다.

사회자 : 오래전 고대의 로마공화국 시대에 인민들의 주인 된 권리를 지키고자 목숨까지 바치셨던 키케로, 로마공화국의 마지막 파수꾼이었던 당신을 만나서 대단히 기뻤습니다. 감사합니다.

그리스 - 로마문명과 베네치아공화국

■ 고대 아테네문명과 로마공화국의 전통을 이어받은 베네치아공화국

베네치아공화국의 종합정부청사인 팔라초 두칼레(Palazzo Dulcale 또는 대통령궁)에는 그리스−로마신화 속에 등장하는 주인공들로 가득 차 있다. 중세시대의 서유럽에서는 기독교적 신성(神聖)을 강조했던 고딕양식이 지배적이었지만, 베네치아공화국은 그들과 달랐다. 특히, 지중해 바다문명을 이어받은 베네치아 사람들은 바다의 신 넵튠(Neptune), 전쟁의 신 마르스(Mars)를 좋아했다.

■ 로마공화국의 혼합정을 이어받은 베네치아공화국 정부청사(팔라초 두칼레)

▌▌ 히드라를 내리치는 헤라클레스(팔라초 두칼레)

▌▌ 지구를 짊어진 아틀라스(팔라초 두칼레)

■ 그리스-로마신화 속 바다의 신, 넵튠(팔라초 두칼레)

■ 그리스-로마신화 속 전쟁의 신, 마르스(팔라초 두칼레)

베네치아공화국은 기독교 국가이고 많은 교회당이 있었지만, 서유럽의 로마가톨릭 교회와는 관련성이 적었다. 베네치아의 산마르코 광장에 있는 가장 크고 유명한 산마르코 교회당도 공화국의 최고지도자인 도제(Doge)의 교회였다. 고대문명과 연결된 동로마(비잔틴)문명의 최고 작품으로 칭송되는 성 소피아 성당(Hagia Sophia)을 모방했던 베네치아의 산마르코 교회당은 서유럽에서 보기 힘든 특별한 건축물이다. 산마르코 교회당 외부의 다양한 장식물은 지중해의 여러 문명에서 가져온 귀한 유물들로 장식되어 있어 화려함을 더하고 있다.

■■ 동로마(비잔틴)로부터 영향 받은 산마르코 교회당

■■ 고대 지중해문명과 연결되어 있는 산마르코 교회당

■ 지중해의 바다문명을 간직한 산마르코 교회당과 주변 조각품들

"민주주의만 하면 아테네로 끝난다. 우리는 보편적인 공화국이 되어야 한다." 로마의 공화국 시대를 이끌었던 핵심 엘리트들의 생각이었다. 고대 지중해의 상업문명을 이어받은 베네치아공화국은 아테네 민주정치와 로마공화국을 이상으로 서기 9세기, 바다에서 건국되었다. 서로마제국이 붕괴된 이후, 대륙에 세워진 프랑크제국과 투쟁하면서 어렵게 독립을 달성했던 베네치아공화국의 힘도 육지가 아닌 바다에서 나왔다. 인구 수에서는 절대적으로 열세였지만, 앞선 항해기술로 프랑크제국의 함선들을 격퇴했던 베네치아공화국은 종교와 인종 그리고 지역별 경계선을 뛰어 넘는 보편적 공화주의를 표방했다. 서유럽과 동유럽 그리고 북아프리카와 중동지역에 국제적인 상업거점망을 건설했으며 지중해 최대 규모를 자랑했던 공화국의 국영조선소, 아르세날레(Arsenale)를 건설하였다. 베네치아공화국의 인구 수는 많지 않았지만, 지중해의 최고 뱃사람으로 구성된 정예 해군은 최강의 해양강국, 베네치아를 만들었다.

■ 그리스–로마 신들의 석상이 지키고 있는 베네치아공화국의 아르세날레 입구(국영 조선소)

중세시대의 천년 공화국으로 등장한 베네치아는 지중해의 상권을 장악했던 나라였다. 아드리아해의 여왕으로 불렸던 베네치아공화국은 동쪽으로 그리스반도의 콘스탄티노플, 북아프리카의 알렉산드리아, 그리고 북대서양 연안의 부르게와 안트베르펜에까지 교역항로를 열었다.

▒▒ 베네치아의 유일한 요새, 아르세날레 성곽

▒▒ 아르세날레에 전시된 선박모형과 베네치아공화국의 지중해 항로

중세의 천년 공화국, 베네치아

로마가 사라진 순간, 서유럽에서는 빛이 사라지고 깜깜한 야만의 공간이 되는 듯했지만, 새로운 빛을 찾는 작은 공간도 생겨났다. 자유를 찾는 사람들의 피난처, 바닷가 갯벌에 세워진 인공섬 군도, 그곳의 이름은 베네치아였다. 자유를 위하여 목숨을 걸고 지켰던 바다의 도시, 베네치아는 프랑크제국과 벌인 독립전쟁에서 승리하면서 자유로운 공화국이 되었다.

(앞면 사진 : 베네치아공화국의 승리를 기념하는 바다개선문. 리알토 다리)

제4장

복종을 거부한 베네치아의 역사

1. 로마제국의 붕괴와 베네치아의 탄생

로마제국이 멸망한 서기 476년을 전후로 서양은 폭력이 난무하고 문명은 사라진 것처럼 보였다. 로마공화국을 거쳐서 로마제국에서 지켜왔던 법과 제도는 서유럽 지역에서 순식간에 무너졌고, 약육강식의 세계는 사람들을 공포에 빠뜨렸으며 안전한 피난처를 필요로 했다.

로마제국의 붕괴

기원전 27년, 로마공화국이 로마제국으로 바뀌는 과정에서 로마의 황제, 아우구스투스(BC 27년~14년)가 등장했던 과정을 제1편에서 살펴본 바 있다. 오현제의 전성기가 있었다고 하지만, 로마제국은 군벌이 창궐하는 군인황제시대(서기 235년~284년)를 겪을 수밖에 없었고, 서서히 붕괴하는 멸망의 길로 들어섰다. 서기 4세기, 위기상황에서 집권한 콘스탄티누스 황제는 로마제국의 분열과 부패를 피하고자 수도를 로마에서 그리스 반도의 비잔티움으로 옮겼다(서기 330년). 새로운 로마제국의 수도는 황제의 이름을 붙여서 콘스탄티노폴리스(콘스탄티노플)로 개명되었다. 콘스탄티누스 황제는 기독교를 공식적으로 인정하면서 제국의 부흥을 위하여 노력했지만, 그가 죽은 지 얼마 지나지 않아서 제국은 급속히 해체되었다. 서기 410년, 로마제국은 서로마와 동로마(비잔틴제국)로 분리되었고 476년, 게르만족의 용병대장 오도아케르가 서로마를 무너뜨리면서 고대의 로마제국은 붕괴했다.

한편, 베네치아는 로마제국이 존재했던 시기에는 거의 존재감이 없었던 바닷가 갯벌 지역에 불과했다. 처음에는 이민족의 공격을 피해서 도망쳐 갔던 바다의 갯벌 피난처에 불과했지만, 이곳에 사람들이 모이면서 베네치아라는 이름을 얻게 되었다. 한편, 서기 5세기 중엽에는 동북아시아에서 긴 여정을 끝내고 중서부 유럽에 도착한 유목 민족들 가운데 아틸라(Attila)가 이끌었던 훈족이 특별히 강력했다. 그들은 유라시아의 초원지대를 건너 중부유럽의 도나우강 유역을 건너 게르만과 로마를 압도하는 강력한 제국을 건설하기도 했다. 훈족의 군대는 수시로 로마를 위협했으며 훈족에 대적할 군사력은 로마제국뿐만 아니라 게르만 용병들에게도 없었다. 서기 453년, 아틸라는 죽었으나 훈족은 여전히 서양인에게 공포의 대명사로 남아 있고 그들 가운데 일부는 '훈(Hun)의 땅(Gary)'을 의미하는 헝가리(Hungary)로 계승되어 오늘에 이르고 있다.[1]

그런데 북쪽 유라시아대륙에서 알프스산맥을 건너서 남서부 유럽으로 진입한 훈족이나 이미 이탈리아반도에 유입해 왔던 게르만족들도 바다는 두려운 대상이었다. 그들은 말을 탈 수 있는 대륙의 평원에서는 강했지만, 바다를 건널 장비나 해군력은 거의 없었기 때문이다. 그래서 로마인들이 훈족과 게르만족의 갑작스러운 침입을 피하는 데 있어서 바

---

[1] 훈족과 헝가리의 연관성을 부정하는 주장도 있지만, 프랑스와 독일보다 앞선 헝가리의 역사를 인정하기 싫은 이유에서라는 부연설명도 있다. 어쨌든 헝가리의 언어구조에는 아시아 북방계의 흔적이 지금도 상당 부분 남아 있는데 그래서인지 한국어와 비슷한 우랄 알타이어계에 속하는 특성을 쉽게 찾을 수 있다. 한국어로 "아빠, 엄마"라고 말하면 신기하게도 유럽에 사는 헝가리 사람들이 그런 한국어 단어를 그대로 이해할 정도이다. 헝가리어로 아빠는 아파(apa), 엄마로 안바(anva)라고 한다.

다는 최고의 피난처일 수 있었고 그들은 자연스럽게 바다에 인공섬을 만들면서 이주를 하였다. 이렇게 인공적으로 바다의 피난처로 형성된 곳 가운데 가장 대표적인 지역이 바로 베네치아였다. 이탈리아반도와 그리스반도가 갈라지는 지중해의 아드리아 북부에서 알프스산맥을 흘러 내려 온 포(Po)강이 만나는 지점에 형성되었던 바닷가 석호(lagoon) 지역은 천혜의 바다 요새였다.

베네치아의 등장

파괴되고 허물어진 로마의 폐허 위에서 새로운 로마를 꿈꿀 수 있는 공간, 베네치아는 이렇게 싹이 트고 있었다.[2] 서기 6세기경, 베네치아 인구가 점차 늘어나고 규모가 커지자 베네치아인들은 자신들을 로마인 이라 여기고 동로마에 편입하고자 했다. 베네치아 사람들은 자청해서 동로마의 지역 사령관인 둑스(Dux)를 파견해 줄 것을 동로마 황제에게 요청했다. 그러나 당시의 동로마는 내부적 분쟁도 심했고 서유럽에 있 는 베네치아를 관리할 여력도 없었다. 어쩔 수 없이 베네치아는 오지 않는 동로마의 지역 사령관을 대신해서 자신들이 스스로 둑스를 선출했 고(서기 687년), 그 이름이 점차 베네치아식으로 바뀌면서 도제(Doge)라 고 하였다. 최고지도자의 명칭이 로마식 '둑스'에서 베네치아식 '도제'로 바뀐 것처럼 베네치아는 어느 사이엔가 독립성이 강한 로마인 후예들의 자유도시로 발전하고 있었다.

베네치아에서는 소금의 생산량도 증가했고 인구수도 늘면서 교회도 세워졌다. 그런데 베네치아 교회의 관할권이 누구에게 있는가를 두고 따지는 상황이 벌어졌다. 베네치아 교회는 근처에 있는 로마교황의 관 할권에 속하는가 아니면 베네치아가 동로마의 영역에 속하니 그 교회도

---

2) 베네치아의 가장 오래된 작은 성당, 자코모(San Giacomo) 교회의 설립날짜를 서기 421년 3월 25일로 추정하면서 이 시기에 맞추어 베네치아가 시작되었다고 주장하는 논의도 있다. 그러나 현존하고 있는 자코모 교회의 실제 구조물은 그 이후의 것이어서 정확한 시기를 판별하기는 어려운 실정인 관계로 서기 6세기를 베네치아의 초기로 판 단하고 있다.

동로마 황제의 관할권에 있는가를 두고 세력다툼이 벌어진 것이다. 서기 800년, 로마교황으로부터 서로마 황제의 직위를 수여 받은 프랑크제국의 카롤루스(Carolus)대제는 이러한 교회분쟁에 침묵만 할 수 없었다. 베네치아는 이탈리아반도의 포강 유역에 있고, 카롤루스대제가 서로마제국의 황제 직위도 받았으니 베네치아 교회의 관할권은 로마교황에 있다고 주장했다. 그런데 베네치아 사람들은 프랑크제국의 군사적 지배도 거부했을 뿐만 아니라 로마교황의 관할권도 인정할 수 없다고 했다. 당대 최강국인 프랑크제국에 대한 베네치아 사람들의 불복종은 베네치아와 프랑크제국의 전쟁을 의미했다.

베네치아는 땅의 기득권을 포기하고 바다로 모여든 로마인 후예들의 피난처였다. 게르만족과 훈족들을 피하여 갯벌에 말뚝을 깊게 박고 그 위에 피난 공간을 만들면서 인공섬을 조성하여 형성되었다. 누가 어떤 인공섬을 가장 먼저 세웠는지 정확히 알 수 없을 정도로 하나씩 둘씩 만들어졌던 인공섬들이 연결되면서 만들어진 갯벌 도시, 베네치아가 프랑크제국에 도전장을 내민 것이었다. 로마교황으로부터 서로마제국의 황제관까지 수여 받은 프랑크제국의 카롤루스대제로서는 자신의 패권에 도전한 베네치아를 철저히 파괴하고 완전히 복속시켜야 했다. 서기 9세기 초, 인공섬의 군도(群島)로 이루어진 베네치아가 프랑크제국의 대군에 맞서는 것은 처음부터 무모해 보였다. 그렇지만 로마인의 후예(베네치아)들은 게르만의 후예(프랑크)에 복속되는 되는 것을 끝까지 거부했다. 베네치아인들은 자발적으로 민병대를 구성했고, 프랑크제국의 최강 군대와 맞설 것을 천명하면서 사실상의 독립전쟁을 시작했다.

베네치아 민병대의 활약

그런데 처음부터 베네치아 사람들이 독립하려 했던 것은 아니었다. 베네치아는 자발적으로 동로마제국에 편입되길 원했고, 동로마의 관리자를 파견해 달라고 요청할 정도였다. 그렇지만 동로마는 베네치아를 관리할 능력도 없었고, 서유럽의 패권국인 카롤루스대제의 프랑크제국과 전쟁을 할 엄두도 내지 못했다. 단지 동로마가 베네치아를 위하여 할 수 있는 것은 프랑크제국의 침입을 막기 위한 약간의 외교적 노력 정도였다. 그러나 동로마의 미온적 태도와는 달리 서유럽의 지배자, 프랑크제국의 카롤루스대제는 베네치아를 점령함으로써 자신의 군사력을 과시하고 동로마가 자신을 서로마제국의 황제로 인정해 주길 원했다. 동로마의 군사지원이 거의 없는 상태에서 베네치아가 자신들의 민병대로 프랑크제국을 상대한다는 것은 지극히 무모한 것처럼 보였다.

한편, 베네치아 사람들이 카롤루스대제에 대한 불복종을 외친 배경에는 그들의 기질과도 밀접한 관련성이 있었다. 베네치아 사람들은 대부분 자유를 찾아 이탈리아반도를 탈출하여 바다로 도망쳐 온 사람들이기 때문에 자기의 땅을 주장하고 기득권을 주장할 수 있는 왕족이나 귀족은 없었다. 그들은 자유의지가 강하고 폭력에 의한 강제를 거부하는 성향이 강했던 사람들이었고 그래서 자신들의 바다공동체를 지키려는 의지가 누구보다 투철했다. 특히, 뱃사람이 대부분이었던 베네치아 사람들은 왕의 권위나 귀족들의 위협에 잘 굴복하는 사람들도 아니었다. 뱃사람들은 어떤 강력한 왕이라도 거친 자연 앞에서는 별 것 아니라는 것을 바다의 파도 속에서 경험적으로 터득했기 때문이기도 했다. 막강한 프랑크제국의 게르만 군대와 맞서서 용감하게 대항한 베네치아의 민병대는 비록 적은 수였지만 일당백의 날쌘 뱃사람들로 조직되었다.

물론, 동로마의 군사원조가 거의 없는 상황에서 모두 몰살당하기 전에 프랑크제국에 항복하자고 했던 베네치아인도 있었다. 그러나 대규모의 프랑크 군대를 맞이하여 끝까지 저항하면서 베네치아의 용감한 민병대는 기대 이상의 성과를 내기도 했다. 애당초, 승패는 정해진 정규군과 비정규군 간의 전쟁이었지만, 베네치아 민병대는 게릴라전을 펼치면서 프랑크 군대를 계속 괴롭혔다. 최강의 프랑크 군대라고 하지만 그들은 게르만들이었고, 바다의 베네치아 민병대는 만만치 않은 상대였다. 베네치아 민병대의 수는 적었지만 노련한 뱃사람들이었고, 주변의 바다 상황에 익숙했기 때문에 상당한 전과를 올리기도 했다. 그러나 시간이

흐를수록 프랑크제국의 군대는 베네치아의 외곽 대부분을 장악했고, 민병대는 계속 퇴각했다. 양쪽 모두 전쟁에 지쳐가면서 이제 최후의 결전을 치러야 할 상황에 근접해 갔다. 프랑크제국의 군대는 총공격을 준비했고, 베네치아 민병대는 최후의 방어선을 설정했다. 그곳은 지금의 베네치아 중심지, 리알토 다리가 세워진 곳이었다.

2. 베네치아 독립전쟁과 프랑크제국의 분열

서기 810년에 발생한 베네치아의 독립전쟁 의미를 정확히 이해하기 위해서 전쟁 직전에 벌어졌던 프랑크제국(기독교)과 이슬람세력의 전쟁부터 살펴볼 필요가 있다. 이슬람세력은 북아프리카를 정복하면서 이베리아반도(스페인)까지 점령했고 물밀 듯이 서유럽으로 확장하던 시기였다.

카롤루스대제와 중세시대

서유럽이 이슬람 지역으로 바뀔 수도 있었던 그 절체절명의 서기 732년, 프랑크의 재상인 카롤루스 마르텔(Carolus Martel)이 결사 항전하여 이슬람을 막아냈다. 이후, 그의 아들 피핀은 프랑크왕국의 새로운 왕으로 등극하면서 카롤링 왕조를 열었고 마르텔의 손자이며 피핀의 아들이었던 카롤루스대제(Carolus, Magnus)는 서유럽의 작은 왕국들을 정복하여 프랑크제국을 세웠다.[3] 카롤루스는 이슬람에 점령된 이베리아반도(스페인)를 제외한 서유럽의 대부분(프랑스, 독일, 이탈리아)을 통치할 수 있었다. 카롤루스대제가 이끄는 프랑크제국은 서로마제국의 붕괴 이래, 거의 유일하게 서유럽을 통일한 제국이라고 평가할 수 있는 이유이다. 카롤루스는 프랑스의 첫 번째 왕 샤를마뉴이며, 독일의 첫 번째 왕 카를대제이기 때문에 카롤루스대제를 가리켜 유럽의 아버지라고 부르기도 한다.

---

[3] 서유럽의 왕족이나 귀족 가문에서는 할아버지의 이름을 손자가 이어받는 경우가 많았다.

서유럽의 패권을 장악한 카롤루스대제에게 로마교황이 제휴의 손을 내민 것은 당연한 일이기도 했다. 서기 800년, 동로마 황제의 통치에서 벗어나고자 했던 로마가톨릭 교회의 교황은 카롤루스에게 갑작스럽게 서로마제국의 황제관을 수여했다. 이 사건을 계기로 서유럽은 종교적으로도 동로마(비잔틴)의 영향권에서 벗어날 수 있었고, 로마교황(종교)과 게르만의 왕(군사력)이 연합하는 중세적 통치체제를 만들어 나갔다. 서로마제국의 멸망 이후, 혼란했던 야만의 시기를 벗어나 로마가톨릭 교회와 게르만 왕국의 공동통치시대가 열린 것이었다. 그러나 동로마(비잔틴)에서는 야만인으로 치부하던 게르만족 수장이 서로마의 황제로 추대되었다는 소식에 분노했고, 이를 결코 인정할 수 없었다. 이러한 상황에서 카롤루스는 자신이 진정한 서로마의 황제라는 것을 힘으로 입증할 필요가 있었고, 그 강력한 무력시위의 대상으로 서유럽과 동유럽의 경계선에 있는 베네치아를 공격목표로 정했다.

이탈리아와 그리스를 가르는 북쪽 바닷가(아드리아해)에 있는 베네치아에 대한 전략적 가치는 중요했다. 특히, 로마교황과 동로마 황제의 베네치아 교회관할권을 둘러싼 다툼에서 프랑크제국의 카롤루스대제는 적극적으로 개입하였고 로마교황의 편을 들었다. 베네치아는 동로마의 수도, 콘스탄티노플에서 가장 멀리 떨어져 있었지만, 프랑크제국의 입장에서는 가까이에서 공격하기 좋은 대상이었다. 카롤루스에게 베네치아는 프랑크제국의 군사력을 실제로 보여줄 좋은 먹잇감이었고, 베네치아를 정복할 경우, 서유럽에 남아 있는 동로마의 마지막 세력을 완전히 제거하는 것이기도 했다. 마치 시베리아와 만주 그리고 중국을 포함한 유라시아의 북동부를 모두 장악한 소련제국이 한반도의 마지막 끝자락을 공격했던 상황과 비슷했다. 카롤루스대제가 베네치아를 정복하는 순간, 카롤루스대제는 서로마제국의 황제라는 것을 증명하는 것이었다.

베네치아의 독립전쟁
그렇지만 프랑크제국의 카롤루스대제는 전쟁터로 나가기에는 이미 너무 나이가 많았다. 카롤루스는 자신을 대신하여 게르만의 서로마제국을 이끌어갈 피핀 황태자를 베네치아 정복의 선봉에 서게 하였고 이를 계기로 황태자를 제국의 수장으로 임명하였다. 카롤루스의 아들 피핀 황태자가 지휘한 제국의 군대는 엄청난 기세로 길쭉한 리도섬의 남쪽 말라모코를 점령했고, 격렬히 저항하는 베네치아 민병대를 차례차례로 제거하였다.[4] 베네치아는 군사적으로 지원하지도 못하면서 간섭만 많았던 동로마의 거의 모든 지원이 끊긴 최악의 상황에서 몰살 직전에 직면했다. 이제 마지막 결전의 순간이 다가왔고 베네치아의 민병대는 모든 전력을 다하여 바닷가 갯벌에서 약간 융기하여 있는 리보 알토(Rivo Alto)를 근거지로 마지막 항전을 준비했다.

그곳은 지금의 리알토와 산마르코 광장 사이의 중간지역이라고 하는데 이곳에서 베네치아 민병대는 최후의 전선을 펼쳤다. 압도적으로 우세한 프랑크제국의 군대였고 계속해서 승전을 거듭한 피핀 황태자에게 이 마지막 전투는 완전한 승리의 일보 직전이었다. 피핀 황태자는 아버지 카롤루스대제에게 자신의 베네치아 승전보를 알리고 차기의 황제로 등극하고 싶었다. 그런데 그 순간, 리보 알토(리알토 지역)에 매복해 있던 베네치아 민병대의 불화살 세례가 시작되었다. 급습에 놀라 멈칫한 순간, 프랑크제국의 함선들은 모두 검은 갯벌에 틀어박혀 옴짝달싹 할 수 없었다. 썰물의 시간대를 정확히 계산한 뱃사람들, 베네치아의 민병대들은 리보 알토의 바닷가 뻘밭에 박혀 있는 수많은 프랑크제국의 함선을 향하여 불화살을 날렸고 엄청난 바닷가 화형식은 계속 진행되었다. 베네치아를 정복하기 직전, 프랑크제국의 함대는 순식간에 전멸했고, 카롤루스대제의 후계자이며 프랑크제국을 이끌어갈 피핀 황태자도 불에 타 죽는 비참한 최후를 맞이했다.

베네치아는 절체절명의 위기상황에서 극적으로 프랑크제국의 군대를

---

4) 베네치아 본섬지역의 외곽에서 본섬을 보호하듯 길게 형성된 리도섬은 오늘날, 베네치아 영화제가 개최되는 지역이다. 영화제 행사가 열리는 때에는 축제 분위기가 연출되곤 한다.

몰아냈다. 베네치아와 벌인 전쟁에서 패퇴한 프랑크제국은 베네치아를 재공격할 엄두도 내지 못했다. 베네치아의 용맹한 민병대뿐만 아니라 베네치아 본섬을 보호하고 있는 바다와 갯벌을 이겨낼 수 없다는 두려움이 있었다. 김포와 강화도 섬 사이의 바닷가 갯벌을 연상케 하는, 그리 넓지도 않은 바닷가 갯벌이지만 결코 쉽게 넘볼 수 없는 천혜의 난공불락이 된 베네치아는 바다의 요새가 되었다.[5]

베네치아의 승리와 서유럽의 분열

베네치아의 프랑크제국에 대한 승리는 베네치아 독립, 그 이상의 의미를 몰고 왔다. 프랑크제국이 서유럽에서 거의 다 확보했던 절대적 패권을 순식간에 상실하는 계기가 되었기 때문이다. 카롤루스대제의 계승자인 피핀 황태자가 베네치아와의 전쟁에서 사망함(810년)으로써 프랑크제국의 후계구도는 근본적으로 흔들렸다. 베네치아에 패한 프랑크제국의 카롤루스대제는 아들을 잃은 충격과 슬픔으로 얼마 지나지 않은 814년, 사망했고 혼란한 상황에서 왕위는 무력한 루이 1세에게 넘겨졌다. 프랑크제국은 지도력 부재 상태에서 급속히 분열되었고, 베르뎅조약(843년), 메르센조약(870년)을 거치면서 제국은 해체되었으며 프랑스, 독일, 이탈리아의 삼국으로 분열했다.

서로마의 붕괴 이후, 게르만을 하나로 통합하여 프랑크제국을 건설했던 카롤루스대제의 사후, 서유럽은 하나의 완전한 제국을 형성하지 못한 채, 오늘에 이르고 있다. 현재의 유럽연합도 프랑크제국의 카롤루스대제가 꿈꾸었던 유럽의 완전한 통합에서 출발했다고 볼 수 있다. 그렇지만 유럽은 하나의 정치체제로 통일하기가 쉽지 않고, 결국 영국 등은 유럽연합에서 탈퇴하는 절차를 밟고 있다. 제3자적 시각에서 본다면, 베네치아는 피핀 황태자의 공격을 막았을 뿐만 아니라 그의 목숨까지 거둠으

---

5) 이탈리아 북부 내륙지방과 베네치아(예컨대 강화도)는 거리상으로 매우 가깝지만, 지금도 바다에 표시된 부표만 제거하면 배를 타고 베네치아를 공격하기가 결코 쉽지 않았다. 유라시아를 제패했던 세계적 몽골 기병도 고려의 강화도를 공략하기 어려웠던 것과 비슷했다.

로써 프랑크제국의 분열을 낳게 한 장본인이었다. 그렇지만 서양인의 시각에서 본다면, 베네치아공화국에 패한 결과, 프랑스, 독일, 이탈리아의 역사가 시작되었다는 것을 공식적으로 인정하기는 어렵다.

베네치아는 프랑크제국의 절대적 패권을 막아낸 이후, 서유럽과 동유럽(비잔틴) 사이에 있는 바다 공화국으로서 유럽의 독자적 세력으로 급부상할 수 있었다. 또한, 황태자 피핀의 목숨을 빼앗은 결과, 서유럽에서는 강력한 제국이 등장하기 어려웠고, 다수의 정치세력이 각기 권력을 분점하는 봉건적 정치체제로 운영되었다. 서기 9세기 초, 베네치아가 프랑크제국을 상대로 승리한 독립전쟁은 또 다른 여러 측면에서도 중요한 의미가 있었다. 베네치아가 독립전쟁에서 승리한 것은 공화국의 부활을 알리는 신호탄이 되었기 때문이다. 베네치아의 민병대가 프랑크제국을 물리침으로써 바다의 공화국이 지중해에 다시 등장한 것이었다. 복종을 요구한 프랑크제국의 카롤루스대제에 항거했던 자유인들의 저항과 독립전쟁에서의 승리는 바다의 공화국, 베네치아의 출범을 의미했다.

3. 베네치아의 공화국 역사

베네치아의 독립전쟁이 끝나고 동로마(비잔틴)제국과 프랑크제국 사이에는 평화조약(Pax Nicephori)이 맺어졌다. 이 조약에서 프랑크제국은 동로마제국의 베네치아에 대한 종주권을 인정했고, 동로마는 베네치아의 독립 공국(Dukedom) 지위를 공식적으로 부여했다. 이로써 베네치아는 독립공화국으로 등장했으며 서유럽과 동유럽의 중간에서 그 가교역할을 할 수 있게 되었다.

해양공화국, 베네치아의 개략적 역사

베네치아는 고대 그리스의 독립적인 폴리스와 비슷한 정치체제로 지중해의 북부 중심에 재등장했다. 베네치아는 지정학적으로 서유럽과 동유럽의 중간에 위치하였기 때문에 프랑크제국과 동로마제국의 완충지대 역할도 할 수 있었다. 유라시아의 대륙과 태평양의 접점에 있는 한반도의 지정학적 특징과도 일맥상통하는 공통점이 있었음이다. 베네치아공화국은 평화조약 이후, 프랑크제국의 후예들인 프랑스, 독일과 긴밀히 교류했지만, 로마의 교황청을 비롯한 유럽의 어떤 왕들의 통치에서도 자유로웠다. 이와 같은 배경에서 베네치아공화국은 서유럽의 중세사회에서 전혀 중세답지 않은 가치관과 독자성을 갖게 되었다.

한편, 베네치아는 멀리 떨어져서 간섭만 하고 있던 동로마(비잔틴)의 수도, 콘스탄티노플을 중요시했다. 당시의 지중해에서 콘스탄티노플은 가장 인구가 많은 대도시였고 경제적 수준도 가장 높았던 곳이었기 때문이다. 동로마는 간섭하는 잔소리를 자주 하였지만, 베네치아공화국은 실리적(상업적) 이유에서 동로마와의 긴밀한 관계를 자발적으로 계속 유지했다. 중세의 봉건 체제하에서 서유럽에 우후죽순으로 등장했던 수많은 자유도시와 베네치아를 비슷하게 본다면 베네치아의 실체를 오해할 수 있다. 중세시대의 왕이나 영주에게 얼마간의 세금을 내고 칙령을 받아서 자유도시가 된 곳과 베네치아공화국은 출발부터 달랐기 때문이다. 베네치아는 프랑크제국과 전쟁을 벌여 독립을 쟁취했고, 동로마제국의 간섭에서도 벗어난 독립국이었다. 전성기의 베네치아공화국은 지중해의 패권을 장악하면서 육상의 어느 왕국보다 강한 그리고 동로마(비잔틴)제국을 압도하는 해군력을 보유하였다.

베네치아는 십자군 전쟁을 거치면서 12세기부터 15세기까지 약 300년 동안 최고의 전성기를 누리면서 지중해를 자신의 내해로 만들어 나갔다. 특히 13세기에는 콘스탄티노플을 정복하면서 지중해의 향료(후추) 무역을 독점했고 유럽에서 가장 많은 황금을 보유한 최고의 채권국으로 행세했다. 그렇지만 16세기, 오스만제국과 계속된 전쟁을 벌이면서 후발주자로 등장한 포르투갈과 스페인에 그들의 해양권을 넘기면서 쇠퇴기를 맞았다. 지중해에서 대서양으로 해양세력의 중심이 이동하면서 베네치아의 인재들도 지중해를 벗어났고, 대서양의 이베리아(스페인, 포르투갈), 프랑스, 그리고 플랑드르(네덜란드) 지방을 거쳐서 북유럽으로 이동했다. 특히, 베네치아를 떠났던 세계적 인재들이 북네덜란드의 암스테르담에서 함께 집결한 순간, 베네치아를 계승한 네덜란드공화국은 스페인제국을 향하여 본격적인 독립전쟁을 시작하였다. 프랑크제국을 상대로 독립전쟁을 벌였던 베네치아처럼, 네덜란드의 암스테르담은 16세기의 스페인제국을 상대로 투쟁했고 마침내 공화국의 승리를 쟁취했다.

베네치아의 공화국 정신

베네치아는 지중해의 패권을 두고 당대 최강의 제국들과 전쟁을 벌이며 지중해에서 성장했다. 베네치아는 강한 공화주의적 정신으로 무장되어 있었고, 지중해의 패권을 차지하려는 어떤 제국의 도전도 용납하지 않았다. 베네치아는 동유럽의 비잔틴제국과 결전을 벌여 콘스탄티노플을 정복했지만, 정작 자신들에게 돌아온 라틴제국의 황제관은 사양했다. 베네치아공화국은 제2의 로마제국이 되어서 왕국으로 변질되는 것을 원하지 않았기 때문이었다. 그들은 동부 지중해를 자신의 본거지로 삼았으며, 아시아와 유럽의 교역을 담당하면서 국부를 축적했다. 그러나 유라시아대륙에서 서양으로 진입한 15세기의 오스만제국과 충돌하면서 오스만(이슬람)세력과 격전을 벌여야 했다. 유럽의 대륙에서는 신성로마제국이 오스트리아의 비엔나에서 이슬람세력을 막았다면, 지중해에서는 베네치아가 이탈리아의 로마를 지키기 위해서 스페인과 함께 레판토해전을 벌였다.

1571년에 벌어진 레판토해전에서 스페인제국이 오스만제국과 해전을 벌여서 승리한 것으로 알려졌지만, 사실은 베네치아공화국이 자신의 해군력을 총동원하여 벌인 전쟁이었다. 그리스(비잔틴)의 콘스탄티노플 정복에 이어서 이탈리아의 로마를 정복하고자 했던 오스만제국을 막아선 것은 베네치아공화국의 갤리선이 주력 함선이었기 때문이었다. 베네치아공화국의 결사 항전으로 오스만제국의 로마 정복은 막았지만, 그 대가로 동지중해의 패권을 오스만제국에 양보해야만 했다. 지중해의 패권을 잃은 베네치아공화국은 이후, 조용한 공화국으로써 유럽의 전쟁에서는 대부분 중립을 지켰지만, 그들의 실용주의와 보편주의 그리고 단합된 수평적 공동체 성격은 서유럽에서 봉건제도가 붕괴하고 새로운 근대사회가 출현할 수 있는 중요한 계기를 마련해주었다. 베네치아공화국은 왕이나 귀족이 지닌 우월성과 제국의 신격화는 무시했지만, 각 개인의 자발성과 그 개인의 가치를 존중했기 때문이었다.

후기의 베네치아공화국은 지중해의 패권을 잃으면서 귀족제 성격이 강한 작은 공화국이 되었지만, 초기의 베네치아공화국은 다수파에 의한 민주적 참여의 정치적 특성이 강해서 최고지도자(도제)를 대중이 직접 선출하기도 했다. 공화국의 규모와 국력이 커지면서 로마공화국의 역사에서처럼 제2의 카이사르가 등장할 가능성이 커지자 베네치아 사람들은 베네치아에서 그 누구도 군주가 될 수 없도록 강력한 견제장치를 만들고자 했다. 이런 배경에서 베네치아는 다수파(대중)들이 1인의 영웅을 치켜세워 왕을 만들 수 없도록 즉, 또 다른 카이사르가 등장하지 못하게 의도적으로 정치적 귀족계급을 만들었다. 이렇게 베네치아공화국은 귀족제 공화국으로 바뀌었지만, 경제적으로는 부지런히 벌어서 부(富)를 축적하는 것을 중요시하였고, 빈부격차로 사람을 차별하는 일도 거의 없었다. 노력해서 잘사는 것을 높이 평가했지만, 좀 산다고 가난한 사람을 무시했다가는 큰코다치는 공화국이었다. 부자들이 사는 최고의 고급주택 아래쪽 입구에 가난한 사람들이 함께 사는 경우는 이런 분위기를 설명하는 하나의 예이다.[6] 이와 관련된 내용은 제5장에서 보다 상세히 살펴보고 있다.

---

6) 중세시대였음에도 베네치아에서 보여주었던 주거형태는 대단히 특별한 사례였다. 중세의 귀족들은 평민과 같은 주거지역에 살지 않았고, 분명한 차이와 격리된 공간에서 차별을 두었다. 그러나 공화주의적 또는 공동체 의식이 매우 강했던 베네치아 사람들은 신분의 차이, 빈부의 격차에 상관없이 경제 수준에 따라서 큰 집에 살기도 했고 작은 집에 살기도 했다. 큰 집에 산다고 자랑할 것도 작은 집에 산다고 슬퍼할 것도 없었던 베네치아 사람들이었다. 장사를 잘해서 돈을 많이 벌면 언제든지 큰 집에서 살 수 있었고, 사업에 망하여 가난해지면 작은 집에 사는 것이었다. 현대를 사는 우리네 생활과 크게 다를 것이 없었던 중세시대의 베네치아 주거형태였다.

베네치아의 역사 3단계

본격적인 베네치아에 대한 탐색에 들어가기 전, 간략하게 베네치아의 역사를 다시금 정리하여 살펴보면 크게 3단계로 나누어 볼 수 있다. 베네치아의 <제1단계>는 6세기 바닷가 인공섬을 만들어 피난했던 사람들이 주거지를 만들고 인구가 증가하면서 9세기 독립전쟁에 이르는 시기이다. 당시의 베네치아는 매우 평범한 이탈리아 북부 지방의 바닷가 여느 시골항구와 크게 다르지 않았다. 동로마에서 일시적으로 파견된 관리가 기록한 바에 의하면, 베네치아는 알프스산맥 아래의 롬바르디아의 평원을 흐르는 포강 하구에서 고기와 새우를 잡고 소금을 만들어 파는 어부들의 삶이 대표적이라고 하였다. 동로마는 특별히 베네치아를 중요하게 관리하지 않았으며 베네치아의 생활은 이후에도 크게 관심을 끌지 않았다. 이처럼 초기 <제1단계>의 베네치아는 뱃사람들이 모여 살면서 평화로운 작은 바닷가 마을로, 자신들의 지도자(Doge)도 직접 선출하는 그런 곳이었다.

그러나 베네치아가 독립된 자유 공화국으로서 중세의 지중해 역사 전면에 등장한 <제2단계>는 특별한 시기였다. 서기 9세기부터 15세기까지의 약 700년 동안 베네치아는 이전의 어부들이 보여주었던 삶과는 전혀 다른 방식을 보여주기 시작했다. 베네치아는 어업 마을에서 상업과 교역에 기반을 둔 해양공화국으로 급속히 바뀐 것이다. 북해의 청어잡이로 유명했던 암스테르담 항구가 갑작스럽게 상업 중심지로 바뀐 상황과도 비슷했다. 베네치아공화국의 젊은이들은 바다로 나갔고 늙어서야 고향으로 돌아왔으며, 흑해에서부터 지중, 대서양의 북해에 이르기까지 장사를 하면서 돈을 벌고 엄청난 국부를 축적했다. 유럽은 빈곤했지만, 베네치아는 잘살았다고 할 정도였다. 그러나 1453년, 오스만제국이 흑해를 장악하고 콘스탄티노플을 점령하면서 베네치아의 상황은 매우 나빠졌다. 더욱이, 1499년 포르투갈이 아프리카－인도 신항로를 개척하면서 베네치아의 국제무역과 상업적 환경도 급반전되었다. 젊고 유능한 인재들은 베네치아를 떠나기 시작했고 그들은 새롭게 등장한 새로운 기회의 땅, 포르투갈로 향했다. 16세기, 서양과 동양의 교역로는 지중해가 아닌 대서양을 통해서 가능해졌으며 이를 계기로 해양의 중심은 지중해에서 대서양으로 바뀌었다.[7]

베네치아의 <3단계> 역사는 16세기부터 18세기의 약 300년으로 구분 지어 볼 수 있다. 오스만제국에 밀리면서 동양과 서양을 연결짓던 지중해 무역에서 독점적 교역권을 상실한 베네치아가 새로운 국가생존 전략을 모색한 시기였다. 시리아 등 중동지역과 교역하면서 배웠던 선진공업기술 즉, 유리공업(거울, 안경, 유리, 보석세공 등)을 중심으로 베네치아는 수공업을 특화 발전시켰고, 오랜 기간 축적했던 자본력과 앞선 금융기법으로 금융업을 발전시켰다. 그렇지만 베네치아의 인재들은 지중해의 베네치아를 떠나서 대서양 연안으로 옮겨갔고 베네치아의 자본도 그 뒤를 따를 수밖에 없었다. 베네치아는 시끄럽고 혼란했던 17세기의 유럽전쟁, 18세기의 혁명 시기를 초연히 바라보면서 바다 위의 안전한 베네치아 본섬에서 가면무도회를 즐기는 것에 만족했다. 그러나 영국의 명예혁명, 미국의 독립혁명에 이어서 1787년에 발생한 프랑스혁명의 폭풍우는 평화로운 베네치아에도 거센 풍랑으로 몰아쳐 들어왔다. 프랑스의 나폴레옹은 1797년, 단 한발의 총알도 쏘지 않고 베네치아 본섬에 입성하였지만, 인재도 자본도 모두 빠져나간 빈 껍데기에 불과한 베네치아였을 뿐이었다. 나폴레옹은 베네치아 본섬을 오스트리아에 거저 넘기다시피 했고, 베네치아공화국의 역사는 지도에서 사라졌다.[8]

---

7) 15세기 말부터 베네치아공화국은 그들이 오랜 기간 심혈을 기울여 관리했던 지중해의 항구들이 더는 아무런 효용 가치도 없다는 것을 알았다. 또한, 시간이 갈수록 더욱 강성해져 가는 오스만제국의 계속된 확장과 공격에서 베네치아는 오스만제국에 지중해의 패권을 양보할 수밖에 없었다. 그렇지만 마지막 순간, 베네치아는 이탈리아의 로마까지 점령하려고 공격했던 오스만제국을 레판토해전에서 사력을 다하여 막아섰다. 동지중해의 해상권은 완전히 잃었지만, 자신들의 본섬(베네치아 군도)으로 이어지는 작은 아드리아해만큼은 철저히 관리했다.
8) 육지로 올라온 베네치아는 땅 위의 바다거북처럼 느리고 볼품이 없었다. 쇠퇴기의 베네치아 귀족들은 더욱 보수화되었고 이탈리아 북부지역(지금의 베네토지역)의 농사에만 관심을 두고 있어서 바닷사람들이 지녔던 강인한 특성은 이미 사라진 지 오래였다. 베네치아공화국이 소멸하기 직전인 1786년, 베네치아를 여행했던 독일의 대문호 괴테(Goethe)는 30대 중반 그의 시각에서 베네치아를 매우 사실적으로 묘사했다. "나를

1단계 베네치아	[서기 6~8세기]	이탈리아의 북부 포강 하류와 아드리아해가 만나는 갯벌 지역에서 전쟁을 피하여 이주했던 자유인들이 인공섬 군도를 만들면서 어촌마을을 형성했던 시기
	베네치아공화국의 건국 이전	
2단계 베네치아	[서기 9~15세기]	프랑크제국의 공격을 격퇴하고 공화국을 건국했으며, 십자군 전쟁에 본격 참여하면서 국부를 축적했고, 동양과 서양의 (향료) 무역을 사실상 독점하면서 지중해의 패권을 확보했던 전성기
	베네치아공화국의 전성기	
3단계 베네치아	[서기 16~18세기]	지중해의 패권을 상실하면서 수공업과 농업 중심의 육상국가로 전환하려고 했으나 쇠퇴의 흐름을 막을 수 없었음
	베네치아공화국의 쇠퇴기	

둘러싼 베네치아는 전부 고귀함으로 가득 차 있다. (중략) 이 훌륭한 기념비는 어떤 군주 한 사람을 위한 것이 아니라 공화국 인민 모두의 노력이 나은 산물이다. (중략) 그렇지만 이제 사람들이 베네치아를 떠난 것처럼 나 또한 석양에 비친 이곳 베네치아를 떠나야 한다."

제5장

베네치아 사람들의 개방적 바다 문명

1. 베네치아의 바다 문명

베네치아를 만나는 느낌은 매번 새롭다. 살아 숨 쉬는 바닷가 박물관에 들어서는 기분이 들 정도이다. 검은색 아스팔트가 아닌 검푸른 바닷물로 채워진 도시의 구석구석은 바닷길과 하늘이 만나면서 놀라운 장면을 곳곳에서 연출한다. 소금물에 닿을수록 더욱 단단해지는 나무를 기본 골조로 갯벌 위에 튼튼히 세워진 수백 개 인공섬 군도(群島)로 구성된 베네치아는 정말 특별하다.

베네치아의 바다 정신

육상에만 살았다면 이해하기 어렵겠지만, 바닷가에 살았던 경험이 있다면 베네치아의 특별한 해양 구조를 쉽게 이해할 수 있다. 베네치아는 한반도 서해안의 갯벌과 비슷한 지형에 세워진 인공도시이다. 이탈리아반도의 북부 동해안은 한반도의 서해안 갯벌과 비슷한 특성을 보이는데, 알프스산맥에서 흘러나온 포(Po)강을 따라서 아드리아해(Adriatic

Sea) 연안에 형성된 라군(lagoon) 또는 석호(潟湖)에 위치하여 있다. 전문적인 설명으로만 들으면 잘 이해가 안 갈 수도 있지만, 이탈리아의 포강을 한반도의 한강으로, 아드리아해를 서해로 생각하면 이해하기 쉽다. 한반도의 한강 하구에서 서해를 바라보면 갯벌과 갯벌 사이, 크고 작은 석호가 많이 있기 때문이다. 예컨대, 경기도 북부 오두산 통일전망대에서 보면 한강과 임진강 그리고 서해가 만나는 넓은 갯벌 지역이 보이는데, 이런 곳에 자연적으로 만들어진 커다란 바닷가 갯벌과 만나는 웅덩이 안쪽에 인공섬을 만들었다고 생각하면 거의 비슷하다.

　육지에서는 담수가 흘러들어오고, 바다에서는 해수가 밀려오는 완만한 개펄 지대에 베네치아 군도를 만든 본래 이유는 앞서 설명한 것처럼 침입자의 공격을 막기 위함이었다. 능숙한 뱃사람이라도 베네치아의 본섬으로 들어오려면 수시로 바뀌는 물길 때문에 안심하고 배를 움직이기가 쉽지 않다. 그래서 내통자만 없다면 외적의 침입을 막아내기에 베네치아만큼 좋은 입지는 없다고 했다. 베네치아의 자연적 환경 조건은 양면적이어서 외적의 침입을 방어하기에는 바다 지형이 매우 유리하지만, 동시에 해일과 높은 파도, 밀려드는 토사와 퇴적물들은 베네치아 사람들의 일상적 안전을 위협하는 것이었다. 지금도 베네치아 군도 주변으로는 밀려드는 토사와 퇴적물로 안전한 통행이 어려워 각 지점에 커다란 바다 말뚝을 박아서 해로를 관리하는 모습을 쉽사리 볼 수 있다.

　이처럼 바다가 생활터전인 베네치아에서 서기 9세기, 프랑크제국을 바닷가 갯벌에서 격퇴하고 독립을 쟁취한 사건은 베네치아 바다 문명의 시작점이 되었다. 비록 오합지졸에 가까운 얼마 안 되는 베네치아 민병대로 싸웠지만, 갯벌에서 조수간만의 차이를 이용하여 제국의 거대한 함선을 뻘밭에 박아두고 불화살로 화형식을 했던 그 순간, 베네치아는 독립이 보장된 해양공화국이 될 수 있었다. 베네치아 사람들의 의식 속에도 베네치아가 프랑크제국의 군대를 자력으로 물리쳤다는 자부심이 자리 잡았고, 이후의 베네치아 사람들의 생각과 행동은 확연히 달라졌다. 베네치아는 프랑크제국뿐만 아니라 동로마(비잔틴)제국의 간섭에서도 벗어나면서 자유의 공간이 될 수 있었고 고대 그리스와 로마의 해양 문명을 추앙하면서 새로운 세상을 꿈꿀 수 있었다. 베네치아공화국은 서기 810년부터 약 천 년 동안, 바다의 공화국으로서 유럽 최고의 부국이라는 명성을 누렸다.

베네치아의 해양기업문화

전성기의 베네치아 사람들은 젊은 시절, 무조건 바다로 나가야 했다. 젊은 남자가 베네치아 거리에서 두 다리로 어슬렁거리며 돌아다니는 것은 수치였다. 베네치아공화국의 기본 정신은 뱃사람 정신이었고, 언제라도 전투에 임할 준비가 되어있었지만, 평화 시기에는 바닷가 항구에서 장사하며 돈을 버는 것이 일상일 정도였다. 나이가 들어 외지에서 바다 생활을 하기 힘든 중년이 되면 고향으로 귀향했고, 공화국을 위한 다양한 공직생활에 종사하면서 생애를 마무리하는 것이 그들의 명예였다. 베네치아의 뱃사람들은 배의 안전을 위한 검시관이 되기도 했고, 정치적 식견과 지식이 높으면 공화국의 고위 공직자로 발탁되어 봉사해야 했다. 베네치아공화국의 최고 공직자(도제)가 되기 위한 첫 번째 조건이 뱃사람 경력이었고 젊은 시절, 세상 각지를 돌아다니며 최고의 상인으로 돈을 많이 벌어야 공화국의 지도자가 될 수 있었다.[1]

바다에서 프랑크제국을 상대로 벌인 전쟁에서 승리하면서 독립을 쟁취할 수 있었던 베네치아 뱃사람들이 어느새 지중해 교역으로 돈을 버는 장사꾼이 되었다. 지중해 연안의 항로와 지리정보를 가장 많이 알고 있는 베네치아 뱃사람들은 누가 어떤 물건을 어디에서 원하고 누가 그 물건을 공급할 수 있는가를 가장 잘 알고 있었다. 13세기, 동양에 대한 국제정보를 가장 잘 알려준 인물도 베네치아 뱃사람 마르코 폴로였던 것처럼 그들은 세계의 정보를 가장 많이 알고 있었던 사람들이었다.[2]

---

[1] '상인의 나라'로 불렸던 베네치아공화국에서 사업능력을 보여주지 못한 사람을 공화국의 지도자로 추천할 수는 없었다. 베네치아 뱃사람이 지니고 있던 해양기업적 속성은 베네치아공화국의 건강성과 일맥상통하는 것이기도 했다. 베네치아가 쇠퇴했던 16세기부터 베네치아 사람들은 점차 바다를 멀리하고 육지에 안주하기 시작했다.

이처럼 수많은 마르코 폴로와 같은 상인들로 구성된 베네치아공화국이었기에 아직 밖의 세상에 무지했던 중세의 서양에서 베네치아가 무역 강국이 된 것은 당연하였다. 그렇지만, 베네치아 남자들이 상인으로 뱃사람으로 살아가는 방식이 쉬웠던 것만은 아니었다.[3] 그들은 어릴 때부터 바다에 나가서 허드렛일을 하면서 노를 잡았고, 거친 풍랑을 헤치면서 생존법을 터득했다. 몽골 소년이 초원을 달리는 말 위에서 놀았다면 베네치아 소년은 바다의 선박 위에서 놀았다. 지금도 베네치아의 대중교통인 수상 버스, 바포레토(vaporetto)를 모는 베네치아 뱃사람 후예들의 기술을 옆에서 보면 정말 범상치 않아 보인다. 육상의 도로에서 자동차를 운전하는 것보다 더 능숙하게 배를 모는데 뱃사람의 유전자가 지금도 흐르는 것 같다는 생각이 들 정도이다.

어쨌든, 힘든 바다 생활을 마치고 중년이 되어서 돈도 모으고 경험도 쌓은 베네치아 남자들은 이제 조용히 정착의 시간을 갖는다. 오랜 경험에서 쌓은 뱃사람들의 지혜는 떨어진 그들의 기력을 대신하여 발휘되었고, 젊은이들이 따라올 수 없는 능숙함으로 배를 고치고 옮기고 점검하였다. 요즘으로 치면 자동차를 고치는 것보다 더 쉽게 뚝딱거리며 배를 만들고 수선할 수 있는 사람들이었다. 기록에 따르면 등대지기, 세관원, 선박검사관들은 대부분 숙련된 베네치아의 뱃사람 은퇴자들이었

---

2) 베네치아의 상인이었던 마르코 폴로는 그의 동방견문록 여러 대목에서 상인의 시각에서 볼 때, 어느 지역에 무슨 상품이 있고 누가 그 상품을 좋아할 것이라고 상세히 설명했다. 오늘날의 시각에서 상업과 무역이라는 측면에서 보면 동방견문록이 지닌 철저한 상인의 시각을 재발견할 수 있다. 1254년, 베네치아의 상인 아들로 출생한 마르코 폴로는 17세가 되던 해에 그의 아버지를 따라서 원나라를 향해 여행하면서 중국의 여러 도시와 동남아시아의 왕국들까지 여행하고 1292년 베네치아로 돌아왔다. 고향으로 돌아온 마르코 폴로는 베네치아와 제노바 사이에 벌어진 바다 전투에 참여했다가 제노바 군대에 잡혀서 감옥 생활을 한 적도 있었다. 이때 몽골제국, 특히 원나라에서 겪었던 재미난 이야기를 동료들에게 들려주었고 그 이야기를 기초로 작성된 저작물이 있었는데 그것이 바로 그 유명한 '동방견문록'이다. 1324년, 70세의 노년의 나이를 맞아 마르코 폴로는 베네치아에서 조용히 인생을 마무리했고 지금도 베네치아에는 그가 살았던 집이 남아 있다.

3) 베네치아 뱃사람들은 거친 파도에 휩쓸려 죽는 비율이 매우 높았다. 그래서 베네치아에는 남편 없는 과부도 많았는데 그 많은 베네치아 과부들 틈 사이에서 카사노바가 뿌렸던 희대의 염문 이야기는 지금까지도 전해진다. 카사노바가 감옥으로 끌려가면서 건넜던 통곡의 다리는 빼놓을 수 없는 베네치아의 관광명소가 되었다.

다. 그들은 베네치아 항구에 문제가 생기면 마치 자동차를 몰듯이 바람을 가르고 물살을 헤치며 능숙하게 배를 몰아 신속히 항구의 문제를 해결했다. 수많은 물동량을 나르고 번잡했던 베네치아의 선착장에서 중세 시대의 어느 항구보다 가장 효율적인 화물의 선적과 하역이 이루어졌다.

베네치아의 대표기업, 콜레간자

베네치아 역사상 가장 대표적인 상인은 엔리코 단돌로(E. Dàndolo)이다. 그에 대한 상세한 소개가 제6장에서 다시 나오겠지만, 단돌로는 베네치아를 대표하는 최고지도지인 동시에 상인이었고 외교관이면서 전장의 사령관을 겸하였다. 그는 젊은 시절부터 무역업에 종사했고 바다에 대한 풍부한 지식과 경험으로 다져진 뼛속부터 뱃사람이었다. 동시에 그는 베네치아 사람들이 가장 존경하는 최고지도자로 평가받았지만, 자신은 결코 자신을 기념하는 조각상을 세우지 못하도록 하였다. 위대한 인물조차 인간을 우상으로 표현하려 하지 않은 철저한 공화국 정신의 유산이었다. 이러한 베네치아공화국에서 초기형태의 주식회사 또는 현대판 벤처회사의 형태를 띠고 있는 콜레간자(colleganza)가 등장했던 것은 결코 우연이 아니었다.[4]

콜레간자는 자본을 가진 자(투자자)와 열정을 가진 자(젊은 상인) 사이에 계약을 체결하면서 시작되었는데 지극히 상업적이었다. 투자자는 일정액을 젊은 상인에게 투자하여 항해에 따르는 위험성을 회피하는 대신, 젊은 상인은 투자금을 받아서 선박과 상품을 구매하였고 바다 밖에 나가서 열심히 팔아 돈을 벌었다. 외국에 나가서 무역하는 긴 여정에서 안전하게 귀국하여 돌아온다면 이익을 낼 수 있지만(투자자는 수익금의 3/4, 무역상은 수익금의 1/4), 배가 난파되거나 해적들에게 약탈당하면 투자금은 모두 날릴 수 있었다. 벤처투자처럼 투자자는 고수익, 고위험을 감수해야 했고 자본이 없는 젊은 뱃사람은 큰돈을 벌 기회도 있었지만 죽을 수도 있었다.

---

4) Lane, 138 - 140 참조.

셰익스피어가 1596년에 저술한 ＜베니스의 상인＞에 나오는 주인공 안토니오도 엄밀한 의미에서 보면 베네치아의 콜레간자 투자자였다. 직접 배를 타고 나가서 상품을 파는 상인이 아니라 콜레간자를 몇 개 운영하면서 자금을 투자하는 사람이었다. 그는 자신의 사업을 설명하면서 "한 척의 상선이나 한 곳에만 나의 모든 운을 걸고 모험하진 않으며, 한 해의 운수에 내 모든 재산을 모두 거는 것도 아니라네"라고 말하는 제1막 1장의 내용은 이를 뒷받침해준다. 안토니오는 콜레간자가 어떤 방식으로 돈을 벌고 이윤을 내는가를 설명해주고 있는데 그는 자신이 운영하는 여러 개의 콜레간자가 있기에 큰 위험성을 분산할 수 있다고 말한 것이었다. 오늘날로 치면 주식회사 또는 벤처회사를 합친 것과 비슷한 콜레간자를 몇 개 운영하면서 위험성을 나누면서 큰 이윤을 얻는 방식이었다. 이러한 베네치아의 콜레간자 방식을 16세기의 영국 극작가 셰익스피어가 알고 있었던 것을 신기하게 생각할 수도 있다. 그렇지만, 베네치아의 콜레간자 방식은 이미 유럽에 잘 알려진 투자회사방식이었고 그런 베네치아의 콜레간자에 영향 받아서 영국의 동인도회사가 만들어진 계기가 되었음도 알 수 있다.[5]

2. 베네치아의 바다공동체

베네치아는 로마제국이 붕괴한 유럽대륙에서 피난 나온 사람들이 바다에 세운 인공섬에서 출범하였다. 생존을 위하여 도망쳐 모여든 다양한 이주민들로 구성된 베네치아에는 농사지을 땅도 없었던 척박한 곳이었지만, 베네치아공화국은 어떤 왕국보다 국민의 공동체 의식이 강했던 나라였다.

베네치아의 우물

현재 베네치아는 150개 이상의 섬, 180개에 가까운 바닷길, 그리고

---

5) 베네치아의 국제무역회사 형태였던 콜레간자(colleganza)는 훗날 17세기, 북네덜란드의 암스테르담을 중심으로 만들어진 연합 동인도회사(VOC)의 모태로 볼 수 있다.

400개가 넘는 다리로 구성되어 있다. 크고 작은 섬들의 변화, 그리고 바닷길과 다리의 숫자가 조금씩 바뀌었지만 13세기의 베네치아 군도(群島)의 기본 구조는 현재와 크게 다르지 않다. 이런 이유에서 베네치아는 살아 숨 쉬는 박물관이라고 할 만하다. 멈포드(L. Mumford)와 같은 도시평론가는 바다 공간에 인위적으로 만들어진 해양도시, 베네치아를 가장 이상적인 도시로 평가했던 적도 있었다. 그는 '유기적 인본주의'라는 표현을 써가면서 베네치아를 가장 인간다운 도시(humanity as organic humanism)로 칭송했다. 그래서인지 베네치아를 보면, 왠지 이 도시는 살아 숨 쉬는 유기체 같은 마치 커다란 바다 고래의 등 위에 올라타 있다는 느낌이 든다.

특히 베네치아의 섬, 그 가운데에 있는 우물들을 보면 마치 고래의 등 위에 나와 있는 숨구멍처럼 바다 생명체의 숨결이 느껴진다. 사람들은 베네치아의 우물을 가리켜 포초(pozzo)라고 불렀는데 엄격한 의미에서 베네치아의 포초는 우물이라기보다는 물을 담아두는 커다란 물통에 연결된 빨대 같은 것이었다. 마치 고래의 허파와 연결된 숨구멍 같은 것이라는 생각도 든다. 베네치아는 비가 많이 오는 지역이지만, 바다 위의 인공섬인 까닭에 땅을 파서 지하수를 얻는 것은 불가능했다. 대신에 베네치아 사람들은 염전을 개발하는 과정에서 터득했던 기술을 응용하여 독특한 방식의 거대한 물통 같은 우물, 포초를 발명했다. 베네치아식 우물, 포초의 구조는 인공섬을 만드는 과정에서부터 시작되었다. 먼저 광장으로 사용될 가운데의 넓은 공간 아래쪽 깊은 곳에 커다란 물웅덩이를 만들고, 바닥에는 진흙의 점토층을 깔아서 스며든 빗물이 고이게 했다. 물웅덩이의 윗부분은 모래와 자갈로 채워서 빗물이 스미면서 자연 정화될 수 있게 설계된 구조였다. 커다란 물웅덩이 위에 있는 모래와 자갈 위로 큰 광장을 조성하면서 광장의 우물, 포초는 아래쪽 깊은 물웅덩이까지 연결된 관정 역할을 하면서 정화된 물을 퍼 올릴 수 있었다.

베네치아 사람들은 각 교구(敎區) 단위로 만들어진 공동의 우물을 사용했는데 이것은 베네치아 공동체의 출발점이기도 했다. 비유컨대, 한국인들이 밥을 같이 먹으면서 식구라는 공동체 의식을 부여한 것처럼, 베네치아인들은 같은 우물을 쓰면 같은 공동체라는 의식을 부여했던 셈이다. 바다 위의 인공섬에서 우물은 누구 한 사람의 소유물일 수 없었고 공동체 모두의 생존과 직결되는 공유물(公有物)이었다. 정교한 장식의 우물 머리로 치장된 개인 우물도 간혹 있지만, 대부분 교구 사람들이 함께 사용하는 공동우물에 의존했던 베네치아 사람들에게 베네치아식 우물 공동체 의식은 매우 특별하게 작용했다. 그런데 강한 공동체 의식과 함께 베네치아는 해양문화의 특성에서 비롯된 개인의 사유재산권에 대한 보장의식도 뚜렷했다. 바닷사람들에게는 해난(海難) 사고가 잦아서 개인재산권에 대한 철저한 사후보장이 없다면, 가족을 위해서 죽음을 무릅쓰고 바다로 나갈 가장은 없기 때문이었다. 베네치아공화국은 공동우물에서처럼 강한 공동체 의식이 있었던 사회이면서 동시에 해양문화에 따른 개인재산권의 보장이 철저했던 사회였다.[6] 서로 양립하기 어려울 것 같은 강한 공동체 의식과 사유재산제의 공존은 베네치아 정부의 지속적인 조치들로 제도화되었고, 이는 베네치아공화국이 천 년 동안 안정되고 번영된 사회를 유지할 수 있었던 주춧돌이었다.

베네치아의 광장문화

베네치아에는 교회당의 교구, 함께 사용하는 공동우물 공동체 이외에도 매우 중요한 공동의 공간이 있었다. 그것은 베네치아의 인공섬 대

---

6) 베네치아 뱃사람들은 배를 타고 긴 항해를 하는 사이에 죽음을 맞는 경우가 많았다. 베네치아공화국에서는 항해 도중에 선원이 사망할 경우, 본래 그가 맺었던 임금과 보상조건이 잘 지켜지는가를 공화국 차원에서 철저히 감독했다. 사망자의 재산권이 피해 받지 않는가를 엄중히 감시했고 피해를 주는 개인이나 조직이 있다면 법적 기준에 따라서 엄벌했다. 베네치아는 땅 위에서 생활하는 것보다 바다에서 생활하면서 부를 축적했던 나라였고, 해난사고로 돌아오지 못하는 가장과 남편이 많았다. 그렇지만 남편이 죽더라도 미망인과 자녀들은 약정한 보상액을 받을 수 있어서 안정된 생활을 할 수 있었다. 만일 약속과 신뢰가 깨진다면 바다로 나가서 돈을 벌고자 하는 뱃사람은 모두 사라졌을 것이고 그 결과는 베네치아 공동체의 붕괴로 이어졌을 것이다. 베네치아는 천년의 공화국 정부를 운영하는 과정에서 개인의 재산권을 철저히 보호했고, 이에 대한 사회적 합의는 확고했다.

부분에 조성된 크고 작은 광장들이었다. 유럽의 어떤 도시와 비교해보아도 베네치아에는 많은 광장이 있었는데 70여 개에 달했던 각 교구 중심지에는 어김없이 광장이 있었다. 베네치아 시민들은 광장을 통하여 종교 활동과 사회적 교류를 벌였고 서로의 어울림 공간으로 활용했다. 베네치아에서는 이탈리아의 다른 지역과 달리 산마르코의 대광장만을 피아차(Piazza)로 불렀고 다른 중소형 광장은 캄포(Campo)라고 지칭했다. 산마르코 대광장과 달리 대부분의 캄포는 본래 밭(田)이었는데 교회 앞 광장에 수목을 심거나 가축을 기르고 채소를 심었던 넓은 공간으로 활용되었다. 캄포가 15세기에 이르러 대부분 돌로 포장되면서 사람들이 모이는 지역 광장이 된 것이다. 캄포에서는 예배가 끝나면 서로 모여서 대화를 나누는 공간이었고, 정기적으로 시장이 열리는 곳이었으며 지역별 가면축제가 개최되는 장소이기도 했다.

한편, 베네치아에서 유독 산마르코 대광장만을 피아차로 칭한 것은 공화국의 산마르코 광장이 지닌 역사적, 정치적 특별함 때문이기도 했다. 베네치아공화국의 정부가 중요한 결정을 내려야 할 경우, 베네치아의 모든 시민이 함께 모여서 결정을 하는 곳이 바로 산마르코 피아차였기 때문이었다. 다른 캄포에 비교해서 산마르코 대광장에 모인 시민들의 대집회에서 내려지는 결정은 가장 중요한 것이었다. 비유한다면 서울의 세종로와 시청을 연결한 큰 광장을 '세종 피아차'라고 한다면 그 옆으로 연결된 청계천 방향의 작은 광장 등은 '청계천 캄포'라고 부를 수 있다.

어쨌든, 베네치아의 도시구조는 우물 공동체와 교회 그리고 광장으로 연결된 특성을 보이면서 서로 긴밀히 연결되었다. 상호 독립적이면서 자율적으로 운영되었던 큰 섬들이 6개의 행정구역으로 묶이면서 수평적 관계에서 서로의 의견과 주장을 교환할 수 있었던 도시 네트워크를 형성했다. 이처럼 베네치아의 피아차와 캄포는 베네치아공화국의 민주정치를 실천하는 공간이었으며 크고 작은 광장은 정치적-사회적 신분 차별을 모두 뛰어넘는 개방성을 상징하는 장소이기도 했다. 예컨대,

베네치아의 그 유명한 가면무도회는 귀족과 평민의 신분 차이를 뛰어넘는 교류의 장(場)으로 활용되었는데 베네치아의 그런 민주적이고 개방적인 분위기는 타지에서 온 중세인들을 당황스럽게 하기에 충분했다.

베네치아 군도(群島)의 다핵구조

베네치아는 우물 공동체, 광장의 문화와 함께 도시구조 측면에서도 공동체 특징이 강하게 반영되어 있었다. 베네치아 주택단지에서도 부자와 빈자의 주거지는 명확히 분리되지 않았고 서로 혼재된 특징을 보였다. 현대의 뉴욕과 같은 개방화되고 민주적인 도시에서도 부자 동네와 빈민 동네의 구분이 명확한데 그 옛날 베네치아의 주거지역에서 빈부구분이 거의 없었다는 것은 놀라운 사실이었다. 큰집의 위쪽에는 부자 식구들이 살고, 같은 집의 아래쪽에는 가난한 가족들이 옹기종기 모여 함께 살아가는 주거형태였다. 미국의 경제사학자 레인(F.Lane)은 베네치아의 주거형태를 근거로 "빈부격차는 있지만 귀하고 천하다는 계급의식은 거의 없었던 베네치아인들의 강한 공동체 의식은 현대의 미국 사회보다 오히려 더 나은 부분도 있다"라고 평가했다. 귀족과 천민의 구분이 엄격했던 중세사회의 철저한 신분제 봉건 왕국과 대비를 이루는 공화국, 그것은 베네치아의 분명한 특징이었다.

빈부의 차이는 물론 신분별 주거 분리현상도 거의 없었던 베네치아는 현대적 도시의 특성과 비슷한 공통점이 있었다. 중세시대의 대부분 도시는 하나의 중심지를 핵(核)으로 삼아 나이테처럼 동심원을 이루면서 확장했고, 르네상스를 꽃피운 피렌체도 이런 중세적 특성을 벗어나지 못했지만, 베네치아는 현대적인 다핵구조의 도시특성을 지니고 있었다. 이는 베네치아의 각 교회당 교구(敎區)들, 즉 파로키아(parrocchia)로 불리는 지역 공동체가 서로 네트워크로 연결되어 하나로 연결된 까닭이기도 했다. 마치 살아 움직이는 유기체처럼 베네치아의 각 교구는 중심지 역할을 하는 핵으로 활동하지만 동시에 전체 베네치아 본섬을 이루는 군도(群島)로 연결되는 구조를 지니고 있었다. 마치 여러 도시가 긴밀히 연결된 큰 나라 같은 착각을 일으킬 정도였고, 베네치아가 단핵(單核)의 중세도시와 달리 현대적인 대도시에 가까운 다핵(多核)구조를 지닌 것도 이러한 맥락에서 이해될 수 있다. 각 인공섬의 개별 교구는 교회와 사제를 중심으로 교구의 경제적 유력자, 그의 가족, 그리고 관련된 사람들로 구성된 자율성을 지닌 작은 도시를 이루었다. 따라서 베네치아를 보았던 과거 중세인들의 설명 속에서 베네치아공화국을 수백 개의 도시로 이루어진 연합체(현대적인 의미에서 메가시티)로 표현한 것은 과한 것이 아니었다.[7]

 베네치아의 교구는 많았을 때 약 70개가 넘었고, 각 교구의 평균적인 교구원은 1,500명 정도였다. 요즘으로 치면 70개의 중소도시가 있고 이를 총괄하는 산마르코 광장의 중앙정부가 각 도시를 종합 관리하는 것 같은 구조로 이해할 수 있다. 이처럼 베네치아공화국의 각 교구는 자치적 기능도 강했고 웬만한 건설사업은 교구별로 시행되기도 했다.[8] 그런데 이러한 교구 중심의 공동체는 베네치아의 국력이 크게 확장되면서 전면적으로 개편되었다. 베네치아공화국의 중앙정부는 1171년에 세스티에레(Sestiere)라고 불리는 새로운 행정구역을 지정했는데 그 결과, 교구 역할은 많이 축소되었고, 중앙정부의 행정 권한은 크게 강화되었다. 베네치아는 수백 개의 인공섬을 '6개의 구역(區域)' 즉, 6개의 세스티에레로 나누어 행정적 효율성을 높였는데 이는 베네치아의 국가적 통합관리를 강화한 것으로 볼 수 있다.[9]

---

7) 현대의 우리는 비행기나 드론을 통하여 베네치아 전체를 공중에서 쉽게 내려다볼 수 있다. 그렇지만 중세시대의 사람들은 베네치아의 정확한 넓이나 규모, 그리고 각각의 위치를 정확히 잘 파악할 수 없었다. 실제로 지금도 비행기에서 찍은 사진을 보지 못했다면, 그래서 베네치아를 배를 타고, 또는 걸어서만 다닌다면 이곳이 정말 서울 면적의 75%밖에 안 되는 작은 공간인가를 의심하게 한다. 중세인들이 그린 베네치아의 지도 도면을 보면 실제의 베네치아보다 훨씬 넓은 해양국가라고 생각했던 그들의 인식을 확인할 수 있다. 베네치아의 그 오밀조밀함과 바닷길, 그리고 곳곳에 있는 광장은 수많은 도시로 구성된 바다의 제국이라는 느낌이 들게 한다.

8) 손세관. 주거로 읽는 역사 도시의 기억들: 베네치아. 열화당. 2007에서 제2장 베네치아의 성립과 발전, 제3장 베네치아의 도시구조(다핵적 구조와 중심적 구조의 공존)를 참조.

9) 베네치아의 6개 구역을 보면 마치 미국의 뉴욕이 5개 행정구역(Five Boroughs)으로 나

	행정구역 이름	구역 중심지 및 구역의 위치
베네치아 남쪽	산폴로 (San Polo)	경제활동의 중심지, 리알토 지구가 있는 구역
	산타크로체 (Santa Croce)	리알토 북서쪽에 있는 구역
	도르소두로 (Dorsoduro)	주데카(Giudecca) 섬을 포함한 남부 일대
베네치아 북쪽	산마르코 (San Marco)	정치 활동의 중심지, 산마르코 교회와 팔라초 두칼레(도제궁)가 있는 구역
	카나레조 (Cannaregio)	북쪽 육지와 가장 가까운 구역(기차역이 있는 곳)
	카스텔로 (Castello)	가장 동쪽에 있는 구역(아르세날레, 조선소 위치)

3. 베네치아의 3개 중심지구

베네치아를 사람의 몸에 비유한다면 산마르코 교회당과 팔라초 두칼레가 있는 산마르코 광장은 머리 부분이다. 지중해 무역의 중심지이며 서유럽, 동유럽, 중동과 아프리카를 연결하며 숨 쉬게 했던 리알토 지역은 허파에 비유될 수 있다. 그리고 베네치아 국력의 근원인 해군력과 해양조선 산업의 중심지, 아르세날레는 베네치아의 가슴 속에 깊이 숨겨진 붉은 심장이다.

뇐 것과 비슷하다는 느낌이 들게 한다. 어쨌든, 베네치아의 6개 행정구역(Six Sestiere)은 태극 문양의 안쪽 경계선처럼 흐르고 있는 대운하(Canal Grande)를 사이에 두고 남쪽 지역에 3개 구역, 북쪽 지역 3개 구역으로 나뉘어 관리되었다. 베네치아의 6개 행정구역 제도는 800년이 지난 오늘날에도 그대로 유지되고 있는데 베네치아 본섬에 들어서면 이곳이 수많은 인공섬으로 구성된 군도라는 사실을 잊게 할 정도로 하나의 유기적 연계성을 갖고 있다. 많은 다리가 설치되면서 본섬 내부의 물자이동과 왕래가 편리해지면서 베네치아 본섬의 생활 편리성은 높아졌는데 지금도 이 작은 베네치아에 매년 수천만 명의 관광객이 방문한다고 하니 참으로 놀랍다. 그러나 많은 관광객의 방문으로 베네치아 본섬의 주거비가 계속 상승하고 물가가 치솟는 것과 반대로 섬의 관리는 잘 되지 않고, 서서히 가라앉고 있어서 본섬 주민은 계속 떠나고 있다.

산마르코 광장

산마르코(San Marco) 광장은 앞서 설명한 바와 같이 베네치아에서 유일한 피아차(Piazza)로 불리는 대광장이다. 그 크기와 위용은 오늘도 이곳을 방문하는 세계의 수많은 사람으로부터 찬사를 받기에 부족함이 없다. 넓은 광장은 바다에서 광장으로 들어서면 곧바로 두 개의 높은 기둥을 만나면서 시작된다. 베네치아의 수호성인 산마르코가 변신한 날 개 달린 황금사자와 또 다른 수호성인 산테오도로(San Teodoro)가 기둥 위에 서서 방문객을 환영한다. 그 옛날, 오랜 여정을 마치고 아드리아 해를 거쳐 산마르코 광장으로 들어서면 만나게 되는 이곳은 베네치아공화국의 정문인 셈이었다. 광장 입구의 오른쪽으로는 아드리아의 햇살을 받으며 아름답게 빛나는 팔라초 두칼레 건물이 보인다. 높은 종탑과 밝은 분홍빛 팔라초 두칼레를 보면 그 누구라도 베네치아공화국이라는 곳에 들어선다는 설렘을 가질 수밖에 없었을 것이다.

먼저 팔라초 두칼레를 살펴보면, 이곳은 베네치아의 최고지도자인 도제(Doge)가 행정업무를 관장하고 공화국을 지도하던 곳으로 미국의 백악관과 비슷한 대통령궁에 해당한다. 팔라초 두칼레가 세워진 것은 810년, 프랑크제국의 침공을 격퇴하고 베네치아가 공화국으로서 독립을 쟁취했던 시기였다. 팔라초 두칼레는 3단계의 큰 변화를 보였는데 첫 번째 단계에서는 작고 초라한 방어적 성곽으로 지어진 볼품없는 건물이었다. 두 번째 단계는 1170년 즈음인데 활발한 상업 활동으로 많은 부를 축적하기 시작한 베네치아가 본격적인 개축작업을 하면서 팔라초의 모습이 대담하게 정비되었고 특히 바다와 팔라초 사이가 전면 개방화되면서 이전의 수세적 모습을 완전히 탈피하였다.[10] 팔라초 두칼레의 1층

---

10) 19세기 영국의 대표적 사회 사상가이며 건축평론가였던 존 러스킨(John Ruskin)은 예술의 기초를 민족과 개인의 성실성에서 찾은 바 있는데 그는 특별히 베네치아의 팔라초 두칼레를 좋아해서 '세계의 중심이 되는 건물'이라고 평가하기도 했다. 러스킨은 "품질이란 우연히 만들어지는 것이 아니며 지적 노력으로 산출될 수 있는 것"(Quality is never an accident; it is always the result of intelligent effort)이라고 말한 바 있다. 그의 말처럼 팔라초 두칼레 건축물이야말로 베네치아 사람들의 지적 노력이 남긴 위대한 유산이라고 할 것이다.

에는 거대한 아치가 연속해 있는 포티코(portico)를, 2층에는 작은 아치가 촘촘하게 배열된 개방적인 로지아(loggia)를 설치했으며 바다를 향해서 시야가 탁 트이는 모습을 보여주었다. 그리고 세 번째 단계는 14세기 이후 계속된 증축과 개축을 반복하면서 오늘의 모습을 갖추게 되었다. 팔라초 두칼레는 고딕, 르네상스, 이슬람 양식을 모두 혼합한 조화성 있는 건축물이며 그런 다양한 양식의 혼합만으로도 지중해 시대를 대표하는 건축물로 찬사를 받았다.[11]

베네치아에서 산마르코 광장의 팔라초 두칼레와 함께 중심을 이루는 건축물은 그 유명한 산마르코 교회당이다. 이 교회당은 9세기에 처음 지어졌는데 여러 차례 개축되면서 오늘의 모습을 지니게 되었다. 이곳에 교회가 들어선 것은 828년, 베네치아의 두 상인이 이집트 알렉산드리아(Alexandria)의 어느 수도원에 모셔져 있던 성자 마르코(마가)의 유골을 극적으로 가져온 것이 계기가 되었다. 처음에 지어졌던 교회당의 모습은 소박했고 규모도 작았는데 목재로 지어져 967년 화재로 소실되었고 978년에 새로운 교회당을 지었다고는 하지만 본격적인 것은 11세기에 들어와서였다. 당시의 서유럽에는 베네치아공화국이 참고할만한 대형 교회당이 없었기 때문에 산마르코 교회당은 동로마의 콘스탄티노플에 있는 6세기경에 건축된 성 소피아 성당을 모델로 하여 건축된 것으로 평가된다.[12] 십자형의 평면 위에 다섯 개의 거대한 돔이 올라선

---

11) 팔라초 두칼레의 외관에는 고딕 양식이 강조되었으나 중정 내부에서는 르네상스 양식의 세련됨을 보이고 섬세한 외벽구성과 아기자기한 세부장식은 이슬람 양식으로 구현하고 있다. 이렇게 완성된 아름다운 장밋빛 건물은 베네치아공화국의 안정된 정치체제와 번영의 상징이기도 했다.

12) 성 소피아 성당(Hagia Sophia)은 현존하는 최고(最古)의 동로마(비잔틴) 건축물로서 그리스 정교회의 중심지이며 동로마(비잔틴)제국의 황제의식이 치러지는 중요한 장소였다. 그 위대한 예술적 가치는 모자이크, 대리석 기둥, 돔을 통해 확인할 수 있는데 유스티니아누스대제의 명령으로 서기 6세기에 완성되었다. 소피아성당의 유명한 돔은 비잔틴 건축의 전형으로 여겨지며 '건축의 역사를 바꾸었다'라는 찬사까지 받고 있다. 서기 11세기, 콘스탄티노플의 소피아성당을 재해석한 베네치아의 산마르코 교회당은 아름다움에서는 필적했으나 규모를 넘어서지는 못했다. 그러나 13세기 초, 제4차 십자군 전쟁 당시, 베네치아가 콘스탄티노플을 정복하면서 소피아성당을 아름답게 치장했던 장식물은 대부분 산마르코 교회당으로 옮겨졌다.

모습이며 비잔틴 양식을 골격으로 금빛 찬란한 대교회당이 산마르코광장에 우뚝 서게 된 것이었다. 베네치아공화국이 부강해지면 그에 비례해서 산마르코 교회당은 더욱 화려하게 치장되었고 교회당의 외곽과 내부에는 성경에서 나온 이야기들이 금빛 모자이크로 그려져 아름답게 빛나고 있다.

리알토 지구

산마르코 광장 입구에서 대운하가 시작되는 초입의 건너편에는 금빛 원구로 장식된 아름다운 건물이 보인다. 이 건물은 지중해에서 아드리아해로 들어와 베네치아공화국의 입구로 들어오는 모든 상품을 관리하던 '바다의 세관'이었다. 광장과 세관에서부터 시작되는 대운하는 뒤집힌 S자의 곡선으로 약 5Km 길이로 베네치아 본섬의 중심부를 관통한다. 그리고 대운하의 중간 지점에 리알토(Rialto) 다리로 연결된 리알토 지구가 있다.[13] 그런데 리알토 광장에 이르면 반드시 눈여겨보아야 할 자코모라는 교회당(Chiesa di San Giacomo)을 발견할 수 있다. 자코모 교회는 서기 5세기경에 최초로 건축되었다는 설도 있지만 현존하는 지금의 건물은 11세기에 건축되었다. 자코모라는 작은 교회는 프랑크제국과 동로마제국이 서로의 교회관할권을 두고 다투던 원인 제공처였고, 동시에 베네치아공화국이 독립전쟁에서 승리를 쟁취할 수 있었던 곳이었다. 더욱이 리알토 지구가 베네치아의 중심상업지구가 되면서 자코모 교회당 옆으로 수많은 환전상이 모였고, 이를 계기로 자코모 교회당과 인근 자코모 광장의 건물들은 지중해의 무역과 금융을 대표하는 명소가 되었다.[14]

---

13) 리알토의 어원은 앞서 제4장에서 설명된 바와 같이 베네치아 민병대들이 프랑크제국의 함선들을 불태웠던 장소, 리보 알토에서 유래되었다. 이처럼 본래 '높은 지대'라는 뜻에서 유래한 리알토는 서기 810년, 프랑크제국의 피핀 황태자를 상대로 화형식을 벌인 곳으로 베네치아공화국의 역사는 리알토에서 시작되었다 해도 지나치지 않다.

14) 베네치아의 본섬, 리알토 지구에 있는 성 자코모 교회당(Chiesa di San Giacomo)은 베네치아의 역사에서 매우 중요한 의미를 내포하고 있는 곳이다. 자코모 교회당과 관련된 상세한 내용은 책의 제3편에서 다시 소개되고 있는데 이곳은 현대의 뉴욕 맨해

리알토는 천 년 동안 베네치아 상업과 금융의 중심지역으로 번영했다. 지금도 리알토 시장에서는 식료품과 생선이 즐비하고, 관광객을 위한 토산품과 기념품을 파는 상점들로 북적이고 있다. 과거 베네치아공화국의 전성기를 오늘에 떠올리기는 어려운 부분이 많지만, 리알토 지구가 중세시대의 지중해 무역중심지였다는 것은 누구도 부정할 수 없는 사실이었다. 자코모 교회당 앞의 자코모 광장도 다른 지역의 캄포와는 달리 매우 우아하게 조성된 것을 볼 수 있는데 산마르코 광장의 그것과 비슷하게 열주랑으로 둘러싸인 형식을 보여주고 있다. 리알토의 자코모 교회 옆에 있는 가게는 그 옛날 외국환은행과 비슷한 근대적 금융기관을 탄생시킨 곳이기도 하다. 이와 관련된 내용은 다시금 상세히 살펴볼 기회가 있겠지만, 어쨌든 리알토는 경제의 중심지, 산마르코는 정치의 중심지라고 할 수 있다.

그런데 리알토 다리를 가리켜서 베네치아의 허파라는 표현이 있다. 그 이유는 도시의 대동맥이라고 할 대운하를 사이에 두고 남북의 양쪽 지역을 연결하는 것은 리알토 다리가 유일했기 때문이었다. 지금은 또 다른 다리가 만들어졌지만, 리알토 다리는 여전히 베네치아의 허파 양쪽을 연결하는 모습처럼 보인다. 최초의 리알토 다리는 12세기 후반에 건축되었지만 15세기에 들어와서 산마르코 광장과 리알토 경제구역의 공간적 연결이 중요한 문제로 제기되면서 새롭고 튼튼한 다리를 만들어야 했다. 특히 16세기의 베네치아는 자신들의 국부를 과시할만한 대단한 석조다리를 만들고 싶었지만, 당시의 건축기술로는 한계가 있었다. 대운하는 그 폭이 넓고 배의 왕래가 워낙 잦아서 철근 골조가 없었던 당시에 중간교각이 없는 다리를 건설하기가 쉽지 않았기 때문이었다.[15]

틈에 있는 트리니티 교회당에 비교될 수 있는 곳이라고 할 것이다. 트리니티 교회당으로부터 맨해튼의 월스트리트가 시작되었다면, 자코모 교회당으로부터 베네치아의 상업은행, 상업혁명 그리고 초기 자본주의가 발생했다고 평가할 수 있다.

15) 베네치아의 리알토 다리 프로젝트는 매우 큰 건설사업이었다. 당시 유럽의 유명 건축가들이 리알토 다리 설계대회에서 경합했는데 우리가 잘 아는 미켈란젤로, 산소비니, 팔라디오 등 최고의 건축가들도 리알토 다리 설계안을 제출했다. 우여곡절 끝에 리알토 다리의 건축가 선정에서 미켈란젤로는 낙방했고, 무명의 건축가 안토니오 다 폰테

1591년에 완성된 리알토 다리는 큰 아치를 그리는 석조다리로써 베네치아공화국의 위대한 승리를 기념하는 물 위의 개선문이었다.

베네치아의 해군기지, 아르세날레

베네치아는 서기 810년, 서유럽 최강의 프랑크제국 군대를 바다에서 몰살시키면서 독립국으로 출범했다. 바다는 베네치아를 더욱 강하게 만들었고 그 원동력은 바다의 함선에서 나왔다. 그래서 베네치아의 함선을 만드는 곳은 베네치아공화국의 국력이 시작되는 곳이라고 하여도 과언이 아닐 정도였다. 독립한 베네치아는 약 200년 후인 1082년, 쇠잔했던 동로마를 대신하여 그들의 해군 역할도 대행하면서 그 대가로 콘스탄티노플에 베네치아 전용상업지구를 설치하는 권리도 획득했다. 또한, 1096년부터 시작된 십자군 전쟁에서 베네치아의 함선들이 유럽 십자군을 예루살렘으로 수송하면서 큰 이익을 얻을 수도 있게 되었다. 지중해의 바닷길 이용이 급증하면서 1104년, 베네치아는 본섬의 동쪽 바다 연안에 아르세날레(Arsenale)를 세웠고 이곳에서 대규모 함선을 건조하였다. 어느새 베네치아는 지중해 해군력의 중심이 되었을 뿐만 아니라 십자군들이 지중해를 건너기 위하여 집결하는 전진기지가 되었다.

아르세날레는 해군기지이면서 동시에 배를 만드는 조선소였다. 12세기부터 16세기 초까지 베네치아의 아르세날레는 계속 확장되었는데 최전성기 시절에는 수천 명의 기술자가 이곳에서 일했을 정도였다. 요즘으로 치면 최첨단 해군본부이면서 동시에 산업기반시설이었던 셈이다. 그래서 베네치아공화국을 방문한 국빈이라면 반드시 아르세날레를 방문했고 공화국 정부는 아르세날레를 보여주면서 자신들의 국력을 자랑했다. 지금도 아르세날레 주변은 긴 벽으로 둘러싸여 방어기능을 강화한 성곽의 모습을 보여주고 있다. 팔라초 두칼레가 개방적인 것에 비교하여 아르세날레는 요새처럼 방어적 구조로 형성되어 상호 대조를 이룬다. 그렇지만 외부손님을 맞이하기 위한 아르세날레의 화려한 출입구는

(Antonio da Ponte)가 선택되었다.

이곳이 분명 베네치아공화국의 확실한 자랑거리였음을 보여준다. 현재의 아르세날레 인근에는 이탈리아의 해군박물관이 손님을 맞이하지만, 과거 베네치아공화국의 위대했던 해양역사를 설명해주는 데는 한계가 있다.

한편, 아르세날레가 위치한 베네치아의 카스텔로 구역은 다른 행정구역과 달리 노동자들이 모여 사는 서민 주거지가 광범위하게 형성되었던 곳으로 유명하다. 노동자들의 직종이나 관련 활동에서 따 온 거리의 이름들이 오늘날에도 남아 있다고 하는데 폭격수의 거리, 기마병의 거리, 닻의 거리, 방패의 거리, 돛의 거리 등이 그것이다. 아르세날레 주거지역은 특정 직종별 거주 집단이 기능별로 구분된 특성을 보이는데 이는 근대 도시계획에서 나타나는 조닝(zoning)의 개념 즉, 지역지구제의 모태와 같은 형태로 볼 수 있다. 이처럼 베네치아공화국은 유럽에서 근대적인 요소를 최초로 보여주는 사례를 매우 많이 갖고 있었고 그래서 중세시대의 외국인들이 베네치아를 방문하면 큰 감흥을 받을 수 있었다. 팔라초 두칼레의 대회의장, 리알토의 은행 거리, 카스텔로(아르세날레) 구역의 기능별 지역지구제 등도 모두 중요한 근대적 출발점을 이루는 요소들이었다.

제6장

베네치아의 실용적 상업주의

1. 베네치아의 실용주의

중세시대는 종교적 논리와 가치가 절대적이었지만, 프랑크제국의 침공을 물리친 베네치아는 로마교황청의 종교적 파문도 두렵지 않았다. 베네치아는 상인들의 나라였고 실용주의를 국가이념으로 삼았기 때문이다. 베네치아에 있어서 중요한 것은 명분보다는 실리였으며 공화국의 이익을 최우선시했다.

베네치아 상인과 십자군 전쟁

로마교황청의 가톨릭, 비잔틴제국의 그리스정교, 중동지역의 이슬람교는 모두 하나님을 향한 종교적 이데올로기에 기반을 두고 있었다. 그렇지만 그 신앙의 방향이 달라서 교류하기가 어려웠다. 이런 틈바구니에서 베네치아는 서유럽, 동유럽, 그리고 중동지역을 오가면서 물자를 교역하는 상인으로 돈을 벌기 시작했다. 베네치아 하면 '베니스의 상인'을 떠올릴 정도로 베네치아는 지중해의 거의 모든 나라와 지역들을 오가면서 무역을 했고 수익을 올렸다. 본래, 뱃사람들이 주축이 된 해상 공화국, 베네치아는 당대 최고의 상인들이 모인 나라로 특성화되었다.

　그런데 뱃사람이면서 동시에 상인이었던 베네치아인들에게 11세기는 떼돈을 벌 기회가 열렸던 시기였다. 본격적으로 십자군 전쟁이 일어났고 엄청난 전쟁 특수가 발생했기 때문이었다. 서유럽의 십자군들이 지중해를 거쳐 북아프리카와 예루살렘이 있는 중동지역으로 향하면서 수송할 선박과 뱃사람이 필요했고, 동시에 엄청난 규모의 전쟁 물자와 상품들이 필요했다. 베네치아는 마치 십자군 전쟁을 대비하고 있었던 나라처럼 십자군 전쟁 활동에 필요한 거의 모든 것을 다 갖추고 있었다. 200년에 걸쳐 진행된 오랜 십자군 전쟁에서 베네치아는 전쟁에 필요한 물자를 수송하고 상품을 납품하면서 막대한 이익을 챙겼다. 사실 베네치아에 있어서 십자군 전쟁의 명분 따위는 그다지 중요하지 않았고, 진정 중요한 것은 얼마나 이익을 취할 수 있는가에 있었다. 일찍부터 베네치아는 로마교황청과 비잔틴제국의 반대에도 불구하고 아프리카와 중동지역의 이슬람교 국가들과 긴밀한 무역 관계를 유지해 왔기에 예루살렘으로 가는 바닷길을 누구보다 잘 알고 있었다. 베네치아 사람들은 기독교인이었지만, 로마 가톨릭교회에도 그리스 정교회에도 속해 있지 않았다. 그런 베네치아 사람들에게 십자군 전쟁은 놓칠 수 없는 최고의 시장터였다.

　베네치아공화국은 유럽의 다국적 군대인 십자군에게 무기 및 식료품 등을 공급해주는 조건으로 자국 상인들이 활동할 상업적 근거지를 요구했다. 안티오키아, 베이루트, 트리폴리, 예루살렘, 키프로스, 알레포, 콘스탄티노플, 이집트 그리고 북아프리카의 여러 도시에 중요한 무역거점을 세우거나 시장을 관리할 권한을 받아낸 것이었다. 공화국 정부가 베네치아의 상인들을 위하여 활동 터전을 만들어 주었다면, 베네치아 상인들은 그 터전을 기반으로 상거래 활동을 했고 많은 세금을 내었다. 상인들이 낸 막대한 세금은 베네치아공화국을 부자로 만드는 돈이 되었고 이것이 베네치아 국부론의 출발점이었다.[1] 온갖 종류의 교역 활동을 통하여 상인들은 막대한 수익을 올렸고 정부는 탁월한 징수체계를 통하여 국부를 증대시켜 나갔다. 베네치아의 공화국 정부와 베네치아의 상인들은 마치 한 몸처럼 일사불란하게 움직인 것이다. 그런데 십자군 전쟁의 어느 시점에선가 베네치아 상인들은 그 누구도 예상치 못했던 엄청난 상품을 발견하게 되었다. 십자군 전쟁을 통해서 베네치아 상인들이 발견한 최고의 히트상품은 바로 검은 후추(black pepper)였다.

베네치아의 후추 독점사업

후추는 베네치아공화국의 국운을 바꾼 상품이었다. 십자군 전쟁을 통해서 중동지역에 파병되었던 게르만 출신의 중세인들은 우연히 후추와 향신료를 맛보았다. 육류를 주식으로 삼았던 게르만에게 중동지역에서 맛본 후추와 향신료는 신기에 가까웠다. 특히 후추는 육류 고기에 엄청난 맛을 더해주는 첨가물이었고, 식품의 보관과 유통기간도 늘려주는 놀라운 상품이었다. 십자군 전쟁을 통하여 동남아시아의 후추와 향신료는 말레이―인도네시아 지역에서 인도와 중동을 거쳐 지중해를 건너 서유럽에 공급되었다. 작고 까만 후추의 값은 금값보다 비쌌으며 검은 황금으로 불리는 후추의 독점적 교역 가치는 엄청났다. 베네치아 상인들은 공화국 정부의 철저한 보호를 받으면서 후추의 독점사업권을 확보했고, 15세기까지 동양과 서양의 향료(후추) 무역으로 막대한 국부를 축적할 수 있었다.

십자군 전쟁과 후추의 독점판매 사업으로 베네치아공화국은 엄청난 부를 축적했지만, 누구도 예상 못 한 더 큰 위기와 기회가 다가왔다. 그것은 바로 제4차 십자군 전쟁이었다. 이미 대규모의 십자군 전쟁이 3차까지 진행되었으나 종교적으로 뚜렷한 성과도 없었던 상황에서 13세

---

1) 베네치아 상인들은 십자군 전쟁 수행에 필요한 철과 모피 등을 동유럽의 각지에서 조달하는 한편, 중동지역에서 필요로 하는 대량의 목재를 흑해 인근에서까지 구하여 대량으로 공급했다. 목재는 배를 만드는 재료였고 이는 중요한 군사 물자였는데 로마교황청의 감시에도 불구하고 베네치아 상인들의 상업적 활동에는 경계선이 없었다. 물론 그런 베네치아 상인들의 위험한 장사를 측면에서 지원한 것은 베네치아공화국을 이끌었던 실용주의 정부였다.

기가 시작된 시점이었다. 당시, 서유럽국가들의 내부 상황은 매우 혼란스러웠고, 각국의 왕들은 복잡한 국내 문제로 대외적인 십자군 활동에 관심을 두기가 어려웠다. 이런 상황에서 로마교황청은 왕이 아닌 귀족들에게 십자군의 사명을 부여하고 강조했다. 로마교황은 먼저 베네치아에 특사를 파견하면서 십자군을 예루살렘이 있는 중동지역으로 수송해줄 수 있는가를 타진했다. 교황의 요청을 받은 베네치아는 실리적 측면에서 좋은 기회라고 판단했다. 암암리에 중동지역과 교역하면서 교황과 긴장 관계에 있었던 베네치아로서는 교황에게서 중동무역을 공식적으로 허가받을 좋은 기회였다.

베네치아의 요구에 대하여 교황은 당혹스러워했지만 어쩔 수 없이 베네치아 상인의 중동무역을 공식적으로 승인해주었다. 1201년, 교황의 무역승인 이후, 교황의 십자군 수송을 요청하는 교지를 들고 프랑스기사단이 베네치아를 방문하게 되었다.[2] 그들은 자신들이 얼마나 신앙심이 깊고 열정적인 십자군인가를 베네치아에 열심히 설명했지만, 베네치아공화국 정부 인사들은 그들의 신앙심에는 별로 관심을 기울이지 않았다. 프랑스기사단은 중동지역까지 군대를 수송할 엄청난 규모의 선박과 식량을 요청했는데 이에 대한 합당한 비용을 내겠다는 약속도 했다. 로마교황의 청탁도 있었고 중동무역에 대한 교황의 공식 허가장도 받았기에 베네치아공화국은 제4차 십자군 파병 지원 요청을 수락했다. 그런데 문제는 과연 프랑스기사단이 그 많은 전쟁비용을 제대로 지급할 능력이 있을까에 대한 의구심을 떨칠 수 없었다.

베네치아와 프랑스기사단의 오랜 협상 끝에 제4차 십자군의 목적지는 예루살렘이 아닌 이집트의 알렉산드리아로 변경되었다. 본래 목적지인 예루살렘과는 상당히 떨어져 있었던 이집트의 알렉산드리아였지만

---

2) 플랑드르 지역의 귀족인 보두앵을 중심으로 프랑스기사단들이 제4차 십자군 육군의 주력부대를 담당했다. 교황 이노첸시오 3세가 제4차 십자군을 제창했고 이에 보두앵을 중심으로 서유럽의 귀족들이 참전, 베네치아 함대와 함께 콘스탄티노플을 정복했다. 로저 크롤리. 우태영(역). 500년 무역 대국, 부의 도시 베네치아. 다른세상. 2011 참조.

베네치아로서는 상업도시인 알렉산드리아를 점령하여 큰 이익을 얻을 수 있고, 십자군은 그곳을 거점으로 예루살렘에 진군할 수 있었다. 베네치아의 최고지도자, 단돌로는 제4차 십자군에 직접 개입할 것을 결정했는데 만일 십자군이 군수 비용을 내지 못하더라도 알렉산드리아를 점령할 수만 있다면 그것으로 이익은 충분하다고 판단했다. 그런데 어느 정도 예상은 했지만, 십자군은 약정한 군수 비용을 제대로 준비하지 못했고, 파병될 군인들만 베네치아에 잔뜩 모여들게 했다. 난감한 상황에서 베네치아공화국 정부는 십자군을 이끌고 있었던 프랑스기사난 수뇌부에게 은밀한 상업적 거래를 제시했다. 부족한 군수 비용 대신에 헝가리 왕에게 빼앗긴 자라(Zara)항구를 탈환할 수 있게 도와달라고 요청을 한 것이었다. 기독교국인 헝가리를 어찌 공격할 수 있느냐고 십자군 수뇌부는 화를 내었지만, 결국 채무자(십자군)는 어쩔 수 없이 채권자(베네치아)의 요구를 수용해야 했고 베네치아는 십자군의 용병들 덕분에 쉽게 자라항구를 탈환했다.

제4차 십자군 전쟁과 베네치아

제4차 십자군이 기독교 국가인 헝가리왕국을 공격했다는 소식에 로마교황은 격노했고 베네치아는 물론이고 십자군 전체를 파문하는 사건이 벌어졌다. 아무리 실리를 추구하는 베네치아공화국이라 하여도 교황의 파문을 공개화하는 것은 향후의 사태 진전에 도움이 되지 않는다고 판단했다. 베네치아의 고위급인사들은 교황의 파문 사실을 교묘히 감추었고 자국의 시민들은 물론이고 십자군들에게도 당분간 비밀로 하였다. 이렇게 혼란한 와중에 동로마의 비잔틴제국에서 탈출해 온 제국의 황태자가 베네치아에 정박해있던 십자군 지휘함선을 은밀히 방문했다. 황태자는 삼촌이 아버지를 몰아내고 황위를 찬탈했는데 십자군이 반역자를 몰아내고 자신의 황제권을 되찾아준다면 이집트(알렉산드리아) 원정에 필요한 모든 자금을 제공하겠다고 했다. 빚진 군수자금을 갚지 못해서 원정을 떠나지 못하던 십자군에게 그 제안은 뿌리칠 수 없는 유혹이었다. 이미 기독교 왕국, 헝가리도 공격했던 제4차 십자군인데 비잔틴제국이라고 공격 못 할 이유가 없었다. 일만 잘되면 모든 재정 문제도 해결되고 알렉산드리아를 정복하고 예루살렘도 해방할 수 있을 것 같았다. 기독교 문화권의 성지이며 동로마(비잔틴)제국의 수도인 콘스탄티노플을 향한 십자군 공격은 이렇게 감행되었다.

1203년 6월, 베네치아의 대규모 함선에는 베네치아 해병들과 함께, 프랑스기사단을 비롯한 제4차 십자군의 많은 병력이 올라탔다. 베네치아 함대는 아드리아해를 빠져 나와서 그리스반도로 접어들었고, 거대하고 아름다운 콘스탄티노플 성곽 앞에 조용히 접근하여 정박했다. 십자군이 예루살렘으로 가는 도중에 잠시 정박한 정도로 알고 있었던 비잔틴제국의 황제는 다소 의아하게 생각했지만, 자신을 향해서 십자군이 공격해 올 것이라고는 전혀 생각하지 못했다. 얼마후, 십자군이 예루살렘에 가는 것이 아니라 비잔틴제국의 황위 쟁탈전에 끼어들어 콘스탄티노플을 공격할 준비를 하고 있다는 사실을 안 순간, 제국의 황제는 코웃음을 쳤다. 노쇠하고 쓰러져가는 비잔틴제국의 콘스탄티노플이었지만 오합지졸인 십자군은 충분히 막아낼 수 있다고 판단했다. 사실, 십자군을 구성하고 있었던 서유럽 출신의 병사들은 화려하고 웅장한 콘스탄티노플 대성곽을 바라보면서 도저히 싸울 용기를 내지 못하고 있었다. 용맹하다는 프랑스기사단도 성스러운 도시, 콘스탄티노플을 어떻게 공격할지 주저하고 있었을 뿐이었다.

그렇지만 90세의 베네치아 최고지도자, 단돌로가 이끄는 베네치아 해군들은 중세의 십자군과 달랐다. 앞서 설명된 부분이 있었지만, 베네치아공화국은 비잔틴제국의 강점과 약점을 누구보다 잘 알고 있는 서유럽의 공화국이었다. 한때는 베네치아가 자청하여 동로마(비잔틴)제국을 종주국으로 모시고자 공을 들이기도 했다. 난공불락처럼 보이는 거대한 콘스탄티노플 성곽 앞에서 어떻게 하면 가장 효율적으로 제국을 정복할 수 있는가를 베네치아 사람들은 잘 알고 있었고 이를 실천할 뿐이었다. 베네치아공화국의 뱃사람들을 선두로 콘스탄티노플은 우여곡절 끝에 정복되었고 이후, 베네치아는 동부 지중해의 패권을 확보했다.

2. 베네치아공화국의 상업주의

베네치아공화국의 실용주의에는 공화주의적 요소가 매우 강하면서도 특히 상인들의 가치관에 좌우되는 측면이 있었다. 이는 근대적인 상업주의 또는 중상주의와도 밀접한 연관성을 지니고 있었다.

콘스탄티노플을 정복한 베네치아

제4차 십자군 전쟁에서 베네치아는 당시 기독교 국가의 종주국이었던 동로마(비잔틴)제국의 수도, 콘스탄티노플을 정복했다. 서양에서는 최악의 십자군 전쟁이라고 하지만 베네치아공화국의 시각에서 보면 지극히 상업적인 판단에서 나온 결정이었다. 중세의 기독교적 가치판단 기준에서 보면 어떻게 기독교인이 성스러운 도시, 콘스탄티노플을 무력으로 정복할 수 있는가를 비판할 수 있다. 그러나 반대로 공화국의 이익과 상업적 잣대로 판단한다면 결론은 명백하다. 베네치아는 교황의 요청으로 제4차 십자군 전쟁에 참여했지만, 군수 비용을 내지 않은 십자군 때문에 국가 부도를 당할 위기상황이었다. 그런데 베네치아가 콘스탄티노플을 정복함으로써 이런 위기의 상황을 역전시켜 베네치아공화국은 순식간에 강대국으로 도약할 수 있었다.[3]

베네치아의 콘스탄티노플 정복 전쟁(제4차 십자군)과 17세기 조선의 광해군 시기를 간략히 비교하여 살펴보면 이러했다. 임진왜란의 7년 전쟁은 끝났지만, 조선뿐만 아니라 명도 국력이 쇠약해진 상황이었다. 그 사이에 북방의 여진족은 독자적으로 세력을 강화했고 조선과 명의 견제를 피하여 후금을 건국할 수 있었다. 훗날 청 제국이 된 후금이었지만 초기에는 국력도 약했고, 특히 수군(水軍)이 없는 상황이어서 효율적인

---

3) 역사적 시각에서 본다면, 13세기의 베네치아와 17세기의 조선은 현대의 우리에게 중요한 교훈을 제공해준다. 도덕적 명분(名分)과 상업적 판단이라는 기준 잣대가 이토록 극명하게 다를 수 있는가를 잘 설명해줄 수 있는 사례이기 때문이다.

군사작전이 어려웠다. 후금은 조선이 압록강 하구에서 자신들의 병사를 명의 수도(현재의 베이징)까지 수송만 해준다면 순식간에 명을 정복할 수 있다고 주장했다. 만리장성을 우회하여 바다의 발해만을 통하면 명의 수도를 정복하여 제국의 전체를 장악할 수 있다고 보았고 실제로 그럴 가능성도 컸다. 따라서 후금은 조심스럽게 조선과의 군사적 협력을 요청하면서 비밀리에 군사밀약을 제안했을 가능성이 있었다.[4] 후금 사신은 조선의 광해군을 찾아와 허울만 남아 있는 명 제국을 정복한 이후에 중원을 나누자고 제의했을 수도 있다.[5] 그렇지만 유교의 성리학을 숭상하는 조선은 명나라의 수도를 성지로 보았고 성리학적 가치관에 빠져 있었기에 후금과 연합하여 명나라를 정복하는 것을 고민조차 하지 않았다. 당시의 동아시아 각국의 군사력을 파악하고 있었던 광해군은 국익 측면에서 좀 더 지켜보자고 했고, 명과 후금 사이에서 중립 정책을 폈다. 그러나 조선의 사대부와 관료는 이데올로기에 함몰되어 조선과 조선 백성의 이익보다는 성리학적 명분과 도리만을 추구했다.[6]

---

4) 십자군 전쟁에 나섰던 프랑스기사단도 지중해를 건널 수 있는 선박은 없었다. 로마교황이 베네치아공화국에 지중해를 건널 수 있는 대규모의 선박을 빌려달라고 요청했던 것도 이와 비슷한 상황이었다. 후금에도 육상에서는 최강을 자랑하는 군대가 있었지만, 발해만을 건널 수 있는 선박은 없었다. 이에 비교할 때, 조선은 상당한 규모의 함선이 있었고 왜군을 물리친 경험 많은 수군도 있었다.

5) 물론 이렇게 민감한 사안이 공식적으로 정확한 기록물에 의하여 남겨질 수는 없지만, 당시 상황에서 후금은 조선과의 군사동맹을 적극적으로 요청했고, 명은 조선과 후금이 동맹할 가능성에 대하여 계속 경계했던 정황은 역사에 기록되어 있다. 마치, 후금이 프랑스군이라면 베네치아는 조선이고 동로마는 명으로 비유될 수 있는 삼각관계였다. 그러나 조선은 끝까지 후금과 동맹을 맺지 않았고 광해군이 쫓겨난 이후에는 후금에 대하여 적대적인 태도까지 보였다. 결국, 후금에서 청으로 더욱 강성해진 여진은 조선의 수군을 포기하고 명의 반역 수군들을 포섭하여 해군력을 갖추었으며 그 즉시, 조선을 정벌하여 강화도 해안을 봉쇄하는 한편, 남한산성에서 조선의 항복을 받아냈다.

6) 명에서는 '이자성의 난'으로 황실이 어지러움에 빠져 있었고, 명의 황제가 자결한 후에 이자성이 황제에 즉위하였다. 그때 난을 진압하도록 만리장성의 문을 열어준 것은 이자성에 항거한 명의 한족들이었다. 이자성을 몰아내고 수도를 점령한 것은 만주족이지만 여기에는 끌려간 조선 국적의 군인들도 다수 있었다. 단지 그 조선군들은 광해군 당시의 조선군이 아니었다. 병자호란에서 처참히 패배한 인조의 조선군이었기 때문이다. 정약용이 남긴 기록(비어고)에 따르면 청나라로 간 사람은 60만 명이 넘는다고 기록되어 있고, 그 가운데 상당수는 명을 정복하는데 동원된 것으로 파악된다. 인구가 적은 만주족이 조선군을 앞세울 수밖에 없었던 상황이었다. 청에 패해서 명령을 받는 처지에서 유교의 성지였던 명의 수도를 파괴하는 작업은 조선군에 의해서 수행되었지

광해군(베네치아)이 후금(프랑스)과 군사동맹을 맺고, 명 제국의 수도(콘스탄티노플)를 정복했다면 그 이후의 조선 역사는 어떻게 변화했을까? 그러나 조선의 선택은 베네치아의 선택과 반대였으며 그 결과도 상반되었다. 조선은 중원을 정복할 절호의 기회를 스스로 거부했고, 중립주의자 광해군조차 폐위시켰으며, 동맹을 원했던 만주족에 대항하면서 거꾸로 공격을 받아 패망했다. 국명을 청으로 바꾼 만주족은 강제로 조선군을 동원했고, 결국에는 조선군이 합세한 청군에 의하여 명나라는 멸망했다. 수억의 한족들은 수백만의 만주족에 의하여 300년 동안 국권을 잃은 채, 노예와 같은 생활을 했다. 이처럼 조선은 유교를 숭상하고 성리학의 명분에 빠져서 백성을 도탄에 빠뜨렸지만, 베네치아는 전혀 반대의 결과를 얻을 수 있었다. 베네치아공화국은 하나님을 믿고 기독교의 가르침에 따랐지만, 로마교황청의 논리에 따라서 움직이지는 않았다. 그들은 철저한 상업주의적 가치관으로 공화국의 이익을 최우선시했고, 그래서 콘스탄티노플을 정복하는 데 앞장설 수 있었다. 베네치아공화국은 고대의 그리스-로마 시대로부터 간직해온 값진 귀중품들을 콘스탄티노플 수장고에서 꺼내서 몇 년에 거쳐서 자신들의 비밀창고로 옮겼다. 또한 동로마(비잔틴)제국이 소유했던 그 많은 황금, 고대문명을 담은 귀중한 서적들을 가져간 베네치아공화국은 당대 최고의 황금보유국이 되었고 동시에 유럽 최고의 문명국이 될 수 있었다.

최고지도자, 단돌로의 결단

제4차 십자군 전쟁 이전의 베네치아는 동로마(비잔틴)제국의 변방에 있는 작은 공국(Dukedom)에 불과했다. 서기 9세기, 베네치아가 프랑크 제국의 침공 당했을 때, 동로마는 큰 도움을 주지도 못하면서 베네치아에 거들먹대었고 이후에도 자신들의 종주권을 주장하면서 베네치아의

만, 보상은 없었다. 조선은 여진과 함께 중국을 정복할 기회를 놓쳤고, 반대로 여진(청)을 종주국으로 인정해야 했다. 17세기 조선 정부가 그토록 중시했던 명분의 결과는 유교의 성지를 여진의 명령을 받으면서 파괴하는 것이었고, 돈 한 푼 받지 못하고 수많은 조선인이 노역에 동원된 것이었다.

상권을 위협하곤 했다. 그런 베네치아가 적국이었던 프랑크제국의 후예, 프랑스기사단과 함께 13세기에 벌어진 제4차 십자군 전쟁에서 동로마(비잔틴)의 수도 콘스탄티노플을 정복하면서 당대 최고의 부국으로 탈바꿈한 것이다. 위기의 상황에서 최고의 선택을 했던 베네치아의 지도자는 단돌로였다. 그는 끝까지 자신의 사명을 다했으며 고향으로 돌아오지 못한 채, 콘스탄티노플에서 생을 마감했지만, 베네치아 사람들은 최고의 존경으로 그를 애도했다.

단돌로는 천 년의 공화국 역사를 누렸던 베네치아의 총 125명 도제(Doge) 가운데 제41대 도제였고 베네치아의 황금시대를 열었던 인물이었다. 단돌로는 젊은 시절부터 콘스탄티노플, 알렉산드리아 등지에서 무역과 외교를 맡아보면서 국제적 경험을 쌓았고 뛰어난 정치력도 발휘했다. 86세의 늙은 나이에 최고지도자가 된 단돌로는 시력을 잃을 정도로 노쇠했지만, 이집트의 알렉산드리아를 공략하겠다는 제4차 십자군의 계획에 적극적으로 가담하는 것이 공화국의 이익이라고 판단했다. 단돌로는 지중해 상업의 중심지였던 알렉산드리아의 가치를 잘 알고 있었고, 그 도시가 지니고 있었던 취약한 방어력도 정확히 꿰뚫고 있었다. 그러나 본래의 계획과는 달리 제4차 십자군은 알렉산드리아로 갈 군사비용조차 마련하지 못했고, 막대한 군수품을 조달했던 베네치아는 국가부도 상태에 빠질 상황이었다.

그렇지만 단돌로는 위기를 기회로 삼았고 결국에는 십자군을 이끌어 동로마(비잔틴)제국의 수도로 진군했다. 우여곡절 끝에 십자군은 동로마에 도착했지만, 시골뜨기에 불과했던 프랑스군은 콘스탄티노플 성곽의 어마어마한 위세에 눌려서 그 신성한 도시를 공격할 엄두조차 내지 못했다. 시력은 잃었지만, 단돌로는 젊은 시절부터 콘스탄티노플의 구석구석을 잘 알고 있었다. 그의 탁월한 지도력에 힘입은 베네치아의 뱃사람들은 난공불락의 콘스탄티노플 성곽을 무너뜨렸다. 그리고 단돌로를 선두로 베네치아 군대와 프랑스기사단은 이곳에 새로운 라틴제국을 건설했다. 제4차 십자군이 콘스탄티노플을 점령했다는 소식이 전해지자

서양의 대다수 기독교인은 분노했다. 엄청난 비난이 쏟아졌지만, 베네치아공화국의 이익을 위하여 단돌로는 묵묵히 감내하였다. 단돌로의 판단과 행동, 즉 콘스탄티노플을 정복하는 것이 베네치아공화국이 처했던 위기를 기회로 전환 시킬 유일한 해법이었기 때문이다. 1205년, 98세의 나이로 숨진 단돌로는 공화국을 위하여 끝내 베네치아로 돌아오지 않았지만, 그의 희생으로 베네치아공화국은 지중해 최고의 부유하고 강력한 국가로 번영할 수 있었다.

상업주의에 기초한 베네치아

제4차 십자군 전쟁은 겉으로 종교적 이유를 내세웠지만, 사실은 상업적 이유를 갖고 출발하였다. 프랑스 귀족들이 이끄는 군대가 알렉산드리아를 공격하고 여기에 십자군이 주둔한다는 계획에서부터 경제적 동기를 찾을 수 있다. 처음부터 종교적 명분만 따지는 전쟁으로 제4차 십자군 전쟁이 시작되었다면, 베네치아공화국은 아예 이런 전쟁에 관심조차 두지 않았을 것이다. 그런데 알렉산드리아는 베네치아의 상징인 성 마르코가 순교한 곳이고, 당시 북아프리카와 중동지역의 상업중심지였다. 베네치아가 단독으로 알렉산드리아를 점령하는 것은 힘든 일이지만 프랑스군대와 함께라면 승산이 있었다. 또한, 원정에서 승리할 경우, 전리품의 절반을 수익으로 받는다는 약속도 받아냈기 때문에 손해 볼 것이 없었다. 공화국 차원에서 따져본 손익계산서를 근거로 베네치아가 참전했음이 확인되는 대목이다.

그렇지만 실제의 전쟁에서는 돌발적 사태가 벌어지게 마련이다. 제4차 십자군의 상황을 좀 더 상세히 살펴보면 베네치아의 국가적 딜레마 상황을 정확히 이해할 수 있다. 먼저, 프랑스 십자군들은 1202년, 베네치아 바다에서 출정하기로 약정하고 대규모 수송선박과 식량 조달에 필요한 8만 5천 마르크의 비용을 베네치아에 지급하기로 계약했다. 4,500명의 중무장한 십자군 기사와 2만 명의 보병을 이집트까지 수송할 선박을 요구했는데, 귀족용 범선과 대형 십자군 수송선 등을 포함하여 약

600여 척의 크고 작은 선박을 건조하여 달라고 주문받은 것이다. 또한, 군마 4,500마리를 운송할 배는 특수 개조된 갤리선이어야 한다고 했다. 이처럼 제4차 십자군 전쟁은 베네치아에 엄청난 전쟁 특수를 가져온 것이 분명했다. 더욱이 최소 1년 동안 군인들이 먹고 생활해야 할 식량도 조달해야 했기에 베네치아는 자신들의 금융력을 총동원하여 식량 물자를 구매했다. 1인당 평균 식량(밀가루 377kg, 콩 2,000kg, 포도주 300 ℓ 등)에 해당하는 양을 대략 3만 명의 군 병력에 조달해야 했으므로 그 많은 식량을 비좁은 베네치아에 쌓아두기조차 힘들 정도였다. 베네치아 역사상 가장 큰 국가적 프로젝트가 진행된 것이다.

그런데 이와 같은 상황이 진행되고 있었던 1202년, 심각한 문제가 발생했다. 베네치아는 모든 준비를 계약에 따라서 정확히 이행했지만, 십자군을 이끄는 그 누구도 약정된 전쟁비용 잔금을 내지 않았다. 훗날 밝혀졌지만, 십자군이 베네치아에 지급했던 계약금조차 사실은 프랑스 귀족들이 베네치아 금융가에서 조달한 내부자금에 불과했다. 이제 베네치아는 전쟁 특수로 흥청거렸던 분위기에서 급반전되어 순식간에 전쟁 망국의 국가 부도 상태에 직면했다. 선지급된 베네치아 자금이 모두 묶여있는 상황에서 약속된 8만5천 마르크가 입금되지 않을 경우, 베네치아의 부도와 국가파산은 불가피했다. 믿었던 로마교황도 책임지지 않았고 프랑스의 잘난 귀족들도 딴소리만 했다. 그런데 위기상황에 직면한 베네치아가 알렉산드리아보다 더 크고 부자였던 콘스탄티노플을 십자군들과 함께 정복한 것이다. 국가 부도에 몰려있던 베네치아가 경제적 위기상황을 단숨에 극복한 것은 물론이고 엄청난 전리품을 얻으면서 베네치아는 지중해 최고의 부자가 되었다. 더욱이 베네치아공화국은 동로마(비잔틴)를 완전히 제치고, 지중해를 다스리는 여왕으로 불리면서 수백 년간의 전성기를 누렸다.

3. 베네치아 상업주의의 손익계산서: 얻은 것과 잃은 것

베네치아공화국이 보여준 상업주의는 훗날 근대적 상공업국가의 기본적 정책 결정기준이 되었다. 베네치아는 상업주의의 기준에서 제4차 십자군 전쟁의 직접적인 참전을 결정했고, 위기의 순간마다 상업적 손익계산에 따라서 행동했다.

베네치아가 얻은 것

동로마(비잔틴)제국의 콘스탄티노플을 점령한 베네치아와 프랑스기사단을 중심으로 구성된 십자군은 전리품을 나누기 시작했다. 일단 십자군으로부터 받아야 마땅한 베네치아의 군수 비용은 정확히 계산하여 한 푼의 모자람 없이 정확하게 다 받았다. 미수금을 확실히 회수한 이후의 논쟁은 비잔틴제국을 무너뜨리고 새로 건국한 라틴제국의 황제에 과연 누가 오를 것인가였다. 제4차 십자군 전쟁에서 비잔틴제국의 수도를 점령할 때, 베네치아의 최고지도자 단돌로는 십자군 전체의 지도자였기에 당연히 단돌로가 라틴제국의 황제가 되어야 했다. 그런데 누구도 예상치 못한 상황이 그 당시 콘스탄티노플에서 벌어졌다.

단돌로는 라틴제국의 황제가 되는 것을 거부했으며 단지 콘스탄티노플에 그대로 잔류하기만을 원했다. 단돌로가 황제 직위를 거부한 것은 의외의 상황이었지만 훗날 그의 결정이 베네치아공화국을 위해서 얼마나 큰 이익이 되는 것이었는가는 곧 확인되었다. 첫째, 단돌로는 베네치아공화국이 라틴제국이 될 경우, 인구가 적은 베네치아가 인구가 많은 그리스에 섞여서 사라질 수도 있다는 현실적 판단을 했다. 마치 중국을 통치했던 소수의 만주족이 결국에는 다수의 피지배층 한족에게 섞여서 명맥이 사라져 버린 것과 비슷한 현상을 단돌로는 예견한 것이다. 실제로 라틴제국은 수십 년밖에 존속하지 못했고 다시금 그리스인들이 세운 비잔틴제국으로 복귀했다. 이런 맥락에서 단돌로는 '용맹한 사자와 교활한 여우의 성품'을 모두 갖춘 전형적인 마키아벨리즘의 지도자적 표상이라고 할 수 있다.

둘째, 단돌로는 과거 로마공화국이 로마제국으로 확대되면서 몰락했던 역사를 교훈 삼아서 현명한 절제의식을 발휘했다. 라틴제국의 황제로 취임하여 베네치아가 곧 사라지는 것보다 베네치아의 공화국 가치를 더욱 높이고 실리를 취하는 쪽이 낫다고 판단했음이다. 그리스와 로마의 고대문명이 가장 집약적으로 비축되어 있었던 세계 최고의 보물창고는 당시까지 콘스탄티노플이었다. 온갖 귀중한 문화재와 서적이 아테네와 로마를 거쳐 콘스탄티노플에 보관되었기 때문이었다. 단돌로는 라틴제국의 황제라는 거추장스러운 자리는 프랑스 귀족에게 양보하고 베네치아공화국의 진정한 이익을 추구했다. 단돌로가 늙은 나이에도 불구하고 고국으로 귀환하지 않은 것은 콘스탄티노플의 보물을 베네치아로 옮기는 일이 얼마나 중요한가를 그가 잘 알고 있었기 때문이었다. 콘스탄티노플의 보물은 그 양이 너무도 많아서 배로 운반하는 데 상당한 시간이 필요했다. 비록 90세를 넘긴 노인으로 실명 상태였지만 단돌로의 치밀한 지도력으로 고대의 찬란했던 문화유산들 대부분이 콘스탄티노플에서 베네치아의 수장고로 안전하게 옮겨질 수 있었다. 이때부터 유럽의 가장 위대한 고대문명을 보관하고 있는 곳은 동로마의 수도 콘스탄티노플이 아닌 베네치아공화국의 비밀 수장고였다고 하겠다.[7]

셋째, 단돌로는 제4차 십자군 전쟁에서 드러난 베네치아공화국의 파렴치한 비도덕적 문제와 종교적 비난을 혼자 책임지고자 했다. 고향에 돌아가면 전쟁영웅으로 칭송받겠지만 조국, 베네치아공화국은 기독교 세상에서 완전히 따돌림당할 것이 분명했다. 이미 로마교황은 콘스탄티노플이라는 기독교 성지를 정복한 베네치아공화국 전체를 파문한 상태였다. 단돌로는 억울한 부분도 있고 변명할 내용도 많았다. 제4차 십자군 수만 명이 작은 베네치아에 집결해 있었고, 배고픈 병사들은 언제든지 베네치아를 향해서 칼을 들이대며 약탈자로 돌변할 수 있었다. 만일 단돌로가 대규모의 십자군 병력을 콘스탄티노플로 돌리지 않았다면 베네치아는 약탈당했을 것이고 동시에 국가 부도에 처하여 완전히 망할

---

7) 13세기에 일어났던 제4차 십자군 전쟁으로부터 약 200여 년이 지난 15세기, 비잔틴제국을 정복한 오스만제국의 술탄(메흐메트 2세)의 표현에 따르면 "자신은 콘스탄티노플의 껍데기만 얻었을 뿐이다."라고 푸념했을 정도였다. 마키아벨리가 말한 국익 우선주의는 바로 이런 도적질에 가까운 베네치아의 행태였다.

수밖에 없었던 상황이었다. 그래서 단돌로의 애국심을 베네치아인들은 잘 알고 있었지만, 그렇다고 책임을 모면할 수도 없었다. 고향에 돌아가지 않고 콘스탄티노플에 남았던 단돌로는 자신의 역할을 다한 이후, 쓸쓸히 죽음을 맞이했다. 단돌로의 죽음 이후, 로마교황의 파문은 거두어졌고, 베네치아공화국은 다시금 기독교 국가들과 정상적인 외교 관계를 회복했다.[8] 단돌로가 보여준 지도자의 숭고한 자기희생의 사례는 베네치아인들 모두에게 애국심을 갖게 하는 데 결정적 계기가 되었다.

베네치아가 잃은 것

얻는 것이 있으면 분명 잃는 것도 있다. 베네치아는 십자군 전쟁의 특수를 적극적으로 활용하여 유럽의 어떤 나라와 비교해서도 절대 뒤지지 않는 엄청난 국부를 짧은 시간 동안 축적한 것은 분명했다. 특히, 제4차 십자군 전쟁에서는 직접 전투에 참여했고 콘스탄티노플을 정복함으로써 큰 부자가 되었다. 명분과 실리 가운데 베네치아가 선택한 것은 분명 실리였고, 최고의 지도자 단돌로는 전쟁을 승리로 이끌었으며 콘스탄티노플에서 사망했다. 베네치아 시민들은 단돌로를 추앙했지만, 베네치아 이외의 다른 지역에서는 단돌로를 입에 담을 수 없을 정도로 비난했다. 기독교인들의 성지인 콘스탄티노플을 기독교 국가인 베네치아가 무력으로 정복했기 때문이었다. 천년이 지난 지금도 십자군 전쟁에서 최악의 십자군 전쟁이라고 비난받는 것은 제4차 십자군 전쟁이었고 그 중심에는 베네치아의 단돌로가 있었다.[9]

---

8) 마키아벨리가 그토록 강조했던 국익과 애국심의 가치는 근대정치에 있어서 중요한 요소들이다. 그런데 그런 가치를 베네치아공화국의 단돌로는 동시에 보여준 것이었다.
9) 베네치아와 십자군이 콘스탄티노플을 점령했다는 소식에 로마교황은 온갖 저주를 퍼부었고 이미 파문했던 베네치아를 재차 파문했다. 그렇지만 로마의 교황도 명분만 내세울 수 없었다. 같은 기독교도이지만 종교적 측면에서 상호 경쟁 관계에 있었던 로마교황청이 비잔틴제국의 그리스 정교회와 통합이라는 실리적 명목을 내세운 베네치아의 주장 앞에서 슬며시 물러섰기 때문이다. 베네치아의 최고지도자 단돌로가 모든 비난과 힐책을 혼자 떠안으면서 베네치아로 돌아오지 않고 타지에서 사망한 것도 로마교황의 체면을 세워주는 데 일조를 했다. 단돌로의 죽음 이후, 베네치아는 점차 종교적 파문이라는 굴레에서도 조용히 벗어날 수 있었다. 그렇지만 기독교 세계에서 콘스탄티노플을 정복하고 약탈한 베네치아와 그의 최고지도자 단돌로는 여전히 기독교

그러나 제4차 십자군 전쟁에서 이익을 본 것이 베네치아만은 아니었다. 프랑스 귀족들과 기사단들이 베네치아 군대와 함께 콘스탄티노플을 점령했고 라틴제국을 세우면서 라틴 황제의 직위에도 올랐기 때문이다. 그렇지만 라틴제국은 불과 몇십 년도 유지되지 못한 채, 다시금 비잔틴 제국으로 회복되었다. 그래서 실익도 없이 라틴제국의 황제관만 잡고 있었던 프랑스 귀족들은 얻은 게 없었고, 명분만 쫓다 대부분 잃은 셈이었다. 더욱이 베네치아에서 온 군인들은 대부분 상인 출신의 뱃사람이었기에 콘스탄티노플의 귀중품을 알아볼 수 있는 안목과 고대문명의 진수가 담긴 책을 열심히 모을 수 있었다. 콘스탄티노플의 고대유산을 열심히 약탈(또는 수집)했고 이를 극비리에 공화국의 수장고에 보관하여 감추었다가 훗날, 동로마(비잔틴)제국이 오스만제국에 의하여 완전히 멸망한 이후에 베네치아는 오랜 기간 감추어 두었던 고대의 책들을 수장고에서 슬며시 꺼내기 시작했다. 베네치아공화국은 고대문명의 부흥기(르네상스)를 일으킨 장본인이었지만, 콘스탄티노플의 약탈자라는 굴레 때문에 이를 공개적으로 밝힐 수도 없었다.[10]

베네치아의 편익분석 항목

(1) 문명중심지의 지위획득 : 베네치아 뱃사람들에게 그리스-로마 시대의 온갖 값진 서적은 엄청난 가치를 지닌 최고의 상품이었다.[11] 금

세계에서 비난받고 있음도 사실이다.

10) 마키아벨리의 <로마사 논고>는 로마 역사가 리비우스의 <로마사> 가운데 15세기에 발견된 로마공화정 시대(제1권~제10권)가 있었기에 작성될 수 있었다(저술 기간: 1513~1517). <로마사>는 총 142권 가운데 현재 35권만 전해지지만, 마키아벨리의 정치사상에 결정적 영향을 주었으며 1513년에 저술한 그의 <군주론>에도 큰 영향을 주었다. 마키아벨리는 그의 저술에서 아리스토텔레스, 폴리비오스의 논의가 담긴 리비우스의 <로마사>를 통해서 정치체제를 6개의 유형으로 분류한 바 있다. 군주정치, 귀족정치, 민주정치, 참주정치, 과두정치, 중우정치가 그것인데 이는 우리에게도 매우 친숙한 유형 분류이다. 이렇게 근대 정치학의 시초, 또는 정치학의 르네상스를 열었던 마키아벨리에게 결정적 영감을 불러일으킨 <로마사>의 발견과정은 매우 불분명하다. 비교적 깨끗하게 잘 보관되어서 발견된 10권의 <로마사>는 베네치아가 콘스탄티노플을 약탈한 당시, 베네치아의 비밀 수장고에 몰래 숨겨져 보관되었다가 동로마(비잔틴)가 완전히 멸망한 이후(1453년)에 출간된 것으로 보인다.

은보화는 물론이고 아테네 민주정치를 담고 있는 정치철학, 고대의 과학기술서와 훌륭한 조각품을 포함하여 훗날의 르네상스를 자극할 수밖에 없었던 수많은 문화재가 제4차 십자군 당시에 대부분 콘스탄티노플에서 베네치아로 반출되었다. 대표적 조각품으로 네 마리의 청동 마상은 콘스탄티노플에서도 너무 유명한 작품이어서 베네치아가 몰래 숨길 수 없어 할 수 없이 외부에 알려지게 된 몇 가지 품목에 불과했다.12) 엄청난 유물들 가운데 특히 고대문명을 흠모했던 베네치아 사람들이 콘스탄티노플에 보관되어 있던 고대문명의 고서적들을 그대로 남겨둘 이유가 없었다. 점령군이며 장사꾼이었던 베네치아 뱃사람들에게 콘스탄티노플에 있던 그 귀한 고대문명의 서적은 값비싼 보물이었고 당연히 베네치아로 몰래 가져 왔다. 그렇지만 제4차 십자군 전쟁으로 세워진 라틴제국은 곧 사라졌고 동로마(비잔틴)는 다시 복원되었기 때문에 베네치아 사람들은 외부에 자신들이 훔쳐온 소중한 보물을 알릴 수 없었다. 동로마(비잔틴)가 완전히 멸망한 이후에야 비로소 베네치아는 그들의 약탈품을 안심하고 꺼내 놓았고, 잘 보전된 고대문명의 서적들은 인쇄기술의 보급과 함께 출판량을 늘렸고 그 내용은 사람들의 생각을 바꾸기 시작했다. 비슷한 시기, 베네치아가 세계에서 가장 많은 고전을 출간하는 도시가 되었고 서구 문명의 중심지가 된 배경이기도 하다.13)

---

11) 베네치아 사람들은 중동지역과 활발히 교역하면서 고대 그리스 문명의 진가에 대해서 그 누구보다 잘 알고 있었다. 제4차 십자군 전쟁에 참여한 프랑스 귀족들에게 "당신은 아리스토텔레스를 아는가?"라고 물어본다면 대부분 귀족은 모른다고 했을 것이 틀림없었다. 그렇지만 베네치아 출신 뱃사람에게는 그리스 학자가 낯설지 않았다. 그들은 이미 시리아에서 아랍어로 번역된 그리스 서적을 읽은 경험이 많았던 상인들이었기 때문이다.

12) 비잔틴제국이 망하고 라틴제국이 잠시 세워졌지만 불과 57년 만에 다시금 비잔틴제국으로 복귀되었다. 그렇지만 동로마(비잔틴)제국의 그 많은 보물은 베네치아로 옮겨진 다음이었다. 마치 일제 35년 동안 한반도의 수 천 년 유산이 일본열도로 옮겨진 것과 비슷한 예이다. 한편, 동로마에서 가져다 놓은 산마르코 대성당의 전면을 장식했던 네 마리의 청동 마상은 훗날 베네치아를 점령한 나폴레옹에 의하여 프랑스로 옮겨졌으나 나폴레옹의 패망과 함께 다시 베네치아에 반환되었다.

13) A. Mango(알렉산드로 마르초 마뇨)의 연구(2015)에 따르면 1469년부터 30년 동안, 베네치아에는 153명의 인쇄업자가 4,500종의 책을 인쇄했고 약 135만 권의 책을 생산했음을 확인하고 있다. 16세기가 되면서 15,000종의 책이 출판되었고 3,500만 권의 책을 인쇄했다는 기록도 있다. 1453년, 콘스탄티노플이 함락되고 비슷한 시기 구텐베

(2) **최대 금 보유국으로서 기축통화 발행** : 베네치아공화국은 콘스탄티노플을 대신할 문명의 중심지 지위를 획득했을 뿐만 아니라 제4차 십자군 전쟁을 통하여 수백 년을 이어갈 공화국의 국부(國富)를 축적할 수 있었다. 승리의 황금 전리품은 실로 엄청났고 그 많은 황금을 베네치아로 가져왔기 때문에 베네치아는 막대한 양의 황금보유량을 기반으로 새로운 금화를 만들 수 있었다. 그것은 1284년, 베네치아 정부의 국립조폐소에서 만들어진 세계에서 가장 신뢰할 수 있는 화폐, 두카토(Ducat)였다.[14) 유럽의 여타 화폐들은 베네치아 두카토를 기준으로 화폐 가치가 평가되었는데 오늘날 미국의 달러를 기준으로 다른 나라의 화폐 가치를 평가(환율 고시)하는 것과 비슷했다. 베네치아의 두카토는 유럽을 비롯한 세계 각지에서 사용되었던 기축통화였으며 성 마르코 문양이 새겨진 두카토 금화는 지중해 연안 지역은 물론이고 인도에서도 사용되었다.[15)

(3) **지중해의 해양패권 획득** : 제4차 십자군 전쟁 이후, 베네치아는 본격적으로 지중해 바다 위에 새로운 해양제국을 건설하기 시작했다. 베네치아에서 콘스탄티노플까지 바다 위에 독점적 항로를 만들었고 중간 지점마다 베네치아가 관리하는 거점 항만도시를 건설했다. 지중해의 해양물류를 베네치아가 관리하면서 동양에서 가져온 후추와 향신료에 대한 독점적 판매권을 확보했고, 상당 기간 지중해를 자국의 내해처럼

르크를 비롯한 독일계 인쇄업 기술자들이 베네치아에 모이면서 베네치아는 책 공장 단지가 되었고 베네치아는 당대 최고의 출판도시가 된 것이다. 베네치아에서 제일 먼저 출판한 책은 로마공화국의 마지막 공화주의자, 키케로의 책 <친구에게 보내는 편지>였고, 베네치아에서 가장 많이 팔린 인기 책은 마키아벨리의 <군주론>이었다.

14) 황금 3.5g으로 주조한 금화로써 순도 99.7%를 항시 유지했던 두카토는 시장의 신뢰를 한 몸에 받았으며 13세기부터 18세기까지 약 500년 동안 유럽의 기축통화 역할을 톡톡히 해내었다. 베네치아는 자신들의 두카토 화폐 가치의 급격한 변동을 방어하기 위해서 금화주조의 총량(발권력)을 조절했고, 금화 무게와 순도 역시 항시 변함없도록 정확하게 유지했다.

15) 베네치아의 화폐, 두카토는 1284년부터 1797년까지 거의 변함없이 그 가치가 유지되었다. 나폴레옹에 의하여 베네치아공화국이 사라진 이후인 1820년부터는 영국의 파운드화가 세계의 기축통화 역할을 담당했다. 제1차 세계대전과 제2차 세계대전을 겪으면서 20세기 이후에는 미국의 달러화가 세계적인 기축통화의 역할을 하고 있지만, 달러가 두카토처럼 500년 이상 국제적 기축통화 지위를 유지하기는 쉽지 않아 보인다.

사용하였다. 그 결과, 베네치아는 유럽뿐만 아니라 지중해에서 가장 부유한 해양국가로 우뚝 섰으며 13세기부터 약 300여 년 동안 지중해의 패권국 지위를 누렸다. 그러나 15세기 후반, 콘스탄티노플을 점령한 오스만제국은 베네치아의 지중해 패권을 잠식했고 베네치아는 수세적 지위에서 방어에 급급했다. 더욱이 15세기 말, 스페인과 포르투갈이 신대륙과 신항로를 개척하면서 베네치아의 지중해 시대는 저물어갔다. 지중해를 벗어난 베네치아의 상인 후예들은 대서양을 따라서 포르투갈, 프랑스, 네덜란드 등으로 이동하였고, 그들은 17세기의 암스테르담에서 새로운 해양공화국 시대를 열었다.

중세의 공화주의자, 마키아벨리

사회자: 키케로에 이어서 두 번째 대화에 나와 주신 분은 중세의 공화주의자, 마키아벨리입니다. <군주론>의 저자로 베네치아출판계 최고의 인기 작가로 이름을 날리셨습니다. 2013년에는 군주론 저술 500주년을 기념하는 마키아벨리학회 모임이 전 세계에서 열리기도 했습니다. 간략한 약력을 소개하면 다음과 같습니다.

Who is …

마키아벨리

☑ 본명은 Niccolò Machiavelli, 서기 1469년 태어나서 1527년에 세상을 떠남(58세).

☑ 피렌체 공화정 당시, 최고위직까지 올랐으나 메디치 가문의 권력복귀(피렌체 군주정으로 바뀌면서) 이후, 정계에서 축출됨.

☑ 메디치 가문에 헌정하는 <군주론>을 불과 4개월만에 완성함.

☑ 리비우스의 <로마사>를 분석하여 이를 근대적으로 해석한 작품인 <로마사 논고>를 저술했음.

☑ 중세적 기독교 관점을 탈피하고 <인민의 주권>을 실천하기 위한 공화주의적 현실 정치론을 주장함.

마키아벨리: 저를 중세의 공화주의자이며 최고의 인기 작가로 소개해주시니 몸 둘 바를 모르겠습니다. 사실 저의 최고 유명작품인 <군주론>은 메디치 가문의 로렌초 데 메디치에게 헌정된 책입니다. 그런데 그 자는 저의 책을 평생 단 한 번도 읽지 않았고 어느 구석엔가 처박아 놓았다고 합니다. 힘들게 그를 알현할 기회를 만들어 저의 야심작, <군주론>을 선물했더니 그 메디치라는 군주는 책보다 다른 선물들에 더 많은 관심을 두더군요. 제 뒤에서 사냥개를 선물한 사람에게 더 고마움을 표시했으니 말이죠. 한마디로 저의 <군주론>이 '개'만도 못한 책이었던 것입니다. 게다가 저의 책들은 대부분 금서로 지정되어 제 때 출판도 안 되었습니

다. 제가 세상을 떠난 이후에나 발간이 된 것으로 알고 있습니다.

사회자 : 아니 마키아벨리, 잠시만 기다려주세요. 메디치라고 하면 그 유명한 르네상스의 후원자, 피렌체 최고의 명문가를 말씀하시는 것이지요?

마키아벨리 : 예 그렇습니다. 아시다시피 메디치 가문은 약 350여 년 이상 피렌체를 실질적으로 통치한 가문입니다. 중간에 몇 번, 권좌에서 쫓겨나기도 했고 그래서 일시적으로 공화정이 들어서기도 했지요. 제가 주로 큰 역할을 담당했던 것은 피렌체 공화정 시절이니까 본래부터 메디치 가문과 좋은 관계일 수는 없었지요. 그래도 저는 메디치 가문이 다시금 피렌체의 군주로 복귀했을 때, 그들이 국가를 제대로 통치할 수 있도록 온 힘을 다하여 <군주론>까지 써서 헌정했는데 메디치 출신의 그놈의 군주는 저를 엄청 무시했던 것이지요.

사회자 : 그러네요. 15세기부터 18세기 중엽까지 번성했던 피렌체의 명문가, 르네상스의 후원자, 메디치 가문, 메디치의 군주와 당신이 썩 좋은 관계는 아니었군요. 그런데 왜 <군주론>까지 써서 군주의 권력을 강화하도록 온갖 술책을 제시했나요? 아직도 많은 사람은 당신의 <군주론>을 읽으면서 독재자의 꿈을 꾸고 있다고 합니다. 무솔리니나 히틀러 등도 그 예이지요.

마키아벨리 : 저는 피렌체공화국 시절, 10인 위원회 서기장도 역임한 바 있습니다. 당시 외교 사절로서 각국 군주들과 대화하였고 나름 독자적인 정치 견해를 쌓으면서 정치경력을 화려하게 다져 나갔지요. 그런데 1512년 스페인의 침공으로 피렌체 공화정이 무너지고 메디치 가문이 권좌에 복귀하면서 저는 모든 공직에서 추방되었을 뿐만 아니라 고문까지 당했습니다. 정말 분하고 원통했지만, 조용히 시골에서 저술 활동에 몰입했지요. 그런데 뜻대로 안 되더라고요. 정계복귀 욕구가 마음에서 사라질 수 없었던 것입니다. 결국, 피렌체 정부에서 쫓겨난 지 얼마 지나지 않아서 메디치 가문의 군주를 알현할 수 있도록 로비를 했고 그에게 바치는 <군주론>을 불과 몇 달 만에 완성해서 궁으로 들어간 것입니다. 아마도 그해가 1513년이었던 것이지요. 저는 <군주론>에서 위대한 군주, 강한 군대, 풍부한 재정이 국가를 번영하게 하는 요소임을 강조했으며 특히 '국가이익'을 위해서 현실적인 어떤 수단과 방법을 취하더라도 용인될 수 있다고 주장했습니다. 국가의 행동에서 종교 및 도덕의 요소를 배제하고 정치적 '현실주의'를 강조한 것이지요. 그래서 로마교황을 비롯한 종교인들은 저의 책을 악마의 책이라고 비난했습니다. 그렇지만 중세시대의 스콜라철

학, 교부철학에 기반을 둔 기독교적 정치관점을 탈피한 저, 마키아벨리는 고대 로마 시대의 고전적 역사분석에 기초하여 새로운 차원의 근대적 정치학을 출범시키는 데 크게 공헌했다고 평가받고 있습니다.

사회자: 아, 그렇다면 제가 당신을 중세의 공화주의자라고 소개하는 것보다는 중세를 마치고 근대를 열어나간 공화주의자라고 소개하는 것이 좀 더 나은 표현이겠군요.

마키아벨리: 제가 세상에 살아있을 때는 중세의 마지막 시기였다고 할 것이고, 저의 책이 알려지기 시작한 시기는 근대를 막 시작하는 시기라고 할 것입니다. 어쨌든 저의 현실주의적 정치론을 '마키아벨리즘'(Machiavellism)이라고 한다면 여기에는 분명, 근대적 정치학을 출범시키는 많은 요소가 담겨있을 것입니다. 제가 정치사회를 신체에 비유해 생로병사의 현상을 정치에 대입하여 설명하는 것도 근대적인 연구접근에 가깝다고 할 수 있습니다. 사회가 몰락하지 않기 위해서는 건강하게 사회가 유지되어야 하는데 그 건강은 '평등의 보장'으로 실현된다고 주장했습니다. 저, 마키아벨리는 부정·부패의 만연은 병든 사회이고 그 부패의 원인은 사회의 불평등에서 비롯된다고 본 것입니다. 또한, 사회에 불평등이 팽배하면 여타 사람들에 대한 지배와 억압이 심화하고 사회규범과 질서가 붕괴하는데 그렇게 되면 결국 그 부패로 사회는 몰락할 수밖에 없다는 논리이지요. 극단적 이기주의의 결과인 '만인에 대한 만인의 투쟁 현상'이 벌어지는 이유도 불평등에 있다고 본 것입니다. 사람들은 저, 마키아벨리를 가리켜 아테네의 민주정치와 로마의 공화국 체제를 계승한 독특한 공화주의를 16세기 르네상스 시절에 발전시킨 인물로 평가하기도 합니다.

사회자: 그렇지만 마키아벨리, 여전히 당신의 그 유명한 <군주론>이라는 책을 읽어보면, 당신을 공화주의자라고 말하기는 어렵던데요. 이런 부분에 대해서는 어떻게 생각하시나요?

마키아벨리: 아, 그렇군요. 제가 <군주론>으로 유명해졌지만 본래 저는 피렌체공화국의 핵심 지도자 가운데 한 명이었고, 공화주의를 열렬히 옹호했던 정치인이었습니다. 순수한 학자는 아니지만, 저의 연설과 강의를 들었던 많은 피렌체 젊은이들은 엄청나게 열광했고 그 기억은 분명히 남아 있습니다. 특히 제가 세상에서 살고 있었던 당시, 해양공화국으로 성공했던 베네치아와 실패한 피렌체 공화정을 몸소 체험하기도 했지요. 그래서 누구보다 절절하게 공화국의 성공을 위해서 염원했던 부분들을 저의 많은 저서에 남겼습니다. 단지, 메디치 군주에게 헌정되었던 <군주론>은 제

가 정계복귀를 위해서 왕에게 잘 보이기 위하여 썼던 것이니 대놓고 "왕권주의는 안 되고 공화주의가 답이다."라고 할 수 없었을 뿐이지요. 그래도 자세히 행간의 의미를 찾아보면 <군주론>에서도 왕의 국가가 아닌 인민의 국가를 만들고자 했던 저의 의도를 발견할 수 있을 것입니다. <로마사 논고>와 <정략론>에서는 제가 근대공화국의 성공조건을 좀 더 분명하게 제시하고 있으니 꼭 참고해 보시기 바랍니다.

사회자 : 피렌체에서 메디치의 군주정이 다시 시작되면서 당신이 소속되어 있던 피렌체공화국은 몰락했지요. 그런데 군주국들이 주류를 이루던 시기에도 어떻게 베네치아공화국은 군주국이 되지 않을 수 있었을까요. 그 이유를 좀 설명해주시기 바랍니다.

마키아벨리 : 이건 좀 어려운 질문이네요. 제가 피렌체공화국의 중요 인사였지만 피렌체가 군주국이 되는 것을 막지 못했기에 할 말은 없습니다. 그런데도 저를 포함해 제 시각과 비슷한 친구들이 베네치아공화국을 평가한 것을 말씀드린다면 다음과 같습니다. 고전적 의미에서 베네치아는 폴리비오스의 혼합정을 현실에 가장 잘 적용했던 공화국이라고 판단합니다. 왕정과 귀족정 그리고 민주정의 3대 요소가 제도적으로 잘 혼합되어 있었다는 의미지요. 왕정의 요소는 종신직 대통령(Doge, President)제도입니다. 최고위직의 신속한 결정과 집행력은 대외정책 및 정부의 기타 활동에 대한 효율성을 높였지요. 귀족정의 요소는 경험이 많고 노련한 정치인들로 구성된 150여 명의 원로원(Pregadi, Senate)입니다. 끝으로 군주의 등장을 막고 당파적 이익을 추구하려는 어떤 음모도 막아낼 수 있는 강력한 민주정의 요소가 베네치아공화국에 있었습니다. 그것은 법률을 인준하고 중요 관료들을 선출하는 권한도 가진 2,000명에 가까운 대규모 국회(Maggior Consiglio, Great Council)입니다. 베네치아의 대국회는 정치적 귀족집단이라고 볼 수도 있지만, 베네치아공화국에 독재자나 군주가 등장할 수 없도록 공화국을 방어하는 강력한 정치집단이었습니다.

사회자 : 그렇다면 피렌체공화국에는 공화국을 지킬 베네치아공화국에서처럼 강력한 대규모의 국회 같은 조직은 없었나요?

마키아벨리 : 제도적인 측면에서만 본다면 피렌체공화국도 베네치아공화국에 못지않게 강한 공화국을 만들려는 적극적인 조치가 취해졌습니다. 그렇지만 베네치아 사람들은 바다 위의 인공섬에서 생활하면서 공화국을 함께 가꾸었던 사람들이었기 때문에 공화주의 정신이 매우 강했습니다. 특히 공화국 운영에 있어서 종교적 가치와 도덕적 요소보다는 실리를 우선했지

요. 동로마제국의 콘스탄티노플을 베네치아가 정복했을 당시, 서유럽의 기독교인들은 베네치아를 종교적으로 도덕적으로 비난했지만 정작 베네치아 사람들은 자신의 공화국 생존을 위해서 그런 비난쯤은 얼마든지 감내했던 사람들입니다. 그래서 베네치아는 제가 생각하는 정치적 현실주의를 가장 잘 실천했던 공화국이고 그래서 베네치아공화국은 가장 마키아벨리적이라고 할 수 있습니다. 물론 제가 베네치아공화국을 대놓고 칭송하지는 않았지만 말입니다.

사회자 : 아, 그렇군요. 마키아벨리. 당신은 공화주의자로서 베네치아공화국의 성공을 보면서 새로운 근대를 향한 공화국을 상상했지만 그렇다고 실패한 피렌체공화국의 정치인으로서 베네치아를 칭송할 수는 없었겠군요.

마키아벨리 : 글쎄 꼭 인정하고 싶지는 않지만 그런 면이 없었던 것은 아니겠지요. 당대의 베네치아공화국은 좀 얄밉도록 약삭빠르고 실리를 추구하는 장사꾼 나라 같은 부분도 있었으니까요. 어쨌든, 많은 사람이 인정하듯이 저, 마키아벨리의 사상은 17세기 근대를 열어갈 홉스, 스피노자, 로크 등에 큰 영향을 주었고 18세기 루소와 몽테스키외의 추앙도 받았습니다. 이러한 시각에서 보면, 베네치아공화국의 현실적 정치제도는 저, 마키아벨리의 연구와 저서들을 통해 서구사회에 널리 알려졌고 이론화되었다고 하겠습니다. 사실 베네치아공화국을 연구하고 그 실체를 알고 있는 당대의 정치학자 가운데 저, 마키아벨리를 제외하면 별로 생각나는 학자도 없을 것입니다. 마키아벨리즘을 공화주의적 시각에서 가장 잘 표출한 실체는 사실상 피렌체공화국이 아니라 베네치아공화국이었으니 말입니다. 특히, 베네치아의 현실주의적 정치관, 그리고 공화주의적 사고는 훗날 수많은 근대적 정치 사상가들에게 큰 영향을 주었다고 감히 말씀드리고 싶습니다. 아─ 참, 이건 제가 세상을 떠난 다음에 전해 들은 이야기입니다만, 저의 책을 출간해준 곳은 피렌체가 아니라 베네치아였다고 하더군요. 만약 베네치아에서 저의 <군주론>을 출간해주지 않았다면, 오늘날의 저 마키아벨리도 존재하지 않았을 것입니다.

사회자 : 죽음의 문턱 앞에서조차 실제 정치의 권력자로 복귀할 것을 열렬히 희구했던 권력 지향적이었던 당신, 마키아벨리였습니다만, 이토록 훌륭한 대화를 함께 나누고 보니 정말 감개무량합니다. 참으로 흥미롭고 힘 있는 대화가 아니었나 싶습니다. 감사합니다.

바다공화국 베네치아의 탄생과 발전과정

서기 6세기 경, 이탈리아 북부지역(알프스산맥 끝자락)의 포강 하류와 지중해의 아드리아해가 만나는 갯벌지역에 전쟁 피난민들이 인공섬을 만들기 시작했다. 바닷가 석호에 형성된 인공섬, 베네치아 군도가 안전한 생활공간이 되면서 더 많은 사람들이 모여들었고 서기 687년, 베네치아는 스스로 자신들의 지도자(Doge)를 선출했다.

■ 알프스산맥의 끝자락, 북부 이탈리아 내륙의 포강 유역

■ 포강 하류 유역에서 베네치아 인공군도(섬들)로 들어가는 바닷길

■ 베네치아 인공군도(섬들)를 지탱하는 바다 말뚝들

베네치아 지역에서 소금생산량이 늘어나고 인구수도 증가하면서 자연스럽게 교회가 세워졌다. 그런데 베네치아 교회의 관할권을 두고 동로마제국과 로마교황청 사이에 분쟁이 일어났다. 서기 800년, 로마교황청은 서로마황제의 직위를 프랑크제국의 카롤루스(Carolus)대제에게 부여하였고, 카롤루스가 동서간 종교분쟁에 적극적으로 개입하면서 프랑크제국은 동로마 영향권에 있던 베네치아를 군사적으로 정복하려 했다. 그리고 마침내 서기 810년, 노령의 카롤루스를 대신하여 그의 후계자, 피핀 황태자가 대군을 이끌고 베네치아를 침략했고, 베네치아는 민병대를 조직하여 대항했다.

■ 서기 9세기 초, 프랑크제국과 독립전쟁을 벌인 베네치아 민병대(베네치아 뱃사람들)

■ 서기 9세기의 리보 알토(현재의 리알토 지역)

베네치아 민병대는 동로마의 군사적 지원이 거의 중단된 상태에서 프랑크제국의 피핀 황태자가 이끄는 대규모 군사력에 포위되어 몰살될 위기에 직면했다. 베네치아 민병대는 사력을 다하여 프랑크 군대를 갯벌 깊숙한 리보 알토지역(지금의 리알토)까지 유인했고, 이곳에서 마지막 항전을 준비했다. 숫자가 적은 베네치아 민병대였지만, 그들은 최고의 뱃사람들이었고 누구보다 바닷길과 조수간만의 차이를 정확히 알고 있었다. 피핀 황태자의 함선이 갯벌 가운데로 들어왔을 때, 베네치아 민병대의 불화살 세례가 시작되었다. 정확히 썰물이 일어나는 시간이었고, 프랑크제국의 함선들은 갯벌에서 꼼짝할 수 없었다. 황태자를 포함한 대부분의 프랑크 군인들도 민병대의 화살에 화형 당했고, 베네치아는 그 독립전쟁의 승리를 기념하여 리보 알토 지역에 리알토 다리를 세웠다.

■■ 프랑크제국의 함대를 갯벌로 유인한 베네치아 민병대(현재의 대운하 지역)

■■ 바다의 개선문으로 불리는 리알토 다리(서기9세기의 리보 알토 지역)

베네치아의 수많은 인공섬들은 13세기 무렵, 현재와 비슷한 모습으로 정비되었다. 군도의 가운데에는 대운하가 흐르고 북부에는 산마르코, 카나레조, 카스텔로의 3개 행정구역이 있다. 남부에는 산폴로, 산타크로체, 도르소두로의 3개 행정구역이 있어서 베네치아 본섬은 총 6개 행정구역을 이룬다. 특히, 산마르코는 정치활동의 중심지로써 산마르코 광장이 있고, 산폴로는 경제활동의 중심지로써 리알토 지구가 있다. 그리고 카스텔로는 산업생산활동의 중심지로써 국영조선소, 아르세날레가 있는 곳이다.

■■ 베네치아 군도의 6개 행정구역(대운하의 북부와 남부)

베네치아의 본섬인 산마르코 광장에서 바다 건너편에 보이는 산 조르조 마조레 섬은 1980년 G7정상 회담이 개최되었던 작은 인공섬이다. 이곳의 아름다운 교회당(Basilica di San Giorgio Maggiore)은 1566년부터 1610년 사이에 건축되었는데 공화국의 대표적 건축가였던 안드레아 팔리디오(Andrea Palladio)가 설계했다. 그 밖에도 많은 인공섬과 유명한 건물들이 있지만 특히, 산마르코 광장에서 바다를 향하여 건너편에 있는 (대운하의 입구에 위치해 있는) 공화국의 바다세관 건물은 해수면에 접하여 있지만 지금까지도 매우 잘 보존되어 있다.

■▌ 산마르코에서 바라본 산조르조섬의 성당

■▌ 베네치아공화국의 바다세관 건물

중세시대, 베네치아 군도 지역은 지중해에서 가장 교통이 편리한 곳이었다. 지중해의 어느 항구에서 화물을 선적하더라도 아드리아해를 거쳐서 베네치아의 대운하를 통하면, 집 앞까지 도달할 수 있었기 때문이다. 그래서 대운하 주변에는 베네치아상인들의 대규모 저택이 많았는데 그 집안에는 커다란 물류창고가 있어 곧바로 화물을 하역, 편리하게 보관할 수 있었다.

■■ 지중해의 아드리아해에서

■■ 베네치아의 대운하를 거쳐서

■ 집 앞의 선착장까지 도착가능

베네치아공화국에서는 산마르코 대광장만을 유일하게 피아차(Piazza)라고 했는데 이는 공화국의 정치1번지인 산마르코 광장이 지닌 특별성 때문이었다. 베네치아의 다른 광장들은 캄포(Campo)라고 했으며 정기적으로 시장이 열리거나 지역별 특색을 지닌 가면무도회가 개최되었다.

■ 종탑에서 본 산마르코 대광장(Piazza)과 왼편의 대운하 입구, 바다세관

베네치아공화국에는 70여개의 교구가 있었고 교구별로 크고 작은 광장이 있었다. 베네치아 사람들이 지녔던 지역별 공동체의 결속력은 인공 섬의 생명줄인 광장의 공동우물을 중심으로 자연스럽게 형성되었다. 만일 누구라도 광장의 공동우물을 훼손하면, 그것은 마을 사람들 모두의 생존을 위협하는 결과로 직결되었기 때문이다.

■ 공동우물을 중심으로 형성된 작은 광장(Campo)들

제 3 편

근대 해양공화국의 설계자, 베네치아의 3대 특성

제2편에서 살펴본 것처럼 베네치아는 지중해의 고대문명을 승계한 천년의 자유 공화국이었고, 그래서 베네치아는 서양의 중세시대와는 다른 새로운 근대적 요소를 강하게 품고 있었던 나라였다. 근대를 설계할 수 있었던 베네치아공화국의 중요한 특성 가운데 대표적으로 민주적 보편주의, 효율적 관리주의, 정치적 반독점주의라는 3대 특성을 중심으로 베네치아의 정부조직을 살펴보면 다음과 같다.

(앞면 사진 : 베네치아공화국 팔라초 두칼레(대통령궁)의 입구)

제7장

공화국의 민주적 보편주의

1. 베네치아의 자연법사상

베네치아공화국은 중세시대의 나라였지만 어떤 중세국가에서도 찾기 어려운 민주적 보편주의를 지니고 있었다. 고대의 해양폴리스였던 아테네의 특성을 닮았던 베네치아의 민주적 보편주의는 거친 바다라는 자연적 악조건과 관련된 부분이 많았다. 베네치아에 모인 사람들은 자유를 위해서 자발적으로 모인 공동체였고, 그들은 거친 바다 위에서 생존해야 했기 때문에 자연의 순리를 담은 자연의 법리는 베네치아의 기본 원칙이며 기본법이었다. 바다의 인공섬에서 자연법의 원리가 수용되었음은 당연했고 자연의 법리를 거스른다면, 바다의 공동체는 공멸할 수밖에 없었기 때문이다. 자연환경 앞에서 감히 그 누구도 특권적 지위와 특별한 대우를 요구할 수 없었고, 단 한 사람이라도 반(反) 자연적 행동을 한다면 베네치아는 공동체를 위하여 그를 죽이거나 추방해야 했다. 그것이 베네치아의 기본법이고 규칙이었다. 인위적인 권력 관계가 아닌 자연적 질서 측면에서 베네치아는 자연스럽게 자연법적 기초를 터

득하였고, 그것은 베네치아의 생존원리와 직결되었다.[1]

베네치아 갯벌의 인공섬으로 들어온 이방인들에게 애당초 신분 계급의 존재 여부는 의미가 없었고, 그 모든 이방인은 평등한 자유인이었을 뿐이었다. 베네치아 갯벌에서 기득권을 주장할 수 있는 토착민은 없었고, 바다 위에 만들어진 인공섬에서 모두는 함께 협력하여야 극한적 자연을 함께 극복할 수 있고 함께 생존할 수 있었다. 그래서 베네치아에는 "우리는 자유롭지만, 동시에 우리는 함께 한다."라는 의식이 강할 수밖에 없었다. 베네치아공화국의 자유주의, 자연법사상, 공동체주의는 그래서 선택이 아닌 필수적 요건들이었다. 더욱이 9세기 초, 베네치아가 프랑크제국의 공격을 격퇴하고 독립을 쟁취한 이후, 안전한 바다 위의 자유로운 공화국으로 출범하면서 더 많은 세상의 인재들이 자유를 찾아서 바다를 건넜고, 베네치아로 몰려 들어왔다. 마치 아메리카식민지가 영국 왕과 벌인 독립전쟁에서 승리한 이후, 미국으로 수많은 이방인이 이주해 온 것과 비슷했다.

베네치아는 이탈리아 북부의 포강 하류 바닷가의 작은 인공 섬들이 모여진 군도(群島)였고, 조용한 어촌마을에 불과했다. 그렇지만 프랑크제국의 군대를 쫓아내면서 이곳은 자유의 공간이 되었고 육지의 어떤 적군이 몰려와도 충분히 막을 수 있는 나라가 되었다. 프랑크제국을 격퇴한 베네치아는 지중해의 앞바다로 시야를 돌렸고, 지중해 바다를 향한 베네치아는 바다의 아테네처럼 상업 국가로 빠르게 발전하였다. 자유의 군도, 베네치아공화국에는 왕이 있을 수 없었고, 자신의 특권만을 요구한 권력자는 언제든 추방되었다. 귀족, 평민, 하인을 가리지 않고 새롭게 모여든 이민자의 천국이 되었던 베네치아공화국에서 베네치아를

---

1) 16세기 초, 피렌체 사람이었던 마키아벨리가 저술한 <로마사 논고>에서는 과거의 로마공화국뿐만 아니라 자신이 살고 있던 시대에 존재한 베네치아공화국에 대해서 비교평가를 했다. 그의 시각에 따른다면 바다 공화국인 베네치아가 당면했던 엄혹한 자연환경과 관련하여 베네치아 공동체가 지닌 특성을 자연법적 질서 측면에서 이해하는 부분이 많았다. 또한, 다양한 이주민으로 구성된 베네치아공화국이었지만, 그들은 어떤 나라의 국민보다 자기 나라에 대한 주인의식이 매우 뚜렷했다고 평가하면서 이것이야말로 베네치아공화국이 강대국이 될 수 있었던 중요 요인이라고 지목했다.

통솔하는 것은 특별한 인물도 특별한 군대도 아닌 자연의 원칙에 합당한 '자연법'이었다.

2. 베네치아의 공동체주의

베네치아의 본섬은 일하는 직장과 생활하는 주거지가 매우 긴밀히 연결된 인공섬들로 구성되어 있다. 각 인공섬은 수평적 네트워크를 이루면서 유기적으로 연결된 상태에서 다양한 도시의 기능을 각기 분담하여 서로 처리해주었기 때문에 서로에 대한 이웃 정신(neighborhood spirit)이 강했다. 또한, 거친 바나 위에 세워진 공동운명체였기 때문에 빈부격차로 인한 주거지 구분이 거의 일어나지 않았다. 베네치아의 이웃 정신과 공동운명체라는 인식에도 불구하고, 베네치아는 다양한 이주민으로 형성된 공화국이었기 때문에 이들을 하나로 묶어줄 상징성이 강한 그 무엇이 필요했다. 더욱이 베네치아는 로마교황청의 지시나 감독에서 벗어나서 독자적인 신앙생활을 했기 때문에 로마나 콘스탄티노플의 신앙적 상징보다 더 높은 자신들만의 상징도 필요했다.

베네치아가 독립공화국이 된 지 얼마 되지 않은 시점에 알렉산드리아에서 몰래 반입한 성인 마르코의 유해는 이를 위한 상징체가 되었다. 베네치아는 자신들의 수호성인을 모시는 산마르코 대성당을 중심으로 공동체의 신앙적 자존심을 높이면서 동시에 공화국의 결속을 다지는 구심점을 마르코 성인을 통하여 찾았다. 로마의 베드로 성자와 거의 동급 수준인 마르코 성자를 베네치아의 수호성인으로 모시면서 베네치아는 독립공화국인 자신들의 위상과 종교적 자부심을 강조했다. 신앙심이 깊었던 중세시대에 자신들의 성자 마르코를 상징으로 베네치아공화국 시민들은 강한 공화주의적 연대감을 형성한 것이다. 지금도 베네치아의 여기저기에서 마르코 성자를 상징하는 날개 달린 황금사자의 주홍빛 베네치아 깃발을 발견할 수 있다. 다양한 곳에서 이민 온 베네치아인들은 성 마르코의 황금사자기 아래에서 공화국 시민으로서 하나로 결집하는 단결력을 보여주었다.

폭넓은 시각에서 보면, 고대의 로마공화국, 중세의 베네치아공화국, 근대의 네덜란드공화국, 그리고 현대의 미국 공화국 사이에는 다양한 인종과 종교를 아우르는 공통분모가 있다. 특히, 베네치아의 공화주의적 공동체 의식은 중세시대의 어느 왕국보다 강했기 때문에 베네치아 사람들의 결속력은 굳건했고 공동체에 대한 충성심 또는 애국심이 견고했다. 베네치아는 모든 공화국의 사람들을 위한 전체적 해양도시계획을 세웠고, 거친 바다와 싸우기 위한 철저한 도시 관리와 도시의 안전성을 확보했다. 베네치아공화국 시절의 해양관리를 맡았던 공직자들은 투철한 공익의식과 전문적 식견으로 국제적으로도 명성이 높았다.[2] 이와 같은 베네치아의 강한 공동체 의식은 베네치아의 천년 공화국 시대를 이끌었던 기본 바탕이 되었고 민주적 개방주의와 함께 이방인들에 대한 이웃 정신이 폭넓게 적용되었다. 베네치아공화국은 중세시대의 여타 국가들이 보여주었던 배타성이 강한 특성과 반대되는 어떤 인종적 차이나 종교적 다름에도 불구하고, 포용력 있게 친화하는 전통이 강했음을 재삼 높게 평가한다. 험한 자연환경과 함께 싸우고 극복해가는 과정에서 인종의 차이, 종교적 차이, 빈부와 신분의 차이는 베네치아공화국이라는 강력한 '공동체'의 걸림돌이 될 수 없었다.

3. 베네치아의 강한 주인의식

미국의 경제사학자 레인(F. Lane)은 평생 베네치아를 연구하면서 여러 측면에서 베네치아와 미국의 공통분모를 찾아냈다.[3] 그는 18세기의

---

2) 18세기 말까지 천년을 이어져 온 베네치아공화국의 해양관리 수준은 최고였고, 그래서 물에 잠기는 일이 거의 없었지만, 공화국이 해체된 이후의 베네치아에서는 빈번히 물에 잠기면서 가라앉고 있다. 현대적 해양관리기술로만 본다면 베네치아의 침수문제는 분명히 개선되어야 했지만, 21세기의 베네치아는 18세기의 베네치아보다 해양관리를 제대로 하지 못하고 있다는 평가를 받고 있다.

3) 레인은 바다에서 베네치아의 본섬으로 들어갈 때마다, 마치 뉴욕의 맨해튼 섬으로 들어가는 것 같은 느낌을 받았다고 하였다. 필자 역시 그런 레인의 감성적 표현에 공감하는 바가 크다. 실제로 베네치아 해안에서 바라본 베네치아의 산마르코 광장 입구의 높은 종탑과 팔라초 두칼레는 뉴욕의 맨해튼 입구의 허드슨강과 이스트강 사이에 높이 솟아 있는 빌딩 숲을 보는 것 같기 때문이다. 필자가 레인의 비유에 하나를 더 붙

미국 독립전쟁 상황을 예시하면서 미국도 당대 최고 강국이었던 대영제국의 왕과 대항하여 독립전쟁을 했고, 승리함으로써 공화국이 되었음을 역설한다. 천 년 전이었던 9세기의 베네치아도 당대 최고 강국이었던 프랑크제국에 대항하여 독립전쟁을 벌였고 승리함으로써 공화국이 되었다.[4] 그런데 같은 맥락에서 베네치아의 역사적 경험을 좀 더 확장해 보면 더욱 흥미로운 사실을 발견할 수 있다. 베네치아를 닮은 근대의 바다 도시, 암스테르담도 17세기의 최고 강국이었던 스페인제국의 왕에 대항하여 독립전쟁의 중심에 섰고, 승리함으로써 독립공화국이 되었다. 그들은 모두 다양한 이주민으로 구성된 공화국이었지만, 최강의 제국에 승리하여 독립을 쟁취했고 공화국을 세웠다. 이는 왕과 귀족에 의하여 통치되는 곳에서 사는 사람들과 분명히 다른 국가관을 갖게 했으며 자신들이 목숨 걸고 지켜낸 공화국에 대하여 강한 주인의식을 지닌 것은 너무도 당연한 결과였다.[5]

그런데 9세기의 베네치아공화국이 쟁취한 자유와 독립에는 또 다른 중요한 의미가 숨겨져 있었다. 대부분 왕국에서 전쟁터에 내놓는 함선에는 노예가 승선했고 그들은 강제로 노를 저어야 했으며 배가 침몰하면 노예는 따라 죽어야 할 운명이었다. 그런데 왕국의 함선과 달리, 베네치아 함선에 승선했던 해병들은 대부분 자유로운 뱃사람들이었다. 노예와 자유인이 바다에서 전쟁할 때, 과연 누가 승리할 것인가를 명확히

인다면 뉴욕 맨해튼의 허드슨강과 이스트강 사이의 대서양으로 연결된 그 공간이 예성강과 임진강이 태평양으로 연결되는 한반도의 중심지역, 개성(관산지역)과 너무도 비슷하다는 것이다.

4) 암흑시대의 중세로부터 자유로웠던 문명의 등불, 베네치아는 고대의 문명을 간직했고 아테네 민주주의와 로마 공화주의를 독자적으로 발전시킨 매우 독특한 공화국이었다. 베네치아를 많은 이들이 "고귀하면서도 유일한 도시"(Venetia, città nobilissima, et singolare)라고 표현했던 이유이기도 하다. 이는 베네치아가 중세시대에 존재했지만, 중세의 왕과 교황의 통치를 모두 거부한 공화국 시민들로 구성된 그들의 강한 민주의식에서 비롯된 것으로 평가된다.

5) '중세의 베네치아', '근대의 암스테르담', 그리고 '현대의 뉴욕'은 모두 제국의 왕을 상대로 투쟁한 독립운동의 중심이었고 그들은 승리하여 자유로운 공화국의 발전거점이 되었다. 베네치아인들은 프랑크제국의 카롤루스대제와 싸워 승리했고 그래서 독립을 쟁취했다. 베네치아 사람들이 자신들이 목숨을 걸고 싸워서 지켜낸 공화국에 대하여 주인의식을 강하게 가질 수밖에 없다. 이는 암스테르담에서도 뉴욕에서도 마찬가지였다.

설명해 줄 수 있는 대목이다. 특히 베네치아의 함선은 평시에는 상선이었고 승선한 해군들도 평시에는 뱃사람이면서 동시에 상인이었다. 베네치아 선원은 선박에 자기 상품을 실을 수 있었고 지중해 연안의 각지에서 물건을 사고팔던 상인이기도 했다. 따라서 베네치아 선박이 전투에서 패배하여 침몰하는 것은 자기 목숨은 물론이고 자신의 상품(자기자본)도 모두 잃는 것을 의미했다.[6]

작은 베네치아가 지중해를 석권할 수 있었던 배경에는 공화국과 공화국의 함선에 대한 주인의식이 중요하게 작용했다. 베네치아는 강력하고 규모도 큰 프랑크제국, 동로마(비잔틴)제국, 그리고 오스만제국과 대적하여 천 년 동안 싸워서 지중해를 제패한 적도 있었고 해상제국의 지위에 오르기도 했다. 제국의 주인은 황제였지만 공화국의 주인은 시민이었다. 제국의 황제가 명령하는 함정에는 노예가 노를 저었지만, 공화국의 함선에서는 누가 선장이고 선원인지조차 구분할 수 없었다. 베네치아의 선원들은 각자가 배의 주인이었고, 그 배에 실려 있는 나의 상품을 지키기 위해서 목숨 바쳐 싸웠다. 작지만 강했던 베네치아의 해양력은 자유권과 소유권을 가진 베네치아 선원들의 주인의식에서 비롯되었고, 그래서 그들은 다수의 힘없는 비자유인들과 벌였던 어떤 전투

6) 이와 관련된 역사적 사례들은 고대시대로부터 많이 전해지고 있다. 페르시아의 함선에서 노를 젓던 사람들은 노예였고, 아테네의 군선에서 노를 젓던 사람들은 자유인이었던 것도 대표적 사례이다. 자기 소유가 없고 전쟁에 이겨도 노예일 수밖에 없는 사람들과 자기 소유가 있고 지킬 것이 있는 자유인들이 창과 칼을 들고 배 위에서 백병전을 벌일 때 그 승패는 어찌 될 것인가. 승패는 이미 정해져 있다고 하여도 과언은 아닐 것이다. 숫자는 적지만 아테네의 민주주의는 함선에 올라탄 뱃사람들을 강하게 만들었고 동시에 그들은 아테네의 민주주의를 더욱 건강하게 만들었다. 이와 마찬가지로 중세의 베네치아 해군들이 강할 수 있었던 것도 그들이 자유인이었기 때문이었다. 베네치아 해군들과 바다에서 싸웠던 사람들이 대부분 노예이거나 외국 용병들이었던 것을 고려한다면, 베네치아 함선이 왜 최강이었는가의 이유를 알 수 있다. 더욱이 베네치아의 뱃사람은 꽤 높은 임금을 받고 배에 탔는데 요즘으로 치면 봉급에 더하여 보너스도 있었다. 그것은 외국에 가서 팔 수 있는 자신의 상품(교역품)도 배에 실을 수 있었기 때문이다. 나의 상품을 배에 실어서 외국에서 더 많은 돈을 받고 팔려고 했는데 그 배가 해적들이나 적국에 의해 공격받는다면 어찌 되겠는가. 베네치아 뱃사람들은 자신의 목숨처럼 귀중한 나의 상품을 지키기 위해서 강한 해병이 될 수밖에 없었고, 내 것을 소유한 자유인과 노예처럼 얻을 것이 없는 자 사이의 승패는 분명히 갈릴 수밖에 없었다.

에서도 승리할 수 있었다. 소수이지만 강했던 자유인, 베네치아의 뱃사람들이 지니고 있었던 강인한 '주인의식'은 천년 공화국의 주춧돌이었다.

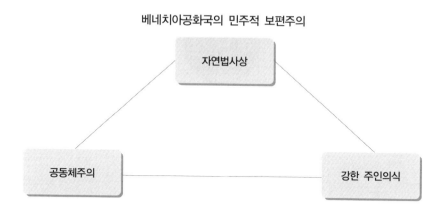

베네치아공화국의 민주적 보편주의

자연법사상

공동체주의

강한 주인의식

제8장

공화국의 효율적 관리주의

1. 공화국 정부의 효율적 집행력

베네치아공화국 정부의 최고지도자 명칭은 도제(Doge)지만, 그 의미를 번역하는 데 어려움이 있다. 집정관, 총독, 총통 등의 이름으로 번역할 수도 있으나 정확한 의미는 아니기 때문이다. 오히려 그 역할과 특성만 본다면 미국의 대통령(President)과 로마교황(Pope)의 중간 정도이다. 베네치아 정부의 효율적 집정관, 도제는 종신제이지만 평균 재임기간은 10년 정도였다.

베네치아 도제(Doge)의 선출방법

베네치아공화국의 최고지도자, 도제의 선출방법에는 누가 도제로 선출될 수 있는가를 예상할 수 없도록 교묘하게 만들어진 제도적 특징을 갖고 있다. 만일 어떤 누가 차기 도제로 선출될 것이 예상된다면, 그를 중심으로 파당이 만들어지고 특별한 권력층이 생겨날 수 있기 때문이었다. 누가 선출될지 예상할 수 없도록 하면서 동시에 역량이 부족한 자는 탈락시키는 방식이었다. 도제의 선출과정은 공화국 초기까지 직선제에 가까웠지만, 13세기를 전후로 공화국의 규모가 팽창하면서 간선제를 채택하였다. 아테네의 민주정치와 로마공화국의 경험을 토대로 베네치아공화국은 교묘한 간접선거 방식을 채택한 것이었다. 미국 연방공화국의 간접선거방식에 의한 대통령 선출과정보다 조금 더 복잡한 베네치아공화국의 최고지도자 선출방식은 간략히 요약해도 10단계를 거쳐야 했다.[1]

베네치아공화국의 최고지도자는 권력을 남용하지 않도록 지속적인 감시와 견제의 대상이었지만, 일단 선출되면 죽을 때까지 임기가 보장되는 종신직이었다. 그런데 공화국의 도제 선출과정을 이토록 복잡하게 만들면서 추첨과 우연을 오가게 했던 것에는 앞서 소개된 아테네의 민주정치 제도와 깊은 관련성을 가진 것으로 해석된다. 제1장에서 살펴본 바와 같이 아테네는 '추첨제'에 기초한 민주정치를 실행하였는데 베네치아 사람들도 그런 아테네 민주정치의 전통을 본받고자 하였다.[2] 또한, 민주정치 제도를 지키면서 로마공화국의 제도를 이어받아서 베네치아공화국을 안정적으로 발전시키기 위한 간선제를 채택했음도 주의 깊게 볼 부분이다.

베네치아공화국에서는 특권적 정치세력에 의하여 일반인의 권리가 훼손당하는 일이 없도록 하면서 동시에 선출된 최고지도자가 세습군주가 되지 않도록 사전 예방했다. 그렇지만 동시에 능력이 부족함에도 운 좋게 도제로 선출될 수 있는 민주정치의 한계점은 철저히 경계하고

---

1) Frederic C. Lane, 1973: 111 참조하여 재구성.
2) 추첨제를 주장하는 민주주의자들의 주장은 이러했다. 태어날 때부터 부모님을 선택한 사람은 단 한 명도 없으며 운이 좋아서 귀족 가문에서 태어날 수도 있고 운이 나빠서 노비의 자식으로 태어날 수도 있다는 시각이다. 출생 신분은 운에 의하여 결정되는 것일 뿐이며 출생 신분으로 특권을 누리는 것은 잘못된 것이라고 본 것이다. 따라서 공공의 업무는 누가 맡든지 문제가 없도록 보편적인 제도로 만들어져야 하고 추첨으로 책임자를 결정하는 것이 오히려 공정하다는 판단이 아테네 민주주의자에게 있었다. 베네치아 정치체제에서도 이와 같은 민주적 추첨제 요소가 반영된 것으로 이해할 수 있는데 기존의 편견을 모두 버리고 생각한다면 현대인들도 베네치아식의 복잡한 대통령 선출방식에 상당 부분 공감할 부분이 있다.

차단했다. 베네치아공화국의 최고지도자 선출제도는 현대의 공화국에 사는 우리에게도 상당한 정치적 시사점을 제공한다. 민주정치의 이상적인 '추첨'의 중요성,[3] 공화국의 현실적인 '실력'의 중요성을 베네치아인들은 함께 성취하고자 하였기 때문이다. 베네치아공화국은 정부의 효율적인 집행력을 확보하기 위하여 민주적이면서 동시에 전문적인 지도력을 갖춘 인물을 선출해야 한다는 인식이 강했다. 그들은 수백 년의 정치적 시행착오를 거치면서 다음과 같은 복잡한 도제선출제도를 정착시켰다.

〈베네치아 정부의 집정관, 도제(Doge)의 단계별 선출과정〉
① 공화국 대국회의 전체 국회의원 가운데 30인의 국회의원을 추첨으로 선출하고
② 30인의 국회의원 가운데 추첨으로 9명만 남기고
③ 9명의 국회의원이 40명을 위원을 선출하고
④ 40명의 선출위원 가운데 추첨으로 12명의 선출위원만 남기고
⑤ 12명의 선출위원이 25명을 지명하면
⑥ 25명의 지명위원 가운데 추첨으로 9명의 지명위원만 남기고
⑦ 9명의 지명위원은 45명을 추천하고
⑧ 45명의 추천위원 가운데 추첨으로 11명의 추천위원만 남기고
⑨ 11명의 추천위원은 41명을 대의원으로 임명하고
⑩ 41명의 대의원은 베네치아공화국의 도제(Doge) 후보자를 선출하여 대국회의 최종 의결로 확정하였다.

---

3) 추첨제를 통하여 좋은 제도를 만드는 방식으로 '2인의 파이 분배방법'이 예시되곤 한다. 서로 많은 파이를 갖고 싶어 하는 2인에게 어떻게 하면 가장 공정하게 파이를 분배할 수 있는가에 대한 설명이다. 첫 번째 사람에게는 자신이 원하는 대로 파이를 둘로 나눌 수 있는 권리를 주고, 두 번째 사람에게는 이미 나누어진 파이 가운데 어느 쪽이든 우선 선택할 수 있는 권리를 갖도록 한다는 것이다. 누가 첫 번째 사람이 되든지 또는 누가 두 번째 사람이 되든 상관없이 공정한 파이 분배가 가능할 수 있다는 논리이다. 추첨으로 어떤 처지에 서든지 분배는 공정하게 이루어질 수 있다는 예시이다.

최고지도자의 직무실, 팔라초 두칼레

베네치아공화국의 최고지도자가 근무하는 공간은 산마르코 광장에 있는 팔라초 두칼레(Palazzo Ducale)였다. 이를 직역하면 '도제 궁'이라고 번역되지만, 그 정치적 기능을 보면 미국의 백악관과 국회의사당을 하나로 합친 대통령궁이라고 볼 수 있다. 바다에서 광장으로 진입할 때 보이는 오른쪽 건물인 팔라초 두칼레는 아름다운 옅은 분홍빛이 배어있는 백색의 건축물이다. 보면 볼수록 팔라초 두칼레가 지닌 구조적 의미는 특별해 보이지만, 중세의 유럽 왕들은 베네치아공화국의 팔라초 두칼레의 정치적 의미를 도저히 이해하지 못했다고 한다. 프랑스의 나폴레옹조차도 베네치아의 팔라초 두칼레에서 머무는 것은 주저할 정도였다. 절대 권력을 쥔 자들은 이토록 개방적이고 민주적인 팔라초 두칼레에서 도저히 안심하고 잠을 잘 수 없었기 때문일 것이다.[4]

행정－기능적 측면과 함께 예술적 측면에서도 베네치아공화국의 팔라초 두칼레는 시간과 공간을 초월하는 다양성을 지닌 문명－융합적 작품이라고 볼 수 있다.[5] 가장 대표적인 조각으로는 성 마르코의 사자와 정의로운 여인의 모습을 들 수 있다. 산마르코 광장에서 팔라초 두칼레의 정문으로 들어가는 입구 머리 위에 있는 공화국의 상징, 마르코 성인의 사자가 첫 번째 조각으로 소개될 수 있다. 이 조각은 복음 성자

---

4) 개방화된 공화국의 대통령궁은 평화롭고 개방적이지만 과거 군주 시대의 왕실궁궐은 베네치아 팔라초 두칼레처럼 개방적일 수 없었다. 특히 암살위험에 시달리던 19세기 유럽 왕들에게 팔라초 두칼레의 개방성은 이상하게 보일 정도였다(Giandomenico Romanelli, 2011). 그렇지만 17세기 중엽에 건축된 암스테르담의 근대정신을 반영한 시청사(Koninklijk Paleis)는 베네치아의 도제 궁을 새롭게 해석하여 만들었다고 할 만큼 깊은 연관성을 갖고 있었다. 현대의 공화국에서도 베네치아의 팔라초 두칼레처럼 개방적인 대통령 집무실을 찾아보기는 그리 쉽지 않다. 직접적인 테러공격의 위험이 없었던 20세기까지 대중에게 열려 있었던 백악관이 그나마 팔라초 두칼레와 비슷했다고 볼 수 있다.

5) 베네치아공화국의 팔라초 두칼레는 고딕 양식과 비잔틴 양식 그리고 이슬람 요소가 절묘하게 조화를 이루면서 궁의 전면을 매우 독특하게 치장하고 있다. 흰색 석회암과 분홍빛 베로나 대리석을 사용한 마름모 문양의 무어(Moor)식 취향으로 장식된 팔라초 두칼레는 건물의 무게감이 모두 사라진 듯 아른거리는 효과를 자아내고 있다. 천년 동안 수집한 다양한 문명의 진귀한 조각들과 문양이 팔라초 두칼레의 구석구석을 장식하고 있는데 그 모든 것에는 제각기 다양한 이야기를 담고 있다.

마르코를 형상화한 '날개 달린 사자'가 항상 베네치아공화국을 수호한다는 것을 의미하고 있다.[6] 날개 달린 사자는 베네치아공화국을 상징하는 황금사자기로 우리에게도 잘 알려져 있다. 한편, 베네치아의 또 다른 대표적 상징물은 '정의로운 여인'이다. 팔라초 두칼레의 바다 방향의 앞면 남서쪽 끝에서 일곱 번째 기둥에 조각된 원형 머리 장식에 있는 조각이다. 14세기 중반에 만들어진 것으로 보이는 이 부조는 양옆에 사자가 있고 솔로몬의 왕좌에 앉은 한 여성을 강조하여 묘사했다. 오른손에는 검을 세워 잡고, 왼손에 잡은 두루마리에는 이런 글이 쓰여 있다. "나는 공정함과 강함에 군림하며, 바다는 나의 분노를 씻어 내린다." 베네치아공화국을 형상화한 여인은 공정함과 강인함으로 바다를 통치한다는 의미 속에 바다의 여제 즉, 베네치아공화국을 상징하고 있다.[7]

베네치아공화국의 팔라초 두칼레는 도제의 직무실과 숙소, 대국회와 행정청 그리고 법원과 감옥을 하나로 연결한 공화국의 정부종합청사라고 볼 수 있다. 공화국 안에 완벽한 기능을 갖춘 매우 효율적인 행정도시가 있는 셈이었다. 그런데 더욱 놀라운 것은 오늘날의 현대식 정부청사와 비교하여 보아도 중세에 건축된 베네치아의 팔라초 두칼레가 상대적으로 더 개방적이라는 사실이었다. 비슷한 시기에 있었던 피렌체공화국의 베키오궁과 비교한다고 해도 베네치아의 팔라초 두칼레가 지닌 개방성을 따라 올 수는 없었다. 베네치아의 최고지도자인 도제뿐만 아니라 베네치아의 모든 정부 기능도 시민들에게 내부를 감추지 않는 특성이 강했음이다. 공화국의 팔라초 두칼레가 지닌 가장 값진 가치는 그 아름다운 외부의 장식품들보다 더 가치 있는 공화국 정부의 투명성과 개방성이었다.

---

6) 사자가 앞발로 펼쳐 든 책에는 "평화를 그대에게, 복음 사도 성인 마르코"(PAX TIBI MARCE EVANGELISTA MEVS)라고 적혀있다(패트리샤 P. 브라운, 2001).
7) 네덜란드공화국이 공식적으로 독립 국가로 인정받은 1648년에 건축되기 시작한 암스테르담의 시청사 건물에서는 베네치아의 팔라초 두칼레에서 보았던 공통된 상징물을 찾아볼 수 있다. 특히 베네치아공화국을 상징하는 바다의 여제를 새롭게 해석한 '정의로운 여인'을 암스테르담의 시청사 조각품에서도 찾아볼 수 있다(<베네치아 갤러리 3> 참조).

팔라초 두칼레의 내부구조

베네치아 사람들은 자신들의 공화국을 가리켜 '세레니시마'(La Serenissima)라고 했는데 그 이유는 자신들의 안정적인 정치체제 때문이라고 했다. '가장 안전하고 조용한 곳'이라는 세레니시마가 어떻게 베네치아를 설명하는 말이 될 수 있을까에 대해 의문이 일어날 수도 있다. 베네치아공화국은 화려한 축제와 카니발로 항시 시끌벅적한 곳이기 때문이다. 그런데 여기에서 인용된 세레니시마는 베네치아가 정치적으로 갈등이 적고 전쟁의 위험성에서 벗어난 안전한 나라라는 의미를 담고 있었다. 그리고 이와 같은 베네치아공화국의 정치적 안정성과 공화국의 정부종합청사인 팔라초 두칼레의 내부구조는 깊은 상관관계를 갖고 있었다.

먼저 팔라초 두칼레 궁정의 안뜰에는 커다란 황동 우물이 있고 사방은 긴 회랑과 복도로 연결되어 있는데 어떤 방향을 보아도 건너편을 볼 수 있는 개방적 공간을 구성하고 있다. 1층과 2층은 자유롭게 오갈 수 있는 구조이며 이곳에서는 근엄한 권력의 힘은 찾아볼 수 없다. 3층과 4층은 집무실과 사무실 그리고 커다란 회의공간으로 이루어져 있는데 지상층만 보면 오늘날의 입법부와 행정부 그리고 사법부가 하나의 구조물에 들어와 있다고 볼 수 있다. 앞서 언급한 바와 같이 미국의 국회의사당과 백악관 그리고 연방법원까지 하나로 뭉쳐진 구조물이다. 그런데 여기에 흥미로운 반전이 있다. 팔라초 두칼레의 지상은 아름답고 개방적이며 화려하지만, 궁의 옆으로 연결된 통곡의 다리를 건너면 무시무시한 감옥으로 이어진다는 것이다. 아름다운 팔라초 두칼레의 옆 건물이 감옥이고 여기에 감금되었던 유명한 죄수로는 세기의 바람둥이, 카사노바가 있다.[8]

한편, 팔라초 두칼레에는 큰 방들이 많이 있는데 특히 대국회(Maggior Consiglio, Great Council)가 열리는 방은 그 규모가 엄청나게 커서 2,000

---

8) 수많은 여인과 염문을 뿌리면서 카사노바는 이곳 감옥에 감금되었지만 정작 카사노바의 여인들은 그를 전혀 원망하지 않았다고 한다.

명이 한자리에 모여서 회의할 수 있는 곳이었다. 이곳에는 베네치아공화국의 위대한 역사를 담고 있는 거대한 그림들이 전시되어 있는데 상부에는 역대 도제들의 초상화도 게시되어 있다. 그러나 단 한 명의 초상화는 검게 칠해져 있는데 그는 바로 재임 중에 쿠데타를 일으켜 처형되었던 파리엘이라는 도제였다. 대국회 옆에는 국회의원들이 투표할 수 있는 큰 방도 준비되어 있었다. 대국회 이외에도 원로원과 법원 그리고 40인 위원회실 등이 있으며 최고지도자의 집무실과 숙소도 인접하여 있는 구조를 보인다.

2. 정부의 권력 남용을 막기 위한 견제장치

공화국의 정부는 왕국의 정부와 다른 특별한 제도가 있었다. 정부의 권력이 남용될 수 없도록 제도적인 장치가 잘 마련되어 실제로 작동되는 것이다. 대표적으로 도제의 선서(the doge's oath) 또는 프로미션(the Promissione)이라는 것은 매우 주목할 만한 제도였다. 오늘날의 성문헌법에 비교될 수 있는 도제의 프로미션과 함께 베네치아공화국에는 최고지도자에 대한 탄핵제도도 있었다.

도제의 프로미션9)

도제의 프로미션은 최고지도자, 도제(Doge)가 베네치아공화국을 위하여 자신이 해야 할 주요 과제가 무엇인가를 구체적으로 담고 있었다.

---

9) 혹자는 베네치아에서는 성문헌법이 없었고 영국처럼 오랜 관습과 여러 법률을 통해서 정해진 불문헌법으로만 운영되었다고 본다. 그러나 엄밀히 평가한다면, 베네치아공화국에는 군주제였던 영국과는 달리 여러 법률보다 상위적 지위에 있는 도제의 '프로미션'이 있었다. 이는 각 조항에 따라서 구체적으로 명문화하여 작성되는데 새로 출범하는 공화국의 정부에 대한 시대적 요구를 반영한 사항을 담고 있었기 때문에 성문 헌법적 성격을 지녔다고 평가할 수 있다. 미국이 독립하여 공화국을 세우는 과정에서도 베네치아공화국의 프로미션은 중요한 참고 대상이었던 것으로 파악된다(James Madison, Alexander Hamilton, John Jay의 <The Federalist Papers>를 참조). 이와 같은 맥락에서 베네치아공화국에서 오랜 기간 시행되어왔던 도제의 '프로미션'은 17세기의 네덜란드공화국뿐만 아니라 18세기 미국의 연방공화국 체제형성에도 큰 영향을 주었을 것으로 판단된다.

대통령의 선서 또는 공약사항보다 훨씬 강력한 그리고 강제성을 지닌 것으로 종신직이었던 도제가 자신의 정부를 새로이 출범시키면서 지도자로서 반드시 실천해야 할 내용을 명시한 것이다. 만일 명시된 과제를 성실히 수행하지 못했을 경우, 도제가 죽은 이후에도 책임을 물어 그의 유족에게 벌금을 부과시키는 사례까지 있었다. 도제의 프로미션은 단순한 선언적 의미가 아니었고 도제로 선출되면 반드시 실천해야 할 강제적 규범이었다. 이러한 도제의 프로미션은 도제가 스스로 만들 수 있는 것도 아니며 베네치아공화국의 주요 위원회에서 상당한 기간에 걸쳐 공식적인 절차를 밟으면서 채택된 사항들을 담고 있다. 따라서 도제의 프로미션은 최고지도자의 정치적 결정에 직접적 영향을 주었을 뿐만 아니라 최고지도자의 결정과 행동을 제한하는 근거 조항이기도 했다.

베네치아공화국의 프로미션 작성과정은 먼저, 전임 도제가 죽은 이후에 새로운 도제를 선출하는 동안, 두 개의 독립위원회를 구성하면서 시작되었다. 제1기 독립위원회는 베네치아공화국의 새로운 대통령(도제)이 선출되기 직전까지 활동하는 특별위원회였다. 이 위원회에서는 이전의 도제가 행하였던 기록물을 바탕으로 주요 문제점을 분석하여 향후 수정해야 할 과제들을 정리함으로써 신임 도제의 임무를 구체적으로 명문화하였다. 도제의 프로미션에는 시대적 변화에 따라서 바뀌어야 할 법적 조항을 수정하거나 추가하는 것도 포함되었는데, 오늘날의 헌법개정위원회 또는 국회 법사위원회의 기능과 비슷한 업무를 담당했다고 볼 수 있다.

한편, 전임 도제가 사망한 이후 구성되는 또 다른 제2기 독립위원회에서는 전임 도제의 부당한 행위나 결정은 없었는가를 사후평가하는 작업을 맡았다. 이른바 효율적인 베네치아 정부를 운영하기 위하여 공화국으로부터 많은 공적 권한을 부여받았던 도제가 혹시라도 사적인 이유로 권력을 남용하지 않았는가를 평가하는 작업이었다. 이 위원회는 매우 엄격한 기준에서 도제의 부정행위를 조사했으며 도제의 사후에 검토되었기 때문에 현재의 권력에 휘둘리지 않고 공정하게 진행될 수 있었다. 만일 도제의 재직 기간 중에 발생했던 부당이익이나 신고 되지 않은 뇌물 등이 발견되면, 그의 자식이나 상속인에게 더 큰 대가를 치르도록 했다. 또한, 전임 도제와 현직 도제 사이에 정치적인 이유에서 상호 비방하고 보복 조사하는 행위는 거의 발생할 수 없었다. 왜냐하면, 독립적으로 구성된 제2기 특별위원회의 활동을 통하여 어떤 훌륭한 도제라도 사후에는 치밀하게 조사받고 그의 자식이나 유족까지 처벌 대상으로 삼았다는 사실이 경험적으로 확고하게 확립되었기 때문이었다.

프로미션의 제도운영

실제의 프로미션 제도운영 측면에서 볼 때, 베네치아공화국은 정부는 물론이고 최고지도자 개인의 역량과 능력도 전적으로 신뢰하는 나라는 아니었다. 개인의 능력을 최대한 발휘할 수 있도록 공화국의 권한은 위임하지만, 자의적으로 전권을 행사할 수 없도록 여러 가지 제도적 장치를 치밀하게 마련해두었다. 특히, 조직 구조의 상호 견제시스템에 의하여 조직은 자율적으로 운영되지만, 서로를 조심스럽게 통제하면서 문제가 발생하지 않도록 예방하는 관리체계가 매우 잘 갖추어졌다고 평가된다. 프로미션의 구체적 제도운영의 예를 보아도 다양한 정부조직의 기능과 권한을 명확히 정하는 한편, 권력자 개인의 선호에 따라서 정부조직의 권한이 뒤바뀌는 일이 없도록 엄격히 제한한 부분까지 있었다.

베네치아공화국의 정부조직은 1인의 결정에 전적으로 의존하는 것보다 조직 구성원이 서로 의논하면서 상호 견제, 통제하는 위원회 조직으로 운영되는 특징도 강했다. 그 결과, 베네치아의 정부조직에는 단독제보다는 합의제 위원회가 상대적으로 많았는데 상명하복(上命下服)의 수직적 성격이 강했던 로마교황청의 조직특성과 비교할 때, 베네치아의 정부조직은 상호협의(相互協議)하는 수평적 성격이 훨씬 강했다고 볼 수 있다. 이는 베네치아공화국 정부가 동시대의 교황청보다 훨씬 민주적으로 운영된 조직이라는 평가를 받는 이유이기도 하다. 베네치아공화국에서는 정부의 집행조직뿐만 아니라 법원에서도 단독심 판결보다 복수의 합의제에 의한 판결을 더욱 선호하는 경향이 강했던 것으로 평가된다.

이처럼 베네치아공화국 정부는 민주적 성향이 강했음에도 공화주의적 상호 협력과 견제 그리고 균형성에 의하여 정부 기능이 효율적으로 작동했다고 볼 수 있다. 현대행정에서 가장 바람직한 두 가지 측면, 민주성과 효율성을 동시에 달성했던 베네치아공화국 정부였다. 그런데 이렇게 민주성과 효율성이 동시에 작동할 수 있었던 것의 배경에는 베네치아공화국에 뛰어난 인재가 많았기 때문이었다. 베네치아공화국에 인재가 많을 수 있었던 배경에는 공화국이 보여주었던 개방적이고 공정한 인사정책이 있었기에 가능했다. 베네치아공화국은 최고의 인재에게 최고의 대우를 하는 것에 결코, 인색하지 않았다. 더욱이 종교와 인종, 가문 등과 같은 온갖 부수적 요인들은 인재의 실력을 평가하는 과정에서 중요한 변수로 삼지 않았다. 베네치아공화국은 고대의 아테네처럼 민주적 가치를 중시했지만, 아테네보다 훨씬 보편적이고 개방적이었다. 또한, 베네치아공화국은 로마공화국처럼 각 개인의 능력을 객관적으로 평가하고 중시했지만, 로마보다 훨씬 더 상업적이었고 이해 타산적이었다. 베네치아공화국이 발전하고 전성기를 누렸던 시기, 세상의 온갖 인재들은 베네치아로 몰렸고, 여기에는 재능이 뛰어난 이슬람교도뿐만 아니라 다수의 유대인도 포함되었다.

비밀탄핵제도

베네치아에서 근대적 공화국의 뿌리를 찾고 싶다면 새로 선출된 베네치아 도제의 취임식 장면을 살펴볼 필요가 있다. 18세기까지 열렸던 베네치아 도제 취임식은 산마르코 광장에서 도제 궁(팔라초 두칼레)의 출입문을 통과하여 계단을 올라가 단상에 서면서 그곳에서 대통령의 프로미션을 크게 낭독하는 과정이다. 워싱턴 국회의사당 앞에서 대통령 취임선서를 하는 장면과 겹쳐지는 순간이었다. 베네치아의 도제 취임식 장면을 베네치아에서 더는 볼 수 없지만, 그 순간을 재현하면 이러했다. 팔라초 두칼레의 안쪽 입구로 들어서면 왼편에는 전쟁의 신(Mars), 오른편에는 바다의 신(Neptune)이 아름답고 힘찬 조각상으로 서서 신임 도제를 맞이한다. 해양공화국의 강력한 해군력을 상징하는 그곳에서 신임 도제는 프로미션을 낭독하는 것이다. 오늘날에는 당연하고 자연스러운 장면으로 보일 수 있지만, 중세시대의 왕국에서는 결코 볼 수 없는 낯선 장면이었다. 중세시대의 왕들은 성직자로부터 제관을 받는 식이었기 때문이다. 어쨌든 신임 도제의 프로미션 낭독과 함께 공화국의 종신직 임기가 시작되었고 이를 바라보던 시민들을 그를 열렬히 환호하면서 취임식이 마무리되었다([베네치아 갤러리 3] 참조).

그런데 취임식 단상의 오른쪽 회랑 벽면으로 돌아서서 몇 발자국 발을 옮기기가 무섭게 괴기한 표정을 한 얼굴 조각의 부조물을 발견한다. 그 험악한 얼굴의 입은 반쯤 열려 있고 그 아래로 비밀 신고함이 설치되어 있다. 익명으로 누구든지 신임 도제를 포함한 어떤 고위공직자라도 그의 심각한 비리를 알고 있다면 탄핵 신고할 수 있는 신고함이었다.[10] 군중들의 환호를 받으면서 최고지도자로서 도제라는 권력자의 지위에서 혹시라도 군주가 되고 싶은 생각이 들었다면 무서운 얼굴 조각 앞에서 깜짝 놀랄 것이다. 회랑의 무서운 얼굴로 조각된 탄핵 신고함 앞을 오가면서 베네치아의 도제는 왕이 될 생각을 버렸다. 베네치아의 유능한 도제 가운데 군주가 되려고 했다가 탄핵신고로 사전에 발각되어 처형된 대표적인 사례는 파리엘 도제였다. 당시의 중세 학자들은 상호 불신으로 가득 차 있는 베네치아공화국 정부라고 비판했지만, 오늘날의 현대공화국 시각에서 본다면 매우 칭송받을 제도이다. 수백 년 전에 고위공직자에 대한 탄핵제도를 만들었던 베네치아공화국의 민주적 역량에 감탄을 금할 수 없다. 비위 사실이 밝혀지고 이에 대한 탄핵으로 엄중한 처벌이 내려지는 선례가 쌓이면서 베네치아에서는 더 이상의 쿠데타가 일어나지 않았고, 공직자들의 부패도 사전에 많이 예방되었다.

---

10) 고대 아테네의 민주정에서 실시되었던 도편추방제보다 훨씬 제도적으로 상시화된 강력한 탄핵제도라고 할 수 있다.

비밀 탄핵제도와 함께 그라데니고의 개혁으로 세습제 국회의원 제도가 도입되었던 사례도 비슷한 맥락에서 이해할 부분이 있다. 베네치아 공화국의 국력이 급성장하면서 공화국은 자칫 군주를 정점으로 하는 군사적 왕국으로 변질될 가능성이 컸고 이를 차단하기 위한 방어책이 필요했다. 과거, 로마공화국의 멸망과정을 알고 있었던 베네치아의 지식인들은 어떻게 하면 베네치아가 왕국이 아닌 공화국으로 지속발전할 수 있는가를 고민했다. 그리고 그 결과, 베네치아는 그라데니고의 개혁을 통하여 다양한 이해관계로 얽혀 있었던 세력들을 정치 귀족으로 세습화하고 약 2,000여 명의 전문정치집단을 대중과 영웅 사이에 끼워 넣었다.[11] 1인의 통치자 또는 군주가 되고 싶은 독재자가 대중의 전폭적 지지를 받아서 왕이 될 수 없도록 의도적으로 정치 귀족들을 만들고 세습화하여 베네치아공화국을 지키도록 제도화한 것이다.[12]

3. 도제와 도제위원회 그리고 정부조직도

베네치아공화국의 핵심적 행정조직은 도제(Doge)와 도제위원회(Ducal Council)였고, 이들의 역할은 입법부에 해당하는 대국회와 40인 위원회

---

11) 베네치아공화국에서 세습 지위를 얻은 정치 귀족들이 경제적 이익을 취하는데 우선권을 가질 수는 없었다. 이익은커녕 오히려 정치 귀족들이 경제적 불이익을 받는 경우도 많아서 이에 대한 불평도 많았다. 정치 귀족들이 공화국의 중요 정책 결정 과정에 참석하는 것은 의무였지만, 참석의 대가로 받는 보수는 없었고 불참했을 경우 과태료만 내야 했기 때문이었다. 공동체 의식이 강했던 베네치아공화국에서 정치 귀족이 혹시라도 자신의 정치적 지위를 이용하여 경제적 특권을 취하려 했다는 증거만 나타나면 혹독한 징벌도 가해졌다. 이런 제도가 운용되면서 14세기와 15세기까지의 베네치아공화국은 군주 또는 참주의 등장을 막으면서 약 200년 정도 긍정적으로 작동했다고 볼 수 있다(Frederic C. Lane, 1973: 91－101). 그러나 지중해 시대가 저물고 대서양 시대가 열리면서 대부분 인재가 베네치아를 떠났던 17세기 이후, 세습정치 귀족은 극도로 보수화되었고 긍정적인 역할을 하기 어려웠다.

12) 베네치아공화국의 세습화된 정치 귀족집단은 주로 부계를 기준으로 아들에게 귀족 지위가 승계되었는데 귀족명부인 황금의 책(the Book of Gold)에 등록되어야 공식적인 정치 귀족이 될 수 있었다. 베네치아의 정치 귀족과 평민 사이의 결혼도 제한이 있었고 이를 감시하는 감독기관도 있었지만, 평민 출신의 어머니를 둔 최고지도자가 간헐적으로 등장한 적도 있었다. 그러나 민주정치의 절정기였던 아테네에서 페리클레스의 부인이 외국인이라는 이유로 아들조차 시민권 취득이 어려웠던 아테네의 폐쇄적 민주정치처럼 베네치아의 귀족제 공화제도 16세기를 전후로 보수적으로 기득권 집단화되면서 베네치아의 세계적 인재들은 대부분 베네치아를 떠날 수밖에 없었다.

에 대비되는 조직이었다. 특히, 도제위원회는 도제와 베네치아 본섬의 6개 구역(세스티에레)을 책임지는 지방 장관(또는 행정책임관)으로 구성되어 있었다.

도제와 도제위원회

도제위원회의 위원들은 6개월 또는 1년을 단위로 선출되었는데 최대 2년까지만 업무를 맡아볼 수 있었다. 도제위원회는 대국회의 입법과 정책 결정, 최고지도자의 집행력을 보좌하는 실무적 역할까지 도맡았고, 정치적으로 매우 강력한 권력을 누릴 가능성도 컸다. 이러한 이유에서 특권방지 차원에서 도제 위원은 장기간 동일업무를 맡을 수 없었는데 이를 보완한 제도적 장치가 공화국의 전문적 공무원조직이었다. 베네치아의 대부분 공무원은 정년이 보장된 직업공무원이었는데 행정의 전문성과 함께 행정의 계속성과 안정성을 확보할 수 있는 인재들이었다. 이러한 정치인과 관료의 조합은 비슷한 시기의 유럽 어디에서도 볼 수 없었던 형태로서 민주성과 효율성을 동시에 추구했던 베네치아공화국의 특성을 잘 드러내고 있다. 비슷한 맥락에서 70여 교구로 분권 운영되던 각 지역도 12세기 이후, 공화국의 규모가 급속히 확장되고 통합 필요성이 높아지면서 교구 역할은 축소하고 중앙집권적 행정력을 강화하여 효율적 관리체계로 바뀌었다.[13]

이와 같은 몇 단계의 과정을 거치면서 베네치아 본섬을 이루는 수백 개 인공섬은 6개의 세스티에레(Sestiere)로 묶였고, 베네치아를 관통하는 대운하를 사이에 두고 크게 남쪽과 북쪽으로 나뉘었다. 대운하의 남쪽에는 경제중심지인 산폴로(San Polo), 산타크로체(Santa Croce), 주데카 섬을 포함한 도르소두로(Dorsoduro)가 있었고, 북쪽으로는 정치와 종교의 중심지인 산마르코(San Marco), 카나레조(Cannaregio), 아르세날레가

---

13) Lane의 연구서에 따르면, 베네치아 본섬은 6개 지역(Sestieri)으로 대분류되어 1178년 이후, 6명의 도제위원회 위원들이 각기 지방 장관을 맡아서 행정업무를 관장했던 것으로 파악하고 있다(Lane, 1973: 95-101).

있는 카스텔로(Castello)로 구분되었다. 베네치아공화국 본섬지역의 각 세스티에레를 책임 운영하는 지방 장관은 도제위원회를 구성하는 도제 위원이며 행정책임관이었기 때문에 중앙과 지방의 유기적 관계는 더욱 긴밀해졌다. 베네치아공화국의 도제는 6개 세스티에레 지방 장관을 통하여 베네치아 본섬을 직접적으로 효율성 있게 관리할 수 있었고 이를 요약한 행정 조직도는 다음과 같았다.

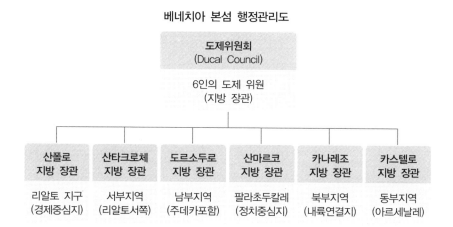

베네치아 본섬 행정관리도

공화국의 정부조직

베네치아공화국에서 최고지도자인 도제와 6명의 도제 위원은 대국회의 최고위원들과 함께 배석, 주요 행정업무 사항을 토의하고 결정했다.[14] 처음에는 최고위원이 3명이어서 '10인 위원회'로 불리기도 했지

---

14) Lane은 베네치아공화국의 도제와 도제위원회의 권한이 매우 강력했던 것으로 평가하면서 제노바, 밀라노 등과의 차이점을 설명한 바 있다. 빈번히 중세시대의 제노바가 베네치아의 경쟁국으로 묘사되는 경우가 많지만 이런 도시국(city－state)들은 외국계 출신의 도시대표자(Podesta)에게 국가운영을 위탁했을 정도이어서 강력한 정부를 지녔던 베네치아와는 구분될 필요가 있다고 언급했다. 한편, 13세기와 14세기를 거치면서 베네치아공화국에서는 그라데니고의 정치개혁 등을 통하여 대국회 권한이 상대적으로 강화되었고 파리엘 도제의 쿠데타 실패 이후, 대국회는 최고위원을 '10인 위원회'로 구성하여 공화국 정부에 참여시켰다. 이로써 약간의 제도적 변화는 있겠으나 베네치아공화국의 후반부에는 '17인 위원회'를 중심으로 공화국 정부를 운영한 것으로 파악된다. 이와 관련하여 Lane은 중세시대의 베네치아공화국을 미국과 같은 근대 또

만, 점차 대국회의 권한이 강화되면서 최고위원이 10명으로 증원되었다. 따라서 도제 1인과 도제위원 6인, 그리고 최고위원 10명으로 구성된 '17인 위원회'를 권력의 정점으로 공화국이 운영되었다.[15] 이러한 베네치아공화국의 정부조직은 현대적 시각에서 볼 때, 미국식 대통령중심제와 영국식 의원내각제 요소가 섞여 있는 혼합정체로 평가할 수 있다. 그렇지만 '17인 위원회'를 이끄는 위원장은 도제(Doge)였고, 사실상 영국의 내각제 수상보다 훨씬 강력한 권한을 갖고 있어서 도제는 선출된 군주로 불릴 정도였다. 도제의 권한이 막강했기에 도제 선출과정은 앞서 살펴본 것처럼 매우 복잡한 과정을 거쳤고 도제를 견제하는 제도적 장치도 다양하게 갖추어져 있었다.

베네치아공화국의 도제는 최고지도자이며 동시에 군사적 통수권자였고 죽을 때까지 임기가 보장된 종신직이었다. 그렇지만 도제의 임기가 끝난 후에는 철저한 직무검증과 권력 남용에 대한 엄중한 사후평가가 있었고, 문제점이 발견될 경우 그의 배우자 또는 자식에게까지 책임을 물어 재산을 압류하거나 막대한 과태료를 부과하는데 그런 경우가 빈번했다. 물론, 도제를 견제하는 것은 사후평가에만 한정되지 않았다. 살아 있는 권력에 대한 비밀탄핵장치는 언제나 가동되었기 때문이다. 앞서 언급한 그라데니고의 정치개혁과정에서 상설화된 '17인 위원회'는 공화국의 빠른 결정력과 신속한 조치를 가능하게 했던 조직이었다. 파리엘 도제가 군주가 되려고 쿠데타를 준비했을 때, 파리엘 도제를 제외한 다른 16인의 위원이 모여서 쿠데타를 신속히 진압했던 사례는 대표적이었다. 이러한 베네치아공화국의 정부 조직도를 요약하면 다음과 같다.

는 현대적 공화국(성문헌법을 근거로 정부조직을 운영하는 국가)과 비교하기는 어렵다고 설명한 바 있다. 차라리 불문 헌법적 특징을 지닌 보다 전통적이고 중세적인 요소가 남아 있는 영국과 비슷한 시각에서 이해할 필요가 있다고 하였다.

15) 베네치아공화국의 17인 위원회는 중대한 공화국의 결정 사안을 신속하게 판단하고 행동하는 강력한 조직이 되었다. 이와 관련하여 16세기의 마키아벨리는 자신의 조국인 피렌체의 이상주의가 지녔던 한계점과 비교하면서 베네치아공화국의 현실적인 '17인 위원회'의 긍정적 측면을 높이 평가한 바 있다.

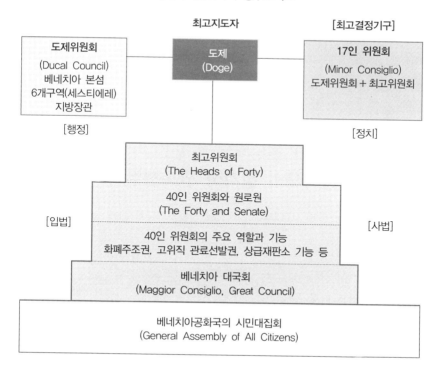

베네치아공화국의 정부조직도

최고지도자   [최고결정기구]

도제위원회
(Ducal Council)
베네치아 본섬
6개구역(세스티에레)
지방장관

[행정]

도제
(Doge)

17인 위원회
(Minor Consiglio)
도제위원회 + 최고위원회

[정치]

[입법]

최고위원회
(The Heads of Forty)

40인 위원회와 원로원
(The Forty and Senate)

40인 위원회의 주요 역할과 기능
화폐주조권, 고위직 관료선발권, 상급재판소 기능 등

베네치아 대국회
(Maggior Consiglio, Great Council)

베네치아공화국의 시민대집회
(General Assembly of All Citizens)

[사법]

제9장

공화국의 정치적 반독점주의

1. 정치적 혼합정체

역사가 폴리비오스는 로마공화국의 성공 원인으로 군주제, 귀족제, 민주제가 혼합된 로마의 '혼합정체'를 강조했다. 이러한 로마공화국의 혼합정체를 중세시대에 가장 잘 되살린 나라는 베네치아공화국이었으며, 그들의 혼합정체는 로마공화국을 본받아 시대적 상황에 맞추어 수정, 발전했다.

베네치아공화국의 혼합정체

로마공화국에서는 서로 다른 권력 기반을 지닌 집정관(군주)과 원로원(귀족) 그리고 평민회(평민)가 상호 견제하면서도 필요할 때에는 긴밀히 협력했다. 권력의 균형과 조화 속에서 로마는 그들의 역량을 극대화시킬 수 있었고, 이와 같은 측면에서 당대 어느 국가의 정부보다 로마공화국의 정부는 효율성 높은 정부였다. 로마공화국의 정부를 가장 잘 재현한 중세시대의 베네치아공화국 정부도 권력이 편향되면 다른 쪽과 연대하여 상호 권력을 견제함으로써 권력의 독점을 막았다. 동시에 국가적 위기상황에서는 국가의 모든 기관이 매우 유기적으로 효율성 있게 작동하면서 국력을 결집하였고 강력한 국가의 대응력을 갖추었다. 작은 폴리스였던 로마가 지중해를 제패할 수 있었던 것처럼, 베네치아도 혼합정체의 효율적인 정부로 국력을 극대화할 수 있었던 대표적 공화국이었다.

베네치아공화국의 정치적 혼합정체의 요소는 이러했다. 먼저 베네치아에서는 군주제의 요소를 지닌 집정관이었던 도제(Doge), 귀족제의 특성이 반영된 대국회의 40인 위원회와 원로원(Senate) 및 각종 위원회, 그리고 민주정의 장점을 반영하면서 동시에 군주가 등장하는 것을 막기 위한 약 2천 명에 달하는 대국회(Great Council)와 시민 대집회(General Assembly)는 상호 견제하면서 균형을 이루었다. 그렇지만, 대국회와 시민 대집회의 관계는 초기 민주공화국에서 점차 귀족공화국으로 바뀌는 과정에서 대국회가 공화국 정치체제의 중심이 되었다.[1] 그라데니고의 정치개혁으로 베네치아의 다수파(일반 대중)의 정치적 참여기회는 낮아졌고, 다수파의 인기몰이를 독차지하여 군주가 되어 보겠다고 생각하는 정치적 야심가들도 사라졌다.

13세기 말부터 18세기까지 베네치아공화국은 정치적 반독점주의를 표방하면서 왕의 등장 가능성을 강력히 차단했다.[2] 권력의 반(反) 독점

---

1) 베네치아가 독립공화국으로 출범한 서기 9세기부터 그라데니고의 정치개혁이 있었던 13세기까지 약 500년 동안은 시민 대집회의 역할이 상대적으로 컸다. 그렇지만 베네치아공화국의 규모가 지중해 전역으로 확장되고 로마처럼 군주가 등장할 가능성이 커지면서 그라데니고의 정치개혁이 등장했다. 정치개혁의 이후, 시민 대집회의 역할은 줄고 대국회가 공화국의 정치를 이끌어나가는 중심적 역할을 한 것이다. 베네치아 정치개혁의 핵심은 인위적으로 세습적 정치 귀족을 만들어 카이사르와 같은 1인의 영웅과 다수의 대중(다수파)이 정치적으로 결탁하여 공화국을 왕국으로 만드는 위험성을 영구히 차단하는 것이었다.
2) 시민 대집회를 통하여 베네치아의 최고지도자 도제를 선출하던 관행은 점차 사라졌고, 대국회의 복잡한 절차에 의하여 간접선거방식으로 도제가 선출되었고, 중요한 정부 요직의 인사관리도 대국회의 결정에 따라 이루어졌다. 로마공화국(평민회)과 비교하여 볼 때, 베네치아공화국의 시민 대집회 기능은 그라데니고의 정치개혁 이후 급속히 약해졌고, 상대적으로 원로원이나 대국회의 각종 위원회 역량은 강해졌다. 로마공화국보다 베네치아공화국의 귀족집단은 많은 정치적 권한을 행사했지만 동시에 정치적 권력

화를 통하여 공화국을 지키겠다는 의도에서 시작되었지만, 공화국의 진취성과 역동성을 낮추는 부작용이 초래될 수도 있었다. 그렇지만, 16세기를 전후로 분열되어 있던 이탈리아 전역에서 벌어진 크고 작은 전쟁에서 대부분의 자유 도시들(예컨대 피렌체 공화정 등)이 몰락하거나 주권을 잃은 것과 달리 베네치아는 강력한 공화국을 계속 유지할 수 있었다.[3] 1508년에 결성된 유럽의 캉부레 동맹군(프랑스, 스페인, 신성로마제국, 로마교황)과 벌인 전쟁에서 베네치아공화국은 위기를 겪었지만, 다시금 국력을 회복하여 왕국들 사이에서 주도적인 지위를 회복한 것은 이를 증명한다.

마키아벨리의 베네치아공화국 평가

앞서 로마공화국의 역사를 꿰뚫었던 역사가 폴리비오스는 로마의 성공 원인을 로마의 정치적 혼합정체에서 찾았다고 언급한 바 있다. 폴리비오스가 로마공화국의 역사를 간파했다면, 베네치아공화국의 역사를 동시대에 가장 정확하게 평가한 인물은 근대의 역사정치학자, 마키아벨리라고 할 수 있다. 마키아벨리와 그의 친구들은 로마공화국 이래 가장 성공적인 공화국이었던 베네치아공화국을 여러 각도에서 설명하였다. 그 대표적인 예로 마키아벨리의 친구였던 역사학자 구치아르디니(Guicciardini,1483~1540)를 들 수 있다. 그는 피렌체의 유력 정치인이며 동시에 르네상스 역사서술의 새로운 지평을 열었다는 평가를 받는 인물이었다. 구치아르디니는 그의 저술에서 베네치아공화국을 가리켜 "유사 이래 최고의 통치체제"라고 극찬한 바 있는데 이는 현대역사에서는 결코 찾아볼 수 없는 베네치아공화국에 대한 찬사였다.

베네치아공화국은 르네상스의 각 분야(정치, 경제, 사회, 문화)에서 산모역할을 했고 정치 분야에서는 더욱 특별한 역할을 담당했다. 11세기

이 특정인에게 쏠려서 군주가 등장하는 위험성은 분명히 막았다.

3) 이에 대해서는 다음 페이지 '2. 베네치아의 정치적 반독점주의 사례'에서 소개하는 세 가지 사례에서 좀 더 구체적으로 설명되고 있다.

부터 우후죽순으로 생겨난 이탈리아의 많은 자유 도시들은 대부분 공화정체를 채택했으나 결국은 군주제로 변질되었고 외세침략에 시달리던 약소국을 벗어나지 못했다. 그러나 베네치아공화국은 그런 약소국들과 달랐다. 마키아벨리의 역작 가운데 하나인 <로마사 논고>의 여러 대목에서도 그가 지니고 있었던 베네치아공화국에 대한 시기심이 빈번히 드러나고 있음을 발견할 수 있다. 마키아벨리는 로마공화국과 베네치아공화국에 대한 역사 비교를 통한 현실정치의 시각을 날카롭게 파악하고 있는데 이는 실패한 피렌체공화국과 성공한 베네치아공화국에 대한 마키아벨리의 냉정한 평가이기도 했다. 르네상스식 정치적 현실주의와 관련된 저술을 쏟아냈던 마키아벨리는 베네치아공화국이 지니고 있던 정치적 반독점주의와 정치적 혼합정체의 가치를 가장 정확히 간파했다고 볼 수 있다.

그래서 그 유명한 마키아벨리즘의 출발점은 그의 고국인 피렌체와 이탈리아의 약소국가들이 아니라 로마공화국을 닮은 강력한 베네치아공화국이라고 볼 수 있다. 정치적 반독점주의자이면서 공화주의자였던 마키아벨리는 그가 군주를 위하여 저술한 <군주론>의 일부 내용에도 불구하고 그의 또 다른 저술, <로마사 논고>를 통하여 그가 베네치아공화국의 실용적 정치체제를 얼마나 흠모했는가를 알 수 있다. 종교적 이데올로기를 벗어나 공화국 시민의 실질적 안전과 번영을 위한 국가의 역할을 강조했던 마키아벨리의 정치사상은 이미 그를 중세인에서 근대인으로 탈바꿈시켜 주고 있었다. 그리고 그것은 베네치아공화국이 추구했던 실제적 정치이념과 일치된 것이었다. 로마공화국의 정치적 혼합정체를 정치적 반독점주의로 발전시켜 놓은 베네치아공화국은 500년의 공화국 역사 위에 또 다른 500년의 공화국 역사를 쌓아 올렸음이다.

2. 베네치아의 정치적 반독점주의 사례

혹자는 베네치아공화국을 민주정치가 아닌 귀족정치로 소개하면서 변질된 공화국으로 평가절하하기도 한다. 그러나 유럽의 크고 작은 공화국들이 사라지고 군주국으로 급속히 바뀌는 상황이었음을 이해할 필요가 있다. 베네치아공화국이 자발적으로 귀족제 공화국이 되지 않았다면, 베네치아도 군주국으로 변질될 수 있었다. 이와 관련하여 군주제를 막았던 베네치아공화국의 관련 사례를 살펴보면 다음과 같다.

Case / 1

단돌로 아들의 결정4)

제4차 십자군 전쟁(1202~1204)을 통하여 엔리코 단돌로는 베네치아의 영웅이 되었다. 그는 격전지 콘스탄티노플에서 목숨을 바쳤고 그의 아들 라니에리 단돌로는 아버지의 후광을 입어 거절만 하지 않는다면, 베네치아의 첫 번째 군주로 추대될 상황이었다. 아들 라니에리 단돌로는 고민했다. 대중의 절대적 지지를 업고 군주가 될 것인가 아니면 아버지의 뒤를 이어서 베네치아에서 가장 존경받는 지도자로 남을 것인가를 고민했다. 그런데 라니에리 단돌로의 결정은 예상을 훨씬 뛰어넘는 수준이었다. 라니에리는 유능한 인물을 차기 지도자로 추천하였고 자신은 스스로 권좌를 멀리하고 크레타섬에서 발생한 위급한 소요사태를 진압하기 위한 함대 사령관으로 출진하였다. 그는 전쟁에서 장렬하게 전사했으며 이후, 베네치아에서는 공화국을 위해서라면 물불을 가리지 않는 용맹한 시민들로 넘쳐났다는 말이 있을 정도로 베네치아공화국의 공동체 의식은 강화되었다.

---

4) 이와 관련된 당시의 사례에 대해서는 시오노 나나미의 역사적 서술을 참고할 수 있다. 그녀의 저서는 구체적이면서도 문학적이고 로마사에 정통하면서도 베네치아연구에서도 많은 열정을 보인 것을 보면 그녀에게서는 마치 현대판 마키아벨리의 지적 열정을 느낄 수 있는 듯하다(시오노 나나미, 2014). 그렇지만 그녀의 베네치아 관련 역사서술 대부분은 자신이 밝힌 것처럼 미국의 경제사학자 레인(F.Lane)의 연구결과물에서 비롯되었다. 레인의 연구서는 그의 평생 작업으로 가득하고 거대한 고목의 나이테를 세는 것 같아서 읽어서 이해하고 납득하기 힘든 부분이 많다. 따라서 레인과 시오노의 글을 함께 비교하면서 베네치아공화국의 천 년 역사를 찬찬히 살펴본다면, 흥미로운 베네치아공화국의 유산들을 재음미할 수 있다. 특히 밀레니엄 해양공화국에 대한 시각에서 미국과 일본 출신인 학자와 저술가의 시각에서는 묘한 차이점이 있는데 이를 비교하면 더욱 재미있는 것도 발견할 수 있다. 미국과 일본은 모두 대표적 해양국가이지만 미국은 공화국, 일본은 왕국이라는 차이에서 비롯된 두 저자의 시각적 차이는 매우 분명하다.

단돌로와 그의 아들이 보여준 헌신적 결정으로 베네치아 공동체는 애국심이라는 강한 공화주의적 요소가 굳건하게 뿌리내렸다. 말로만의 애국심이 아니라 베네치아 공동체를 위한 지도자의 진정한 희생이 무엇인가를 웅변적으로 보여주었기 때문이었다. 그런데 단돌로와 그의 아들이 보여준 위대한 결정에는 또 다른 정치적 의미가 함축되어 있었다. 제4차 십자군 전쟁을 전후로 베네치아의 국력은 급격하게 팽창했고 이에 비례하여 전쟁영웅들이 빈번히 등장한 것이다. 명문 가문의 인물이 탁월한 전쟁 성과를 올리면 대중은 그를 전폭적으로 지지하는 성향이 나타난다. 그러나 베네치아 사람들은 과거, 로마공화국에서 황제가 왜 등장했는가를 잘 기억하고 있었다. 만일 단돌로의 아들이 대중의 추대를 받아서 카이사르와 같은 왕이 되고자 했다면 그는 브루투스와 같은 공화파에 의하여 암살을 당할 가능성이 컸다.

13세기 베네치아공화국의 정치적 상황은 시민 대집회(General Assembly)와 공화국의 대국회(Great Council)가 대립하는 역학 구도였다. 공화국 초기에는 시민들이 대집회에 운집하여 자연스럽게 도제를 선출했지만 12세기부터는 공화국의 대국회에서 도제를 간접적으로 선출하고 시민 대집회에서 형식적 추인을 받는 식이었다. 그러나 영웅적 인물이 등장하는 순간 대중은 1인의 영웅을 강력히 지지하는 반면, 대국회는 그런 1인의 권력자를 경계하는 식으로 상호갈등하는 구조를 보였다. 이런 상황에서 단돌로의 아들이 또다시 베네치아의 카이사르로 등극할 경우, 이는 격렬한 분쟁을 낳을 수 있었다. 엔리코 단돌로의 아들, 라니에리 단돌로는 이 같은 상황에서 애국적 결정을 했고, 공화국의 단합을 이끌었으며 그 결과, 단돌로는 왕은 아니지만, 공화국 최고 가문으로서 왕 이상의 존경받는 대상이 되었다.

Case / 2

그라데니고의 정치개혁

1297년에 단행된 베네치아의 도제 그라데니고가 실행한 정치개혁은 많은 논쟁거리를 낳았다. 아테네식 이상적 민주주의 시각에서 보면 그의 개혁은 개악(改惡)이 분명했다. 그러나 로마식 현실적 공화주의 시각에서 본다면 공화국의 생존을 위한 불가피한 조치였다.[5] 귀족이 없었던 베네치아에 그라데니고는 일부러 귀족계급을 만들어 정치 분야에서 귀족의 소리를 더 크게 키웠다.

베네치아는 본래 자유 의식이 강하고 평등주의가 주류를 이루고 있었던 공화국이었다. 그러나 13세기 말, 이탈리아에 산재해 있던 공화국들이 지도에서 사라지고 군주국으로 바뀌는 추세가 본격화되었다. 공화국 멸종시대가 다가오면서 그라데니고는 공화국 생존을 위한 정치적 실용주의를 모색했다. 그 방식은 영웅과 영웅을 갈망하는 다수의 대중 사이에 일정규모 이상의 귀족계급을 끼워 넣어서 경계벽을 만드는 것이었다.

그라데니고의 정치혁신에 따라서 공화국의 대국회에 의석을 갖고 있던 전직, 현직의원들에게 갑작스럽게 정치적 세습 귀족의 지위가 부여되었다. 기성 정치권에 있던 인물들을 귀족화했기에 특별히 반대할 국회의원은 없었고 단지 시민 대집회 기능이 약해질 수 있으니 이를 보완하기 위하여 국회의원의 숫자를 두 배 정도 확대했을 뿐이었다. 그라데니고의 개혁으로 공화국의 국회의원은 정치적 귀족계급에 속하게 되었고 1332년, 국회의원의 세습제가 정착화되면서 모호했던 귀족층이 아닌 매우 분명한 정치적 귀족집단이 베네치아공화국에 등장하게 되었다. 정치적 귀족집단은 태생적으로 특별한 문제만 없다면 25세에 국회의원이 되었고, 그 숫자는 약 1,200명~2,000명 정도였다. 젊은 베네치아 성년남자 가운데 적지 않은 비율이었고 그들이 동원할 수 있는 사람도 꽤 많았으므로 베네치아공화국에 왕이 들어서기는 힘들어진 셈이었다. 이상적 민주정치에는 역행했지만, 공화국을 지키기 위한 그라데니고의 정치적 실험은 마키아벨리에게도 큰 감명을 주었다.

마키아벨리는 특권계급이 존재하는 사회라면 공화국이 존재할 수 없다는 자기 생각이 베네치아공화국에서는 잠시 유보될 수 있다고까지 말했다. "베네치아에서는 귀족 이외, 그 누구도 국가의 핵심적 정책 결정 과정에 참여할 수 없지만 주목할 점은 그런 정치 귀족이 공화국에서 어떤 특혜도 받지 않는다는 것이다." 사실, 베네치아의 정치 귀족들은 일반인들과 동등했고 귀족이라고 다 부자는 아니었다. 정치 귀족이라도 돈벌이 능력이 없으면 가난한 것이 당연했다. 베네치아의 정치 귀족은 일반인보다 오히려 엄격한 잣대에서 평가되고 처분받는 본보기를 보여야 했고, 일반인들보다 역차별을 당한다고 할 정도로 상업이나 무역에서 불이익을 당하기도 했다.6) 베네치아의 정치 귀족은 왕의 등

---

5) 그라데니고의 정치개혁을 가리켜 베네치아의 민주정치를 후퇴시킨 정치 개악이라고 신랄하게 비난하는 역사적 평가도 있다.

6) 노블레스 오블리주(noblesse oblige)라는 프랑스말은 로마공화정 시절에 회자하였던 "귀하게 태어난 사람은 귀하게 행동해야 한다."라는 말에서 그 유래를 찾을 수 있다.

장을 막고 공화국을 지키기 위한 명예로운 정치집단이었을 뿐, 왕의 주변을 감싸고 있는 중세사회의 특권계급은 아니었다. 그라데니고의 정치혁신은 공화국을 지키기 위하여 정치 귀족을 인위적으로 만들었을 뿐, 민주정치를 포기한 것은 결코 아니었다.

공화국의 17인 위원회

그라데니고의 정치개혁은 어렵게 시도되었지만, 그 개혁이 정말 필요했는가를 확인하는 데는 많은 시간이 필요치 않았다. 정치개혁이 시도된 이후에 얼마 지나지 않아서 최고 권력자들이 내부적으로 쿠데타를 일으켰고, 그것의 진압과정에서 그라데니고의 정치개혁은 확실한 효과를 발휘했다. 1310년, 퀴리니와 티에폴로는 정변을 일으켜 군주가 되고자 시도했는데 베네치아의 국회의원들을 중심으로 구성된 정부군에 의하여 그 권력 집단(왕당파)은 곧 진압되었다. 쿠데타를 진압하면서 신속한 대응의 필요성을 인식한 그라데니고는 '17인 위원회'를 창설하기도 했다.

'17인 위원회' 위원들은 국회에서 선출된 원로원 의원 가운데 30세 이상을 조건으로 선발, 구성되었는데 이렇게 선발된 국회의원 10인과 도제위원회 6인 그리고 도제로 구성되었다. 이 위원회가 가장 중요한 국가적 결단을 내린 시기는 1355년이었다. 누구도 예상치 못했던 상황이 벌어진 시기였다. 파리엘은 열렬한 환영을 받으며 공화국의 도제(Doge)로 선출되었는데 귀족들에 대하여 불만을 품고 있던 대중들을 은밀히 규합, 반란군을 조직한 것이다. 그때, '17인 위원회' 위원 가운데 누군가 쿠데타 음모를 사전에 눈치챘고 긴급히 위원

그 배경이 된 사건은 제2차 포에니 전쟁 당시 한니발의 카르타고 군대와 맞서서 16년 동안 전쟁을 치르면서 13명의 로마 집정관들이 전사한 것과 무관하지 않았다. 로마공화국을 지키기 위한 귀족들의 솔선수범은 이후로도 계속되어 공화국을 건전하게 지켰으며 특히, 로마에서 병역의무를 실천하지 않은 사람은 호민관이나 집정관 등의 고위 공직자에 진출할 자격도 없었다. 또한, 자신의 재산을 기부하여 공공시설물을 건설하거나 보수할 경우, 누구의 도로, 누구의 건물이라는 이름을 붙여주었는데 로마시민들은 이를 가장 큰 영광으로 생각했고 이런 전통은 오늘날 미국과 같은 공화국에서도 이어지고 있다. 로마의 공화주의적 전통을 이어받았던 베네치아 사람들도 정치적 귀족 집단에게 노블레스 오블리주를 준수하게 한 것이다.

회를 소집했다. 조심스럽게 임시위원 20명도 추가로 위촉되었는데 베네치아 도제를 제외한 전원이 모인 가운데 쿠데타의 주범이 바로 파리엘 도제라는 것을 확인했고, 즉각적인 조치들이 신속히 진행되었다. 쿠데타에 가담한 핵심인물은 체포되어 교수형에 처하여졌으며, 파리엘도 마침내 처형되었는데 도제로 취임한 지 불과 6개월이 채 되지 않은 시점이었다. 영웅처럼 등장한 파리엘이 베네치아공화국을 붕괴시키고 왕국을 세우려고 했던 순간, 베네치아공화국은 '17인 위원회'를 중심으로 귀족집단이 된 대국회를 통하여 그에 대해 사형을 신속히 집행한 것이다.

베네치아공화국의 '17인 위원회' 역할에 대해서는 마키아벨리도 그 조직의 효율성을 상당히 높게 평가한 바 있다. 베네치아의 정치제도는 민주적 시각에서는 낯설 수 있지만, 위기 상황에서 효율적으로 정부의 역할을 담당하기 위해서 '17인 위원회'와 같은 특별조직이 필요하다고 본 것이다. 국가의 안보를 튼튼히 하고 부국강병을 모색했던 마키아벨리의 근대적 정치사상 속에서 베네치아공화국의 '17인 위원회'는 매우 효율적인 정부조직으로 평가된 셈이었다.[7] 베네치아의 공화국 제도를 가장 잘 이해했던 르네상스 시대의 정치학자였던 마키아벨리는 자신을 버린 피렌체를 비난하지는 않았지만, 항시 연민의 안타까움으로 바라보았다. 마키아벨리가 사랑했던 조국, 피렌체는 그를 역사에서 완전히 지우고 미켈란젤로와 같은 예술가만 높이 평가했지만, 바다 건너편의 베네치아는 마키아벨리를 재평가하면서 로마교황의 금서처분에도 불구하고 그의 책 <군주론>을 최초 출간하였다.[8]

---

7) 17세기 네덜란드가 세운 연합 동인도회사의 최고결정권은 17인의 위원으로 구성된 이른바 '17인 위원회'에 있었다. 300여 년의 시간적 격차에도 불구하고 해양공화국의 공통적 시각에서 보면 베네치아공화국과 네덜란드공화국에서 17인의 위원회가 지닌 중요성은 우연치고는 매우 강한 상관성을 보인다. 베네치아의 '17인 위원회'와 네덜란드가 세운 국영회사, 연합 동인도회사의 '17인 위원회'는 강력한 국가적 결정 주체이지만, 동시에 17인의 위원을 통하여 조직의 권력이 어느 한쪽에 쏠리지 않고 균형을 잡고자 노력했던 공통점이 발견된다(주경철, 2003: 272−273의 일부 내용 참조).

8) 마키아벨리의 최고 역작으로 알려진 <군주론>은 불과 몇 달 사이에 빠르게 완성되어 1513년, 피렌체의 군주(메디치 가문 출신)에게 증정되었다. 그러나 문명적 르네상스를 일으켰다고 칭송받았던 메디치 출신 피렌체 군주에게 바쳐진 마키아벨리의 역작, <군주론>은 거의 종이 쓰레기였다. 미켈란젤로, 레오나르도 다빈치는 메디치 가문의 최고 예술가였지만, 마키아벨리는 피렌체 공화정에서 일했던 글쟁이로 취급되었다. 1527년, 마키아벨리가 쓸쓸히 사망한 이후에도 그의 책은 피렌체에서 출판금지 대상이었다. 그런데 어느 순간부터 베네치아에서 마키아벨리를 재평가하기 시작했다. 베네치아의 출판계는 교황의 출판금지령 등에 아랑곳하지 않았고 오히려 교황이 지목한 금서라는 '노이즈 마케팅' 효과까지 이용하면서 <군주론>의 출판판매량을 늘렸다.

3. 베네치아의 정치적 귀족집단, 대국회

정치적 혼합정체를 취했던 베네치아공화국은 14세기를 거치면서, 민주제 공화국에서 귀족제 공화국으로 바뀌는 현상이 본격화되었다. 베네치아의 귀족제는 대국회를 중심으로 형성되었으며 상대적으로 일반 대중들의 대집회 기능은 약화했으나 군주의 등장 가능성은 사라졌다.

대집회와 대국회 관계

베네치아의 정치적 역학관계를 구체적으로 이해하기 위하여 일반 시민의 대집회(Great Assembly)와 정치 귀족의 대국회(Great Council)를 살펴볼 필요가 있다. 대집회에서는 일반 시민들이 모여 자신들의 견해를 자유롭게 피력할 수 있고 신분의 차이 없이 누구나 베네치아의 국정에 참여할 수 있는 직접 민주주의 방식으로 운영되었다. 베네치아공화국의 초기에는 도제(Doge)가 시민들의 대집회에서 직접 선출되었을 정도였고, 역사적으로 큰 변동이 발생하거나 중요한 시점에 직면했을 경우, 시민들의 대집회가 산마르코 광장에서 어김없이 열렸다. 그런데 베네치아공화국이 발전하고 강력한 국가로 성장하여 규모가 커짐에 따라서 국가적 중대 결정사항이 있을 때마다 시민들의 대집회를 소집하는 것은 어려웠다. 어느 시점에서인가 한계적 상황에 직면하면서 대집회의 소집은 점차 유보되었고 이를 대신할 공식적이고 조직적인 권력기관으로서 강력하고 지속적인 베네치아 대국회가 등장하게 된 것이다.

이른바 시민 대집회의 상설기관으로써 자리 잡은 대국회는 시민들의 다양한 이해관계를 폭넓게 수용하고 대변하는 최고의 권력기관이 되었다. 오늘날로 치면 지역별로 대표자를 선출하는 대의제 방식의 국회가 설립된 것이라고 보아도 크게 차이는 없다. 베네치아의 각 지역구를 대

16세기 신교−구교 간 종교 갈등이 첨예하게 표면화되면서 유럽 각지에서 베네치아로 자유를 찾아 망명객들이 몰려들었고, 그들의 손에 <군주론>이 쥐어지면서 이 책은 일약 정치학 분야의 바이블로 거듭 태어났다. 마키아벨리가 근대 정치학을 열어놓은 학자로 평가받을 수 있었던 것은 그의 고향 피렌체가 금서(禁書)로 묶어 놓았던 <군주론>을 주저 없이 출간했던 바다의 공화국, 베네치아 덕분이었다.

표하는 국회의원들이 모어서 베네치아공화국의 중요사항을 수시로 결정하였고 점차 그 권한과 규모도 확대된 것이다. 베네치아의 각 선거구에서는 국회의원을 중선거구제 방식으로 선출했다고 할 수 있는데 13~14세기(그라데니고의 정치혁신)를 전후로 대국회가 아예 세습제 조직이 되어버린 것이다. 베네치아는 왕국과 공화국 사이에서 공화국을 선택했고 이를 위하여 민주제를 양보하고 귀족제를 취한 것으로 볼 수 있다. 비유한다면, 로마공화국의 몰락을 기억하고 있었던 베네치아 사람들이 원로원과 같은 귀족집단을 대규모로 양성하여 카이사르의 등장을 막는 전략을 폈다고 하겠다.

그라데니고가 세습제 정치 귀족집단을 만들었던 목적은 공화국의 파괴가 아니라 공화국을 지키기 위함이었다. 따라서 정치 귀족집단은 우연히 운이 좋게 국회의원을 하고 있던 현직 국회의원과 전직 의원들에게 세습적 지위가 주어졌을 뿐이었다. 권력투쟁을 통하여 세력을 쟁취한 것도 아니고 전쟁을 통해서 많은 토지를 얻어 실권을 잡은 것도 아니었다. 단지 귀족이 필요했던 시점에 우연히 국회의원이었기 때문에 세습 귀족 직위가 부여된 것뿐이었다. 그렇지만 세습제 귀족집단도 점차 권력화되는 측면이 전혀 없지는 않았고 베네치아 공동체가 지녔던 긍정적 측면을 퇴색시킨 부작용도 초래했다. 세습제 귀족집단에 의한 대국회 구성으로 베네치아에서는 왕이 등장할 가능성은 사라졌지만, 현상유지를 추구하는 보수적 사회로 바뀌게 되었다.

40인 위원회와 상원

한편, 대부분의 베네치아 사람들이 군집했던 민주적 성격이 강한 시민 대집회가 형식화되면서 대국회는 더욱 중요한 기능을 담당해야 했다. 그러나 대국회가 정치적 귀족들로 세습화되고 그것의 양적 규모도 커지면서 조직의 효율성에 심각한 문제가 발생했다. 베네치아공화국의 대국회가 비대해지면서 이를 보완하기 위한 효율적 조직이 만들어졌는데 그것이 바로 40인 위원회(The Forty)이다. 대국회는 시민 대집회를 대신하여 많은 사람을 정치권으로 끌어들였고, 국회의원의 수는 팽창하여 약 2,000명에 달하였다. 각 지역을 대표하는 국회의 일반 하원에 가까운 성격을 지녔지만, 수천 명이 항시 함께 모여서 공화국의 중대사를 논의하는 것은 어려웠다.

그래서 대국회에 조직된 40인 위원회는 정치적 핵심인물로 구성된 전문적인 상임위원회의 역할을 담당했다. 대국회의 대표 격인 40인 위원회와 오래전부터 있었던 상원(Senate)을 핵심적인 권력기관으로 조직화하면서 베네치아정부는 2권분립의 형태를 갖추게 되었다. 즉, '행정부'로서의 도제(Doge)와 도제위원회(Ducal Council), 그리고 이에 대비되는 '입법부'로서 대국회의 40인 위원회가 상호 견제하면서 공화국을 운영한 것이다. 물론, 중요 입법과정과 정책 결정에서 40인 위원회와 상원은 상호 합의했지만, 상대적으로 대국회의 40인 위원회 권한이 강화되는 경향이 나타났다. 대국회의 40인 위원회 결정은 점차 상원을 능가했고 결국, 하원이 상원의 권한을 넘어서는 특징이 나타났다. 이로써 베네치아공화국의 가장 강력한 정책결정권을 쥐게 된 것은 대국회의 40인 위원회라고 말하게 되었다.

특히, 베네치아공화국에서 재정 관련 정책을 결정하는 데 대국회의 40인 위원회 역할은 매우 두드러졌다. 앞서 금융업이 발달했던 베네치아공화국에서는 그들이 자랑하는 국제적 기축통화인 두카토를 주조했던 나라였음을 언급한 바 있다. 그 두카토의 화폐주조권(coinage)을 바로 대국회의 40인 위원회가 갖고 있었다는 사실은 많은 것을 설명해준다. 오늘날로 치면 중앙은행의 역할을 누가 담당하고 있는가와 비슷한 의미이기 때문이다. 공화국의 화폐주조권이라는 그 결정권을 지닌 조직이 바로 40인 위원회였고, 이는 대국회의 40인 위원회가 얼마나 중요한 권력기관인가를 단적으로 설명하는 예이기도 하였다. 대부분 왕국에서 화폐주조권은 왕의 고유권한이었음과 비교해보면 더욱 그러하다. 대국회의 40인 위원회는 공화국의 중요한 관료선발뿐만 아니라 법적 판단이 필요한 분야도 맡았는데 더 높은 능률성을 이유로 대국회의 40인

위원회가 최고위원회(3인~10인)로 효율성을 극대화한 부분도 있다.

정치적 귀족과 경제적 지위의 상관관계

베네치아공화국에서도 정치적 귀족은 등장했지만, 그 귀족이 중세의 토지를 기반으로 특권을 행사하던 귀족과 달랐음은 이해해야 할 부분이다. 통상 정치적 귀족이 되면 경제적으로도 지위가 높은 것이 중세의 일반적 상황이었지만 베네치아에서는 달랐다. 그라데니고의 정치개혁이 있었던 14세기를 전후로 베네치아에는 귀족 가문 20~30개 정도가 주류를 이루었고 귀족은 아니지만, 꽤 잘 나가는 가문도 수백 개 이상 되었다. 그러나 당시의 베네치아 정치적 귀족이 모두 부자였던 것은 아니고 정치적 신분 계급과 경제적 부유함 사이에는 상관관계가 크지 않았다. 베네치아공화국의 정치적 귀족의 경제적 지위를 분석한 1379년의 실증자료가 전해지고 있는데 그 상황을 분석하면 다음과 같다.

우선 베네치아공화국에서는 연간소득이 10,000두카토 이상 150,000두카토 정도이면 최상위층 부자 범주로 분류했다. 두카토의 화폐 가치를 오늘날의 기준으로 환산하면, 1두카토(금 3.5g)는 현재의 평균적 황금 가격(48,570원/g)을 기준으로 바꾸어 평가할 경우, 약 17만 원이 된다. 베네치아 뱃사람 초봉이 월 120두카토(약 200만 원)이고 최고 수준의 뱃사람은 월 300두카토(약 500만 원)였으니, 현재의 OECD 국가 평균소득과 비슷한 수준이었다. 한편, 베네치아공화국의 최상위 부자에 속하는 범위는 원화 기준, 연 소득 17억 원에서 255억 원의 소득자였다. 베네치아의 최상위 부자의 숫자는 총 117명이 있었는데 출신별로는 91명은 귀족층이고, 26명은 평민이었다. 차상위층 부자의 연간소득 범위는 5억~17억 원이었고 숫자는 2,128명이 있었는데 출신별로는 귀족은 1,211명, 평민은 917명이었다. 중상층의 연간소득 범위는 5,000만 원~5억 원이었고 숫자는 1,572명이 있었는데 귀족은 817명, 755명은 평민이었다.

이와 같은 실증자료를 통해서 보면 상대적으로 베네치아공화국의 부자와 정치적 귀족 사이에는 절대적 상관관계는 없었다고 평가할 수 있다. 물론, 최상위층에 정치적 귀족이 많이 분포되어 있지만, 이는 여타 중세시대의 왕국들에서 부자는 반드시 귀족인 관계와 비교할 때, 큰 차이가 나는 것이었다. 최상위층 부자에는 귀족 출신이 77.7%이고 평민이 22.3%였지만, 상위층 부자에는 귀족 출신이 56.9%였고 평민이 43.1%로 거의 비슷한 비율이었다. 베네치아공화국은 부자가 되는 데 출신 성분 또는 귀족의 여부가 중요한 관건은 아니었다. 이는 농업 국가였던 로마공화국보다 상업적 성격이 강했던 고대 아테네의 민주사회와 더 비슷했을 정도였다. 베네치아공화국의 평민들은 공직 취임에 있어 차별받는 일이 거의 없었고 동시에 정치적 귀족이라고 특별히 우대받는 것도 없었다.[9]

---

9) 그러나 베네치아공화국의 쇠퇴기에 접어들면서 상황은 악화되어 정치 귀족이라는 신분계층과 부자의 상관관계가 깊어지고 정치 귀족에게 경제적 부(富)가 집중된 것으로 파악된다. 특히 16세기 이후, 대항해 시대가 스페인과 포르투갈에서 펼쳐졌고 많은 베네치아의 뱃사람들이 이베리아반도로 옮겨가면서 베네치아 정치 귀족집단의 세력은 더욱 확대되고 기득권 세력화되었다. 결국, 무역의 중심지도 브루게나 안트베르펜으로 이동했으며 베네치아공화국에는 오래된 정치 귀족들만 남았다. 그나마 그런 베네치아의 정치 귀족들도 빈집 같은 베네치아의 군도에 남아 있기를 싫어했고, 이탈리아 북부의 농지관리에 관심을 보이면서 열심히 농장을 사들였다. 지중해에서 오스만제국에 밀리기 시작한 15세기부터 베네치아는 이탈리아 내륙의 파두아, 비센자, 베로나 등에 영토를 보유하기 시작했지만, 이곳은 단지 베네치아 본섬을 지키고 양식을 조달하기 위한 테라페르마(Terraferma)에 불과했다. 그러나 16세기를 지나 17세기에 이르자, 베네치아에 남아 있던 은행가와 대자본가들도 암스테르담으로 근거지를 옮겼고, 정치 귀족들도 본섬을 떠나 테라페르마를 더 중요하게 관리하기 시작했다. 결국, 독일의 괴테가 베네치아를 방문했던 18세기의 본섬은 빈집과 빈 창고만 남은 껍데기였을 뿐이었다. 나폴레옹이 침입했을 때, 테라페르마의 농장주가 대부분이었던 베네치아의 정치 귀족들이 껍질만 남아 있던 바다의 베네치아를 넘겨주지 않을 이유가 없었던 상황이었다.

베네치아공화국 부자와 '귀족—평민'의 상대적 비교 비율[10]*

	연간 소득범위(두카토)**	원화 환산(원)	해당 소득자(명)	귀족출신	평민출신
최상위층 부자	10,000 ~ 150,000	17~255억	117	77.7%	22.3%
상위층 부자	3,000 ~ 10,000	5 ~ 17억	2,128	56.9%	43.1%
중 상 층	300 ~ 3,000	0.5 ~ 5억	1,572	51.9%	48.1%

* 베네치아의 1379년 기준자료.
** 1두카토 = 금 3.5g(금을 기준으로 현재의 원화 가치로 환산하면 약 17만 원)

---

10) Lane의 연구서(1973:150 – 152)를 참고하여 재구성

근대의 공화주의 철학자, 스피노자

사회자 : 앞서 키케로와 마키아벨리에 이어서 오늘 모실 세 번째 초대 손님은 근대의 공화주의 철학자, 은둔의 철학자로 알려진 스피노자입니다. 대표 작은 <에티카>지만 공화주의자로서의 사상은 <신학 정치론>과 <정치학 논고>를 통해서 더 많이 알려지셨지요. 스피노자 하면 "내일 지구가 멸망하더라도 나는 오늘 한그루의 사과나무를 심겠다."라는 명언으로 우리에게 각인된 분이기도 합니다. 먼저 간략히 약력을 소개해 드리겠습니다.

Who is …

- ☑ 본명은 Benedict de Spinoza, 서기 1632년 태어나서 1677년에 세상을 떠남(45세).
- ☑ 네덜란드 암스테르담에서 태어난 포르투갈계 유대인 출신 철학자.
- ☑ 유대인의 선민사상을 비난한 이유로 유대공동체로부터 파문당함.
- ☑ 대부분의 저작은 그의 생전 당시 가톨릭교회의 금서로 지정됨.
- ☑ 군주제를 비판하고 민주 공화정을 옹호한 자유주의자.
- ☑ 안경세공업에 종사했으며 규폐증으로 사망.

스피노자 (사진 아래 이름)

스피노자 : 제가 사과나무 이야기로 유명해졌다고 했는데 솔직히 언제 그런 말을 했는지 잘 모르겠습니다. 어쨌든 저를 소개하는 자리인 것 같은데 간략히 가족사부터 말씀드리는 것이 좋겠네요. 제 아버지는 포르투갈에서 종교의 자유를 찾아 네덜란드 암스테르담으로 이주해 온 유대인이셨습니다. 유대인들이 유럽의 기독교 국가들에서 박해를 받아 이주하고 뭐 그런 것은 잘 알고 계시겠지요. 당시 암스테르담은 스페인과 종교문제로 다투면서 독립전쟁을 하고 있었고 신교가 강했던 도시였습니다. 그래서 종교적 자유가 유럽의 어느 도시보다 강했지요. 아버지는 유대계에서는 좀 잘

나가셨던 분이었고 제가 장래에 훌륭한 유대인 랍비가 되어주기를 희망하셨지요. 큰 자랑은 아닙니다만 어렸을 때부터 좀 똑똑했고 그런 저의 능력을 잘 알아보셨던 아버지께서 다양한 공부를 할 수 있도록 적극적으로 지원해 주셨습니다. 지금 생각해도 아버님께 참 감사드립니다. 그런데 너무 많이 배운 것이 문제가 되어버렸습니다. 저는 유대식 전통 교육만 받은 것이 아니라 당대 암스테르담 최고의 자유 사상가들과 숙식을 같이하면서 라틴어, 스콜라철학, 데카르트 철학, 과학, 수학, 물리학까지 배웠습니다. 그리고 어느 순간 깨달았지요. 자신들만이 하나님의 특별한 사랑을 받는다는 유대인의 선민사상은 잘못이며 이는 어린 아이의 소아적인 주장이라는 것을 말이지요. 사실 이게 말이나 되는 소리인가요. 어떻게 만물의 창조주이신 하나님께서 유대인만 사랑하여 선택하시겠어요. 그런 유치한 유대 교리를 설파하는 랍비들에게 제가 좀 무어라 했지요. 당연히 그렇지 않겠습니까. 하나님을 욕되게 해도 유분수지 어떻게 하나님이 특정 민족만 편애하시겠습니까. 말도 안 되지요.

사회자: 듣고 보니 정말 그렇군요. 유대인들의 선민사상은 그들만의 믿음이지요. 그래도 대놓고 이를 비난하면 유대인들이 화를 낼 것 같은데요, 괜찮으셨나요.

스피노자 : 괜찮지 않았지요. 정말 힘든 일들이 제게 닥친 겁니다. 유대교에서 유대인을 파문하고 저주하는 일은 가톨릭 교황의 파문보다 더 지독했습니다. 저는 형과 함께 작은 상점을 운영했는데 유대계 파문으로 사회활동 자체가 어렵게 되었고 심지어 저를 죽이겠다고 달려드는 암살자도 있었습니다. 그래서 그때부터 세상을 등지고 유리를 깎아서 안경알을 만드는 유리 세공업자로 일하게 된 것입니다. 앞서 제 집안이 포르투갈 출신의 유대 집안이라고 했지요. 이와 관련하여 설명할 부분이 좀 있네요. 15세기말, 포르투갈에 의하여 대서양 항로가 발견되면서 지중해를 기반으로 했던 베네치아의 무역업은 급속히 쇠락했고 새로운 기회의 땅으로 떠오른 포르투갈로 많은 유대인이 이주하게 됩니다. 특히 베네치아의 경제가 갑자기 나빠지면서 그들답지 않게 유대인들을 핍박하기 시작했고, 1516년에는 베네치아 게토(Ghetto)를 공식화하여 주거지를 제한하기까지 했습니다. 그래서 상당수의 유대계 상인, 금융가, 유리세공기술자들이 새로운 기회의 땅 포르투갈, 브루게 등으로 이주하면서 그곳을 발전시키게 되지요. 우리 가문도 유리가공기술을 집안 내의 숨은 비법으로 전수했는데 그것이 저에게까지 이어진 것입니다. 지금은 유리공업이 대수롭지 않게 취급되지만, 당시에는 반도체기술 같은 특별한 첨단기술이었습니다. 아무나 할 수

있는 것이 아니었던 것이지요. 저의 조상이나 친척 가운데 상당수가 베네치아 출신이었을 가능성이 큰 것은 바로 유리세공기술을 갖고 있었기 때문이기도 합니다.

사회자 : 흥미롭네요. 15세기에는 베네치아에 살았던 유리 세공업 유대 가정이 16세기에는 포르투갈로 이주하고 17세기에는 암스테르담으로 이주했으니 말입니다. 정말 유대인들은 유럽의 유목민이네요.

스피노자 : 예. 개방화되고 다양성을 인정하는 지역에서 전문기술을 가진 유대인들이 자유롭게 살다가 그곳이 폐쇄적으로 바뀌고 경직된 사회로 변하면 유대인 전문가들이 떠나는 과정이 반복된 것입니다. 약 백 년 정도 세계를 누볐던 포르투갈은 스페인과 합병되면서 가톨릭교 지지 국가가 되었고 그 결과, 포르투갈의 유대인들은 또다시 새로운 지역으로 떠나야 했습니다. 그리고 17세기, 세계에서 가장 자유로운 도시이고 유럽 각지에서 몰려든 정치적 망명객들로 붐볐던 암스테르담에 유대인 부모님이 정착하셨고 제가 세상으로 나온 것입니다. 그런데 그런 암스테르담에서 저와 똑같은 유대인 민족들에게 파문당했으니 참 할 말이 없습니다. 어쨌든 1656년, 제가 24세 되던 해에 저는 유대교의 파문을 받고 저 스스로 이름도 바꾸게 됩니다. 히브리 이름인 Baruch(바뤼흐)에서 라틴 이름인 Benedict(베네딕트)로 바꾼 것이지요. 가끔 제 이름이 서로 다르게 표기되는 것은 이런 이유 때문입니다.

사회자 : 참으로 젊은 시절부터 파란만장하셨군요. 그런 어려운 경험으로부터 당신이 왜 그토록 자유를 갈망했고 자기 생각을 표현할 권리가 왜 그리 소중했는지를 조금은 이해할 수 있을 것 같습니다.

스피노자 : 1670년에 발표했던 <신학 정치론>의 서문에 이런 글을 썼던 것이 기억납니다. "모든 사람의 판단이 자유롭고, 자신의 양심이 명령하는 대로 신을 모실 수 있으며 그리고 자유를 소중하고 귀하게 여기는 국가에서 사는 행운을 우리는 지금 지니고 있다. 따라서 나는 자유가 공공의 안녕을 훼손하지 않고 허용될 수 있으며 동시에 자유 없이는 공공이익과 신앙심은 존속할 수 없다는 사실을 입증하는 작업이 매우 중요하다고 생각한다." 저는 신앙의 자유를 외쳤으며 개인의 자유와 공공이익의 양립성을 주장한 것입니다.

사회자 : 그렇다면 당신은 자유주의자인가요?

스피노자 : 그것이 그렇게 단순한 질문으로 "예, 아니요"를 답할 사항은 아닌

것 같습니다. 저는 자유를 자연권과 시민권 등을 통해서 설명하곤 했습니다. 개인의 자유에 앞서서 먼저 자연의 권리와 명령을 일종의 '자연법'이라고 생각한 것입니다. 자연의 최고법과 권리는 자연적 조건에 의하여 존재하기 때문에 자연의 모든 사물에 자연적 이치가 존재한다고 본 것이지요. 그러므로 자연의 힘은 존재하는 모든 만물에 대한 최고 권리를 지닌 하나님의 힘과 같은 것으로 볼 수도 있다는 것입니다. 이와 같은 맥락에서 저의 생각과 데카르트의 생각을 비교해서 차이점을 발견해 주시면 좋을 듯합니다. "나는 생각한다. 그러므로 나는 존재한다."라고 했던 그 유명한 데카르트의 말을 기억하시지요. 데카르트는 생각하는 '나'를 강조함으로써 중세적 스콜라식 세계관에서 벗어나고자 했습니다. 신의 세계를 벗어나 인간 이성의 합리성을 강조한 것이지요. 그렇지만 합리적인 '나'라는 존재를 출발점으로 생각하고 행동한다고 과연 인간이 올바를 수 있을까요? 인간 중심의 합리주의는 자연을 파괴하고 약육강식의 정복자와 피정복자의 관계, 제국주의와 식민주의를 합리화할 위험성도 갖고 있습니다. 그러나 자연법에 기초하여 자연의 모든 존재 속에서 나의 존재도 함께 생각한다면 그것은 훨씬 나은 보편적인 자연적 합리성에 도달할 수 있습니다. 저는 이와 같은 시각에서 데카르트와는 달리 자연법적 논리 속에서 인간의 천부적 자연권이며 권리인 자유를 가장 중요하게 보는 것입니다.

사회자 : 아하, 그래서 많은 사람이 스피노자 당신을 범신론자라고도 하는군요.

스피노자 : 글쎄요. 제가 범신론자라는 주장은 후대의 학자들이 저를 어떻게 이해하고 해석하는가에 따라서 붙여진 것 같습니다. 일견 그렇다고 볼 수도 있겠지요. 그렇지만 분명한 것은 저는 하나님의 존재를 사랑하고 그에 가까이 갈 수 있음이 최고의 행복이라고 주장한 바 있습니다. 또한, 자연법과 인간 본래의 자유라는 기초 위에서 국가와 정부란 무엇인가를 생각하였고 시민과 정부의 역할 관계에 대해서도 고민하고 연구했습니다. 그 결과, 신과 종교의 시대였던 중세를 마무리하고 근대적 사고로 진입할 수 있는 사상적 출입문을 만들 수 있었던 것이지요.

사회자 : 그렇군요. 스피노자, 당신이 그 누구보다 강력하게 인간의 '자유성'에 대하여 말씀하셨다는 평가가 이제야 조금 이해가 되는군요. 밀(J. S. Mill)의 공리주의적 자유론을 뛰어넘어 개인의 재산권에 대한 중요성도 강조했고, 사상과 종교의 자유를 통하여 인간의 독립적 판단행위를 보장하는

'공화국의 가치'를 주창하셨다는 말씀도 들은 바 있습니다. 관련된 내용을 직접 말씀해 주시기 바랍니다.

스피노자 : 저는 공화국의 핵심가치를 자율적이며 독립적인 인간의 품성, 자유 (自由)에서 찾고 있습니다. 그런데 시민의 자유는 추상적인 것이 아닙니다. 구체적으로 나 자신을 자유롭게 할 어느 정도의 재산이 있어야 하며 나를 지키고 방어하며 공화국을 지켜낼 힘도 소유하고 있어야 합니다. 따라서 저, 스피노자는 공화국을 구성하는 기초로서 나의 것을 소유하고 지킬 수 있는 '자유시민'을 강조했던 것입니다.

사회자 : '자유시민'이라면……?

스피노자 : 저는 공화국이란 전체를 위해서 개인의 희생을 요구하는 그런 나라가 아니라고 주장합니다. 오히려 공화국은 개인의 독립적이고 자유로운 판단에서 출발하기 때문에 신에 대한 맹목적 추종이나 권력자인 왕에 대한 순응도 아닌 시민 각자의 '자유의지'를 강조하는 것입니다. 따라서 저, 스피노자는 개인과 국가의 관계를 이해충돌 관계로 보지 않으며, 개인과 국가 상호 간의 '공존'이라는 지극히 공화주의적 시각에서 바라봅니다. 자유로운 시민이 자신의 올바른 판단력과 행동을 할 수 있도록 스스로 깨닫고 지속해서 계몽됨으로써 사회적으로 '공동의 선'을 함께 추구하는 참여과정으로 공화국을 이해하는 것입니다. 개인의 가치를 보호하고 존중하면서 더 많은 시민을 자유롭게 하는 선(善)순환적 과정을 가능하게 하는 공공의 그것, 바로 그것이 진정한 공화국이라고 할 것입니다.

사회자 : 그런 힘찬 말씀을 들으니 당신을 은둔의 철학자라고 소개했던 제가 부끄럽습니다. 중세에서 근대로 변화되는 시대적 격변기에 사상적으로 몰아쳤던 온갖 풍파를 막아서면서 새로운 근대적 가치체계를 일깨워주었던 선각자라는 생각이 듭니다. 이렇게 좋은 말씀을 해주셔서 감사합니다.

베네치아 갤러리 3

베네치아공화국의 근대성

중세시대의 대부분 국가들은 외적의 공격을 막고 왕의 궁궐을 보호하기 위하여 성곽을 높이 올린 방어적이고 폐쇄적인 도시를 만들었다. 그러나 근대국가들은 요새화된 도시를 탈피하면서 도시의 개방성과 상업성을 강조했기 때문에 시대적 구분성이 뚜렷했다. 베네치아공화국의 팔라초 두칼레(대통령궁)가 있는 베네치아 본섬(군도) 대부분은 중세시대에 건설되었지만, 근대적인 개방성의 특징을 강하게 지니고 있어서 중세 사람들이 베네치아에 오면 전혀 다른 세상(근대)을 만나볼 수 있었다.

■■ 성곽도시를 탈피한 개방된 해양공화국

■ 베네치아공화국의 개방된 현관, 쌍둥이 기둥(날개 달린 황금사자, 산데오 도로)

■ 모든 사람들에게 개방된 산마르코 광장

■ 부강했던 베네치아공화국의 보물창고, 산마르코 교회

13세기초, 콘스탄티노플을 정복한 베네치아공화국의 단돌로 도제(대통령)는 수많은 보물을 반출하여 베네치아로 보냈다. 보물 가운데 부피가 커서 숨길 수 없었던 네 마리의 청동 마상은 산마르코 교회당의 전면에 올려 놓았지만, 작고 티가 나지 않는 수 많은 보석과 황금은 교묘하게 모습을 바꾸어 교회당의 내부 곳곳을 장식했다. 특히, 진귀한 보석들과 유리 그리고 황금으로 가공된 제단은 말로 설명하기 힘든 아름다움을 선보이고 있다.

■ 산마르코 교회당의 대표 보물 1 – 네 마리의 청동마상

■ 산 마르코 교회당의 대표보물 2 – 황금보석제단

작은 동굴 속의 성모(Grotto of the Virgin)는 극적인 아름다움을 보여주는 베네치아공화국의 최고 보물 가운데 하나이다. 여기에 숨겨져 있는 비화를 간략히 소개하면 이러하다. 먼저 서기 4세기경에 발견되어 일차 가공된 거대한 천연 크리스탈 원석은 콘스탄티노플에서 가져온 로마제국의 보물이었다. 베네치아공화국의 장인은 이 원석을 가공하여 그 가운데 안쪽으로 비잔틴 양식을 적용한 은제 성모상을 세워 놓았다. 그리고 크리스탈 암굴 속의 성모상은 또다른 전리품인 10세기에 만들어진 동로마(비잔틴)제국의 황제관 받침대 위에 세워졌다. 이런 과정을 거치면서 만들어진 작은 동굴 속의 성모는 13세기에 완성되어 현재에 이르고 있다.

▌▌ 산 마르코 교회당의 대표보물 3 - 작은 동굴 속의 성모

▌▌ 산 마르코 교회당의 보물 4 - 교회당의 황금천장 돔(dome)

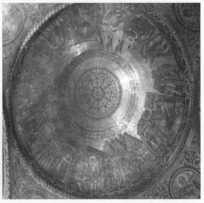

■ 베네치아공화국의 정부종합청사(팔라초 두칼레 또는 대통령궁)

  팔라초 두칼레(대통령궁)의 바닷쪽 전면부 일곱번째 기둥에 조각된 '정의
로운 여인'은 바다의 공화국, 베네치아를 상징한다. 공화국의 최고 상징
인 산마르코(성인 마가)에 버금가는 중요 상징으로서 '베네치아의 정의'
를 의미하는데 14세기 중엽에 만들어진 것으로 추정된다. 칼을 든 여인(베네
치아공화국)은 두 마리의 사자가 지키는 솔로몬의 왕좌에 앉아 그 오른쪽 명
판을 통하여 다음과 같은 말을 한다. "나는 공정함과 강함 위에 군림하며, 바
다는 나의 분노를 씻어 내린다." 베네치아공화국의 별명은 '지중해의 여왕'이
었고, 여인은 베네치아를 상징하고 있다.

■ 팔라초 두칼레(대통령궁)의 '정의로운 여인'

팔라초 두칼레(대통령궁) 정문 위에는 베네치아공화국의 상징인 산마르코(성 마가)가 하늘에서 내려와 '날개달린 사자'로 현신하여 공화국을 축복하는 모습을 담고 있다. 그 아래의 입구 통로를 지나면 흰 대리석 계단으로 이어지는데 이곳에서 도제(대통령) 취임식이 거행되었다.

■ 팔라초 두칼레(대통령궁)의 입구

■ 도제(대통령)의 취임선서 장면(왼쪽)과 현재의 장소(팔라초 두칼레)

새로 취임하는 도제(대통령)는 교회의 사제가 아닌, 바다의 신과 전쟁의 신 옆에서 취임 선서(the Doge's Oath)인 도제의 프로미션(the Promissione)을 낭독한다. 이로써 도제(대통령)는 종신직 최고지도자 지위에 오르지만, 그 옆으로 이어지는 복도에서는 무서운 얼굴의 부조 조각이 감시의 눈초리를 보내고 있다. 험상궂은 조각부조 얼굴의 입술은 도제를 포함한 어떤 고위 공무원도 탄핵할 수 있는 탄핵 청원서 투입구였다.

■ 도제(대통령)를 포함한 고위직 정치인에 대한 탄핵 청원함

베네치아공화국의
승계 도시

16세기, 베네치아를 대체할 새로운 해양세력으로 포르투갈과 스페인이 등장하였다. 베네치아공화국 출신의 인재들도 지중해를 벗어나 대서양에 인접한 서유럽의 도시들로 활동거점을 옮기게 되었다. 그렇지만 계속된 스페인 왕의 압력과 종교적 탄압으로 세상을 이끌어갈 인재들은 북유럽의 암스테르담에 집결했고 다시금 영국해협을 넘어 런던으로 향했으며, 대서양을 건너 뉴욕을 건설하였다.

(앞면 사진 : 베네치아의 아틀라스와 뉴욕의 아틀라스)

제10장

17세기의 암스테르담, 근대정신의 집결지

1. 베네치아의 쇠퇴

베네치아의 쇠퇴를 알리는 나팔 소리는 포르투갈에서 울려 퍼졌다. 1499년 포르투갈에서 아프리카 남단을 돌아서 갈 수 있는 인도항로를 발견했다는 소식이 리알토 저널에 알려졌을 때, 베네치아는 자신들의 황금기가 끝났음을 직감했다. 인도에서 중동을 거쳐 지중해로 연결된 베네치아 후추 무역의 독점이 끝났기 때문이었다.

현상유지를 선택한 이기주의

베네치아는 뱃사람의 나라였다. 앞서 언급한 바 있지만, 베네치아 선원들은 높은 급여를 받고 일했으며 선장뿐만 아니라 대부분 선원이 자기 소유의 교역상품을 배에 실을 수가 있었다. 선원 급료에 더하여 봇짐장수로도 한몫 잡을 수 있었다. 베네치아의 뱃사람들은 그 누구보다 열심히 싸웠고 자신의 교역상품이 실려 있는 배를 누구에게도 빼앗길 수 없었다. 적에게 배를 빼앗긴다면 급여는 물론이고 내 교역상품까지 모든 것을 잃는 것을 의미했기 때문이다. 자유인으로서 내 것을 지키려는 베네치아의 선박은 강할 수밖에 없었고, 이는 당대 최고의 해군력을 지닌 베네치아의 저력이며, 베네치아공화국의 초석이었다.

제4차 십자군 전쟁에서 승리하면서 베네치아의 국부는 엄청나게 쌓였고 동지중해에서 해상패권을 거머쥐면서 베네치아의 선박 운항은 안전해졌다. 그런데 좋은 일만 있을 것으로 생각했던 상황에서 예기치 않은 부작용이 드러났다. 해적선과 적군이 사라지면서 유능한 선원의 중요성이 상대적으로 떨어진 것이다. 또 다른 한편에서는 자본을 많이 축적한 베네치아의 대상인들은 배를 타고 떠돌면서 뱃사람 중심의 무역을 하지 않아도 되었다. 그들은 편하게 집에 머물면서 해외 각 지역에 무역 지사를 설치하고 그런 교역 네트워크를 이용하면 되었다. 대자본을 거머쥔 대상인의 정주(定住)형 무역업이 베네치아식 종합상사 형태로 발전한 것이었다. 다수의 베테랑 선원보다는 소수의 대규모 무역상과 은행가의 역할이 훨씬 중요해진 것이다. 그 결과, 유능한 선원은 사라지고 베네치아공화국의 해군력도 급속히 약해졌다. 이와 같은 상황에서 1453년, 오스만제국은 비잔틴제국의 콘스탄티노플을 함락시켰고, 베네치아의 용맹했던 해군은 몸을 사리며 물끄러미 그 장면을 바라만 보았다.[1]

베네치아의 대상인들과 귀족들은 베네치아공화국의 진취적 기상을 잃어버렸다. 공화국에 가장 중요했던 동지중해의 콘스탄티노플을 잃으면서 베네치아는 지중해의 패권도 상실했다. 인도-중동지역-동지중해로 연결했던 후추와 향신료의 독점적 무역이 중단될 위기에 처했고 분명히 새로운 대안을 찾아야 했다. 그러나 베네치아 귀족들은 기득권에

---

1) 베네치아는 지중해의 동부항로인 콘스탄티노플-흑해, 크레타-로도스-키프로스, 서부항로인 남부 프랑스와 북대서양을 따라 플랑드르까지 진출하여 있었다. 1453년, 오스만제국의 젊은 술탄, 메흐메트 2세가 친위군단 예니체리를 지휘해 비잔틴제국의 콘스탄티노플로 공격해 왔다. 이와 같은 상황을 이미 알고 있었던 베네치아는 이미 1452년, 크레테 섬에 주둔하던 해군을 콘스탄티노플 근처에 출동시켰지만, 보수적 현상유지 전략 속에서 조용히 기다리다가 선제공격의 유리한 기회도 놓쳤다. 그 결과, 동로마의 수도였으며 비잔틴제국의 수도인 콘스탄티노플이 무너졌고 베네치아는 동지중해의 해양패권을 오스만제국에 빼앗겼다.

안주했을 뿐이었다. 대서양을 횡단하여 인도로 가는 신항로를 개척하겠다고 리알토 금융가를 헤매던 제노바의 콜럼버스에도 무관심했다. 천신만고 끝에 스페인의 이사벨라 여왕에게서 투자금을 건네받은 콜럼버스는 1492년, 대서양을 횡단하였고 아메리카 대륙을 발견하여 스페인을 해양강국으로 성장시켰다. 더욱이 몇 년 지나지 않은 1499년, 포르투갈에서는 아프리카의 희망봉을 돌아 인도항로를 개척하였고 직접 후추를 수송해 오는 쾌거를 이루었다. 15세기, 가장 많은 황금을 쌓아두었고 가장 뛰어난 뱃사람이 있었던 베네치아였지만 기득권에 매몰되어 가면무도회만 열었던 베네치아를 향하여 역사는 등을 돌렸다. 16세기의 대항해 시대에 스페인과 포르투갈은 베네치아를 대신할 바다의 패권국으로 등장한 것이다.

빈부격차의 심화와 반(反)유대주의

16세기, 베네치아의 빈부격차는 날로 심각해졌고 동시에 흑사병까지 만연하면서 중소규모의 무역업은 한계상황에 직면했다. 그러나 주목할 점은 베네치아 무역의 몰락에도 불구하고 대상인과 금융 자본가들의 이익은 줄지 않았다는 사실이다. 무역업은 급속히 쇠락하여 배를 타던 평민은 빈곤해졌지만, 자본을 빌려주고 돈을 버는 은행과 금융업은 베네치아 부자들을 더 큰 부자로 만들었다. 유럽의 왕들은 계속 전쟁을 했고 전쟁비용을 구하러 베네치아 은행을 찾아와 많은 이권과 담보를 맡기고 돈을 빌렸기 때문이다. 스페인의 무적함대로 유명한 필립 2세는 최대 규모의 영토를 자랑했지만 계속된 전쟁으로 파산 위기에 몰렸고 그를 옥죄었던 채권자에는 베네치아 은행과 자본가들도 포함되었다. 어쨌든 무역 분야가 한계상황에 달하자 베네치아공화국 정부는 수공업 분야를 적극, 육성했고 중동지역의 시리아 등에서 배워온 유리기술과 화학기술로 안경과 거울을 만들어 수익을 창출했다.

한편 베네치아의 무역 분야 쇠락은 중소규모의 베네치아 무역상인들을 다른 지역으로 거점 이동하게 했고, 유능한 인재들도 베네치아를 떠날 수밖에 없었다. 이동의 방향은 오스만제국에 막혀 버린 동유럽 방향이 아닌 서유럽 방향이었고, 신항로를 발견한 포르투갈과 스페인이 중심이었다. 특히 베네치아 출신의 해양 인재들은 오래전에 건설했던 대서양 연안의 플랑드르 지역의 브루게(Brugge)로 거점을 옮겼는데 빠른 속도로 베네치아의 대체지가 되었다. 대서양 연안의 브루게가 새로운 무역중심지로 지위가 격상될수록 인재가 떠난 베네치아공화국의 빈부격차는 더욱 심각해졌다. 이런 상황에서 베네치아 정부는 이전의 공화국 전통에서 결코 볼 수 없었던 지극히 정치적 의도가 깔린 대중영합적 법률을 제정, 공포했다.2) 1516년에 제정된 '유대인 거주제한에 관한 법'이 그것인데 유럽에서 처음으로 생겨난 베네치아 게토(Ghetto)의 기원이 되는 법이기도 했다.

본래 베네치아는 개방적이고 종교와 인종에 있어서 관대했으며 공동체의 이익을 해치지 않는다면 거의 못 할 것이 없는 자유로운 공화국이었다. 그러나 빈부격차의 심화와 무역업 축소로 일자리가 줄어들면서 이에 분노한 베네치아 시민들을 달래기 위해서 베네치아의 정치 귀족들은 인기영합적인 차별법을 제정한 것이다. 베네치아공화국의 보편주의가 훼손되는 순간이었다. 사실 금융업자가 많았던 유대인들은 무역업 축소에도 불구하고 은행업 활황으로 손해 볼 일이 없었다. 그것이 일반 시민들의 원성을 더욱 크게 샀고 유대인 고리대금업자, 샤일록을 핍박하기 위한 유대인 차별법, 게토 법이 만들어진 배경이었다. 베네치아에

---

2) 포르투갈의 1499년 인도항로 발견을 기점으로 베네치아는 후추(향료) 무역업에서 독점력을 상실했고, 베네치아의 강력했던 해군도 그 힘을 다하였다. 평범한 시민 뱃사람들이 주축이 되었던 베네치아의 해군력은 무역업의 몰락과 함께 축소되었고 불과 10년 후인 1509년, 아그나델로 전투에서 베네치아는 크게 패하였다. 로마교황청과 신성로마제국의 합스부르크 왕가가 캉부레 동맹군이라는 이름으로 베네치아 군대를 패퇴시킨 것이다. 프랑크제국의 침략을 물리쳤던 베네치아였지만 이제는 반대로 프랑크 후예들에게 크게 패배를 당한 셈이었다. 아그나델로 전투는 베네치아의 쇠퇴를 알렸으며 유럽의 패권 국가는커녕 이류 국가로 만들었으며 그동안 벌어놓은 자본을 갖고 은행업과 금융업에 종사하는 작은 도시 공화국으로 전락하게 만들었다. 이와 같은 전쟁패배에 대한 시민들의 분노를 잠재우기 위한 희생양으로 베네치아는 유대인들을 지목했고 결국, 베네치아의 유대인들은 게토 지역에만 거주하면서 더 많은 특별세금을 내야 했다.

게토 지역이 생기면서 유대인들은 자신들이 이방인이라는 사실을 깨닫고, 마침내 유능한 금융 분야 인재까지도 하나둘씩 베네치아를 떠나기 시작했다. 16세기, 베네치아의 유능한 뱃사람은 포르투갈로, 유능한 무역상은 플랑드르(벨기에) 지역으로 빠져나갔다. 이제 유대계 금융 인재도 베네치아를 떠나게 된 것이다.

2. 갯벌 위에 세워진 암스테르담

베네치아의 유능한 뱃사람들, 무역상, 금융 인재들이 지중해를 벗어나 서유럽의 각 도시로 거점을 옮겼다. 그들은 마치 민들레 홀씨처럼 떠돌았고 베네치아가 생겨난 곳과 비슷한 북유럽 갯벌 위에 땅을 메우고 집을 지으면서 새로운 베네치아를 건설했다. 그 가운데 가장 대표적인 도시가 바로 암스테르담(Amsterdam)이었고 그들의 역사도 베네치아처럼 바닷가 갯벌에서 시작했다.

암스테르담의 모태, 브루게와 안트베르펜

물론 암스테르담이 처음부터 암스테르담은 아니었다. 지중해무역의 중심지였던 베네치아가 13세기, 영국과 서유럽을 상대로 교역망을 넓히면서 플랑드르 지역(현재의 벨기에 지역)의 브루게(Brugge)를 개발했을 당시, 북쪽의 암스테르담은 아직 갯벌 수준이었다.[3] 14세기로 접어들면서 브루게는 대서양의 베네치아로 별칭이 붙을 정도로 유명해졌고 서유럽 해안가에 새로운 베네치아가 건설된 것처럼 보였다. 특히, 오스만제국이 콘스탄티노플을 점령한 이후, 기독교 세계는 지중해의 동쪽이 아닌 서쪽으로 향했고, 급기야 대서양으로 나갈 수밖에 없었다. 그런데 브루게가 베네치아를 대신할 새로운 무역중심지로 자리 잡아 갈 즈음,

---

3) 혹자는 제노바가 베네치아와 벌인 무역경쟁에서 밀리면서 북쪽의 브루게를 거점으로 삼았다는 주장도 하고, 또 다른 주장에서는 북부 독일지역의 한자동맹 중심 거점이라는 말도 하지만, 브루게의 현장을 방문하여 확인해 보면 그 모든 주장을 뛰어넘을 수 있다. 브루게는 어쩔 수 없는 바다 상인의 도시, 베네치아의 자손이라는 흔적이 곳곳에 남아 있기 때문이다.

갑자기 예기치 못한 상황이 일어났다. 바닷물이 들어오던 브루게의 츠빈강 수로가 퇴적물로 막혀 항구기능을 상실했고, 이에 시급히 대안 도시를 찾지 않으면 안 될 상황에 직면했다. 브루게의 대체도시는 멀리서 찾을 수 없었고 그 인근에서 물색 되었는데, 불과 몇십 Km 정도 떨어진 안트베르펜(Antwerpen)이 대체도시로 낙점되었다.

안트베르펜은 짧은 기간 내에 새롭게 부상하면서 유럽 자본주의의 중요 거점이 될 수 있을 것처럼 보였다. 16세기의 안트베르펜은 브루게의 상업적 영광을 고스란히 물려받았고 뒤이어 베네치아공화국에 유대인 게토가 생기면서 유대인 금융 인재들이 안트베르펜으로 이주해 오면서 더욱 빠르게 성장했다. 브루게를 거쳐 안트베르펜으로 몰려온 무역 상인들과 베네치아 게토를 떠나 새로 유입된 유대계 금융가들까지 한 도시에 모이면서 안트베르펜은 폭발적으로 변모했다. 그 결과, 안트베르펜은 스페인의 유럽영토 가운데 가장 큰 도시가 되었고, 전 세계의 생산물이 한자리에 모이는 국제적 시장이 되었으며 단기간 내에 대규모의 도시로 발전하는 듯했다.[4]

그런데 돌이켜보면 역사상 안트베르펜만큼 최고와 최악의 이른바 '극과 극'을 달린 도시도 없었던 것으로 보인다. 안트베르펜은 브루게의 자연재해와 베네치아의 게토 설치로 최대의 행운을 맛보았지만, 그 직후에 가장 처참하게 살육을 당한 최악의 도시로 몰락했기 때문이다. 종교적 탄압과 경제적 이유로 스페인 군대가 안트베르펜을 점령하고 약탈하면서 남녀노소 할 것 없이 수천 명이 학살당하는 사건(스페인의 광기)이 발생한 것이다.[5] 1585년, 안트베르펜이 스페인제국의 군대에 의하

---

4) 안트베르펜은 외부 공격에 매우 취약한 도시였다. 베네치아를 비롯하여 브루게는 바다 갯벌과 가까웠는데 이는 물류의 편리성뿐만 아니라 외적 침입을 방어하는 데 유리했기 때문이었다. 그러나 브루게의 항구가 강과 바다의 퇴적물로 기능을 상실한 이후 급하게 건설된 안트베르펜은 좀 더 안쪽의 내륙에 세워졌다. 그 결과, 지정학적으로 외적의 공격에 취약했던 안트베르펜은 스페인 군대의 약탈에 치명적일 수밖에 없었다.
5) 1585년에 일어난 스페인의 광기(Spanish Fury) 사건에서 안트베르펜의 시민 약 7천 명이 남녀노소와 관계없이 살육되었고 도시는 극도의 공포 속에서 약탈당하여 폐허로 바뀌었다.

여 처참하게 파괴당하면서 스페인의 합스부르크 왕에 대한 원한은 폭발적으로 팽창할 수밖에 없었다.6) 스페인의 광기를 계기로 스페인 왕에 대한 경외심은 약해졌고 스페인(합스부르크)제국과 싸우기 위한 세력이 유럽 각지에서 쑥쑥 자라났으며 그들의 상당수는 북쪽의 '암스테르담'으로 모여들었다. 상업적 경제활동에만 전념했던 무역상과 금융가들도 스페인제국의 탄압을 피하여 암스테르담에 모여들었고, 그들은 이제 본격적으로 유럽의 정치와 전쟁에 참여하기 시작했다.

암스테르담의 등장

16세기 말까지의 암스테르담은 과연 어떤 도시였을까. 암스테르담이 세상의 시선을 끌었던 첫 번째 시기는 14세기 중엽, 1345년이었다. 종려 주일을 며칠 앞둔 어느 날, 자신의 집에서 조용한 죽음을 맞은 노인의 이야기로부터 암스테르담의 전설이 시작되었다. 죽음을 맞은 노인의 입에서 갑자기 '툭'하고 성체가 튀어나온 것이다. 노인의 죽음을 지켜보던 사람들은 깜짝 놀라서 노인이 토한 성체를 난롯불에 던졌는데 타지 않고 그대로 남았다. 초현실적 현상에 놀란 암스테르담의 사제들이 노인의 성체를 그 지역 교회로 가져갔고 가톨릭종단에서는 이런 내용을 보고받고 기적으로 선언하기에 이르렀다. 노인이 살던 집터에는 기념성당이 세워졌는데 그 성당에서 두 번이나 화재가 발생했지만, 노인의 성체는 타지 않았다는 것이다. 이른바 '암스테르담의 기적'으로 지칭되는 사건이었는데 이를 계기로 암스테르담은 중세 유럽에서 중요한 기독교 순례지역에 속하게 되었고 그런 기적을 발판으로 암스테르담은 세상에 알려지기 시작했다.7)

---

6) 1585년, 안트베르펜이 스페인 군대에 의하여 도륙을 당하고 절반에 가까운 시민들이 북부 네덜란드의 암스테르담으로 탈출하는 사건이 발생하면서 스페인 왕에 대한 반감은 극에 달하였다. 1560년까지 10만이 넘었던 안트베르펜의 인구는 1590년 약 4만 명으로 60% 가까이 줄어든 반면, 안트베르펜의 주민 가운데 상당수가 암스테르담으로 대거 이주하면서 스페인에 대한 저항세력은 암스테르담에 집중되었고 도시는 왕에 대한 저항의식으로 단결하였다.

7) 러셀 쇼토의 연구(2013: 50-61) 참조.

그렇지만 암스테르담이 서양 역사의 중심지가 되기까지는 약 250여 년의 시간이 더 필요했다. 16세기 초에는 스페인, 포르투갈, 그리고 중엽부터는 브루게와 안트베르펜이 세계해양의 중심지였기 때문이다. 지중해의 베네치아공화국 전성기는 15세기로 마무리되었고, 스페인과 포르투갈이 16세기의 선두를 달리면서 대항해의 시대가 도래했을 당시였다. 그런데 이때, 종교적 신앙문제도 중요한 문제로 등장하기 시작했다.[8] 스페인과 포르투갈은 이슬람세력을 몰아내고 국토회복운동을 벌인 레콩키스타(Reconquista)를 달성하면서 이베리아반도 전역을 기독교 지역으로 복귀시킨 바 있다. 특히, 스페인의 국왕은 가톨릭을 국교로 삼아 종교적 신념을 강하게 표출했고, 이슬람교도뿐만 아니라 유대인까지도 심하게 박해하였다. 기독교로 개종한 유대인조차 스페인의 종교적 탄압을 피할 수 없어 대부분 포르투갈로 도망쳤고, 종교적 이데올로기의 광풍은 스페인 전역을 휩쓸었다.

그런데 이베리아반도에 가까운 이탈리아 북부의 피렌체에서는 미켈란젤로가 다비드상을 조각하는 한편, 마키아벨리는 <군주론>을 썼던 르네상스의 시기를 맞고 있었다. 16세기의 유럽은 오스만제국의 동유럽 정복, 신대륙과 신항로의 발견, 스페인의 제국화, 르네상스의 등장, 그리고 신교와 구교의 대립이 마치 용광로처럼 끓어 오르던 세기였다. 유럽의 남부가 변화의 소용돌이에 직면했다면 상대적으로 북부는 조용한 편이었다. 네덜란드 북부에 있는 암스테르담은 온갖 뱃사람들이 모여 왁자지껄 비린내를 풍기던 도시였을 뿐이었다. 북해로 청어 떼가 몰려들면서 하나님이 암스테르담을 축복하셨다고 할 정도였다.[9] 그런데 16

---

8) 스페인과 포르투갈이 위치한 이베리아반도는 과거 7세기 이후 이슬람 지역이었다. 그런데 카스티야의 이사벨라와 아라곤(바르셀로나가 위치한 카탈루냐 지방)의 페르난도가 결혼하면서 하나의 스페인이 탄생하게 된 것이다. 1492년 스페인은 남부의 그라나다를 격퇴하고 이슬람세력을 유럽에서 몰아냈으며 같은 해, 이사벨라 여왕은 콜럼버스를 지원함으로써 신대륙을 발견할 수 있었고 스페인은 아메리카 신대륙에서 식민지를 개척하여 엄청난 부를 얻을 수 있었다.

9) 16세기 중엽, 암스테르담은 북해의 청어 산업 중심지가 되었고, 인근 호른 마을에서는 청어 전문 선박까지 제조하여 외부에 팔 정도로 주목받는 어업항구가 되었다. 암스테르담은 엄청나게 많은 청어를 폴란드와 프랑스에 팔았고 라인강을 따라서 독일 각지

세기 말, 어촌 암스테르담에 엄청난 세계의 인재들이 한꺼번에 몰려드는 대사건이 발생했다. 큰 상업자본을 쥐락펴락하는 대상인, 금융계의 큰손 은행가들이 갑작스럽게 암스테르담으로 이사를 왔고, 학식이 높은 인재들까지 어촌에 몰려들어 온 것이다. 더욱이, 합스부르크의 왕(스페인과 신성로마제국)에 대항하여 자유를 갈망하면서 공화주의적 사상을 주창하는 신교도의 인재들까지 몰려들었다. 암스테르담의 운하 주변에는 중세 유럽의 역사를 완전히 새롭게 쓸 세계적인 인재로 가득 채워졌다.10)

스페인 왕을 거부한 암스테르담

스페인과 암스테르담의 관계는 합스부르크 왕가와 종교의 문제를 함께 살펴보아야 이해할 수 있다. 일단 유럽대륙에서는 크고 작은 여러 왕족이 결혼하면서 유럽을 하나의 가톨릭 체제로 통합하려는 시도가 수차례 있었다. 이는 로마교황에 의하여 서로마제국의 황제에 올랐던 카롤루스대제의 후계자, 피핀 황태자가 베네치아 독립전쟁(서기 810년)에서 전사한 이후 발생했던 서유럽의 분열 상황과 관련성이 깊다. 강력한 후계자였던 피핀이 사망하자 프랑크제국은 결국 3개국(프랑스, 독일, 이탈리아)으로 분열될 수밖에 없었고 신성로마제국 황제는 명예직에 가까울 정도로 권한이 약했다. 크고 작은 나라로 분열된 유럽에서 왕족들은

에 청어 판매망을 구축하여 많은 부를 축적한 대규모 어업상인도 등장했다.
10) 스페인이 1492년 신대륙을 발견한 이후, 포르투갈 뱃사람들도 크게 자극을 받았으며 아프리카 남단을 돌아 인도로 갈 뱃길을 찾고자 노력했다. 당시, 종교적 박해로 스페인에서 몰려나온 유대 상인들은 포르투갈로 더 많이 모였고 그들의 적극적 재정지원은 항로개척에 큰 도움이 되었다. 마침내 1499년, 포르투갈은 베네치아가 독점했던 후추 무역을 압도할 새로운 인도행 직항로를 개척하였다. 이를 이정표로 하여 베네치아의 지중해 시대는 저물고 포르투갈과 스페인의 대서양 시대가 시작된 것이다. 상당수의 유대계 무역상과 금융업자들도 베네치아를 떠날 준비를 하고 있었는데 1516년, 베네치아에서 유대인들의 거주지를 게토 지역으로 격리시키자 이에 격렬히 반발한 많은 유대인은 아예 본거지를 이베리아로 옮겼다. 포르투갈의 리스본과 아베이루, 남부 네덜란드(벨기에)의 브루게와 안트베르펜은 그들이 이주한 대표적 도시들이었다. 특히 1585년에 일어난 스페인의 광기(Spanish Fury) 사건을 계기로 안트베르펜을 탈출한 인재들은 16세기 말, 암스테르담으로 대거 이주했고 그 결과, 암스테르담은 최고의 인재들로 넘쳐나는 도시가 되었다. 주경철의 연구(2003: 177-215) 참조.

결혼선물로 상대방의 영지를 서로 주고받으면서 합치는 경우가 많았는데 합스부르크 가문 출신으로서 스페인 왕위에 등극했던 카를 5세가 대표적이었다.[11]

일단 1516년 스페인 왕으로 등극한 '카를'의 이름은 카를로스(스페인어), 샤를(프랑스어), 찰스(영어), 카렐(네덜란드어) 등으로 다양하게 불리지만 모두 하나의 인물이었다. 그는 1519년 신성로마제국 황제에 등극하면서 서유럽의 절반과 아메리카식민지를 물려받게 되었다. 카를 5세는 외할아버지로부터 스페인 국왕 자리를 물려받았으며 친할아버지로부터는 신성로마제국의 황제관을 받은 것이다. 더욱이 카를 5세는 네덜란드의 부르고뉴 영지를 소유했던 마리(모친)와 신성로마제국의 황제인 막시밀리안(부친) 사이에서 태어났다. 이런 배경 아래에서 합스부르크 가문(카를 5세)은 네덜란드 전역을 소유하였고 네덜란드 북부의 암스테르담도 합스부르크의 스페인 국왕 통치를 받게 된 것이다.

그런데 비슷한 시기였던 1517년, 마르틴 루터는 로마교황청의 부패와 타락을 비판하는 내용의 95개 조 반박문을 발표했다. 그는 성경의 권위와 하나님에 대한 믿음을 강조함으로써 교회의 혁신을 요구했으며 이러한 16세기 종교개혁 운동의 결과, 서유럽의 기독교는 다시금 두 개의 큰 흐름으로 나뉘게 되었다. 그 첫 번째는 로마교황청이 이끄는 가톨릭교회(구교)였고 두 번째는 새롭게 교회의 개혁을 주장하는 루터파, 칼뱅파 등의 프로테스탄트(신교)였다. 구체제를 옹호하는 합스부르크 가문은 로마교황이 이끄는 가톨릭교회를 지지했고, 신성로마제국의 황제권 강화를 반대했던 선제후와 지방의 세력가들은 신교도(프로테스탄트)를 지원하였다. 종교개혁은 유럽의 내부 갈등과 전쟁으로 이어졌고, 유럽의 30년 전쟁은 합스부르크 가문이 서유럽을 통합하는 상황을 막는 결과를 낳았다. 영국과 네덜란드는 합스부르크가 통치하는 스페인과 신성로마제국에 저항했고, 북유럽의 암스테르담은 반(反) 합스부르크를 향한 전초

---

11) 독일의 왕으로는 카를 5세이지만 스페인의 왕으로는 카를로스 1세(Carlos I)라고 지칭되기도 한다.

기지가 되었다. 특히 안트베르펜의 살육사건을 계기로 암스테르담은 독립을 향한 결사 항전을 외치는 사람들로 북적였고, 스페인 왕과 치열한 전쟁을 벌이면서 네덜란드는 스페인에서 완전히 독립할 수 있었다.

3. 암스테르담의 발전 단계

암스테르담의 태동기

네덜란드는 본래 낮은 땅이라는 의미를 지니고 있다. 유럽 북부를 흐르는 3대 강인 라인강, 마스강, 스헬더강이 네덜란드의 삼각주에 퇴적층을 두껍게 쌓고 있다. 네덜란드의 홀란트(Holland) 정착민들은 북부 대서양의 바닷가 삼각주에서 도전을 시작한 것이다. 바닷물을 막기 위하여 제방을 쌓아 올리고 토탄 질의 습지에 수로를 팠다. 습지가 오랫동안 머금고 있던 바닷물이 빠지면서 마른 땅이 되었고 그 땅은 바다의 물 높이보다 낮으므로 더 높게 제방을 쌓지 않으면 안 되는 상황이었다. 암스테르담의 공동체 의식은 이런 거친 자연환경에서 바다와 싸우며 강하게 형성되었다. 앞서 살펴보았던 베네치아의 인공섬 건설과정과 암스테르담의 간척지를 만드는 과정은 매우 흡사했고 험한 자연에 맞선 강한 공동체 의식도 비슷했다.

네덜란드의 낮은 지역으로 흘러가는 암스텔(Amstel)강의 하구 지역은 본래 뻘밭이었다. 그런데 그곳에 댐(dam)이 건설되면서 습지를 메우고 물길을 만들어 암스테르담(Amsterdam)이라는 작은 해안 도시가 생겨났다. 강줄기가 내려와 커다란 습지와 만나고 약 80㎞ 정도 떨어진 외곽 섬들이 거친 북대서양의 파도를 막아주면서 석호의 모양처럼 암스테르담을 보호했다. 베네치아의 본섬 외곽에 있는 리도섬 등이 파도를 막아주는 형세와 비슷한 모양이었다. 바다를 막기 위한 댐, 범람하는 강물을 흘려보내기 위한 수로, 물길을 통제하기 위한 운하들이 곳곳에 계속 생겨났고, 자연의 험난한 위협 앞에서 사람들이 쌓아 올린 인공적 성과물로 암스테르담 도시가 만들어졌다. 초기에는 제방과 댐을 쌓아 만든 작은 암스테르담이었지만 성체 사건으로 순례자들의 유명 방문지가 된 이후, 암스테르담의 작은 성당이 큰 성당으로 바뀐 것처럼 암스테르담 시가지도 계속 확장되었다.

중세시대에 성지순례지가 된다는 것은 골드러시와 비슷한 효과를 가져왔다. 불과 한 세기만에 수십 개의 수도원과 수녀원이 생겨나면서 암스테르담은 유명한 성지순례 도시가 된 것이다. 그런데 이에 추가하여 암스테르담의 도시확장과정에서 결코 빼놓을 수 없는 것이 바로 '청어' 였다. 마치 하나님의 축복처럼 청어가 북해에서 엄청난 규모로 잡히면서 암스테르담의 항구는 청어로 가득 찬 도시가 된 것이다. 특별히 암스테르담 어부들은 매우 중요한 청어 손질 비법을 하나 발견했는데 청어 뱃속의 유문수와 췌장을 그대로 두고 염장을 하면 청어의 생선 신선도가 훨씬 오래 유지되어 맛도 좋아진다는 것이었다. 성지순례지가 되고 이에 더하여 축복처럼 내려진 청어 떼와 함께 유통과 보관 비법까지 터득하면서 암스테르담은 네덜란드 북부의 부유한 어촌도시가 되었다.12)

암스테르담의 전성기

베네치아가 13세기 초, 제4차 십자군 전쟁에서 국부를 축적했다면 암스테르담은 16세기 초, 성지순례지와 청어 산업을 중심으로 대박을 터트린 셈이었다. 요즘으로 치면 관광산업과 원양어업의 양쪽에서 수익이 치솟았다고 볼 수 있는데 당시 기록에 따르면 성당의 향로와 생선 내장의 비린 냄새가 암스테르담 전역을 가득 채웠다고 한다.13) 신도들이 아낌없이 돈을 꺼내도록 하는 수도원장의 사탕발림, 유려한 말발, 걸쭉하게 내뱉는 선원들의 욕지거리들이 하나로 배합된 암스테르담의 모습은 활기에 넘쳐있었다.

---

12) 청어 산업을 통하여 엄청난 부가 암스테르담으로 쏟아져 들어오기 시작했고 연관 산업인 조선업에도 파급효과를 주었는데 암스테르담 인근 어부들이 연간 약 2억 마리 이상의 청어를 잡았다는 기록까지 있을 정도였다.

13) 러셀 쇼토의 연구(2013: 63)에서 인용된 당시의 암스테르담의 거리 풍경을 참고하여 서술함.

부유한 어촌도시, 암스테르담이 급격히 변한 것은 16세기 말이었다. 유럽의 상업중심지였던 안트베르펜이 1585년, 스페인 군대에 의하여 처참하게 도륙당하면서 이곳에서 탈출한 수많은 인재가 네덜란드 북부의 암스테르담으로 몰려들어 온 것이었다. 순례자와 어부의 도시였던 암스테르담에 당대 최고수준의 인재들이 대거 이주해 오면서 암스테르담의 품격은 완전히 달라졌다. 르네상스 시대를 거치면서 등장했던 각 분야의 세계적 인재들이 암스테르담이라는 하나의 도시에 몰려든 것은 청어 떼가 몰려든 것보다 훨씬 디 큰 행운이었다. 도시기반시설(하드웨어)이 어느 정도 갖추어져 있던 도시에 최고의 인재들(소프트웨어)이 정착하면서 시너지효과는 불타올랐다. 침체했던 르네상스의 불빛이 지중해의 베네치아와 북이탈리아를 떠나 브루게와 안트베르펜을 거쳐 북대서양의 암스테르담에 점화되는 순간이었다. 문명적 폭발은 필연적이었고, 중세를 벗어난 근대는 암스테르담에서 시작되었다.

17세기가 시작되면서 암스테르담은 전 세계를 향하여 대대적인 상업활동을 벌었고, 전 세계에 해양 식민지를 건설했다. 베네치아가 지중해에 식민지를 건설했다면, 암스테르담은 대서양과 인도양 그리고 태평양의 각 지역에 식민지를 건설했다. 암스테르담 대상인의 집은 베네치아 상인의 저택처럼 치장되었고, 시장 거리에는 진귀한 상품들로 가득 찼으며, 어느새 암스테르담은 세계 최고의 창고일 뿐만 아니라 해양물류의 거점도시가 되었다. 암스테르담의 상업적 발달은 금융산업의 획기적 발전으로 이어졌으며 은행과 보험뿐만 아니라 자본주의의 꽃, 주식회사와 주식거래소가 암스테르담을 뜨겁게 달구었다. 17세기의 암스테르담은 세계 경제의 중심지이며 동시에 근대문명의 중심지가 되었음도 간과할 수 없다. 자유를 찾아 몰려든 지식인들과 종교인들로 암스테르담의 지적 열기는 뜨거웠고, 세계에서 가장 많은 책을 출판하는 출판도시로 거듭났다. 책 공장으로 일컬어졌던 베네치아의 지위를 암스테르담이 완전히 승계한 셈이었다.[14)]

---

14) 영국의 홉스가 저술한 <리바이어던>이 암스테르담에서 출판되었고 이에 강렬한 영

암스테르담의 쇠퇴기

그렇지만 안타깝게도 암스테르담의 전성기는 오래가지 않았다. 전성기에 이미 쇠퇴기를 예견할 수 있는 징조가 나타났는데 1636년, 암스테르담에 몰아쳤던 튤립 광풍은 그 대표적인 예이다. 근대적 자본주의가 꽃을 피웠던 암스테르담에서 튤립이라는 아름다운 꽃에 치명적인 자본주의적 독소가 있음이 발견되었고 그것은 분명 '자본주의의 광기'였다. 언제부터인가 암스테르담 사람들은 튤립 꽃을 좋아했고 많은 이들이 튤립 꽃은 곧 큰돈이 될 것으로 생각했다. 그 순간, 튤립의 값은 계속 올랐는데 꽃값이 오르자 땅속에 묻혀 있는 튤립 알뿌리(구근)까지 사고팔았지만, 여기에는 튤립의 꽃 모양과 색깔만 적혀있는 약속어음이 전부였다. 실제 실물거래가 아니라 약속을 정한 종이만 거래된 것이었다. 일종의 선물환 같은 것인데 꽃은 보지도 않고 환거래가 진행되면서 투기적 광풍이 휘몰아쳐, 15길더의 꽃값이 불과 몇 년 사이에 10,000길더까지 약 660배 이상 치솟기도 했다.[15]

튤립 광풍을 통하여 암스테르담에 만연되어 있었던 문제들이 하나둘 더 크게 확대되었고, 일확천금을 노린 사람들은 공포감에 휩싸인 시장을 더욱 혼란스럽게 했다. 여기에서 어떻게 무엇을 해야 할지 정부는 갈피를 잡지 못했다. 이같은 위기상황에서도 암스테르담은 런던을 변화시켰고, 뉴욕이라는 새로운 후계도시를 만들어 놓았다. 암스테르담 출신의 빌럼 3세는 명예혁명으로 런던을 점령했고, 수많은 암스테르담의

향을 받은 스피노자는 자신이 본래 집필하고 있던 저서를 중단하고 <신학 정치론>을 출판하게 된다. 그의 자유 사상과 획기적인 민주정치에 관한 주창은 이곳에 망명해있던 존 로크의 정부 관점에도 크게 영향을 주었고 그의 저서 <시민정부론>을 낳게 하는 산파 역할을 하게 된다. 그리고 로크의 책이 훗날 미국의 독립혁명과 프랑스의 시민혁명에 결정적 역할을 하였음은 잘 알려진 사실이다. 17세기의 암스테르담은 정치, 경제, 사회, 문화의 모든 영역에서 새로운 근대시대를 창출했던 공간이었다.

15) 당시에 돼지 한 마리 값이 30길더였으므로 꽃 한 송잇값이 10,000길더라는 것은 한 송이의 튤립과 집 한 채가 같은 가격이었던 셈이다. 그러나 어느 순간, 사람들은 꽃값이 너무 비싸다고 생각했고 그 순간, 튤립의 값은 폭락하기 시작했으며 그 혼란한 시장 속에서 정부의 역할은 찾아볼 수 없었다. 시장의 실패와 정부의 실패가 동시에 발생한 근대적 사건이었다.

인재들도 대거 런던으로 몰려 들어갔다. 마치 베네치아의 인재들이 베네치아를 떠났던 것처럼 암스테르담의 인재들도 암스테르담을 떠나기 시작한 것이다. 그 결과, 18세기로 접어든 암스테르담은 네덜란드의 쇠락과 함께 그 세계적 지위를 잃었고 사회-문화적 혁신도 멈추었다. 민주정체와 국민주권을 옹호하는 '네덜란드 국민에게'(1781년)라는 애국적 주장을 담은 글이 지식인들을 통해서 발표되었지만, 보수적 귀족주의에 빠진 네덜란드를 회복시키기는 어려웠다. 1780년, 인재가 사라진 네덜란드와 인재가 몰린 영국이 제4차 영란전쟁을 벌였고, 영국은 아메리카 대륙에서 전쟁을 벌이면서도 네덜란드를 완파하고 대부분의 해상제해권을 빼앗았다. 이후, 영국은 세계의 해양제국이 되었고 네덜란드는 그 지위를 내놓아야 했다.

앞서 살펴보았던 베네치아의 역사와 같이 근대의 문명중심지 암스테르담의 시대적 상황도 3단계로 구분하여 볼 수 있다. 대표적 해양세력이었던 베네치아와 암스테르담의 태동기, 전성기, 쇠퇴기를 비교해보면 매우 흡사한 부분이 많기 때문이다. 베네치아공화국이 1,000년의 공화국 시대를 거치는 과정에서 역사의 진행속도가 완만했다면, 암스테르담은 300년의 짧은 기간에 더 빨리 진행되었다는 차이가 있을 정도이다. 암스테르담의 태동기는 16세기 말에 독립전쟁을 시작하여 17세기에 최고의 전성기를 누렸지만, 18세기 초부터는 이미 쇠퇴하기 시작했고 18세기 말, 공화국 시대를 마감하였다.[16)]

---

16) 1789년에 일어난 프랑스의 대혁명과 프랑스 시민군대를 이끌며 공화국의 수호자로 불렸던 나폴레옹은 1795년에 네덜란드공화국의 주권을 접수했고, 얼마 지나지 않은 1797년, 베네치아공화국을 무혈점령했다. 유럽의 대표적 공화국을 모두 접수한 나폴레옹이었지만, 19세기가 되자 변절하여 1804년, 황제로 등극하였다. 그러나 공화국을 파멸로 몰아넣은 책임을 역사가 다시 묻는 데에는 불과 10년도 걸리지 않았다. 나폴레옹은 1812년의 러시아원정에서 대부분의 주력부대를 잃었고, 1815년의 워털루전투에서 영국에 완전히 패하여 대서양의 외딴 섬에 유배되었다.

베네치아와 암스테르담의 3단계 역사 구분

베네치아와 암스테르담 역사 비교	1단계 태동기	6~8세기 베네치아	이탈리아 북부지역 포강 하류의 작은 어촌
		14~15세기 암스테르담	네덜란드 북부지역의 작은 어촌
	2단계 전성기	9~15세기 베네치아	프랑크제국을 물리치고 해양공화국 출범. 십자군 전쟁에 참여, 지중해의 동방무역을 장악함.
		16~17세기 암스테르담	스페인제국을 물리치고 해양공화국으로 출범. 대서양과 인도양에서 세계의 해상무역을 장악함.
	3단계 쇠퇴기	16~18세기 베네치아	해양국가를 포기하고 수공업, 금융업, 농업 중심으로 전환하려 했으나 나폴레옹에 의하여 주권상실. (1797년)
		17~18세기 암스테르담	국내외적 분쟁으로 급속히 쇠퇴하였으며 프랑스의 나폴레옹에 의하여 주권상실. (1795년)

제11장

18.5세기의 런던, 산업혁명의 출발역

1. 명예혁명의 씨앗, 암스테르담

암스테르담은 스페인제국에 맞서 종교의 자유를 외치면서 절대군주에 저항했다. 암스테르담은 독립전쟁의 과정에서 근대적 사상을 꽃피웠고 영국에서 명예혁명을 일으키는 씨앗을 만들어내었다. 암스테르담의 근대적 인재들이 영국의 런던에 몰려들면서 영국의 근대화는 본격화되었고, 입헌군주제와 의회민주주의가 확립되면서 마침내 18세기 중반, 산업혁명을 선도하는 세계의 중심이 되었다.

암스테르담의 독립정신

유럽의 낮은 땅 네덜란드의 북부지역은 앞서 언급한 바와 같이 전통의 로마 가톨릭교회에 저항하는 프로테스탄트들이 집결했던 곳이다. 1566년의 성상 파괴 운동은 네덜란드에서 400개가 넘는 가톨릭성당을 파괴했고 이에 대한 스페인제국의 대응은 무자비한 무력탄압이었다. 스페인제국의 펠리페 2세는 그 유명한 공포의 장군, 알바(Alba) 공작을 네덜란드로 파견하였고 그는 1567년부터 6년 동안 1만 명 이상을 붙잡아 가두었고, 조금이라도 반역의 기운이 있었다면 가차 없이 처단했다.[1] 이런 공포상황에서 네덜란드의 독립을 이끌었던 오렌지 공 빌럼(William I, Prince of Orange)은 다행스럽게도 국외로 탈출하여 목숨을 건졌다.[2]

알바 공작의 공포정치는 계속되었고 네덜란드 시민들은 숨을 죽이고 있었다. 그렇지만 총칼의 힘은 오래 가지 않았고 특히, 알바의 무리한 조세정책으로 네덜란드 시민은 스페인제국을 향한 독립전쟁에 적극적으로 나섰다. 모든 상품거래에 10%의 거래세, 모든 재산(부동산 등)의 1%를 재산세로 거둔다는 내용을 알바 공작이 발표하면서 네덜란드의 시민들은 크게 동요하기 시작했다. 공포로 눌려있던 네덜란드가 스페인에 등을 돌리게 된 결정적 계기는 결국, 공포정치보다 더 무서운 고율의 세금에서 촉발된 셈이다. 미국식민지에서도 영국 왕의 무리한 조세정책이 미국인들의 독립전쟁 참여를 낳았던 것과 비슷하다. 신교도들은 네덜란드 시민들로부터 전폭적인 지지를 받기 시작했으며 1572년부터는 스페인제국의 군대를 네덜란드 해안지역에서부터 몰아내기 시작했다.

한편, 외국으로 피신한 오렌지 공 빌럼은 외교적 수완을 발휘하여 스페인과 적대적 관계에 있던 프랑스를 네덜란드의 독립지원세력으로 끌어들였고, 신교를 지지했던 북독일 선제후의 지원도 받았다. 이 또한, 미국식민지가 영국 왕을 향한 독립전쟁에서 프랑스와 네덜란드의 도움을 받았던 상황과 매우 흡사했다. 그렇지만 당시까지도 네덜란드의 홀란트, 특히 암스테르담은 스페인 국왕과 결별하는 것에 주저했다. 미국

---

1) 알바 공작(Duke of Alba, 1507~1582)은 네덜란드에서 Iron Duke로 알려져 있다. 1572년, 신교도의 도시 나르덴(Naarden) 공성전에서 알바 공작은 이 도시의 모든 사람 즉, 남녀노소를 불문하고 모두 살해하라는 명령을 내렸고 이로 인하여 스페인제국에 대한 시민들의 분노는 더욱 끓어 올랐으며 이듬해 알바 공작은 본국 스페인으로 소환되었다.

2) 오렌지 공 빌럼은 영어식으로 윌리엄 1세이며 오라녀 공으로 불리기도 한다. (William I, Prince of Orange, 1533~1584), 그는 스페인제국에 대한 네덜란드의 80년 독립전쟁(1568~1648)을 이끈 장본인으로서 네덜란드의 국부이며 훗날 영국의 명예혁명으로 영국 왕이 된 윌리엄 3세의 증조부였다.

식민지에서도 영국 왕과 결별하는 것을 주저했던 초기 분위기와 비슷했음이다. 그러나 스페인제국의 군대가 안트베르펜을 약탈하고 '스페인의 광기'가 극에 달하면서 홀란트의 암스테르담도 독립전쟁에 적극적으로 나섰다. 당대 최고의 인재로 가득했던 안트베르펜에서 탈출한 사람들이 암스테르담으로 이주했고, 그들은 왕에 대한 복수심으로 가득 찼으며 본격적인 독립전쟁에 불을 붙였다.

네덜란드의 독립전쟁

네덜란드의 암스테르담은 스페인제국과 결사 항전할 준비를 하였고, 동시에 세계 최고의 도시가 될 기반도 닦았다. 암스테르담은 신교도의 중심도시가 되었고, 세계적 인재가 모인 도시로서 가장 많은 부를 축적하기 시작했다. 암스테르담을 선두로 네덜란드 북부의 7개 주(홀란트, 젤란드, 유트레히트, 헬더란드, 오버레이셀, 호로닝엔, 프리즐란드)는 유트레히트 동맹을 맺고 7개 주 연합체를 구성했다.3) 당시의 북부 네덜란드 상황은 미국의 영국 식민지 13개 주 연합체가 모여서 독립전쟁을 한 것과 매우 흡사했다.4) 네덜란드와 미국이 달랐던 것은 상대가 스페인 왕이냐 영국 왕이냐의 차이 정도였다. 북부 네덜란드는 전쟁을 본격적으로 시작할 준비를 마쳤지만, 그렇다고 7주 연합체가 일사불란하게 움직이기는 어려웠다. 각 주의 대표들은 자기 지역의 이익을 대변했고 모든 결정은 만장일치를 원칙으로 했기 때문에 신속한 결정을 내리기 어

---

3) 네덜란드의 독립전쟁에서 북부와 남부는 분명한 차이가 있었다. 북부는 신교가 주도했고 남부는 구교가 다수를 차지했기 때문이다. 또한, 북부는 스페인으로부터 완전 독립을 주장했지만 남부는 그렇지 않았다. 이같은 네덜란드 남북의 견해차를 이용하여 스페인은 남부지역만이라도 잡고자 했다. 결국, 독립전쟁은 부르주아계층이 주도하는 홀란트, 특히 가장 부유하고 강력했던 도시, 암스테르담을 중심으로 추진되었다. 독립전쟁에 필요한 대부분 경비는 암스테르담의 부자 상인들이 냈지만 그렇다고 북부 7개 주 의회가 항상 같은 의견은 아니었다.

4) 미국의 독립운동가 애덤스(J. Adams)는 네덜란드공화국을 방문하여 식민지의 독립전쟁 자금을 모금하기 위한 순회 집회에서 이렇게 말했다. "여러분, 미국은 200년 전의 네덜란드와 대단히 비슷한 상황입니다. 만일 네덜란드가 지금 미국을 돕지 않는다면 당신들은 당신들의 위대한 조상들을 욕보이는 것입니다." 그 독립운동가 애덤스는 훗날 미국의 제2대 대통령이 되었다.

려웠기 때문이다. 이와 같은 배경에서 1581년 7개 주 연합체의 전국의회는 스페인 왕을 거부하는 철회령(Act of Abjuration)을 공표했고, 7개 주 정부는 각기 주권을 가지며 각 주의 통치자는 그에게 부여된 권한만을 제한적으로 행사한다는 정도로 연방공화국이 출범하였다.[5]

어쨌든 북부 네덜란드는 암스테르담을 중심으로 세계최강의 스페인 제국을 상대로 독립전쟁을 벌였다. 북부 네덜란드의 독립군들은 영국의 엘리자베스 1세에게 신생 네덜란드의 군주가 되어 달라고 요청하기도 했지만, 여왕은 이를 간곡히 거절하면서 1585년, 제한된 군사적 지원만을 약속했다. 영국도 스페인의 눈치를 보지 않을 수 없었고 스페인제국의 공격 예봉은 암스테르담과 런던에 맞추어져 있었다. 펠리페 2세는 누구를 먼저 공격할 것인가를 두고 고민했다. 그런데 1587년, 스코틀랜드의 가톨릭계 여왕인 메리 스튜어트가 엘리자베스 여왕에 의하여 처형당하는 사건이 발생했다.[6] 스페인의 펠리페 2세는 우선 공격대상으로 영국의 런던을 목표로 삼았고, 130척의 주력함대와 30척의 보조 선박을 거느린 무적함대가 1588년, 런던으로 향했다.

만일, 이때 펠리페 2세가 런던이 아닌 암스테르담을 먼저 공격하는 것으로 결정했다면 역사는 큰 반전이 일어날 수도 있었다. 누구도 장담할 수는 없지만, 다행스럽게도 암스테르담은 스페인 무적함대의 예봉을

---

5) 미국 공화국 초기의 연방정부와 주(State) 정부의 관계, 그것과 매우 비슷했다. 네덜란드는 북부 네덜란드의 독립과 함께 남북이 분리되었고, 북부 네덜란드만이 느슨한 형태의 연방공화국을 형성했다. 한편 19세기, 네덜란드가 나폴레옹의 점령에서 독립한 후 남북이 하나가 된 네덜란드왕국을 출범시킨 바 있었으나 결국 분쟁이 일어나서 남쪽은 벨기에왕국으로 분리된다. 미국도 독립 이후 19세기 중반, 남북으로 분리될 위기에 처하여 남북전쟁을 겪었던 것과 비슷한 맥락이다. 21세기 현재도 네덜란드(북부)와 벨기에(남부) 지역은 사실상 거의 붙어있지만, 언어에 차이가 있고 지역별 갈등도 심하다. 화재 시, 벨기에 소방차가 왔다가 네덜란드 구역이면 화재진압을 하지 않고 돌아가는 사례도 있었다.

6) 영국의 엘리자베스 1세 여왕과 스코틀랜드의 메리 스튜어트 여왕은 정치적 경쟁자였다. 종교에 있어서 두 여왕은 신교와 구교로 달랐으며 지지 세력도 반대였다. 그런데 스페인의 펠리페 2세와 영국의 구교도 귀족들이 손을 잡고 엘리자베스 1세를 폐위시키고, 메리 스튜어트를 옹립한다는 반역계획이 폭로되었다. 이와 같은 상황에서 영국에 일시 망명해있었던 메리 스튜어트가 엘리자베스 1세에 의하여 처형당했고 이를 응징하기 위한 스페인의 무적함대가 영국을 공격했다.

피하면서 17세기의 최강자로 군림했고, 그 결과 네덜란드의 황금시대를 열었다. 스페인 무적함대가 영국의 해군에 패하면서 네덜란드도 독립전쟁에서 유리한 고지를 점령할 수 있었다. 아니 사실상 네덜란드는 이때부터 스페인의 압제에서 벗어날 수 있었다고 보는 편이 더 정확할 것이다. 스페인은 영국과의 전쟁 이후에도 계속해서 프랑스 왕위계승 전쟁에 휘말려 네덜란드의 거친 독립군을 상대로 전쟁을 지속하기 어려웠다. 1598년, 스페인의 펠리페 2세가 생을 마감하면서 스페인의 최전성기도 막을 내렸다. 스페인제국의 패권이 사라지면서 영국과 네덜란드는 17세기의 세계 패권을 두고 경합했다. 네덜란드는 자신들의 공식적 독립인정을 1648년 베스트팔렌 조약에 의하여 확정받았지만, 이미 세계적 해양공화국으로 중심에 서 있었다.

17세기의 네덜란드공화국

네덜란드에 있어서 17세기는 그야말로 기회와 위기가 첨예하게 공존했던 시대였다. 스페인제국의 세력을 물리치면서 네덜란드공화국의 독립을 이끌었던 오렌지 가문과 그들을 추종하는 사람들은 왕을 옹립하려는 움직임을 보였다.[7] 그러나 이에 반대하는 세력은 소수지만 당대 최

---

[7] 스페인에서 독립한 네덜란드는 공화국과 왕국의 길에서 고민하였다. 그 고민의 중심에는 오렌지 가문이 있었는데 16세기, 오렌지 빌럼 공이 목숨 바쳐 수행한 독립전쟁 덕분에 네덜란드가 독립할 수 있었다고 생각하는 시민들이 절대다수였다. 빌럼 공은 본래 스페인령 네덜란드의 홀란트, 젤란드, 유트레히트 지방에서 스타트하우더(총독 또는 주지사)를 역임한 스페인의 최고위급 귀족이었다. 스페인의 펠리페 2세가 흉금을 터놓고 속내를 털어놓는 최측근이었지만 스페인 폭정이 계속되면서 그는 네덜란드의 자유를 위한 독립전쟁에 목숨을 걸었다. 또한, 빌럼 공은 스페인과 과격한 투쟁보다는 외교적 설득을 통하여 지역통합과 네덜란드의 통일을 이루고자 했다. 그러나 그의 희망과는 다른 방향으로 남부 네덜란드(현재의 벨기에)는 구교, 북부 네덜란드(현재의 네덜란드)는 신교로 서로 분리되었고 북부 네덜란드는 스페인으로부터 완전한 독립을 위해서 투쟁하게 되었다. 빌럼 공이 1584년 스페인의 암살자에 의하여 살해되고, 1598년 스페인의 펠리페 2세도 파란만장한 생애를 마치면서 북부 네덜란드는 완전한 신교도의 나라가 되었다. 1607년에는 네덜란드 해군력이 강성해져 약체로 전락한 스페인 함대의 방어망을 뚫고 스페인 본토의 지브롤터까지 공격했다. 네덜란드는 독립전쟁에서 승기를 굳혔고, 신교와 구교의 종교전쟁(30년 전쟁)이 베스트팔렌 조약(1648년)으로 마무리되면서 합스부르크제국(스페인, 신성로마제국)에서 공식적으로 독립한 공화국으로 출범했다.

고의 엘리트집단으로 구성된 네덜란드의 공화파였고 그들은 오렌지의 추종자(다수파 또는 왕당파)를 비판하면서 네덜란드에서 왕이 등장하는 것을 막아섰다. 네덜란드가 독립하면서 왕당파와 공화파의 다툼이 본격화된 것이다.

네덜란드공화국이 완전한 독립을 쟁취할 당시, 오렌지의 빌럼 2세는 그야말로 막강한 권력을 쥐고 있었다. 그는 북부 네덜란드의 대부분 주에서 총독에 해당하는 스타트하우더(stadhouder)를 맡고 있었으며 육군과 해군의 지휘권을 차지하고 있었다. 사실상의 왕이라고 하여도 과언이 아니었다. 그렇지만 네덜란드의 국제무역과 금융계를 대변하는 공화파는 왕의 존재를 반대했고, 전국의회를 중심으로 빌럼 2세의 왕국이 출현하지 못하도록 견제했다. 급기야 빌럼 2세와 네덜란드 전국의회 사이에 긴장이 고조되었고 일촉즉발의 내전 상황까지 치달았다. 그런데 갑작스럽게 빌럼 2세가 전염병으로 사망하고 거의 비슷한 시점에 그의 유복자 빌럼 3세(1650~1702)가 태어났다. 그 순간, 권력의 중심은 왕당파에서 공화파로 이동하였고, 전국의회는 권력의 집중을 막기 위한 여러 가지 조처를 했다. 그리고 이와 같은 네덜란드 공화파 세력의 중심에는 요한 드 비트(Johan de Witt)가 있었다.

네덜란드 공화파의 비트는 오렌지 가문 사람들이 정부 요직에 진출할 수 없도록 제한하였고, 스타트하우더라는 한 사람에게 행정권과 군사권이 집중될 수 없도록 제도화했다. 권력의 집중은 군주를 낳고 그것은 공화국의 붕괴를 의미하기 때문이었다. 한편, 도버해협 건너편의 영국의 런던에서는 1649년, 크롬웰이 청교도혁명을 일으켜 찰스 1세를 처형하면서 공화국을 선포했다. 비트의 네덜란드와 크롬웰의 영국은 상호 첨예한 국가이익(항해법 등)을 두고는 대립하고 갈등하였으나 양쪽모두 공화파로서 왕이 등장하지 못하도록 서로 협력해야 했고 그래서 17세기 중반의 네덜란드와 영국의 전쟁 양상은 그리 치열하지 않았다.

2. 암스테르담에서 런던으로

네덜란드와 영국의 갈등이 어느 정도 잘 정리되는 것처럼 보였지만, 더 큰 문제는 프랑스에서 발생했다. 태양왕으로 불리는 전제군주, 루이 14세가 프랑스 왕이 되자 네덜란드와 극도의 긴장 관계로 상황이 나빠졌으며 전쟁을 향한 일촉즉발의 순간이 시시각각으로 다가오면서 암스테르담에는 긴장감이 감돌았다. 프랑스와의 전쟁과정에서 점차 세상의 중심은 암스테르남에서 런던으로 이동하기 시작했다.

위기의 암스테르담과 빌럼 3세의 등장

프랑스의 루이 14세는 네덜란드의 후방인 영국을 먼저 공략하면서 영국의 공화정부를 몰아내고 왕정으로 복귀시키는 데 결정적인 도움을 주었다. 1660년, 프랑스에 망명해있던 영국의 찰스 2세가 런던으로 복귀하면서 이듬해, 영국 국왕에 즉위할 수 있도록 적극적으로 지원한 것이다. 영국의 왕정복고 이후, 프랑스(루이 14세)는 영국(찰스 2세)과 도버협정이라는 비밀동맹을 맺고 네덜란드를 침공할 준비계획을 마무리하고 있었다. 네덜란드공화국은 위기상황에 직면했고, 그 위기를 돌파하기 위하여 7개 주가 단합하지 않을 수 없었다.

프랑스의 루이 14세는 1672년, 강력한 육군 1만 2천 명을 네덜란드로 파병했고, 그들은 네덜란드의 4개 주와 83개의 요새를 점령했다. 프랑스군은 쉽사리 유트레히트를 점령했고, 뒤이어 홀란트의 암스테르담을 노렸다. 이와 동시에 영국의 찰스 2세는 프랑스와의 비밀동맹에 따라서 바다의 네덜란드해군을 공격, 해양강국 네덜란드가 바다에서 프랑스의 후방을 공격할 수 없도록 포위했다. 네덜란드는 프랑스 육군과 영국 해군 사이에서 궤멸할 위기 상황이었다. 그런 위기의 순간, 네덜란드 국민은 '오렌지 가문의 신화'를 떠올렸고 잊었던 빌럼 3세를 다시 불러들였다. 네덜란드의 전국의회는 22세의 청년 빌럼 3세에게 네덜란드공화국 군대를 통솔할 전권을 부여했다. 국가적 위기상황에서 "예외적으로 1회만"이라는 네덜란드 전국의회의 단서는 초라했다. 결국, 네덜란드공화국은 국가위기 상황에서 자신들의 실패를 인정할 수밖에 없었다.

오렌지 가문의 빌럼 3세는 프랑스와 영국의 협공 속에서 네덜란드의 전통적 군사전략을 다시금 펼쳤다. 그 전략은 바다보다 낮은 암스테르담에서 인근의 둑을 터뜨려서 암스테르담을 물바다로 만드는 전략이었다. 독립전쟁 당시 그의 증조부 빌럼 1세가 사용했던 방법이었다. 최후의 방어전략, 네덜란드의 홍수 전략은 프랑스의 육군을 물속에 꼼짝없이 가두어 수장시켰다. 빌럼 3세는 네덜란드를 구한 영웅이 되었고, 홀란트를 비롯한 대부분 주에서 다시금 스타트하우더에 올라섰다. 행정권과 군사권을 동시에 거머쥔 빌럼 3세는 사실상 군주의 지위를 누리게 되었고, 반대로 비트의 공화파 정부는 붕괴했다. 네덜란드 시민들 절대다수의 열렬한 지지와 함께 빌럼 3세는 1674년 세습 스타트하우더가 되었고, 1678년 네이메헌 조약을 통하여 네덜란드의 우월적 해양권력과 잃어버렸던 영토를 되찾았다. 네덜란드는 외형상 전국의회가 있는 공화국의 정체를 유지했지만, 세습 지위를 지닌 스타트하우더가 등장함으로써 입헌군주제의 형태와 비슷한 특성을 보였다.

네덜란드공화국에서 사실상 입헌군주가 된 빌럼 3세는 프랑스의 재침공에 대비해야 했고, 이를 위해서 반드시 후방의 영국을 네덜란드 편으로 두어야 했다. 그런데 위기에 몰렸던 네덜란드가 위기를 극복하자 이번에는 반대로 큰 행운을 잡을 기회가 왔다. 영국에서 찰스 2세가 죽고 그의 동생 제임스 2세가 영국 왕에 등극한 것이다. 빌럼 3세의 부인인 메리가 제임스 2세의 딸이므로 장인이 영국 국왕에 취임한 것이었다. 그런데 문제는 영국의 내부에서 일어났고, 빌럼 3세는 어려운 결정을 해야만 했다. 당시의 영국의회는 구교도인 제임스 2세를 혐오했고, 신교도 왕을 옹립하고 싶었던 상황에서 제임스 2세가 새로 장가를 들어 왕자를 얻자 좌절했다. 영국의회는 새로운 신교도 왕으로 네덜란드의 빌럼 3세와 그의 부인 메리가 영국 국왕으로 가장 적합하다고 판단했다. 영국의회는 빌럼 3세 부부에게 영국의 공동 왕이 되어줄 수 있는 가를 질의했고, 빌럼 3세는 비록 장인과의 전쟁을 치러야 했지만, 네덜란드의 국익을 위해서 주저하지 않았다. 빌럼 3세는 2만 명의 군사를 이끌고 영국의 해안가에 상륙했으며 런던까지 매우 천천히 행진하였다. 선발대에 이어서 추가로 2만 명의 지원부대가 그 뒤를 따르면서 빌럼 3세는 적군이 스스로 도망치도록 시간을 주었다. 빌럼 3세의 수많은 군대 행렬에 압도된 적들은 공포에 질렸고 제임스 2세는 프랑스로 망명했다. 이로써 네덜란드의 빌럼 3세는 한 방울의 피도 흘리지 않고 평화롭게 런던에 입성할 수 있었다.

빌럼 3세에서 윌리엄 3세로

네덜란드의 빌럼 3세는 1689년, 영국의회가 제시한 권리장전을 당연히 인정했고 아내인 메리와 공동으로 영국 국왕에 등극하여 윌리엄 3세가 되었다. 빌럼의 영국식 발음이 윌리엄이므로 이름이 바뀐 것은 아니고 단지 발음만 바뀐 것이었다. 윌리엄 3세의 네덜란드 군대가 런던을 정복한 것을 두고 영국인들은 자신이 정복당했다고 생각하지 않았다. 암스테르담의 런던 정복 대신, '명예혁명'으로 멋지게 이름을 붙였고 영국의 혁명적 변화를 기꺼이 수용했다. 구식 제도에 얽혀 있던 후진적 영국 사회에 네덜란드의 혁신적 근대사항이 급속히 뿌리내렸고, 명예혁명 이전과 이후의 영국은 확연히 바뀌었으며 18세기 중반, 영국은 산업혁명을 일으킬 수 있었다. 물론 그런 변화의 중심에는 명예혁명 이후의 혁신적 제도변화뿐만 아니라 최고 인재의 대규모 이동이 있었기에 가능했다. 네덜란드의 윌리엄 3세가 영국 왕으로 등극하자 암스테르담은 축제 분위기였고 최고 인재들은 새로운 기회의 도시, 런던을 주목했다. 국제무역과 상업, 은행과 금융, 정치와 군사를 이끌던 암스테르담의 엘리트들이 도버해협을 건너 런던으로 몰려갔고, 런던이 세계적 중심지로 뜨기 시작했다.

정치적으로 윌리엄 3세는 영국에서 절대왕정을 종식 시키고 입헌군주제를 발족시켜 영국의회의 권력을 크게 강화했다. 구시대의 영국에서 볼 수 없었던 이전과 완전히 다른 의회 중심의 정치체제가 암스테르담에서 이식되어 런던에서 꽃을 피우기 시작한 것이다. 베네치아와 포르투갈 그리고 암스테르담으로 이어진 유럽의 최고 인재집단이 런던에 정착하기 시작한 것도 비슷한 시기였다. 유리세공, 금세공 기술을 지닌 전문과학 인력들이 암스테르담을 떠나 런던으로 왔고, 자연권 사상과 보편적 공화주의 사상도 도버해협을 건너 런던으로 유입되었다. 또한, 윌리엄 3세의 부인인 메리 여왕과 함께 같은 배를 타고 런던으로 귀환했던 암스테르담의 정치적 망명객, 로크(John Locke)도 영국 사상계에 돌풍 같은 변화를 일으켰다. 17세기, 암스테르담이 부화시킨 자본주의, 종교적 관용, 세속주의, 실용주의적 대의정치 등은 18세기 중반의 런던을 완전히 바꿔버렸다.

한편, 윌리엄 3세는 정치뿐만 아니라 영국의 경제 분야에도 획기적인 변화를 몰고 왔다. 그는 네덜란드공화국의 세습제 최고 권력의 스타트하우더였고 동시에 잉글랜드, 스코틀랜드, 아일랜드의 국왕으로서 세계의 해양무역체제를 대대적으로 바꿨다. 영국의 동인도회사를 세계적 규모로 확장한 것도 큰 변화를 향한 출발점이었다. 본래 네덜란드를 중심으로 해양무역을 주도했던 동인도회사였지만 윌리엄 3세가 영국의 국왕이 되면서 영국의 동인도회사가 중심이 되었고 국제무역의 중심도 암스테르담에서 런던으로 옮겨졌다. 프랑스와 전쟁을 치르면서 프랑스 옆의 네덜란드 암스테르담에 있는 것보다 도버해협 건너편에 있는 영국의 런던이 훨씬 안전했기 때문이다. 그리고 이와 같은 정치-경제적 중심의 변화는 세계인재들의 대규모 이동을 더 빠르게 촉진했다. 특히, 권리장전이 인정되었던 1689년, 권리장전 이상의 중요한 의미를 담고 있는 '관용법'이 통과되었음을 결코 가벼이 볼 수 없다.[8] 관용법의 통

---

8) 1689년 권리장전과 함께 다양한 신교도들에게 예배의 자유를 허용하는 '관용법'(Toler-ation Act)이 제정되었다. 이 법은 윌리엄 3세가 모든 개신교도를 통합하기 위해서 만든 법이었는데 이 관용법의 통과로 영국은 유럽의 어떤 나라보다 종교적 자유를 보장하는 국가가 되었다. 그 결과, 유럽의 각 지역에서 박해받던 많은 유대계 인재들도 유

과로 영국에서는 폭넓게 신앙의 자유가 인정되었고 이와 같은 공화주의
적 보편주의는 17세기의 암스테르담을 18세기 런던으로 옮기는 데 결
정적 역할을 하였다. 이제, 런던은 세계 최고의 인재들이 몰려드는 당
대 최고의 도시로 거듭나게 되었다.

영국은행을 만든 윌리엄 3세

윌리엄 3세는 네덜란드-영국의 양국 군대를 동시에 이끌면서 루이
14세의 프랑스군대를 격파했고 아우크스부르크 동맹을 통하여 프랑스
를 포위했다. 그런데 루이 14세와 벌인 치열한 전쟁과정에서 필요한 군
사비 조달은 윌리엄 3세에게 심각한 문제가 아닐 수 없었다. 영국의회
의 권리장전을 인정한 이후, 영국 국왕은 세금이나 군사문제에 있어서
영국의회의 동의를 필수적으로 받아야 했는데, 영국의회가 네덜란드 출
신의 윌리엄 3세에게 고분고분 재정지원 해줄 리 없었다. 윌리엄 3세가
난감한 상황에 부닥친 그때, 암스테르담에서 건너온 유대계 금융전문가
들이 엄청난 조언을 하였다.

윌리엄 3세가 긴급히 필요한 돈은 약 120만 파운드였다. 액수가 너
무 커서 해결 불가능한 상황이었는데 암스테르담에서 온 유대계 금융가
들과 스코틀랜드 출신 금융전문가들이 주축이 되어 국왕에게 민간은행
설립 허가를 요청한 것이다. 그들의 제안은 자기들이 120만 파운드의
자본금을 모아서 주식회사 은행을 세우고 이때 모은 자본금을 전액 윌
리엄 3세에게 빌려주겠다고 제안한 것이다. 윌리엄 3세는 이런 고마운
제안에 기뻐하면서 120만 파운드를 빌려주는 대가로 무엇을 원하는지
물었다. 금융전문가들은 단지, 자신들 출자액만큼 은행(채)권으로 받으
면 이를 교환 화폐로 유통될 수 있게 국왕이 허락만 해주면 된다고 했
다. 더욱이 국왕은 빌린 돈의 원금은 영구히 갚지 않아도 되고 단지 약
간의 이자만 내면 된다는 것이었다. 윌리엄 3세는 새로 만들어질 주식

럽대륙을 떠나 도버해협을 건너게 되었다. 윌리엄 3세를 따라서 영국으로 건너간 민간
인 가운데 절반 이상이 유대인이었다는 기록도 있다(홍익희, 2013 참조).

회사 은행으로부터 120만 파운드를 빌리는 대신, 연이자 8%만 부담하고 원금은 갚지 않는 영구채무에 대한 제안에 기뻐했으며 그들이 제안한 주식회사 은행설립을 허가했다.

오래전부터 베네치아의 유대계 상인들은 환전상을 했는데 금화를 보관해주면서 화폐 보관증을 써주고 보관증을 다시 화폐처럼 유통하여 사용한 적이 있었다. 그런 관행이 발달하여 베네치아 공공은행으로 발전했고, 복식부기 방법과 접목되면서 화폐의 신용창출 방법도 찾아냈다. 베네치아공화국에서 유대계 은행가들이 주도했던 다양한 금융기법은 17세기, 네덜란드공화국의 암스테르담에 세워진 수많은 주식회사를 통해서 근대적 자본주의의 토대를 만들었다. 그리고 마침내 1694년, 암스테르담이 아닌 영국의 런던에서 새로운 시대의 금융을 이끌어갈 중앙은행을 유대계 금융가들이 만들어 낸 것이다. 이때 만들어진 중앙은행이 지금도 건재한 영국은행(Bank of England)이다. 유대계 금융세력들은 위기에 처한 영국 국왕 윌리엄 3세를 돕기 위해서 주식회사 영국은행을 영국 국왕의 칙령을 받아서 세우고 영국의 화폐를 독점적으로 발권하게 되었다. 주식회사 영국은행은 점차 공공은행으로서 국가의 중앙은행이 되었으며 암스테르담이 누렸던 세계금융의 허브 역할을 대부분 런던으로 옮겨왔다.

3. 명예혁명과 영국의 산업화

암스테르담을 기반세력으로 명예혁명을 일으킨 윌리엄 3세는 프랑스 공격을 막아내면서 동시에 영국을 급속히 산업화하였다. 윌리엄 3세가 영국의 국왕이 되면서 암스테르담의 세계인재가 런던으로 대거 이주했고, 어느 사이엔가 해양세력의 중심은 암스테르담이 아닌 런던으로 바뀌고 있었다.

명예혁명 이후, 런던의 변화

영국의 런던은 유럽대륙에서 상대적으로 가장 멀리 떨어져 있는 곳이어서 르네상스와 근대적 문명이 늦게 도달했다. 베네치아와 브루게 그리고 안트베르펜을 거쳐 17세기 해양 문명의 중심이 암스테르담에 집중되었고, 세계인재들이 모여서 근대문명의 꽃을 만개시켰다. 그 이후, 암스테르담에서 맺어진 근대의 씨앗이 명예혁명을 통하여 런던에 이식되는 과정에서 윌리엄 3세의 역할은 결정적이었다. 권리장전을 인정하고 입헌군주제를 받아들이며 의회제 민주주의를 영국의 런던에 정착시키고 자유주의와 보편적 관용, 국제무역과 금융체제의 획기적 혁신을 가져왔기 때문이다. 윌리엄 3세는 암스테르담에서 온 정복자가 아니라 영국이 대영제국으로 발전하는 초석을 다져주었다고 할 정도였다. 그런 윌리엄 3세가 1702년, 낙마 사고로 갑작스럽게 사망했다.

윌리엄 3세가 죽음을 맞기 전에 그의 아내 메리 여왕은 이미 사망했고(1694), 둘 사이에는 영국 왕위를 이을 후손이 없었다. 후계자 없이 윌리엄 3세가 사망한 이후에도 영국은 권리장전에 규정된 왕위계승제도에 따라서 런던의 중앙정부는 안정적으로 운영될 수 있었다. 메리 여왕의 동생이며 윌리엄 3세의 체제였던 앤이 평화적으로 영국 국왕으로 취임했지만 바뀌는 것은 거의 없었다. 이미 영국은 입헌군주제에 따라서 어떤 왕이 등극해도 정부 운영에 큰 문제가 발생하지 않는 안정된 내각 시스템으로 작동되었기 때문이었다. 그런데 영국의 입헌군주제가 당연한 것은 아니었다. 영국과 달리 오히려 네덜란드는 혼란한 상황으로 빠져들었기 때문이다. 상인들과 귀족들의 이기심으로 네덜란드는 무정부 상태에 빠졌고, 그런 불안정한 정치적 상황은 암스테르담의 해상 지위를 낮추었다. 18세기, 영국의 런던에는 당대 최고의 인재들로 북적였지만, 네덜란드의 암스테르담에서는 그 많던 인재들을 찾아보기 힘들었다.

물론, 영국의 발전이 갑작스러운 것은 아니었다. 이와 관련해서 앞서 언급한 바 있는 3명의 학자를 다시금 기억할 필요가 있다. 그들은 바로 홉스(T. Hobbes), 스피노자(B. Spinoza), 로크(J. Locke)이다. 1651년, 홉스는 프랑스에 망명해있던 시기에 그의 대표작 <리바이어던>을 영국에서 출판했다.9) 그런 홉스의 명저서가 라틴어판으로 암스테르담에서 발간된 시기는 17년 후인 1668년이었다. 암스테르담에서는 조용히 <에티카>를 저술하고 있던 스피노자가 익명으로 갑작스럽게 <신학정치론>을 1670년에 출간하였다. 불과 2년의 차이를 두고 홉스의 주장에 대하여 반박이라도 하듯이 작성된 스피노자의 저서였다.10) 영국인 홉스와 네덜란드인 스피노자의 정치학적 논쟁을 유심히 관찰하고 분석한 또 다른 영국인도 런던을 피하여 암스테르담에 와 있었다. 영국인 망명객은 의사 출신의 로크였으며 그는 영국의 왕당파를 피하여 1683년 암스테르담에 거주하고 있었다. 로크는 암스테르담의 서점에서 홉스의 <리바이어던>과 스피노자의 <신학정치론>을 접하게 되고 이곳에서 자신의 그 유명한 <시민정부론>의 초고를 작성할 수 있었다.11)

홉스의 왕권주의와 스피노자의 공화주의

홉스와 스피노자 그리고 로크는 서로 다른 견해를 갖고 있지만 커다

---

9) 홉스는 자연상태를 "만인의 만인을 향한 투쟁"이라고 보았고 그 혼돈의 자연상태를 벗어나는 길은 절대적 존재로서의 리바이어던(Leviathan)에 의해서 가능하다고 보았다. 홉스는 각 시민의 권리를 계약을 통하여 리바이어던에게 이전함으로써 혼돈을 벗어날 수 있고 그렇게 함으로써 개인도 평화를 얻을 수 있다고 주장했다. 이는 절대적 권한을 지닌 왕의 존재를 옹호하는 주장 같아 보이지만 영국의 왕당파는 홉스의 주장을 거부했다. 홉스의 사회계약론적 시각을 왕당파들은 받아들일 수 없었고 왕당파들은 왕권이란 신이 주신 권리라는 주장에 따라서 왕권신수설을 옹호했고 그래서 근대적 개념인 개인의 자유와 사회계약론의 개념을 수용하지 못했다.

10) 스피노자는 본래 집필하고 있던 원고를 뒤로 제쳐놓고 갑작스럽게 몇 해 동안 집중적으로 <신학 정치론>(Tractatus Theologico-Politicus) 집필에 전념했다. 이 책은 1670년 암스테르담에서 익명으로 출간되었는데 아마도 홉스와 매우 다른 시각에서 논쟁적 요소를 불러일으킬 가능성이 있었기 때문이라고 추정할 수 있다. 실제로 그의 <신학 정치론>은 익명으로 발간되었음에도 대단한 관심을 불러일으켰고, 암스테르담 서점가의 베스트셀러 반열에 올랐다. 당시, 암스테르담으로 피신해 와 있던 존 로크가 스피노자의 <신학 정치론>을 읽지 않을 수 없었다.

11) 로크는 1689년, 명예혁명이 성공한 이후에 금의환향하여 영국의 권리장전을 작성하는데 직접 참여했고 1694년에는 영국은행의 설립에도 간접적으로 참여했다. 로크의 <시민정부론>(Two Treatises of Government)이 공식적으로 출간된 곳은 1689년의 영국이지만, 이 책의 초고가 작성된 것은 그가 암스테르담에 망명객으로 와있었을 당시였다. 로크의 저서에서는 홉스와 스피노자의 견해가 발견되지만 상당한 차이가 있었다. 또한, 은둔에 가까웠던 홉스와 스피노자와 달리, 로크는 명예혁명의 성공으로 영국 정치와 사회적 변화과정에서 자신의 견해를 적극적으로 반영할 수 있었다.

란 공통분모가 있었다. 홉스는 시민이 평화와 안전을 누리기 위해서는 하나님 아래서 우리를 통치할 강력한 리바이어던이 필요하다고 주장했다. 지상의 무질서한 폭력에서 시민의 생명을 보호할 수 있는 강력한 정부, 즉 왕의 역할을 강조한 것이다. 이와 비교하여 볼 때, 스피노자는 홉스의 리바이어던과 대비를 이루는 주장을 한다. 스피노자는 어린아이가 성장하고 반항하고 깨달으면서 부모의 말을 이해하고 거부하는 것은 아무 의식과 판단 없이 복종하는 노예의 행동과 다르다는 것을 주장하면서 시민의 자유권을 강조했고 절대 권력을 갖는 왕의 존재 필요성 주장을 조목조목 반박했다. 물론, 실명을 거론하지는 않았지만, 홉스의 <리바이어던>을 연상케 하는 부분이었다. 홉스가 사회계약론에 입각하면서도 강력한 왕의 존재와 그 필요성을 주장했다면, 스피노자는 각각의 시민들이 정부를 이해하고 올바른 것과 잘못된 것을 바로잡아나갈 필요성을 제시하면서 절대 권력을 지닌 왕의 존재를 거부한 것이다. 홉스가 왕권주의자라면, 스피노자는 공화주의자였다고 하겠다.

홉스는 평화를 위하여 사회계약의 관계에서 개인의 자발적 복종을 요구했지만, 스피노자는 자유를 위해서는 평화도 불인정할 수 있다고 주장하면서 개인의 자유 가치를 강조했다. 스피노자는 사상과 양심의 자유는 그 누구도 제한할 수 없는 절대적 자유라고 한 것이다. 스피노자에게 있어서 인간의 자유와 이성은 누구에게도 양보할 수 없는 절대적 가치이기 때문에 리바이어던과 같은 괴물이 인간 위에 군림할 수 없으며 오직 하나님과 인간의 관계에서만 복종이 있을 뿐이라고 하였다. 스피노자는 하나님의 피조물인 모든 인간은 평등하므로 날 때부터 왕과 귀족이라고 하여도 특별한 지위를 점할 수 없다고 주장했다. 이것은 당시 네덜란드의 왕당파라고 할 수 있는 오렌지 가문 지지자들에 대한 비판이며 프랑스의 왕권신수설에 대한 조롱이기도 하였다. 스피노자는 아테네 민주정치를 이상으로 아테네 평민회에서 다양한 시민들이 함께 토론하면서 공공의 문제를 해결하는 것을 가장 바람직한 정치과정으로 판단했다.[12]

스피노자는 특출한 영웅적 인간관을 비판하면서 어떤 인간도 각기 부족한 점이 있어 혼자서 문제의 핵심을 단번에 꿰뚫어 볼 수 없다고 주장했다. 그래서 평등한 일반 시민들이 자유롭게 서로의 부족함을 보완할 수 있도록 함께 활발한 토론을 벌이는 과정이 필요하다고 보았다. 혼자서는 미처 깨닫지 못했던 공공의 해결방안을 함께 도출해내고 그럼으로써 '공동의 선'으로 추구할 수 있다고 판단했다. 개별적 차이는 있겠으나 스피노자의 자유와 평등에 대한 인간관과 로크의 견해는 누구보다도 비슷하지만, 인간의 선함과 자연상태에 대한 인식은 조금 달랐다고 평가된다.

입헌군주제와 산업혁명

<리바이어던>을 제시한 홉스는 인간은 악한 존재이고 그래서 본래의 자연상태를 최악의 상태라고 보았다. 이와 비교하여 볼 때, <시민정부론>을 주창한 로크는 인간의 선함과 자연상태에 대한 긍정성을 강조하는 측면에서 대비를 이루었다. 이 부분에서 로크의 주장은 스피노자가 주장한 인간의 선함과 자연상태에 관한 판단과 비슷하다. 그러나 로크는 현실적으로 윌리엄 3세라는 영국 국왕의 존재를 부정할 수 없었다. 마치 중세의 공화주의자였던 마키아벨리가 메디치 가문의 군주에게 <군주론>을 바치는 상황과 비슷했기 때문이다. 로크의 <시민정부론>은 두 개의 논문으로 구성되어 있고 그 가운데의 중심내용은

---

12) 스피노자는 군주제뿐만 아니라 귀족제에 대해서도 상당히 비판적이었다. 귀족제는 전체의 공공적 이익을 위하여 정부의 정책을 결정하기보다 귀족들의 집단적 이익에 치우치고 편견에 사로잡히는 경향이 있기 때문이라는 것이다. 스피노자는 그래서 아테네식 민주정을 가장 바람직한 것으로 판단했으며 누구나 일정한 조건을 갖추면 자연적으로 시민이 될 수 있다는 점에서 개방적인 민주제가 더 합리적이라고 본 것이다. 특정한 가문의 특정한 조건에 의하여 특별한 지위를 얻는 폐쇄적 귀족제가 아니라 법과 제도에 의하여 특별한 제한이 없이 모든 사람이 최소한의 요건만 갖추면 시민이 될 수 있는 민주정이 더 바람직하다는 것이다. 객관적인 법과 제도가 아닌 주관적인 인간의 결정에 따라 개인의 권리와 자유를 제한한다면 그것은 필연적으로 그 인간의 잘못된 판단 때문에 사회의 질서가 왜곡되고 가치에 편견이 개입될 수밖에 없다는 시각이기도 하다. 스피노자가 생각하고 그려 낸 민주적 정부 관점은 오늘날의 현대 정부의 역할에서도 그 의미하는 바가 결코 적지 않다.

삭제된 것도 있는데 이를 로크의 당시 상황과 연결지어 본다면 이해될 부분이 있다. 로크는 공화주의적 사상에 공감하지만 현실적인 측면에서 윌리엄 3세라는 영국 국왕의 존재를 인정해야만 했다.

본질적 측면에서 로크는 홉스의 <리바이어던>에서 보여준 근대적 사상과 사회계약론의 시각은 동의하지만, 절대군주의 존재는 부정하였다. 어쩌면 로크는 근대적 공화주의자 스피노자의 사상과 자신의 견해가 더욱 일치한다고 생각했을 수도 있다. 그렇지만 로크는 영국의 현실 정치에서 매우 중요한 지위를 갖고 있었고 정치 현실에 참여하고 있었던 상황이므로 왕의 존재를 철저히 부정할 수도 없었다. 그렇지만 권리장전의 작성 등을 통하여 왕의 권력을 제한하는 실질적 역할을 담당할 수 있었고 이를 통하여 입헌군주제의 초석을 다질 수 있었다. 로크는 군주라는 대표적 국가의 상징성이 존재하더라도 민주 공화정에서의 시민적 자유와 평등을 보호할 수 있는 국가로서 존재할 수 있다는 부분에서 현실적 절충점을 찾았다고 할 수 있다. 요컨대, 군주제에서도 실제 권력이 일반 시민에 의하여 결정된다면 시민들은 자유롭고 평등할 수 있으며 그 결과, 군주도 시민들의 지지를 받아 안정적으로 직위를 유지할 수 있다고 본 것이다. 이러한 로크의 주장은 실제로 영국의 명예혁명 이후, 영국의 입헌군주제를 이루는 근간이 되었고 로크는 그 과정에서 자신의 역할을 충실히 수행했다고 평가할 수 있다.

군주의 권력이 법과 제도에 의하여 합리적으로 제한되고 개인의 자유와 재산권이 보장되면서 세상은 커다란 변화를 경험하게 되었다. 세상의 인재들이 몰려든 영국에서 종교적 신앙이나 이데올로기, 신분상의 귀족과 평민에 관계하지 않고, 개인의 성과물을 개인의 재산으로 인정받는 사회가 본격적으로 등장한 것이다. 내가 개발하고 내가 발견한 것이 군주의 것이 아니라 나의 것으로 인정하는 사회가 본격적으로 열린 것이었다. 새로운 발명과 발견이 '나의 재산권'으로 철저히 보호되면서 영국의 산업분야에서는 혁명적인 성과들이 쏟아져 나왔고, 서양의 생산력은 동양의 그것을 앞서기 시작했다. 아직 군주의 절대 권력에서 개인의 권리가 보호되지 못했던 동양의 정치－경제 상황과 비교할 때, 명예혁명으로 시작된 입헌군주제와 개인의 재산권 보호는 더 큰 산업혁명으로 이어졌다. 18세기 중반, 새로운 발명과 발견에 대한 런던의 근대적 금융 제도가 안정적으로 뒷받침되면서 영국은 지속적으로 산업혁명을 선도했고, 전 세계에 자신의 식민지를 건설할 수 있는 역량을 갖춤으로써 세계의 중심이 되었다.

제12장

20세기의 뉴욕, 세계적 공화국의 중심지

1. 암스테르담에서 맨해튼으로

스피노자의 진정한 바람과 로크의 사상이 가장 비슷하게 적용된 곳은 런던의 입헌군주제보다 영국 식민지에서 독립한 미국의 공화국이었다. 그리고 신대륙의 공화국은 20세기, 제국들과 벌인 세계전쟁에서 승리하여 제국에게 억압받던 식민지를 독립시키면서 전 세계적인 공화국 시대를 열었다. 베네치아공화국과 네덜란드공화국을 계승한 해양공화국, 미국의 출발점은 뉴욕의 작은 섬, 맨해튼에서 시작되었다.

대서양 건너편의 섬, 맨해튼

지중해의 베네치아에 이어서 북유럽의 베네치아로 불렸던 17세기의 암스테르담은 자유롭고 새로운 사상이 꿈틀대던 근대문명의 용광로였다. 암스테르담으로 상경한 젊은이들은 새로운 자유 사상과 근대문명의 씨앗을 품고 세상 밖으로 퍼져 나갔고 마치 민들레 홀씨처럼 대서양의 이곳저곳으로 퍼져 나갔다. 그 가운데 대서양 건너편의 신대륙 북동부 연안에 마나하타(Mannahatta)라고 부르던 작은 섬에 암스테르담 출신의 젊은이들이 정착했는데 그 시작은 17세기 초부터였다. 암스테르담에서는 동쪽으로 향하는 인도-아시아 무역을 위하여 연합 동인도회사(VOC)를 세워 성공했는데 그런 경험을 토대로 1621년, 동인도회사의 자회사인 서인도회사가 세워졌다. 네덜란드공화국의 서인도회사(WIC)는 대서양을 건너 서쪽으로 향하는 아메리카 신대륙에 갈 젊은이를 모집했는데 모집된 젊은이들을 즉석에서 결혼시켜 신대륙으로 송출했고, 그들은 암스테르담 항구를 떠나 신대륙의 마나하타 섬으로 향했다.

17세기에는 대서양을 건너 신대륙에 도착하는데 약 3개월이 걸렸다. 중간에 큰 파도라도 만나면 목숨을 장담할 수 없었고, 건장한 젊은이들도 그 길고 힘든 여정에서 병이 나서 죽는 경우도 많았다. 요즘처럼 비행기로 다니는 시대가 아니었기 때문에 유럽대륙을 떠나 대서양을 건너 신대륙으로 간다는 것 자체가 엄청난 용기와 결단이었던 시대였다. 새로운 신세계에 대한 희망과 열정을 안고 도착한 그곳에 사람들은 각 지역의 고장에 이름을 붙여주었는데 간혹 원주민들이 불렀던 이름이 현재까지 그대로 남아 있는 예도 있었다. 마나하타라고 불렸던 섬도 그런 대표적 사례 가운데 하나였는데 암스테르담 출신의 이주민들이 발음하기 편하게 고쳐서 섬 이름을 맨해튼(Manhattan)이라고 불렀다.[1]

암스테르담 이주민들은 맨해튼 섬의 최남단에 식민지 수도를 세웠고 이름을 뉴(New)암스테르담이라고 불렀다. 이곳은 유럽의 암스테르담과 비슷한 특성을 많이 지니고 있었는데 우선 자연적 환경 측면에서 고향 암스테르담과 무척이나 닮아서 이주해 온 사람들이 말하기를 "태초의 암스테르담 지역에 처음 건물을 짓는 것 같은 느낌이었다."라고 할 정도였다. 이주민들은 암스테르담식 연립주택을 지어 올렸고 암스테르담식 운하도 팠으며 암스테르담식 풍차도 세웠다. 대서양을 건너온 네덜란드 사람들은 주저 없이 뉴암스테르담의 토지를 사들였고, 가정을 꾸렸으며 유럽의 암스테르담 사회를 그대로 뉴암스테르담에 재현하고자

---

1) 러셀 쇼토의 책, 제7장 '전 세계에 변화의 씨앗을 퍼뜨리다' 부분을 참조.

했다. 지금도 뉴욕주 올버니(City of Albany)에 있는 뉴욕주 기록보관소에 가보면 당황할 정도로 상세하게 많은 뉴암스테르담의 이주민들에 관한 기록물이 그대로 보존되어 있는데 초기에 정착한 네덜란드 사람들의 열정을 고스란히 발견할 수 있다.

암스테르담 사람들은 뉴암스테르담에 완전히 정착하여 살았으며 신대륙에서 잠시 머물다 여건이 좋아지면 귀국하겠다는 사람은 거의 없었다. 뉴암스테르담에 정착한 사람들은 세계무역의 중심지, 암스테르담에 대해 자부심이 대단히 강했고 특히 두 가지의 대표적 지식을 뉴암스테르담에 뿌리 깊이 심었다. 그 두 가지는 암스테르담의 '금융'과 '무역'제도였다. 새로운 정착민들도 암스테르담의 사고방식을 그대로 답습하여 '돈이란 각자의 이익을 위해 거래하면서 발 벗고 뛰어서 얻는 것'이라는 생각을 강하게 갖고 있었다. 암스테르담에서 사회의 각계각층 시민들이 자유롭게 연합 동인도회사(VOC)의 회사주식을 샀던 것처럼 새로운 암스테르담에서도 그들은 각자 돈벌이를 하면서 누구의 간섭이나 지원도 받기를 꺼렸다. 그들은 자유롭게 매우 열심히 노력하여 부를 증대시켰는데 비버 가죽과 유럽상품을 사고팔면서 이윤을 남겼고 목재, 소금, 설탕, 담배 등의 수출입화물에 적극, 투자하여 많은 이익을 냈다.

맨해튼 vs. 수리남

맨해튼의 뉴암스테르담(뉴네덜란드)을 사이에 두고 북아메리카의 북쪽으로는 보스턴(뉴잉글랜드)이 있었고 남쪽에는 제임스타운(버지니아)이 있었다.[2] 영국으로서는 네덜란드의 뉴암스테르담이 눈엣가시였고 호시탐탐 이곳을 노리고 있었다. 마침내 1664년, 영국의 찰스 2세는 무력으로 뉴암스테르담을 빼앗았고 자신의 동생, 요크(York) 공작에게 이 지

---

2) 지금의 버지니아주 지역 인근에는 1607년, 영국과 제임스 1세를 기념하여 이름 붙여진 제임스타운이 건설된 바 있었고 1620년, 현재의 매사추세츠주 플리머스에는 '청교도'(프로테스탄트) 개척자들이 정착하여 보스턴을 중심으로 뉴잉글랜드를 건설하였다. 한편, 네덜란드인들이 맨해튼을 중심으로 뉴암스테르담을 건설하기 시작한 시기는 1625년이었다.

역을 기증하면서 이름도 뉴암스테르담에서 뉴욕(New York)으로 변경했다. 당시의 북아메리카 동부 연간에 정착한 지역 주민들 숫자로 볼 때, 뉴암스테르담에는 약 1만 명의 네덜란드계 주민이 살았고, 뉴잉글랜드에는 약 5만 명의 영국계 주민이 살고 있었다. 사람 수에서 네덜란드는 맨해튼을 잃을 수밖에 없는 조건이었지만 네덜란드는 1673년, 다시금 이곳을 수복하고 되찾았다.

영국과 네덜란드 사이에 영란전쟁(1672~1674)이 벌어졌고 네덜란드가 전쟁에서 유리한 지위에 서면서 두 개의 선택안을 두고 고민할 수 있었다. 선택의 대상지는 맨해튼과 남미의 수리남이었는데 지금이라면 고민할 부분이 없었겠지만 17세기의 상황은 달랐다. 네덜란드 사람들은 작은 맨해튼 섬과 광대한 사탕수수 재배지가 있는 수리남을 놓고 고민하다가 결국 남미의 수리남을 선택했다. 이로써 맨해튼은 1674년 영국령이 되었으며 뉴잉글랜드, 뉴욕, 버지니아가 한 덩어리로 합쳐지면서 영국의 식민지, 13개 식민주의 윤곽이 드러났다. 일찍이 네덜란드의 서인도회사에서 일했던 영국인 탐험가 허드슨(Henry Hudson)이 발견했고, 1626년에 인디언으로부터 60길더에 구매했던 맨해튼이 17세기 말, 영국으로 넘어가면서 네덜란드는 북미에서 자취를 감추는 듯 보였다.

그렇지만 네덜란드가 떠난 뉴욕에서는 여전히 암스테르담이 심어놓은 씨앗이 잘 자라서 싹이 트고 있었다. 당시 기록에 따르면 뉴암스테르담 아니, 뉴욕에는 이미 수십 개의 서로 다른 언어(약 18개)가 사용되고 있었고 자유와 관용의 정신으로 가득 차 있었다고 한다. 뉴욕은 다민족과 다종교의 도시로서 이전보다 훨씬 강력한 대도시로 발전해갔으며 세계 어느 도시보다 더욱더 개방적인 이민자의 도시로 변모했다. 19세기 유럽에서 북아메리카로 대규모의 이민행렬이 있었을 때, 그들이 택한 곳은 보스턴이나 워싱턴 D.C.가 아니었다. 이민자들은 처음부터 뉴욕을 꿈꾸었고 뉴욕을 통해서 새로운 미국의 공화국을 만날 수 있었기 때문이었다.

새로운 베네치아, 뉴욕의 탄생

뉴욕은 네덜란드령에서 영국령으로 바뀌었지만, 여전히 뉴욕은 보스턴과는 달랐고 뉴암스테르담의 성향이 강하게 남았다. 지금도 뉴욕의 양키스와 보스턴의 레드삭스가 야구시합을 할 때, 관중들의 면면을 보면 마치 영란전쟁을 방불케 하는데 그럴만한 이유가 있다. 한국에는 김씨가 많은데 네덜란드에는 얀(Jan)이라는 이름이 가장 흔하고 누군가 "얀"하고 부르면 뒤를 돌아보는 사람이 많다는 말이 있다. 뉴욕에는 많은 얀들이 살았고 그들을 지칭하는 얀키(Janki)라는 말에서 뉴욕 양키스(Yankees)라는 단어가 나왔을 정도이다. 그런 설명을 듣고 보면 정말 보스턴 사람들을 양키스라고 하지는 않고 워싱턴 사람을 그리 부르는 경우는 거의 없었다. 어쨌든, 뉴욕 양키들의 조상은 거친 바다를 상대로 싸우면서 도시를 건설했고 가톨릭교회의 중세적 기존질서에 반항했으며 새로운 근대적 가치관을 추구했던 사람들이었다.

암스테르담 출신의 양키 DNA에는 왕으로부터 자유를 쟁취하기 위한 80년 독립전쟁을 벌이면서 성장했던 암스테르담의 독립정신이 흐르고 있다. 그런 독립정신이 뉴욕에 뿌리내렸고 이는 훗날 영국 국왕의 압제에 항거하고 독립전쟁을 벌인 미국 공화국의 독립정신과도 연결되었다. 영국의 조지 3세와 싸워서 독립한 미국의 첫 번째 수도가 보스턴이 아닌 뉴욕에서 시작된 것도 우연만은 아니다. 1776년, 영국으로부터 완전한 독립을 선언한 미국의 13개 주(State)는 7년간의 독립전쟁에서 승리하여 1783년 파리조약을 맺고 영국으로부터 독립을 공식적으로 인정받았다. 미국 독립군의 수장이었던 워싱턴 장군은 1789년, 뉴욕에서 미국의 초대 대통령 취임선서를 함으로써 공화국의 연방정부를 출범시켰다. 고대 로마에서 공화국이 수립된 이래, 최대 규모의 공화국(미국의 독립 당시 인구는 약 500만 명) 정부가 아메리카 신대륙, 뉴욕에 세워진 것이다.3) 그 이후 미국의 수도는 필라델피아를 거쳐 워싱턴 D.C.로 옮

---

3) 미국 공화국의 수도는 우여곡절 끝에 뉴욕(1775~1790)에서 필라델피아(1790~1800)로 옮겨졌으며 1787년 필라델피아 대표 회의에서는 미국의 연방헌법이 결정되었다.

겨졌지만, 뉴욕은 여전히 상업과 금융의 중심지로서 수도 이상의 지위를 갖고 있다. 워싱턴 D.C.가 정치적 수도라고 한다면 뉴욕은 경제적 수도이고 현재는 UN 본부가 있는 세계의 수도라고 할 수 있다.

그런데 베네치아와 암스테르담 그리고 뉴욕을 보면 각기 시대적 차이는 있지만, 바다의 도시라는 측면에서 비슷한 외모를 갖추고 있다. 내적인 측면에서도 세 도시가 지닌 공통분모 속에서 그들이 지닌 혈연적 공통의 DNA도 찾을 수 있다. 14세기의 베네치아가 지중해의 중심이며 상업혁명의 출발지였다면, 17세기의 암스테르담은 대서양 시대의 중심이며 근대문명을 이끌어 명예혁명과 산업혁명을 일으켰고, 20세기의 뉴욕은 세계금융의 중심으로서 명실상부한 지구촌의 수도였다. 더욱이 세 도시의 공통분모에서 결코 간과할 수 없는 것은 독립전쟁 부분이다. 베네치아, 암스테르담, 뉴욕은 당대 최강의 제국과 싸워서 독립을 쟁취했고 계속해서 제국의 왕들과 싸워서 공화국을 지켰다는 것이다. 베네치아는 중세의 최강, 프랑크제국과 싸워 이겼고, 암스테르담은 무적함대를 이끌었던 스페인제국과 80년간 싸워서 독립을 쟁취했다. 뉴욕은 대영제국의 조지 3세 군대와 싸워 독립을 쟁취했으며 20세기의 제1차 세계대전에서는 오스트리아, 독일, 오스만이라는 3대 제국의 황제와 싸워 그들을 무력으로 해체시켰다. 더욱이 제2차 세계대전에서는 전체주의 국가의 최고 권력자들인 히틀러(나치즘)와 무솔리니(파시즘) 그리고 히로히토(군국주의)를 권좌에서 몰아내어 세계적 공화국시대를 열었다. 베네치아와 암스테르담을 닮은 뉴욕은 제국주의를 패퇴시킨 20세기 공화국의 중심이었다.

연방헌법에 따라 구성된 미국의 연방의회에서 미국 연방정부의 수도는 워싱턴D.C.로 정해졌고(1790), 프랑스 출신의 건축가(랑팡)에 의하여 1791년 수도 워싱턴의 도시계획 초안이 완성되었다. 미국의 독립군을 이끌었던 조지 워싱턴 장군은 영국의 왕 조지 3세를 물리치고 승리했지만, 그는 왕이 되지 않았다. 조지 워싱턴은 공화국의 수장으로서 초대 대통령(1789~1797)을 역임한 이후, 연방정부의 수도에 자신의 이름만을 남기고 초야로 돌아갔다.

2. 뉴욕에서 설계된 미국 공화국

돌이켜보면, 영국의 13개 식민주가 처음부터 독립을 원한 것은 아니었다. 그러나 1776년 1월, 뉴욕에서 발간된 토머스 페인(Thomas Paine)의 <상식>은 18세기의 미국인들이 왜 왕으로부터 독립해야 하는가를 지극히 상식적인 설명으로 설득했다. 영국 출신의 평범한 시민, 페인은 뉴욕에서 미국의 공화주의적 독립정신에 불을 붙인 혁명가로 재탄생하였다.

상식적인 공화주의

페인의 작은 책, <상식>은 출간된 첫해에 15만 부가 판매되는 초특급 베스트셀러 기록을 세웠다. 페인은 <상식>에서 이렇게 말한다. "아메리카의 모국은 유럽이지 영국이 아니다. 이 신세계는 유럽 각지에서 탄압에 시달리며 시민의 자유와 신앙의 자유를 찾았던 사람들의 도피처이다. 그들은 어머니의 따뜻한 품을 박차고 나온 것이 아니라 잔인한 괴물의 손아귀에서 도망친 것이다. 특히 영국의 경우, 최초의 이주민들을 고향에서 쫓아냈던 바로 그 폭정이 지금도 그들의 후손들을 괴롭히고 있다." 페인은 영국인 출신이었지만 왜 아메리카인들이 영국 왕에 예속된 식민지인으로 살아가려고 하는가를 비탄하면서 지극히 단순한 논리로 독립의 당위성을 예시했다.

페인은 왕위세습제에 대한 비상식적인 부분을 이렇게 일갈하고 있다. "세습을 통해 신성한 권력을 담당할 만한 훌륭하고 현명한 군주들이 계속 배출될 수 있는가? 태어나면서부터 남들을 지배할 권리를 가졌다고 여기는 사람은 금세 거만해진다. 남들과 애초부터 다르다고 믿는 사람은 거드름 때문에 쉽게 악에 물들게 마련이다. (중략) 왕위세습의 또 다른 폐단은 때로는 나이 어린 군주가 즉위할 수도 있다는 점이다. 어린 군주의 섭정을 맡는 자는 왕의 이름으로 백성들의 신뢰를 저버릴 충분한 기회와 원인을 갖게 된다. 왕이 나이가 들어 몸이 쇠약해질 때도 똑같은 국가적 불운이 다가온다. 결국, 세습군주제에서는 사악한 자가 어린 군주와 늙은 군주의 어리석음을 악용, 국정을 장악하고 자의적으로 통치하는 상황을 피할 수 없다."

초등학교 수준의 교육만 받았던 페인이지만 당시의 그 누구보다 식민지 사람들에게 독립의 필요성과 당위성을 알기 쉽게 이해하도록 해주었다. 페인의 가장 확실한 주장과 결론은 영국의 왕으로부터 완전히 독립하여 새로운 공화국을 신세계에서 새롭게 건설하자는 것이었다. "공화제에 가까운 정부일수록 왕이 할 일은 더 적다. 영국 정부 같은 경우는 마땅히 붙일 만한 명칭도 없다. 혹자는 공화제라고 부르지만, 현재의 영국은 공화제가 결코 아니다. 왕권이 모든 것을 전횡하고 부패한 영향력을 행사하면서 사실상 권력을 독차지하고 있기 때문이다. 제도상으로 공화제의 증거인 하원의 기능마저 잠식했다는 점에서 영국 정부는 프랑스나 스페인 정부의 군주제나 다름없다. 공화제가 실패할 경우, 노예제가 성립할 수밖에 없다."

뉴욕에서 준비된 신(新)헌법

1776년 7월, 미국은 영국 왕과 완전히 결별하는 독립을 선언했다. 페인의 <상식>이 출간된 지 불과 6개월이었지만 그 짧은 시간 사이에 식민지 사람들은 페인의 주장에 깊이 공감했다. 그의 <상식>은 중요한 전환점을 만들었고 그가 주장했던 "공화국을 신대륙에 세우자."는 것이 현실로 나타나기 시작했다. 마침내, 독립전쟁에서 미국은 영국에 승리했고 1783년 파리조약을 맺음으로써 미국이라는 독립국이 새롭게 등장했다. 그러나 독립을 쟁취했다고 모든 문제가 해결된 것은 아니었다. 영국과의 치열한 전쟁은 끝났으나 미국 내부의 갈등은 시작에 불과했고 미국은 새로운 국가를 어떤 형태로 만들 것인가를 두고 내부 충돌이 일어났기 때문이다.

미국의 13개 주(State)는 독립 국가로서 각기 주권(Sovereign)을 갖고 있었고 상대적으로 중앙정부는 병력을 동원할 권한도 세금을 징수할 징

세권도 없었다. 이런 와중에 1786년 매사추세츠주에서 셰이즈 반란 사건이 일어났다.[4] 주 정부가 민병대를 조직해 간신히 진압하기는 했으나 강력한 미국 정부의 중요성과 그 역할 필요성에 대한 재인식 계기가 조성되었다. 마침내 1787년, '제헌 회의'가 소집되었고, 새로운 연방 헌법안이 만들어질 수 있게 됐다. 그러나 신(新)헌법이 효력을 발생하기 위해서는 13개 주 가운데 9개 주 이상의 비준이 필요했는데 헌법 비준을 두고 각 주에서 격렬한 논쟁이 일어나는 상황이 벌어졌다. 18세기 말, 신헌법에 찬성하는 사람들을 가리켜서 연방주의자(federalist)라고 불렀는데 특히, 뉴욕주(State)의 제헌 회의에 참여했던 연방주의자들은 신헌법의 필요성과 당위성을 옹호하는 논문들을 지속, 발표하면서 새로운 미국 공화국의 권력 주체와 국가운영의 논거를 제시했다.[5]

당대 최고의 미국의 권력 엘리트, 3명의 연방주의자(해밀턴, 매디슨, 제이)에 의해서 작성된 <The Federalist Papers>는 미국의 신헌법에 담긴 핵심적 의미와 공화주의를 매우 세련되게 논리적으로 설명했다. 페인의 <상식>이 말 그대로 상식적이고 포괄적이었다면 <The Federalist Papers>는 매우 구체적이고 학술적이었다. 공화주의와 관련한 제39번째 글에는 이런 내용이 제시되었다. "첫 번째로 제기되는 문제는 미국 정부의 일반적 형태가 반드시 공화정체이어야 하는가에 관한 것이다. 이에 대하여 단언컨대 공화정체 이외의 다른 어떤 형태의 정부를 논할 수 없음은 너무도 분명하다. 이는 미국 독립혁명의 가장 근원적인 원칙이며 모든 자유 옹호자들을 활력 있고 고귀하게 할 수 있는

---

4) 영국과의 교역이 중단된 상태에서 빚과 세금에 쪼들렸던 농민들이 곳곳에서 땅과 집을 압류 당했고, 미국은 이런 경제적 문제를 해결하는 데 어려움을 겪고 있었다. 이때, 독립군 장교 출신 셰이즈(Shays)가 성난 농민들을 선동하여 4,000명의 반란군을 이끌고 미국 정부를 전복하려고 반란을 일으켰던 사건이다.

5) 알렉산더 해밀턴(Alexander Hamilton), 제임스 매디슨(James Madison), 존 제이(John Jay)가 1787년 10월부터 1788년 8월까지 총 85편의 논문을 써서 뉴욕의 여러 신문에 연속 게재하였고, 이를 통하여 연방주의자들은 신헌법의 의미와 논리적 근거를 상세히 설명했다. 지속적인 여론 설득과정을 통하여 신헌법은 최종 비준되었고 효력도 발생했다. 그리고 이렇게 발표된 85편의 논문을 편집, 출간한 것이 그 유명한 <The Federalist Papers>이다.

유일한 정부가 공화정체이기 때문이다. 그러므로 우리의 제헌 회의에서 공화정체 형태를 벗어난 다른 정부 형태가 논의된다면 이는 결코 용납될 수 없으며 반드시 철회되어야 한다."고 주장했다.

미국 공화국의 특징

미국 건국의 아버지(Founding Fathers) 중 한 사람이며 미국의 4번째 대통령이 된 매디슨이 쓴 것으로 알려진 제39번째 논문은 18세기 유럽의 공화국들을 비교하면서 이런 내용을 언급했다. "그렇다면 공화정체의 두드러진 점은 무엇인가? (중략) 유럽의 네덜란드(홀란트)는 거의 일관되게 공화국의 명칭을 고수했다. 그렇지만, 최고 권력의 어떤 부분도 국민에게서 나오지 않고 있다. 베네치아에서도 계속 공화국이라는 명칭을 사용하고 있지만, 소수의 세습정치 귀족이 국민 다수에게 권력을 행사하고 있다. (중략) 세습귀족제와 군주정이 혼합되어 있으며 단 하나의 공화정체에 해당하는 기관, 즉 하원만 있는 영국조차도 가끔은 공화국의 반열에 오르곤 하는데 이는 잘못된 것이다."[6]

매디슨은 유럽의 공화국들이 지닌 한계점을 지적하면서 자신이 생각하는 신대륙의 새로운 공화국 모델을 다음과 같이 설명하고 있다. "공화국이란 직접 또는 간접적으로 그것의 모든 권력을 국민의 다수로부터 얻으며, 제한된 일정 기간에 기쁜 마음과 선한 행동으로 공직을 수행하는 사람들에 의하여 통치되는 정부라고 할 수 있을 것이다." 매디슨은 민주주의에서 출발하는 공화국의 특징을 강조하면서 다수의 국민에서 국가권력의 출발점을 찾고 있음을 명확히 설명하였다. 또한, 매디슨은 민주주의와 함께 제한된 권력의 중요성을 강조하고 있는데 이와 관련해서 그는 이렇게 표현하고 있다. "정부는 필수적으로 소수의 구성원이나 특권층이 아닌 국민의 다수(多數)에게서 나오는 권력에 의존하여야 한

---

6) 알렉산더 해밀턴 외. 김동영(역). 페더랄리스트 페이퍼. 한울 아카데미 1995.; James Madison, Alexander Hamilton, John Jay. <The Federalist Papers>. first published 1788. Published in Penguin Books 1987 London. 참조.

다. 그렇지 않으면 소수(小數)의 귀족들이 폭정을 행하면서도 공화주의자의 지위를 갈취하거나 공화국이라는 호칭을 억지로 붙일 수 있다."

특히, 매디슨은 민주주의와 공화주의의 관계를 두고 매우 심각하게 고민했다. 매디슨은 민주주의를 직접 민주주의로 생각하고 공화주의를 간접 민주주의로 판단했던 부분도 있다. 물론, 이와 같은 매디슨의 견해에 대해서 동료 공화주의자 해밀턴이 동의한 것은 아니었다. 그것은 프랑스의 정치철학자 몽테스키외(Montesquieu)의 주장과 관련하여 민주정은 작은 규모의 국가통치 운영에 한정될 수밖에 없다는 주장을 반박한 것과도 관련이 있다.[7]

만약에 매디슨의 사상과 함께 로마공화국의 파수꾼, 키케로의 주장을 토대로 민주주의와 공화주의의 관계를 재정립한다면 그것은 국가의 운영권과 국가의 소유권에 대한 차이로 구분할 수 있다. 민주주의는 국가의 운영권과 관련된 것이고, 공화주의는 국가의 소유권과 관련된 것이라는 것이다. 민주주의를 직접 민주주의로 운영하거나 간접 민주주의로 운영하는 것은 모두 국가운영과 관련된 부분이다. 그렇지만 공화주의인가 반(反)공화주의인가는 국가권력의 출발점 즉, 국가에 대한 주권, 직설적으로 국가소유권과 관련된 부분이라고 볼 수 있다. 결국 <The Federalist Papers>에서 주장된 내용 속에는 부지불식간에 이와 같은 내용이 들어가 있고 그렇게 완성된 미국의 헌법 전문에는 다음과 같은 내용이 들어가 있었다.

---

7) 몽테스키외는 1748년에 <법의 정신>을 발표하면서 법적 측면과 아울러 정치사상에도 큰 영향을 주었다. 그는 군주정, 귀족정, 민주정이라는 고전적 구분법을 버리고 자신의 주장에 따라서 각 정부 형태들의 활동원리를 정의하였는데 이때, 민주정을 적용할 수 있는 국가는 규모가 작아야 한다고 본 것이다. 또한, 그의 주장에 따르면 공화정은 덕, 군주정은 명예, 독재정은 공포에 기초하고 있다고 하였다. 그는 입법권, 사법권, 행정권으로 권력을 나누는 삼권분립설, 입헌군주론 등을 주장한 바 있다.

"우리들 합중국 인민(We the People of the United States)은, 보다 완전한 연방(Union)을 형성하고, 정의를 확립하며, 국내의 안녕을 보장하고, 공동 방위를 도모하며, 인민의 복지를 증진하고, 우리와 우리 후손들에게 자유의 축복을 확보할 목적으로 미합중국(The United States of America) 헌법을 제정한다."

전문의 의미는 둘로 나누어 살펴볼 수 있다. 첫 번째는 미합중국의 헌법을 제정한 주체는 우리들 합중국 인민이라는 것이다. '우리들 합중국 인민'은 불특정 다수의 공공(公共)이며 미합중국의 주인은 특정한 사적(私的) 개인이나 집단이 아니라는 것이다. 이에 비교하여 두 번째로 미합중국의 헌법은 연방제를 채택하면서 정의와 안녕, 인민복지 등과 관련해서 국가의 운영방식을 폭넓게 규정하고 있음을 이해할 수 있다. 직접민주제 또는 간접민주제 가운데 어느 한쪽을 규정한 바 없으며, 민주제와 귀족제에 대한 범위도 모호하게 하고 있다. 미국 헌법의 본문에 규정된 입법권을 상원과 하원의 양원제로 나누어 구성함은 국가운영에 있어서 귀족제와 민주제의 절충점을 찾은 것으로도 해석할 여지를 주고 있다. 따라서, 18세기의 미국 헌법에서는 국가의 권력 주체, 즉 국가에 대한 최종 소유권은 분명히 인민에게 두고 있지만, 국가운영에서는 연방제, 귀족제, 민주제가 혼합될 수 있는 여지를 주었다고 평가된다. 단지, 귀족의 칭호를 수여하지 않는다고 헌법에 규정함으로써 귀족의 특별한 존재와 특권은 인정하지 않음으로써 보편적 공화주의 정신을 재차 강조함은 간과되지 않았다.

미국 헌법의 초안자들은 공화국의 정부가 강력하고 효율적인 운영을 할 수 있어야 하겠으나 국민 위에 정부가 군림하여, 폭정을 휘두를 수 없도록 제도적인 견제장치를 적극적으로 만들고자 했다. 폭정에 의한 국가운영은 본질적인 국민주권주의를 무력화시킬 수 있기 때문이었다. 폭정을 예방할 제도적 견제장치가 바로 권력의 3권분립이었고, 그래서 정부 권력을 입법부, 행정부, 사법부로 나누었다고 볼 수 있다. 동시에

미국의 헌법을 만든 사람들은 고대 아테네가 어떻게 대중 선동가의 전
횡으로 패망했는가에 대해서도 우려하면서 민주정치를 보완할 제도로써
대중 분위기에 휩쓸려 잘못된 정치 지도자를 뽑는 상황을 예방하는 제
도에 대해서도 고심했다. 이를 위하여, 입법부에서는 대규모 공화국을
민주적으로 운영할 수 있도록 하원(House of Representatives)은 일반
국민의 선택으로 선출하는 한편, 상원(Senate)은 국민이 아닌 각 주
(State) 의회 의원들이 뽑도록 선거권을 제한한 바 있다. 이는 20세기
초까지도 미국 상원의 경우, 민주제와는 다른 귀족제의 요소가 있었다
고 볼 수 있음이다.[8] 행정부에서도 베네치아공화국의 최고지도자(도제)
를 선출하는 것과 비슷하게 미국의 대통령(프레지던트)을 선출할 때 간
접선거제를 택하고 있다는 것이다. 미국 대통령 선거에서 선거인단에
의한 복잡한 절차를 적용하여 간접 선거하도록 한 것을 대한민국 대통
령 직선제 방식과 비교할 경우, 미국은 상대적으로 귀족제 특징이 강하
다고 평가할 수 있다. 연방헌법의 주창자인 알렉산더 해밀턴과 제임스
매디슨은 이렇게 함으로써 위험한 대중적 선동가가 다수를 선동하여 권
력을 잡는 직접민주정치의 문제점을 예방할 수 있다고 판단한 것이다.[9]

3. 베네치아 3대 유산과 미국 공화국의 3대 특징

중세의 베네치아공화국과 현대의 미국 공화국을 비교하는 것은 미래
의 공화국을 설계하는 데 있어서 중요한 단계이다.[10] 물론, 14세기의

---

8) 연방의 상원의원 선거와 관련하여 1913년의 수정헌법 제17조에 의거하여 큰 변화가
   있었다. 즉, 주(State) 의회에서 상원의원을 선출하는 것이 아니라 주(State)의 국민이
   상원의원을 직접 선출토록 바뀐 것이다.
9) 알렉산더 해밀턴과 제임스 매디슨은 국민의 권익을 수호하고 권력자의 횡포를 막는
   마지막 수단으로서 독립된 사법부도 생각했다. <The Federalist Papers>에서 해밀
   턴은 칼을 쥔 행정부와 돈을 쥔 입법부와 달리 아무것도 없는 사법부의 독립을 위해
   서는 '성실하게 직무를 수행하는 한' 법관의 직책을 계속 보장하는 것이 필요하다며
   판사의 종신직을 주장했고 법을 해석하는 것은 판사의 고유권한이기 때문에 어떤 법
   이 헌법에 어긋나는지 여부를 판단하는 것도 사법부의 영역이라고 하였다.
10) 마치 로그(log)함수를 활용하여 시계열 분석으로 미래의 상황을 예측하듯, 역사에서도
   과거의 베네치아, 근대의 암스테르담 그리고 현대의 뉴욕을 하나의 역사적 연속선상에
   맞추면 미래의 공화국을 조망할 수 있기 때문이다. 겉으로 명확히 드러나 보이지는 않

베네치아공화국, 20세기의 뉴욕(미국의 공화국)을 비교 분석하는 과정에서 17세기의 암스테르담(네덜란드공화국)은 양자를 연결짓는 중요한 매개적 기능을 맡을 수 있다.

베네치아-미국의 민주적 보편주의

앞서 제7장에서 살펴본 바와 같이 베네치아의 민주적 보편주의는 환경적 악조건에서 특정인의 특권을 내세울 수 없음에서 출발했다. 누군가의 특정 조상이 농지를 차지할 우월적 권리를 내세워 왕이나 귀족과 같은 특권을 주장할 곳이 전혀 아니었다는 것이다. 바다의 갯벌 위에서 함께 돌을 나르고 기초를 닦아서 만든 인공섬에서 시작했기 때문이다. 베네치아에는 농사를 지을 토지가 거의 없었고 각자의 노력으로 배를 타고 교역으로 돈을 벌어서 살아야 했다. 거슬러 올라가면 모든 조상이 타지에서 이주해 온 사람들이기 때문에 외지인이라고 텃세를 부리기 어려운 조건이었다. 그것이 중세시대의 베네치아를 특권 없는 공간으로 만들었고, 어떤 이데올로기적 편견에서도 자유로울 수 있게 했던 원동력이었다.

바다의 도시, 베네치아 사람들에게는 그래서 특권적 통치자가 있을 수 없었다. 더욱이, 인공섬 군도인 베네치아에서 땅을 나눠 봉건제를 시행할 왕과 귀족은 애당초 있을 수 없었기에 자유롭고 평등했다. 단지 전쟁을 피하고 생존을 위해 육지를 떠나온 운명공동체로써 시작된 그래서 공동의 이익을 강조하는 민주적 공동체 의식이 강한 베네치아에는 오늘날에도 탄성이 나올 만큼 강한 민주적 보편주의가 있었다. 이와 같은 측면에서 현대의 미국만큼이나 베네치아의 민주적 보편주의를 잘 간직하고 있는 나라도 없을 것이다. 미국이라고 하면 민주적 보편주의라고 할 정도로 (베네치아가 그랬던 것처럼) 미국도 대부분 이민으로 이루어진 공화국이었고 왕이나 귀족처럼 특별한 대우를 받는 봉건적 계급과

지만, 중추를 관통하는 중추신경처럼 각각의 시대별 공화국의 속 깊은 부분을 비교 분석하는 작업 속에서 바람직한 새로운 형태의 공화국 재설계 (안)이 마련될 수 있다.

는 무관한 국가였다.

대서양을 건너와 신대륙의 환경적 어려움을 극복하고 자유와 번영을 위해서 자발적으로 모인 공동체인 것도 베네치아와 미국의 공통점이었다. 그런데 베네치아와 미국의 민주적 보편주의는 자유적 개인주의와 집단적 이기주의와 비교할 때, 그 특성을 더욱 명확히 이해할 수 있다. 예컨대, 미국의 프로야구 시합을 예로 살펴볼 수 있다. 첫 번째가 국적이나 인종 그리고 종교와 관계없이, 실력이 있어서 잘하는 선수를 최고의 선수로 평가한다는 것이다. 물론 약간의 불이익과 이익은 있을 수 있지만 가장 중요한 것은 실력을 평가하는 객관적 수치이고 이에 기초하여 선수를 기용한다는 것이다. 좋은 선수가 모이면 좋은 팀이 되고 그렇게 공동체를 함께 구성하면 팀이 승리할 수 있다는 것이다. 단순하지만 중요한 민주적 보편주의이고 이는 베네치아의 많은 성공 사례에서도 찾아볼 수 있다. 최고 인재를 위해서는 인종이나 출신 지역을 가리지 않았기 때문에 베네치아의 함대 사령관에도 이교도를 채용한 때가 있었다. 물론, 베네치아가 쇠퇴하면서 그런 베네치아식 민주적 보편주의는 약화하였고 대신, 귀족주의가 팽배했음은 간과할 수 없는 사실이다.

베네치아-미국의 효율적 관리주의

앞서 제8장에서 살펴본 바와 같이 베네치아의 최고지도자는 도제(Doge)이며 그 역할은 행정부 수반이면서 대외적으로 공화국을 대표하는 직위였다. 로마공화국의 혼합정체를 지향하면서 효율적 관리주의 차원에서 채택한 도제제도라고 할 수 있다. 이러한 베네치아의 도제에 해당하는 미국의 최고지도자는 프레지던트(President)이며 기업의 대표, 대학의 총장으로도 사용하는 호칭이다. 행정부의 수장을 프레지던트라고 함으로써 대외적으로 공화국의 대표라는 의미를 포괄적으로 갖는다. 한편, 1948년에 제정된 한국의 제헌헌법 제51조에서는 미국의 프레지던트에 해당하는 대통령을 "행정권의 수반이며 외국에 대하여 국가를 대표하는 직위"라고 설명하고 있다. 따라서 한국의 대통령은 미국의 프레지던트, 미국의 프레지던트는 베네치아의 도제에 해당하므로 도제를 대통령으로 번역할 수도 있을 것이다.

사실 공화국에서는 최고지도자의 명칭을 무엇으로 할 것인가를 두고 상당히 곤란해했던 부분이 많았다. 베네치아공화국에서 도제를 왕으로 칭한다면 그것은 쿠데타를 의미하게 되는 것이고, 그래서 네덜란드공화국에서도 왕이 아닌 스타트하우더로 지칭했다. 사실상 네덜란드공화국에서 왕의 권한을 갖게 된 빌럼 3세가 등장했음에도 불구하고 '세습'이 가능한 스타트하우더라는 명칭을 계속 썼던 것은 이를 잘 반영하는 사례였다. 공화국은 기본적으로 왕을 거부하기 때문에 미국의 경우, 행정권의 수반을 프레지던트라는 매우 비권력적인 용어를 사용한 것도 같은 맥락이다.11) 한편, 베네치아공화국의 도제는 공화국 초기, 직선제로 선출되었지만, 공화국의 규모가 커지면서 복잡한 과정을 거쳐서 간선제로 선출된 바 있었다. 직선제가 가져올 수 있는 인기영합적 후보선출의 문제점을 피하면서 능력 미달의 후보자도 조용히 탈락시키는 방식을 취한 것이다. 그런데 이 부분에서 미국의 경제사학자 레인은 베네치아공화국의 도제 선거제도가 미국의 대통령선거제도와 매우 비슷하다고 주장한 바 있다.

정부조직의 효율적 관리 측면에서 베네치아공화국의 프로미션 즉, 도제의 선서(the doge's oath)는 주목할 부분이다. 앞서 언급된 바와 같이 이는 베네치아의 헌법에 가까운 상위의 법제였고 공화국의 주요 통치원칙은 프로미션을 근거로 적용되었기 때문이다. 이는 훗날 미국의 성문헌법 제정의 근거가 되었으며 최고지도자의 자의적 판단이나 행동을 막으면서 동시에 효율적인 정부의 관리체제 능력을 지도하는 원리로 작용하였다. 헌법의 중요성은 미국의 탄핵제도나 대한민국의 탄핵제도

---

11) 대한민국의 경우, 공화국을 세우는 제정헌법에서 대통령이라는 용어를 사용함으로써 상당히 강한 권력 지향적 용어인 대통령을 호칭으로 사용했다. 그렇지만, 베네치아식 도제, 네덜란드식 스타트하우더 그리고 미국식 프레지던트, 그 모든 조직적 특성의 공통분모는 공화국 정부의 효율적 관리 측면을 강조한, 1인의 통솔을 강조한 행정체제라는 부분이다.

에서 나타난 바와 같이 고위공직자의 일탈과 잘못된 행동을 견제하는 제도로써 주효함을 알 수 있다. 실제로 베네치아공화국에서도 최고지도 자인 도제가 일을 잘하면 칭송받고 퇴임 이후에도 존경받지만 잘못하면 재직 중이라도 공화국의 프로미션 기준에 근거하여 탄핵 당했던 사례가 있었다. 이처럼 베네치아와 미국의 공화국에서는 대통령 중심의 효율적 정부관리 능력을 중시했지만 동시에 막강한 권한에서 파생될 수 있는 권력 남용을 철저히 감시하려는 제도를 동시에 갖추었음을 알 수 있다.

베네치아-미국의 정치적 반독점주의

앞서 제9장에서 살펴본 바와 같이 베네치아공화국은 로마공화국의 정치적 혼합정체를 제도적으로 발전시켰다. 군주제의 요소를 지닌 베네 치아 행정부의 최고지도자 도제(Doge), 귀족제 요소를 반영한 베네치아 공화국의 각종 특별위원회와 원로원(Senate), 그리고 민주제 요소를 반 영한 베네치아의 시민 대집회와 대국회(Great Council)는 혼합정체의 3 대 요소였다. 이와 같은 베네치아공화국의 정치적 반독점주의는 미국이 라는 신대륙의 공화국에서 더욱 뚜렷하게 드러났다. 18세기 중엽, 몽테 스키외가 주장했던 삼권분립설을 미국 연방헌법에 적용하면서 입법부, 행정부, 사법부에 의한 권력의 반독점주의가 제도화되었다. 특히, 미국 의 헌법은 삼권 가운데 가장 강력한 권한을 가진 입법부를 상원과 하 원으로 분리하여 상호 견제하도록 함으로써 입법부의 독주를 예방하고 자 했다. 미국은 20세기 초까지도 귀족제 요소가 반영된 상원, 민주제 요소가 반영된 하원이라는 측면에서 국민의 상원의원 직접 선출을 제한 한 바 있다.

중세에서 근대로 전환되는 르네상스 시기 마키아벨리는 아리스토텔 레스, 폴리비오스의 논의를 담은 리비우스의 <로마사>를 통하여 정치 체제의 변동 가능성을 제시했다. 군주정치, 귀족정치, 민주정치와 그것 이 실패했을 때 등장하는 참주정치, 과두정치, 중우정치라는 변동 가능 한 정치체제의 6가지 유형을 제시한 것이다. 마키아벨리의 정치사상은 그가 목격했던 베네치아공화국을 통하여 로마공화국의 실체를 이해했고 그의 <로마사 논고>를 통하여 근대적 정치사상을 수립하는 데 결정적 영향을 주었다. 영국의 홉스는 강력한 군주정치(권력의 독점)를 옹호하는 논리를 폈지만, 그의 대칭점에서 민주적 공화정치(권력의 반독점)를 주장했던 스피노자는 근대적 공화주의를 <신학 정치론>을 통하여 글로 남겼다. 그들의 정치적 반독점주의와 관련된 논쟁 부분은 새로운 근대적 정치체제를 낳을 수 있는 기반이 되었고, 마침내 17세기 말에 출간된 로크의 <시민정부론>은 영국의 명예혁명이 지닌 정당성뿐만 아니라 18세기 중엽의 미국독립전쟁과 프랑스 시민혁명의 초석이 되었다.12)

한편, 베네치아와 미국의 정치적 반독점주의는 정치 권력에 대한 경제 권력의 우월적 관계성과 밀접한 측면을 지니고 있었다. 베네치아공화국에 이은 네덜란드공화국은 베네치아의 경제적 패권 수준에 도달하기 직전, 영국으로 그 패권적 지위를 양도했으나 20세기의 미국은 중세의 베네치아, 근대의 영국보다 훨씬 강력한 경제적 패권을 확보했다. 그 패권적 지위 가운데 가장 대표적인 사례가 바로 기축통화의 발행이었다. 해양공화국으로서 베네치아공화국과 미국의 연방공화국이 지닌 공통점은 왕에 의한 권력의 독점체제를 매우 강하게 거부한다는 것이다. 권력독점이 타파되어야 개인의 자유권이 확보되고 그 결과, 시장에 의하여 국가의 부가 증진될 수 있음을 알았기 때문이었다. 물론 영국의 경우, 왕은 오랜 기간 존재했으나 결국은 명예혁명에 의하여 왕권이 법제에 따라 제한되고 개인의 자유와 재산권이 보호된 이후, 영국은 유럽

---

12) 마키아벨리의 <로마사 논고>를 공화주의적 시각에서 본다면, 현실적으로 정치적 반독점주의를 공화국의 제도로 적용했던 베네치아의 논리를 담고 있음을 이해할 수 있다. 이와 비교할 때, 스피노자의 <신학 정치론>은 암스테르담을 중심으로 형성되었던 네덜란드공화국의 공화파가 지녔던 정치적 반독점주의를 담고 있다. 그렇지만 현실적 측면에서 그들은 왕과 귀족 그리고 다수 인민의 사이에서 권력의 현실적 타협점을 찾아야만 했고 그런 고민의 흔적이 역력하다. 어찌 보면 이와 같은 현실적 고민은 로크의 <시민정부론>도 예외가 아니다. 시대를 달리하는 베네치아공화국과 미국의 연방공화국이 제도화하고자 노력했던 정치적 반독점주의도 현실과의 충돌에서 끊임없이 변동하고 수렴하는 과정을 겪었기 때문이다.

을 넘어서는 세계의 중심이 될 수 있었다. 특히, 베네치아공화국과 미국의 연방공화국이 지닌 공통적 측면에서 살펴본다면, 그들은 왕의 존재를 거부하면서 권력을 독점하려는 제국과 끝까지 싸웠고 그 결과, 세계적 중심국가로 발전했음도 확인하게 된다.

베네치아공화국과 미국 공화국의 3대 공통분모

베네치아 – 미국의 공통분모	민주적 보편주의	· 특권의 배격과 강한 공동체 의식에서 비롯된 애국심 · 민주적이며 자유를 강조하는 실력 우선주의
	효율적 관리주의	· 도제(Doge), 대통령(President) 중심의 행정부 운영 · 최고지도자의 효율적 집행권 인정과 철저한 통제
	정치적 반독점주의	· 정치적 혼합정체(군주제, 귀족제, 민주제) 적용 · 정치 권력의 독점방지와 기축통화의 발행

공화국의 화폐 이야기: 두카토와 달러

베네치아의 두카토(Ducat)는 13세기부터 18세기까지 약 500년 동안 유럽의 기축통화 역할을 했다. 근대로 접어들면서 베네치아공화국의 국력과 영향력은 작아졌지만, 그들의 화폐 두카토만은 계속 강력한 지위를 누렸다. 화폐 가치가 급격히 변동하지 않도록 금화주조의 총량(발권력)을 조절하면서 금화 무게와 순도는 항상 변함없이 정확히 유지했기 때문이었다.

베네치아공화국이 사라진 이후, 19세기에 들어와서야 영국의 런던세력이 주도했던 파운드화가 새로운 기축통화가 되었고, 20세기의 양대 전쟁을 겪으면서 기축통화 발권국 지위는 미국으로 넘어갔다. 오늘날에도 전 세계 어느 국가보다 많은 황금을 보유한(또는 그렇게 알려진) 미국은 뉴욕의 연방준비은행 앞에서 삼엄한 경계를 늦추지 않고 있다. 연방준비은행의 지하 깊숙한 금고에 황금 6,200톤이 보관되었다고 하는데 혹시 다른 곳에 보관되었어도 보관된 사실을 신뢰하도록 중무장해서 지킬 필요는 분명히 있다. 미국의 국채를 많이 갖고 있다는 중국이나 일본도 미국의 종이돈이나 종이 채권을 더 많이 가질 수는 있지만, 미국보다 더 많은 황금을 가질 수는 없고 미국보다 더 강력한 IMF-IBRD와 같은 세계금융 체제를 만들 수는 없다.

양차 세계전쟁에서 본토 피해를 받지 않은 유일한 전승 국가로서 세계 최고의 황금보유국이라고 알려진 사실만으로도 미국은 세계의 금융 질서를 미국 주도로 끌고 갈 수 있고 그 누구에게도 미국의 진짜 황금보유량이 얼마인가를 확인해 줄 필요는 없다. 베네치아와 암스테르담 그리고 런던과 뉴욕의 금융가를 움직였던 유대계 은행가들과 미국의 연방공화국이 지닌 세계적 영향력이 유지된다는 것, 그 자체가 중요할 뿐이라는 것이다. 금화가 아닌 종이에 불과한 미국의 달러이지만, 달러가 지닌 세계적 기축통화 지위는 미국의 황금보유량, 미국의 최상위급 군사력, 미국이 운영하는 세계의 시스템에 기반을 두고 있기 때문이다.

상식적 공화주의자, 토머스 페인

사회자 : 키케로, 마키아벨리, 스피노자에 이어서 오늘 모실 네 번째 초대 손
님은 상식적 공화주의자이신 토머스 페인입니다. 대표작은 <상식>이지
만 공화주의자로서 <토지분배의 정의>와 같은 저서도 쓰셨지요. 영국인
출신이지만 영국의 왕을 거부했고 신대륙의 공화정 수립에 결정적 역할을
하신 분이십니다. '만약에'라는 표현을 쓰기는 좀 그렇지만 페인의 <상
식>이라는 책이 영국의 13개 식민지 거주민들의 마음을 바꾸지 못했다
면 미국은 캐나다처럼 영국 왕이 보내는 총독의 관할 하에 있었겠지요.
말이 좀 길어졌네요. 초대 손님의 약력을 소개해 드리겠습니다.

Who is …

토머스 페인

☑ 본명은 Thomas Paine, 서기 1737년 태어나서 1809
년에 세상을 떠남(72세).

☑ 영국 노펙(Norfolk), 퀘이커교도 가정에서 태어난 국제
적 혁명이론가.

☑ 미국의 독립선언에 결정적 영향을 주었고 프랑스 혁명
에도 참여함.

☑ 영국 왕의 통치를 거부하고 신대륙 아메리카의 독립공
화국 건립을 주장한 공화주의자.

☑ 교회와 성직자의 형식주의를 비난하여 무신론자로 몰
리기도 함.

토머스 페인 : 앞서 초대되신 분들은 교육도 많이 받으시고 당대 최고의 정치
가, 문필가로 존경도 받으셨는데 저는 그런 분들과 비교하면 정말 볼품이
없네요. 정식 교육을 받은 것도 별로 없고 제 경력이란 것이 별것이 없었
으니 말입니다.

사회자 : 무슨 말씀입니까. 당신은 공화주의의 역사를 바꾼 장본인이십니다.
영국에 있을 때부터 무슨 큰일을 하실 분으로 생각되었지요. 우선 영국의

세무국 관리로 근무했을 당시, 미국의 건국 아버지 중 한 분인 벤저민 프랭클린을 만난 일을 말씀해 주시면 좋겠네요.

토머스 페인 : 저는 영국에서 코르셋 만드는 일도 해보았고 담배 파는 일도 했었는데 별로 신통치 않았습니다. 그러다가 영국 세무국에서 징수원으로 일도 해보았습니다. 제가 입바른 소리를 좀 하거든요. 1772년 세무공무원들의 부패를 척결하는 방법은 공무원 보수를 적정하게 올려주는 것이라는 글을 썼지요. 그랬더니 세무국에서 저에게 당장 그만두라고 해고하더군요. 이런 몰상식한 영국 정부에서 나도 일하기 싫었다고 하면서 분개를 하고 있는데 그때 마침, 영국에 와 있던 프랭클린을 만나게 되었습니다. 그분이 제 사정을 듣더니 미국에 와서 일해 보라고 조언을 해주시면서 추천서를 써주셨어요. 정말 고마운 분이셨지요. 그분의 추천서 한 장을 들고 저는 미국이라는 신대륙으로 향하는 배에 올라탔고 드디어 1774년 뉴욕항구에 도착했습니다. 프랭클린과의 우연한 만남이 저의 일생을 완전히 뒤바꾼 것이지요.

사회자 : 그럼 미국에서는 어떤 일을 하게 되었나요?

토머스 페인 : 제가 미국에서 한 일은 필라델피아로 가서 ＜Pennsylvania Magazine＞에서 편집부 일을 하면서 본격적으로 글을 쓰기 시작한 것입니다. 그리고 영국군과 식민지군 사이에 벌어진 1775년 4월, 렉싱턴 전투를 계기로 저는 미국의 독립이 시대적 사명이고 과제라는 신념을 갖게 되었습니다. 낡고 해묵은 영국의 군주에 의하여 착취당하는 미국을 그냥 두고 볼 수 없었던 것입니다. 저는 짧지만, 저의 진심 어린 마음을 담아서 식민지 미국인들을 위한 작은 책을 써 내려갔습니다. 불과 몇 달 안 되어 1776년 1월 ＜상식(Common Sense)＞이라는 소책자를 발간했습니다.

사회자 : 대단한 베스트셀러였다고 하지요. 인세 수입도 꽤 되셨겠습니다.

토머스 페인 : 첫해에 뉴욕에서 15만 부 이상 팔렸고 50만 부 정도 인쇄했지요. 그렇지만 저는 인세 수입에는 관심이 없었습니다. 소명의식을 갖고 더욱더 많은 미국인이 저의 책을 읽고 영국 왕으로부터 독립하여 자유인이 되길 열망했으니까요. 그래서 인세를 거의 받지 않고 싼값에 책을 판매한 것이지요. 그렇지만 돈보다 훨씬 더 큰 수입을 올린 것은 사실입니다. 영국 왕에 예속되어있던 미국인들이 저의 책을 읽고 자각하여 진정한 독립 의지를 갖게 되었으니까요. 책이 발간된 같은 해, 7월에 독립선언이 나왔으니 그것이야말로 돈으로는 정확한 액수를 따질 수 없는 최고의 수입이었지요.

사회자 : 18세기에 그렇게 많은 책이 팔렸다는 사실도 놀랍지만, 그 많은 책을 팔고도 수입이 거의 없었다는 사실도 놀랍습니다. 자, 이제 본격적으로 당신의 주장을 들어보도록 하지요. 대체 왜 당신은 영국인이었음에도 미국의 독립이 필요하다고 주장하신 겁니까?

토머스 페인 : 저는 오로지 단순한 사실, 명백한 논거, 그리고 지극히 평범한 상식만을 갖고 미국독립의 당위성을 제기한 것입니다. 편견과 선입견을 버리고 저의 주장을 들어주신다면 왜 영국 왕으로부터 미국이 독립해야 하는가를 이해하실 겁니다. 무엇보다도 왕의 존재 즉, 군주제는 말이 안 되는 정말 상식 밖의 제도라는 겁니다. 인간은 본래 평등하게 창조되었고 단지 빈부의 차이가 있을 정도입니다. 그렇지만 대체 어떤 근거에서 왕과 신민을 구분한다는 것입니까. 마치 새로운 종류의 인간인 것처럼 날 때부터 남보다 높은 사람, 처음부터 남들과 다른 사람이 어떻게 존재한단 말입니까. 왕의 존재란 조작이고 거짓이며 비상식적인 것입니다. 그런데 그런 비상식적인 왕의 존재를 세습까지 한다니 정말 웃기는 일 아닙니까. 영국의 왕이란 그런 겁니다. 구닥다리 영국 군주에 의해서 신대륙이 예속되고 핍박받는 것을 그냥 보고만 있으라는 것입니까. 저는 절대 그런 비상식적 존재로는 숨도 쉬고 싶지 않았습니다.

사회자 : 그렇지만 당대 대부분 국가에 왕이 있었고 식민지는 왕의 지배 아래에 있어야 한다는 것 이외의 다른 대안이 있었나요?

토머스 페인 : 저는 공화제에 가까운 정부일수록 왕의 역할은 거의 필요 없다고 판단했습니다. 18세기에도 불완전하지만, 네덜란드와 스위스 같은 공화국에서는 다른 왕국들에 비교하여 분쟁이 적었고 왕위계승 전쟁에 휘말리지도 않았습니다. 왕국이 아닌 공화국이 옳다는 것에 저는 분명한 확신이 있었습니다. 그렇지만 어떤 공화국으로 갈 것인가에 대해서 아메리카 사람들은 아직 준비가 덜 되어 있었습니다. 그래서 제가 말했지요. "조심스럽게 말하면 나 자신의 대단한 견해라기보다는 뭔가 더 나은 해법을 찾기 위해서"라고 운을 떼면서 "13개 식민지가 하나로 뭉치고 영국 왕으로부터 완전히 독립할 것을 선언하여 미국 공화국이 되어야 한다."고 했지요. 그리고 이런 말도 했습니다. "아메리카에서는 법이 곧 왕이다. 절대군주국에서는 왕이 곧 법이듯, 자유로운 아메리카에서는 법이 곧 왕이어야 한다. 결코, 어떤 왕도 미국에서는 존재할 수 없다."라고 강조했습니다.

사회자 : 정말 대단한 공화주의자이셨군요. 그런데 당신은 미국의 독립혁명뿐만 아니라 프랑스의 독립혁명에서도 중요한 역할을 하셨지요?

토머스 페인 : 예, 제가 좀 그랬습니다. 상식적으로 왕의 존재를 도저히 용납할 수 없었습니다. 왕의 독재 때문에 인민들이 억압받고 고초를 당하는 것을 보면 도저히 참을 수가 없었습니다. 아메리카에서도 그렇고 유럽에서도 마찬가지입니다. 물론 왕을 부정하는 공화제가 실패할 경우, 노예제가 성립하는 것도 쉽게 볼 수 있습니다. 그래서 저는 전 세계에서 자유를 내몰고 아시아와 아프리카에서도 자유를 몰아낸 왕들의 폭정을 비판하면서 외쳤습니다. "오! 자유를 찾아서 도망친 그대들이여. 인류를 위하여, 아메리카여, 우리 함께 자유를 옹호하자."

사회자 : 이상 마치겠습니다. 정말 뜨거운 공화주의자, 토머스 페인이었습니다.

토머스 페인 : 사회자님, 잠시만 기다려주십시오. 제가 <상식>에서 언급했던 것만으로 저의 공화주의적 주장을 마치고 싶지는 않습니다. 1797년에 출간한 또 다른 소책자인 <토지분배의 정의>를 통해서 저는 더욱더 중요한 공화주의적 주장을 했기 때문입니다. 그것은 21세기적 화두로서 요즈음 등장하고 있는 '기본소득'에 대한 저의 시대를 앞선 주장을 다시금 전하고자 합니다. 제 주장은 이렇습니다. 문명화된 공화국에서 문명화되기 이전보다도 못한 비참한 삶을 사는 시민들이 있다면 그것은 비상식적인 것이라는 판단입니다. 어떤 종교인은 개인들이 잘살고 못사는 것은 개인의 책임이지 사회의 책임일 수 없다는 식으로 말 한 것에 대해서 제가 신랄하게 비판했습니다. 그랬더니 당시의 종교인들이 저를 엄청 욕했던 것 같습니다. 그렇지만 어쨌든 제 주장은 분명합니다. 북아메리카의 인디언들이 자연상태에서 살았던 것과 비교하여 그것보다 못한 빈곤 상태에서 사는 시민이 공화국에는 단 한 명도 없어야 한다는 것입니다. 공화국에서는 모든 시민이 최소한 자연상태보다는 낮게 살아야 하고 극빈층으로 살아가지는 않게끔 공화국은 제대로 된 역할을 해야 한다는 것입니다. 공화국은 극빈층이 없도록 국가기금을 조성하여 성인이 된 모든 공화국 시민들에게 일정액 이상의 금액을 기금에서 기본적으로 분배해주어야 한다는 것입니다. 제가 죽기 얼마 전에 주장한 18세기의 '기본소득' 주장을 이제 여러분들이 사는 21세기의 공화국에서는 반드시 실천하시기 바랍니다. 여기까지 말씀드리고 저, 토머스 페인은 물러가도록 하겠습니다. 감사합니다.

사회자 : 재차 큰 열정을 보여주심에 감사드립니다.

베네치아공화국의 정부종합청사, 팔라초 두칼레

베네치아공화국의 팔라초 두칼레는 공화국 정부의 종합청사였다. 도제궁
(대통령궁)이면서 동시에 국회의사당(대국회, 상원, 40인 위원회 등)건물
이고, 최고재판소 역할도 하였기에 통곡의 다리만 건너면 죄인들을 곧바
로 공화국의 형무소로 보낼 수 있었다. 민주적이고 개방적인 베네치아공화국
이었지만, 정부기능의 실용성과 행정의 효율성 측면에서는 공간적 집약성의
극치를 보이고 있다.

■■ 팔라초 두칼레의 황금계단을 지키는 아틀라스

■■ 황금계단의 아름다운
장식들

■■ 황금계단에서 안쪽으로 연결된
본관 3층 입구(팔라초 두칼레)

■■ 본관 3층의 화려한 방
문객 대기실(팔라초 두
칼레)

■ 베네치아공화국의 상원(SENATO)으로 들어가는 입구(팔라초 두칼레)

■ 베네치아공화국 상원(SENATO)의 내부

팔라초 두칼레에는 큰 방들이 많이 있는데 특히 대국회(Maggior Consiglio, Great Council)가 열리는 방은 그 규모가 엄청나게 커서 2,000명이 한 자리에 모여서 회의할 수도 있었다. 대국회 옆에는 의원들이 투표할 수 있는 큰 부속실도 준비되어 있었으며, 원로원과 최고법원 등도 같은 층에 있었다. 한편, 공화국의 최고지도자인 도제의 집무실과 숙소는 건물의 건너편 쪽으로 연결되어 있었다.

■ 베네치아공화국의 대국회(앞쪽 전면부, 팔라초 두칼레 3층)

베네치아공화국의 대국회는 최소 1,200명에서 최대 2,000명까지 함께 모여서 회의할 수 있는 큰 방이었다. 중간에 기둥을 세우지 않고 길이 53미터, 폭 25미터로 만들 수 있는 실내공간은 중세의 건축기술로는 매우 특별한 것이었다. 훗날, 베네치아의 대국회 회의실은 다른 국가들의 유명 건축물에도 많은 영감을 주었다.

■ 베네치아공화국의 대국회(후면부, 팔라초 두칼레 3층)

〈베네치아 갤러리 4〉 베네치아공화국의 정부종합청사, 팔라초 두칼레 · **251**

서기 13세기말부터 실행된 그라데니고의 정치혁신을 계기로 베네치아공화국은 직접민주정치의 요소가 약해진 반면, 간접민주정치의 특성이 강화되었다. 권력의 집중화와 왕국화를 막기 위하여 베네치아는 대중이 직접 참여하는 대집회 기능을 축소하고, 간접 민주정치의 활성화를 위하여 대국회 기능을 확장하면서 대국회의 의원 숫자도 최대 2,000명까지로 늘렸다.

■ 대국회에서 서로 등을 맞대고 앉아서 회의하는 의원들

대국회에서는 1,200명에서 2,000명에 달하는 정치귀족 의원들이 참석했는데 전면부 앞쪽에는 베네치아공화국의 최고지도자인 도제(대통령)와 행정실무책임자인 도제위원회(Ducal Council)의 6인이 앉아서 의원들과 자유롭게 토의하였다. 입법부와 행정부가 함께 대국회에 모여서 국정을 논의하는 과정에서 권력집중을 피하고, 정치적 균형감은 유지하면서 신속한 정책결정을 가능하게 하였다. 로마공화국의 정치적 혼합정체를 이어받은 베네치아공화국은 정치적 반독점주의를 실현하고자 했으며 오랜 기간, 세상에서 가장 안전하고 조용한 국가라는 평판을 얻었다. 베네치아공화국을 '세레니시마'(La Serenissima)로 부른 것은 공화국이 지닌 정치와 행정의 안정성 때문이었다.

대국회 회의장에는 베네치아공화국의 역사를 담고 있는 거대한 그림들이 전시되어 있는데 벽면 상부에는 역대 도제(대통령)들의 초상화가 게시되어 있다. 그러나 단 한 명의 초상화에는 검은색으로 덧칠이 되어 있었는데 그는 재임 중에 쿠데타를 일으켜 왕이 되고자 했으나 실패했던 파리엘이라는 도제(대통령)였다.

■ 도제(대통령) 초상화 가운데 사라진 인물(1355년의 쿠데타 실패)

■ 대국회의 건너편, 도제(대통령) 집무실과 각 행정업무기관이 있던 곳(팔라초 두칼레)

■ 베네치아공화국 사법행정의 상징 The Compass Room에서 연결된 비밀
　통로(팔라초 두칼레)

■ 대국회 소속의 비밀스러운 핵심조직, 40인 위원회 회의실

베네치아의 도제, 그라데니고에 의해 1297년에 단행된 정치개혁은 많은 논쟁거리를 낳았다. 이상적 민주주의 시각에서 보면 그의 개혁은 개악 (改惡)이 분명했다. 그러나 현실적 시각에서 본다면 공화국의 생존을 위한 불가피한 조치였다. 13세기 말, 이탈리아에 산재해 있던 공화국들이 지도에서 사라지고 군주국으로 바뀌는 추세가 본격화되고 있었기 때문이었다. 공화국 멸종시대가 다가오면서 그라데니고는 공화국의 생존방법을 정치적 실용주의에서 찾아 내었다. 그 방식은 영웅을 갈망하는 다수의 대중 사이에 일정 규모 이상의 귀족계급을 끼워 넣어서 정치의 안전판을 만드는 것이었다. 마치 로마공화국 말기에 카이사르가 등장했던 배경과 비슷한 상황에서 그라데니고는 전직, 현직의원들에게 정치적 세습 귀족의 지위를 부여하는 작업을 신속히 진행하였다. 기성 정치권에 있던 인물들을 귀족화 했기에 특별히 반대할 집단은 없었지만, 시민대집회 기능이 약해질 수 있으니 국회의원의 숫자를 두 배 이상 확대하였다. 1332년, 대국회 의원의 세습제가 정착화되면서 정치적 귀족 집단이 전면에 등장했고, 이들은 상당기간 (약 500년) 동안 베네치아공화국 정부를 안정적으로 운영했다.

■ 대국회의 세습정치 귀족명부(1339년도)

베네치아에는 남편 없는 과부가 많았는데 그 많은 베네치아 과부들 틈 사이에서 당대 최고의 플레이보이, 카사노바가 뿌렸던 유명한 염문은 지금도 생생히 전해지고 있다. 카사노바가 왼쪽의 팔라초 두칼레에서 재판 받고, 오른쪽 감옥소로 끌려가면서 통곡했다고 하는 '통곡의 다리'이다.

■ 왼편의 팔라초 두칼레에서 통곡의 다리를 건너면서

■ 창살 밖으로 보이는 바닷길을 보며 통곡하고

■ 오른편의 공화국 감옥으로 들어가는 길

태평양의 해양공화국,
한반도 공화국

한반도의 두 공화국이 긴밀히 협력하고 공존할 수 있다는 상상만으로도 놀라운 가능성을 예상할 수 있다. 8천만 한국인들은 14억 중국인들보다 강하고, 1억 3천만의 일본인들보다 뛰어나며, 1억 5천만의 러시아인을 능가하는 세계적 잠재력을 현실화할 수 있기 때문이다. 유라시아(대륙)와 태평양(바다)의 접점에 있는 한반도가 과연 21세기 중반, 베네치아, 암스테르담, 런던, 그리고 뉴욕과 같은 해양공화국의 중심지가 될 수 있을까?

(앞면 사진 : 바다에서 본 베네치아공화국의 산마르코 광장 입구)

제13장

해양공화국의 이동 경로:
지중해, 대서양, 그리고 태평양

1. 해양공화국에 대한 역사적 평가

앞서 베네치아, 암스테르담, 런던, 그리고 뉴욕에 이르는 해양공화국의 중심지 사례를 살펴본 바 있다. 그런데 역사적 연구 과정에서 드러난 흥미로운 사실 가운데 하나는 해양공화국에 특별한 관심을 가졌던 대표적 학자로 마르크스(K. Marx)가 있었음이었다. 그의 시각에서 본 해양공화국에 대한 평가와 상호 연계성은 매우 신랄했지만, 정확하게 간파하는 부분도 많았다.

마르크스의 해양공화국 평가

공화국의 재발견이라는 관점에서 베네치아공화국에 대한 다각적인 접근과 관련 도시들의 사례를 분석하였다. 베네치아는 아름다운 군도이고 북이탈리아 연안의 오랜 중세도시였지만, 베네치아공화국을 설명했던 마키아벨리의 시각, 그리고 베네치아의 해양공화국 특성을 이어받은 암스테르담, 런던, 뉴욕 등의 자료를 보면서 중세의 베네치아공화국이 고대의 로마공화국보다 위대할 수 있다는 가능성을 조금씩 이해하였다. 그런데 그런 인식을 더욱 확신할 수 있게 근거를 제시한 연구물을 발견했다. 예상치 못했던 마르크스의 <자본론> 연구에서였다.

19세기의 마르크스는 자본주의 국가를 분석하는 과정에서 여러 국가가 지닌 수많은 복합적 특징들을 주도면밀하게 풀어헤쳐 분석했다. 그의 연구 분석력은 너무도 예리해서 당대 어떤 사회과학자도 따라가기 힘들 정도였다. 물론 그가 살아 숨 쉬던 19세기, 마르크스란 사회과학자의 존재는 미미했지만, 그가 전 생애를 바쳐서 저술한 방대한 <자본론>은 훗날 20세기의 세상을 혁명적으로 변화시키는 데 엄청난 영향력을 발휘했다. 그런 마르크스의 사회과학적 연구결과물이 고스란히 담겨있는 <자본론>에서 베네치아공화국이 지닌 자본주의 국가의 핵심적 지위와 함께 그 후계지역인 암스테르담(네덜란드공화국)과 런던(영국), 그리고 뉴욕(미국)으로 연결되는 내용을 마르크스는 다음과 같이 언급했다.

예컨대, 베네치아의 추악한 강탈제도는 네덜란드(홀란트)의 풍부한 자본공급을 이루는 비밀스러운 원천의 하나였다. 왜냐하면, 베네치아는 그 몰락의 시기에 거액의 화폐를 네덜란드에 빌려주었기 때문이다. 이러한 관계는 네덜란드와 영국 사이에서도 볼 수 있다. 이미 18세기 초에는(중략) 네덜란드는 월등한 상공업국가가 아니었기 때문이다. 그러므로 1701~1776년 기간에 네덜란드의 주요 사업 가운데 하나가 된 것은 방대한 자본의 대부업무, 특히 자신의 강력한 경쟁국인 영국에 대한 대부업무만큼 중요한 사업도 없었을 정도였다. 이와 유사한 관계는 현재(19세기 말), 영국과 미국 사이에도 이루어지고 있다. (Marx, 1959: 754-756), (마르크스, 2017: 1033-1036)

해양공화국의 연결 관계

마르크스는 자본주의 국가를 분석하는 과정에서 베네치아공화국과 네덜란드공화국 그리고 영국과 미국의 관계를 상호 긴밀히 연결짓고 있다. 우리의 연구가 주로 공화국의 시각에서 베네치아공화국(제2~3편)으로부터 베네치아 해양공화국의 승계도시(제4편)로 연결했다면 마르크스는 자본이라는 매개체로 '베네치아-암스테르담-런던-뉴욕'을 긴밀히 연결지었다.[1] 특히, 베네치아공화국이 쇠퇴하면서 그들의 자본이 네덜란드공화국으로 이전되었다는 설명은 특별한 함축적 설명을 가능하게 한다(이와 관련해서는 후속연구가 진행 중이다). 해양공화국의 승계도시로서 그저 유전적 무늬만 연결된 것이 아니라 마치 부모가 죽기 직전, 자신의 유산을 자식에게 물려주듯이 베네치아의 자본은 암스테르담으로 이전되었고, 그 자본은 다시 런던으로 이전되었으며 결국에는 뉴욕으로 이전되고 있음을 마르크스는 밝혔다.

마르크스는 유럽의 자본주의를 연구하면서 베네치아, 네덜란드, 영국 그리고 미국 사이에 긴밀히 연결되는 자본의 끈이 있다고 파악했다. 동양인들에게는 생소할 수 있지만, 서양인들에게 있어서 해양세력과 대륙세력의 차이 나는 부분은 본능적으로 구분되는 것으로 보인다. 서양인 마르크스도 자본의 흐름이라는 시각에서 각 국가의 사례를 분석했지만, 경제가 아닌 정치적 시각에 맞추어 보면, 왕의 독점적 권력을 거부하고 제국주의적 횡포에 저항했던 공화국의 해양세력을 이해하고 있었다. 물론, 자본 국가에 대한 반감이 컸던 마르크스로서는 자신의 혐오감을 감추지 않았지만 분명 그의 분류 속에는 해양공화국 상호간의 특별한 관련성이 존재했다. 만일, 네덜란드공화국의 빌럼(윌리엄) 3세가 영국의

---

1) 마르크스는 자본적 연결체제를 국채제도와 관련하여 다음과 같이 설명했다. "중세시대에 이미 베네치아와 제노바에서 시작된 공공신용제도 즉, 국채제도는 매뉴팩처 시기에 유럽 전체에 전파되었다. 식민제도는 이에 따르는 해상무역, 무역 전쟁과 더불어 국채제도를 성장시킨 온실이었다. 그리하여 국채제도는 먼저 네덜란드에서 확립되었다. 전제국가이든 입헌 국가이든 공화국이든 국가를 매각하는 국채는 자본주의 시대를 특징짓는다(중략). 인민이 국채를 많이 가지면 가질수록 그 인민은 부유하게 된다는 근대적 학설이 나온 것이다. 공공신용은 자본이 굳게 믿는 신념이 된다(중략). 국립이라는 칭호로 장식한 대은행들은 그 출생 첫날부터 정부를 원조하여 받은 특권 때문에 정부에 화폐를 빌려줄 수 있는 위치에 있는 사적 투기업자들의 연합에 불과했다. 그러므로 이런 은행들의 자산이 계속 증가하는 것은 국채 누적의 가장 확실한 척도가 되는데 이와 같은 은행들의 전면적 발전은 1694년 잉글랜드 은행(Bank of England)의 창립으로부터 시작된다."(Marx, 1959: 754-756), (마르크스, 2017: 1033-1036).

국왕을 맡으면서 영국을 한때, 공화국으로 분류했던 시기가 있었음을 참작한다면, 마르크스는 베네치아의 해양공화국 계승자로서 암스테르담과 런던 그리고 뉴욕의 존재를 누구보다 중요시했다고 볼 수 있다.

지중해의 중심지 베네치아에서 북대서양의 네덜란드, 도버해협 건너편의 영국, 그리고 대서양 건너의 미국 공화국으로 향했던 자본의 이동성을 언급하면서 19세기의 마르크스(1818~1883)가 20세기의 미국을 승계국가로 지적함을 발견한다면, 그의 탁월함에 재차 감탄하지 않을 수 없다. 그것은 바로 19세기 말, 영국 자본이 미국으로 자본 이동하고 있으므로 정치—역사적 관점에서, 미국이 영국을 대신하여 20세기의 새로운 해양패권국으로 성장할 것이라는 예상을 마르크스는 이미 하고 있었다. 마치 사후에라도 그의 연구가 얼마나 대단한 것이었는가를 입증할 수 있도록 그는 자신의 예견적 주장을 19세기의 그의 저서에 분명하게 남겨둔 것이다.

브로델의 중심지 이동설

세계의 국부가 축적되는 과정을 연구한 다양한 논의와 책자들은 매우 많이 있었다. 그런데 역사적 관점에서 본 연구 가운데 당대에는 빛났으나 불과 얼마 지나지 않아서 연구의 가치가 사라진 경우와 그렇지 않은 반대의 경우를 빈번히 본다. 역사적 관점을 통하여 미래를 향했던 연구자들을 더욱 겸손히 만드는 이유이다. 마키아벨리와 마르크스의 연구는 당대에는 관심을 받지 못했지만, 그들이 사라진 이후, 시간이 지날수록 그 가치가 높아진 대표적 저서로 후세에 그들의 연구업적을 부정할 수 있는 사람들은 대부분 사라졌다. 특히, 마르크스는 역사적 관점에서 쇠퇴하는 중심지와 상승하는 중심지 사이의 연결 흐름을 통하여 미래를 예측하는 부분이 추가로 첨부되어 남아 있다. 이러한 마르크스의 연구과 비슷하면서도 조금 다른 측면에서 강조점을 두고 있는 브로델(F. Braudel)의 중심지 이동설은 우리의 관심사와 관련하여 중요하게 생각해볼 부분이 많다.

마르크스와 같이 브로델도 자본의 흐름을 관찰하고 분석했지만 동시에 정치체제 또는 정부조직의 혁명을 강조하고 있다. 그는 정치적 측면에서 정부의 역할이 자본의 흐름에 미치는 영향이 중요할 수 있고, 정부의 제도가 세계자본의 중심지를 결정짓는 중요한 변수로 작용할 수 있음을 강조했다. 앞서 살펴본 바와 같이 <평양과 베네치아>에서는 베네치아공화국(2, 3편)으로부터 암스테르담, 런던, 뉴욕(4편)을 거쳐 해양공화국의 정부조직과 관련된 제도적 측면을 다각적으로 살펴보았기에 우리 연구와 관련, 브로델의 선행 연구는 특별한 의미가 있다. 더욱이 브로델이 제시한 중심지 이동설은 우리가 제5편에서 살펴볼 미래와 관련하여 밀접한 관련성을 갖고 있는데 미래의 2050년대 이후의 베네치아공화국 승계자는 누가 될 것인가를 예상하기 위하여 큰 도움이 된다. 브로델은 지정학적 측면에서 중심지의 이동과 변화가 가져오는 중요성을 혁신과 비교하면서 더욱 중요시하는 무엇을 설명하고자 했다.

마르크스와 브로델 모두는 중심지의 변동과정에서 '베네치아-암스테르담-런던'을 하나의 중대한 흐름으로 이해했다. 상대적으로 마르크스가 자본의 이동을 통해서 각 중심지의 흐름을 설명했다면, 브로델은 각 중심지의 조직과 제도의 측면을 강조했고 특히 중심지의 이동을 강조했다. 브로델은 각 중심지가 갖는 공통된 제도의 특징적 요소를 강조하면서 동시에 중심지의 공간적 교체라는 측면을 부각하여 마르크스가 지적하지 못한 부분을 보완해주었다. 이러한 마르크스와 브로델의 시각에서 본다면 과연 베네치아와 암스테르담 그리고 런던에서 이어진 20세기 뉴욕으로의 거대 자본 흐름, 공통된 제도적 특징, 그리고 중심지의 공간적 교체란 무엇을 의미하는 것인가를 더욱 관심 두게 한다.

> 암스테르담은 베네치아를 복제했고, 마찬가지로 런던은 암스테르담을 복제하였으며, 어느 날 뉴욕은 런던을 복제했다. (Braudel 1977: 66-67)

2. 태평양 시대의 동아시아 부상론

지중해의 베네치아공화국에서 북대서양의 네덜란드공화국으로 17세기의 중심지가 이동했던 역사적 상황을 살펴본 바 있다. 18.5세기에는 네덜란드에서 영국으로 그 중심이 옮겨지고 산업혁명이 발생했으며 20세기에는 대서양을 건너 미국이 세계의 중심이 되었다. 그리고 21세기에 들어서서 태평양 시대와 함께 동아시아가 부상하고 있다는 것에 대해서는 대부분 수긍하는 상황까지 와 있다.

유럽에서의 중심지 이동

새로운 시대적 변화가 일어나는 시기에 맞추어 브로델이 주장했듯이, 구(old) 중심지에 대한 새로운 신(new) 중심지의 우세함이 나타나고 있음을 중심지 이동설을 통하여 이해할 수 있다. 앞서 논의된 바와 같이 15세기의 베네치아공화국은 오스만제국의 등장과 콘스탄티노플의 상실로 지중해의 중심지 역할을 잃었다. 비슷한 시기, 신대륙의 발견과 신항로의 개척으로 유럽의 지정학적 중심지는 지중해가 아닌 대서양으로 옮겨졌음도 살펴본 바 있다. 지중해를 구 중심지라고 한다면 대서양이 신 중심지가 되어가는 상황이었다. 그러나 신대륙을 발견한 스페인제국이 그의 영역을 넓혔다고 하여도 세계의 중심이 되기에는 이른 감이 있었고, 네덜란드의 독립운동과 영국의 저항에 밀리면서 이베리아반도가 세계의 중심지가 될 수는 없었다.

오히려 스페인제국에서 떨어진 북대서양 쪽으로 중심지가 옮겨졌고, 스페인의 광기(Spanish Fury) 이후, 안트베르펜의 인재들까지 대거 암스테르담에 유입되면서 네덜란드가 중요한 국가로 부상했다. 17세기의 네덜란드공화국은 베네치아공화국의 계승자로서 이베리아반도를 제치고, 전 세계의 무역과 상업 그리고 금융이 집결하는 새로운 중심지가 되었다. 암스테르담을 중심으로 네덜란드에 모인 세계인재는 이전의 중세시대와는 분명히 구분되는 근대주의 정신을 탄생시켰다. 새로운 사상과 과학 문명, 그리고 새로운 정치체제는 무역의 관행은 물론이고 상업과 금융의 근간도 혁신적으로 바꾸었다.

연합 동인도회사(VOC)를 통하여 세계의 부가 17세기의 암스테르담에 몰렸다. 그런 국부는 네덜란드의 국력으로 연결되었으며 그 힘을 근간으로 빌럼 3세는 도버해협을 건너 영국의 런던에서 새로운 국왕(윌리엄 3세)으로 등극하였다. 베네치아의 해양공화국 후예들이 대서양 연안을 따라서 북쪽으로 올라왔다가 바다 건너의 영국 섬으로 중심지를 옮긴 것이다. 암스테르담의 세계인재는 윌리엄 3세로 바뀐 공화국 출신의 영국 국왕을 도우면서 런던에 영국은행을 세웠고 영국의 낡은 동인도회사(EIC)를 통폐합하여 세계무역의 준거 틀을 바꾸었다. 정치적으로도 명예혁명 이후, 권리장전을 수용하고 의회민주주의와 입헌군주제를 제도화함으로써 영국은 개인과 사회제도 전반을 근대적으로 혁신할 수 있었다. 그리고 그 결과, 18.5세기의 영국은 유럽의 대륙세력을 제치고, 산업혁명을 주도하는 세계의 중심지가 될 수 있었다.

대서양에서의 중심지 이동

유럽의 중심지가 런던이었고 산업혁명으로 세계의 중심이 되었지만 19세기 말부터 한계상황에 직면했다. 유럽의 대륙 국가, 특히 독일제국의 등장으로 유럽의 세력 판도는 바뀌었으며 제1차 세계대전과 제2차 세계대전을 겪으면서 대서양의 중심은 유럽대륙에서 건너편 북미대륙으로 옮겨갈 수밖에 없었다. 이미 마르크스가 19세기 말, 유럽의 영국이 쇠퇴하면서 대규모의 자본이 미국으로 이동하고 있음을 지적했던 것처럼 대서양의 중심지는 이동하고 있었다. 단지 연속된 세계대전을 통하여 그 중심지의 이동이 더 빠르게 가속화되었을 뿐이었다. 그런데 흥미로운 것은 영국의 런던에서 자본의 이동이 옮겨진 곳은 미국의 뉴욕이었고 그 뉴욕은 베네치아와 암스테르담의 특성을 가장 잘 담고 있는 해양도시라는 점이었다. 마르크스는 그런 자본의 이동지점이 지닌 특수성에는 크게 관심 두지 않았지만, 브로델은 '복제'라는 표현을 써 가면서 그 관련성을 강조했다.

우리의 연구에서는 그런 특수성을 지목하여 해양공화국의 특징으로 해석하는 측면도 있다. 결과적으로 마르크스가 파악했던 거대 자본의 흐름은 중심지의 이동으로 설명되었지만, 브로델이 보완적으로 설명한 부분에서는 정치적 특성과 함께 파악되어야 할 측면도 분명히 있다. 또한, 시대적 상황에 의하여 옛 중심지가 쇠퇴하고 새로운 중심지가 부상하는 현상도 가벼이 볼 수 없는 역사의 흐름이었다. 이와 관련하여 <평양과 베네치아>에서는 해양공화국의 시대적 흐름이라는 관점에서 부지불식간에 마르크스, 브로델이 설명한 흐름과 공유되는 부분을 찾게 되었다. 물론 이와 관련해서는 더 많은 사회과학자가 공유할 측면이 있겠지만 역사적 흐름과 정치적 체제 그리고 자본의 이동은 각기 별개의 것이 아닌 하나의 큰 흐름으로 이해될 수 있고 결국, 하나로 수렴하면서 공통분모를 제시할 수 있다고 하겠다.

지중해의 왼쪽 서유럽과 서유럽의 건너편 영국 섬에서 왼편의 북미 대륙으로 옮겨지는 흐름도 이와 같은 시각에서 정리될 수 있다. 다양한 역사적 관점에서 자본의 흐름에 초점을 맞추어 런던과 뉴욕의 관련성을 밝힐 수도 있겠으나 정치적 체제의 공통점으로 양측의 연계성을 파악할 수도 있다. 그렇지만 그 모든 흐름을 좀 더 폭넓은 시각에서 본다면, 베네치아공화국이 뉴욕에게 전달해준 세 가지 특성으로부터 도출할 부분도 있다. 즉, 해양공화국의 공통적 특성이라고 할 민주적 보편성, 정부의 효율적 관리주의 그리고 정치적 반독점주의라는 측면에서 '베네치아-암스테르담-런던-뉴욕'의 연계성과 이동성을 이해하는 방법이다. 물론 이와 같은 연결통로를 통하여 마르크스가 언급한 거대 자본의 이동이 있었고 브로델이 언급한 복제된 체제의 공통점도 발견할 수 있다.

대서양에서 태평양으로의 중심지 이동

제2차 세계대전 이후 가장 두드러진 세계 경제의 중심지(기준점수 100점)와 관련하여 그 나라 국민의 1인당 소득(GNP)을 상대적으로 비교 분석한 아리기(Arrighi, 1991)의 연구가 있다. 이 연구에 따르면,

1940년대의 독일과 이탈리아 그리고 일본의 상대적 평가점수는 독일이 90, 이탈리아가 30, 일본이 20이었다. 그런데 제2차 세계대전을 겪은 직후인 1950년에는 독일이 40, 이탈리아가 25, 일본이 15수준으로 낮아졌다. 전후 복구과정을 거치면서 1970년대의 독일과 일본은 급속히 회복되었으나 이탈리아는 그렇지 못했다. 아리기의 연구에서 보여준 놀라운 수치는 1990년대이었다. 1990년의 독일은 105, 이탈리아는 90이었는데 일본이 독일보다 높은 110으로 급속히 상승한 것이다.

서독, 이탈리아, 일본의 상대적 GNP 비교

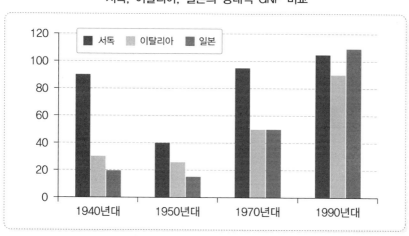

출처: Arrighi 1991: 41-42.

일본이 1990년대 서독의 1인당 소득수준을 앞섰던 상황은 놀라운 것이었지만, 아리기가 주목한 것은 아시아의 대한민국, 타이완, 홍콩, 싱가포르의 성장추세였다. 1940년대에는 관련 정보조차 없었던 아시아의 4마리 용이 1960년대에서 1990년대까지 불과 30년 만에 보여준 빠른 성장은 세계의 어느 지역에서도 볼 수 없는 괄목할만한 것이었다고 평가했다. 1960년대의 상대적 평가점수는 대한민국이 7, 타이완이 5, 싱가포르가 20이었다. 대한민국은 5.16 군사 쿠데타를 겪은 직후 경제가 급속히 3까지 하락했다가 1970년대 7로 회복할 수 있었다. 타이완은 8로 성장했고 싱가포르는 큰 변화 없이 20을 유지했다. 그렇지만 1980년대 대한민국은 10으로 성장했고, 타이완은 18, 싱가포르는 30까지 성장했다. 놀라운 것은 1990년대였다. 불과 10년의 짧은 기간 동안, 대한민국은 20, 타이완은 30, 싱가포르는 40까지 성장했다.

대한민국, 타이완, 싱가포르의 상대적 GNP 비교

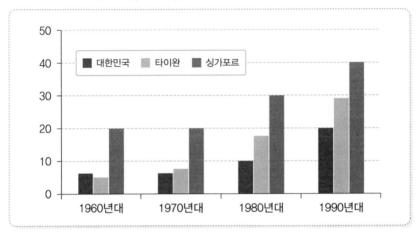

출처: Arrighi 1991: 41-42.

아리기(Arrighi)의 실증적 비교연구는 1990년에서 끝났지만, 2000년대의 상황을 보면 아시아의 네 마리 용은 일본과 함께 유럽국가(동유럽 포함)의 1인당 평균 GNP를 이미 웃돈 것으로 파악된다. 특히, 21세기가 되면서 중국이 양적으로 급속히 팽창했고 GNP보다는 GDP(국내총생산)가 의미 있는 지표가 되었다. 유럽 전체의 GDP 또는 유럽연합(EU)의 GDP 가운데 어느 쪽과 비교하여도 동아시아의 3개국(대한민국, 일본, 중국)을 합친 GDP가 더 큰 상황이 되었으며 이는 21세기의 뚜렷한 흐름으로 나타났다. 아리기는 태평양의 시대와 동아시아의 팽창을 1990년대부터 감지하였지만 21세기 초, 그 변화속도가 매우 빠르다는 것에 놀라움을 표했다.[2]

---

2) 아리기는 그의 2008년 연구에서 중국과 동아시아의 국가들(한국, 일본, 타이완, 싱가

3. 태평양 시대의 한반도, 일본열도, 중국대륙

마르크스, 브로델, 아리기의 연구에 기초하지 않더라도 현재까지 세계의 중심지는 미국이라고 할 것이다. 소련제국의 해체 이후, 유일한 절대 강자로서 경제적으로는 세계의 기축통화, 달러 발행국이며 군사적으로는 세계의 경찰국가를 자임하고 있기 때문이다.

중심지 국가(미국)에 대한 상대적 비교

아리기의 연구를 참고하여 세계의 중심지 국가인 미국의 GDP(국내총생산)와 1인당 GDP(구매력 기준)를 100으로 하였을 때, 대한민국과 일본 그리고 중국의 상대적 차이를 비교하여 보았다. 만일 아리기가 지금까지 살아있었다면, 그의 연구 특성상 반드시 하고 싶었을 연구이기도 하다. 우선 세계중심의 미국(19.3조 달러)을 기준(100)으로 세 나라의 GDP를 비교하면 대한민국이 11(2.1조 달러), 중국이 119(23.1조 달러),

중심국 GDP 기준(100)에 따른 동아시아 3국의 GDP 비교

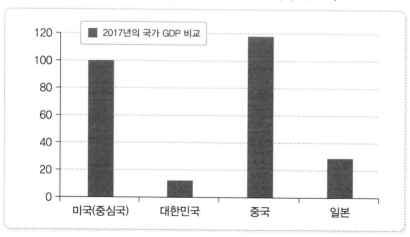

출처: CIA 자료, 2017.

포르 등)이 미국을 대체해 상업적 팽창과 경제 팽창의 핵심동력이 되고 있다고 기록하였다.

일본이 28(5.4조 달러)의 규모를 보인다. 한편, 미국의 1인당 GDP (59,500달러)를 100으로 할 때, 대한민국은 66(39,400달러), 중국은 28 (16,600달러), 일본은 71.7(42,700달러)을 보였다.

이는 구매력 기준이므로 환율 변동 등을 고려해야겠지만, 분석자료의 일관성을 위하여 미국의 정보국(CIA) 자료를 활용, 동아시아의 삼국을 비교하였다. 우선 현재의 중심국 미국을 기준으로 GDP(국내총생산)를 100으로 하여 2017년의 동아시아 3국의 현황을 비교하니 다음과 같았다. 양적인 측면에서 보면 경제력에 있어서 중국은 이미 중심국을 추월하여 새로운 중심국으로 자리 잡을 가능성이 커져 있다. 이에 비교하여 일본이나 대한민국은 양적인 측면에서 중국의 규모에 훨씬 미치지 못하는 수준이다. 일본은 중국의 1/4, 대한민국은 중국의 1/10 정도였기 때문이다. 만일 이와 같은 하나의 국가별 GDP만을 토대로 평가한다면 미국(뉴욕)이 중심이 아니라 중국(상하이)이 중심이라고 할 것이다. 그렇지만 국가별 GDP만으로 중심국을 확정 지을 수 없음은 다음의 분석표에서 확연히 나타나고 있다.

비슷한 경제지표일 수도 있으나 국가별 GDP가 아닌 1인당 GDP를

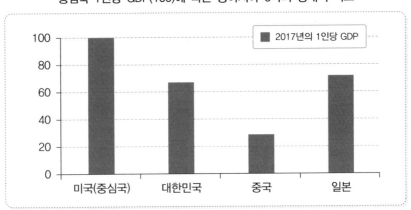

중심국 1인당 GDP(100)에 따른 동아시아 3국의 상대적 비교

출처: CIA 자료, 2017.

기준으로 비교 분석하면 전혀 다른 결과물이 나온다. 미국(중심국)을 기준으로 1인당 GDP를 100으로 하여 2017년의 동아시아 3국의 현황을 비교하였다. 1인당 GDP는 상대적으로 질적인 측면에서 본 경제력이라고 할 수 있는데 중국은 가장 취약한 상황을 보여주었다. 일본의 1인당 GDP는 미국과 비슷하고 중국의 2.5배이며 대한민국도 미국과 비슷하면서 중국의 2.3배였다. 만일 1인당 GDP만을 토대로 평가한다면, 일본의 도쿄가 미국의 뉴욕에 가장 근접할 수 있고, 그 다음으로 대한민국의 서울이며 중국의 상하이는 가장 뒷순위가 될 것이다.

중심국가인 미국을 기준으로 국가별 GDP와 1인당 GDP를 살펴본 결과, 중국은 양적인 측면에서 중심국가의 지위에 도달했거나 그 이상이라고도 볼 수 있었다. 그렇지만 질적 측면에서 보면 중국은 매우 취약한 상황이며, 여전히 현재의 중심국가 미국의 지위를 넘보기가 어렵다는 사실을 확인할 수 있다. 그리고 만일 이와 같은 현재 상황이 계속 유지된다면, 동아시아 3국이 미국을 대신할 중심지역 지위는 갖지 못할 것으로 평가할 수 있다. 또한, 동아시아에서도 상대적으로 중국보다는

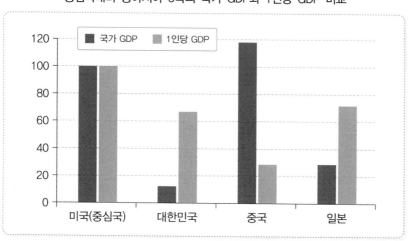

중심국대비 동아시아 3국의 국가 GDP와 1인당 GDP 비교

출처: CIA 자료, 2017.

일본이 더 중심국이 될 가능성이 높고, 그 결과, 상하이보다는 도쿄가 동아시아지역의 중심이라고 평가할 수 있다.

태평양 시대의 중심국가

유럽과 미국 사이에서의 대서양 시대가 그대로 유지된다면, 미국 동부 연안의 뉴욕이 계속 세계의 중심도시 지위를 갖겠지만, 미국과 동아시아 사이의 태평양 시대가 도래한다면 상황은 바뀔 수 있다. 만일, 미국이 태평양 시대에도 계속 중심국가로 유지된다면, 뉴욕보다 태평양 연안 지역 캘리포니아의 샌프란시스코가 중심이 될 것이기 때문이다. 마치 지중해 시대에서 대서양 시대로 바뀌면서 베네치아에서 부르게와 안트베르펜으로 중심도시가 이동하는 것과 비슷한 현상이라고 할 수 있다. 이는 미국의 동부지역에 비교하여, 서부지역의 경제력이 더 확장되고 있음과도 관련이 있으며 캘리포니아의 지역생산량(GRP)이 이미 영국의 국가총생산량(GDP)을 넘어서고 있음과도 무관하지 않다.

물론 이와 같은 변화의 상황에서 캘리포니아의 실리콘밸리가 있는 팔로 알토를 중심으로 중심지가 형성될 가능성도 있지만, (선행 연구를 통해서 보면) 캘리포니아의 어떤 도시도 뉴욕을 대체하기는 어렵다. 마치 안트베르펜이 베네치아를 완전히 대체할 수 없었던 것과 비슷한 원리이다. 단지, 경제적 측면에서만 본다면 뉴욕의 경제력이 캘리포니아로 이전될 수도 있겠으나 뉴욕이 캘리포니아로 승계되기에는 한계가 많다는 것이다. 특히, 태평양 시대로의 변화는 미국 자체에 있는 것이 아니라 동아시아의 성장과 관련이 깊다. 직전에 살펴본 아리기의 분석에서처럼 1970년대부터 불과 30~40년 사이에 일본은 유럽의 독일을 앞섰고, 아시아의 네 마리 용이라는 대한민국, 타이완, 홍콩, 싱가포르는 세계의 어느 지역보다 빠른 경제적 팽창력을 보여주었다. 특히, 2000년대 중국의 빠른 성장은 양적 측면에서 타의 추종을 불허했다.

동아시아의 급격한 변화와 성장은 지중해 시대에서 대서양 시대로 옮겨지는 즉, 중심지의 이동을 방불케 하고 있다. 브로델과 아리기의 표현을 빌린다면 결국, 미국의 서해안이 아니라 동아시아의 동해안과 태평양이 만나는 지역에서 새로운 중심지가 형성될 가능성이 큰 것으로 평가할 수 있다. 선행 연구를 통해서도 살펴보았지만, 베네치아에서 곧바로 암스테르담으로 중심지가 이동한 것은 아니었다. 또한, 암스테르담에서 대서양 건너편의 뉴욕으로 바로 중심지가 이동한 것도 아니었다. 미국의 뉴욕에서 동아시아와 태평양이 만나는 어느 지점에서인가 중심국가와 중심지가 형성되겠지만 그것이 곧바로 정해지지는 않는다는 것이다. 그렇다면 향후, 동아시아와 태평양이 접하는 지역의 어느 나라가 중심국가가 될 것인데 이상의 논의를 종합해보면 결국, 동아시아와 태평양이 접하는 3개의 나라가 후보국가로 상정될 수 있다. 즉, 역사적 관점에서 동아시아와 태평양이 접하는 한국, 중국 그리고 일본 가운데 어느 곳이 미국(중심국)과 뉴욕(중심지)을 승계할 수 있을 것이라는 예상을 하게 한다.

제14장

베네치아공화국의 승계 조건

1. 해양공화국 중심지의 3대 조건

앞서 살펴본 바와 같이 세계적인 해양공화국들의 지위를 승계하는 데 까다롭게 요구되는 조건들이 공통분모로 존재하고 있음을 확인한 바 있다. 새로운 중심지는 시대적 차이에도 불구하고 당대의 어느 지역보다 민주적 보편주의, 정부의 효율적 관리주의, 그리고 정치적 반독점주의가 잘 실행될 수 있는 곳이었다. 이러한 3대 조건이 잘 실행되면 세계적인 인재가 모이고, 세상의 재화가 몰리며, 그래서 번영의 중심이 될 가능성도 높아진다는 것이다.

민주적 보편주의

베네치아, 암스테르담, 런던 그리고 뉴욕 모두 민주적 보편주의가 강했던 도시였고 환경적 악조건에서 특권을 내세울 수 없었다는 공통점이 있었다. 시대별로 중세에는 베네치아, 근대에는 암스테르담과 런던, 그리고 현대에는 뉴욕이 가장 민주적 보편주의가 강했던 지역이었다는 의

미이다. 중세의 베네치아는 바다의 갯벌 위에서 전쟁을 피하여 몰려든 자유인들이 함께 돌을 나르고 기초를 닦아서 만든 인공섬을 만들면서 시작한 곳이었다. 농사를 지을 토지도 거의 없었고 각자의 노력으로 배를 타고 교역으로 돈을 벌어서 살아야 했다. 거슬러 올라가면 모든 조상이 타지에서 이주해 온 사람들이기 때문에 외지인이라고 텃세를 부리기도 어려운 조건이었다. 그것이 중세시대의 베네치아를 특권 없는 공간으로 만들었고, 어떤 이데올로기적 편견에서도 자유로울 수 있었던 원동력이었다. 이는 네덜란드의 암스테르담에서도 비슷하게 적용이 되었으며 미국의 뉴욕에서도 거의 같은 맥락으로 이어졌다.

대서양을 건너와 신대륙의 환경적 어려움을 극복하고 자유와 번영을 위해서 자발적으로 모인 공동체, 미국의 뉴욕이 지닌 베네치아 DNA는 전형적으로 민주적 보편주의를 담고 있었다. 베네치아뿐만 아니라 암스테르담의 민주적 보편주의도 국적이나 인종 그리고 종교와 관계없이, 실력을 최상위의 기준으로 삼았다. 물론 약간의 불이익과 이익은 있을 수 있지만 가장 중요한 것은 실력이고, 실력에 기초하여 상대를 평가하고 인정했다. 매우 단순한 기준인 것처럼 보이지만, 실력을 우선하는 것은 민주적 보편주의의 기본 원칙이면서 동시에 베네치아, 암스테르담, 런던, 뉴욕의 전성기에 가장 잘 통용된 기본 원칙이었다. 상대적으로 보수적인 영국에서도 명예혁명 이후 암스테르담의 인재들이 대거 이동하면서 18세기 중반, 가문이나 혈통보다 실력이 우선되었던 시기가 있었기에 산업혁명을 일구어낼 수 있었다. 그러나 반대로 베네치아가 쇠퇴하고 암스테르담이 활력을 잃어 갈 때, 그리고 영국에서 미국으로 중심지가 이전될 시기에는 실력보다 실력 이외의 요소가 더 중요한 기준이 되었다.

가까운 사례로 20세기에 비하여 21세기의 미국은 점차 실력보다는 출신 배경과 실력 이외의 것을 강조하는 성향이 두드러지고 있다. 아직은 어느 국가보다 민주적 보편주의가 그래도 강하게 작용하기 때문에 중심국가의 지위를 유지하고 있으나 점차 민주적 보편주의가 약해지는 모습도 나타나고 있다. 그럼에도 불구하고 미국의 여타 도시들과 뉴욕을 상대적으로 비교하여 본다면, 뉴욕은 가장 민주적 보편주의가 강한 도시라고 평가받을 수 있다. 가장 미국적인 도시가 어디냐고 한다면 서로 다른 도시를 거명할 수 있겠지만, 가장 민주적이고 보편적인 도시가 어디냐고 하면 뉴욕이라고 할 것이기 때문이다. 이런 이유에서 대부분의 세계인재는 뉴욕을 선호하고 그래서 중심국가의 지위를 지닌 미국의 중심도시는 뉴욕이 될 수 있다고 하겠다.

정부의 효율적 관리주의

정부조직의 효율적 관리 측면은 베네치아의 중요한 승계조건이었다. 베네치아공화국에서는 도제(Doge)를 통하여 효율적이며 합리적인 정부조직을 가능하게 했다. 암스테르담공화국에서는 막강한 권한을 지닌 스타트하우더, 빌럼 3세를 통하여, 그리고 미국에서는 대통령중심제를 통하여 정부의 효율적 관리주의를 실행하였다. 물론 영국에는 왕이 있었지만, 명예혁명 이후, 입헌군주제로써 의회민주주의를 통하여 군주가 없더라도 정부의 효율적 관리가 훼손되지 않는 제도가 갖추어져 있었기 때문에 19세기의 중심국가가 될 수 있었다.

세계적 해양공화국의 계승자로서 정부의 효율적 관리주의는 중요한 조건이며 각 승계국들이 중심국가일 당시, 정부의 효율성은 공통적으로 빛이 났다. 예컨대, 네덜란드공화국의 전성 시기를 이끌었던 빌럼 3세의 정부와 빌럼 3세가 영국의 국왕으로 떠나간 이후의 정부의 상황은 극명하게 달랐다. 빌럼(윌리엄) 3세의 사후, 정부조직이 안정되어 있지 못했던 네덜란드공화국과 안정되어 있던 영국은 대비를 이루었다. 그 결과, 17세기의 전성기를 이루었던 네덜란드는 중심국가의 지위를 18세기의 영국으로 넘겨주지 않을 수 없었다. 또한, 19세기 말의 영연방 정부의 혼란함은 마찬가지로 그의 중심국가 지위를 20세기의 미국 정부에 넘겨주어야 했다.

최근의 상황에서도 미국 정부가 효율적 관리주의를 실천하지 못하고 계속 정부의 실패상황을 초래한다면, 조만간 중심국가의 지위를 타국에 넘겨주어야 할 수도 있다. 물론, 미국 정부가 어떤 국가의 정부보다 효율적으로 국가관리를 잘한다면 미국은 계속 중심국가로서 잘 유지될 수 있을 것이고 그렇게 된다면 뉴욕도 당분간 세계의 중심도시로 그 명성을 이어나갈 수 있다. 그렇지만 일찍이 브로델이 언급했던 것처럼 정부의 혁신작업이 일어나더라도 시대적 상황이 바뀌면 즉, 대서양 시대에서 태평양 시대로 중심지가 이동한다면, 웬만한 정부 혁신으로는 중심지 변동을 막아설 수 없다고 할 것이다.

정치적 반독점주의

앞서 제9장에서 살펴본 바와 같이 베네치아는 로마의 정치적 혼합정체를 제도적으로 발전시킨 중세의 공화국이었다. 군주제와 귀족제 그리고 민주제의 요소를 반영한 베네치아의 정치적 반독점주의는 근대의 네덜란드공화국과 영국의 입헌군주제 의회주의, 그리고 미국의 연방공화국에서 채택한 삼권 분립체제들과 비슷한 공통점을 지닌다. 독재와 반대되는 정치적 반독점주의는 개인을 존중하기 때문에 국가를 위해 개인의 희생을 강요하는 것이 아니라 모두의 번영을 위해 국가가 어떤 역할을 해야 하는가에 초점이 맞추고 있다. 따라서 이와 같은 정치적 반독점주의는 일방적인 수직적 정치 권력 관계보다 수평적인 경제 관계를 중요시하게 된다.

만일 정치 권력의 독점으로 어느 한쪽으로 권력이 치우치거나 집중된다면 이는 평등 관계의 상거래를 필연적으로 위축시키게 되고 그 결과, 자본이 지닌 속성상 자본은 그런 권력의 독점체제에서 도망쳐 나갈 수밖에 없다. 물론 정치 권력이 지나치게 분산되어 혼란스러운 경우에도 마찬가지로 시장과 자본은 위축되고 도망쳐 나갈 수 있다. 이와 관련하여 17세기와 18세기의 네덜란드는 서로 다른 사례로 설명될 수 있다. 먼저 17세기의 네덜란드공화국은 정치 권력이 내부적으로 균형을 이루면서 국제무역을 크게 활성화하여 자본시장을 뜨겁게 달아오르게 했다. 그러나 18세기의 네덜란드공화국은 정치 권력이 지나치게 분산되어 거의 무정부 상태에 가까웠고 그 결과, 급속하게 거대 자본이 영국으로 빠져나간 경험이 있다.

한편, 20세기에는 두 번에 걸친 세계대전이 있었고 그 전쟁의 특성을 요약하면 결국은 미국(공화국)과 독일(제국)의 전쟁이라고 할 수 있다. 제1차 세계대전에서는 독일의 권력이 군주에게 집중되어 있었고 그런 제국과의 전쟁에서 권력이 삼권으로 나뉜 미국의 공화국과 패권을 다툰 것이었다. 미국은 전쟁에서 승리했지만, 유럽에서의 패권을 주장하지는 않았고, 전통적인 고립주의로 회귀했다. 그러나 1940년대, 다시금 독일과 일본을 중심으로 전체주의와 군국주의라는 권력의 독점체제가 힘을 얻으면서 미국의 공화주의와 충돌했다. 결국, 20세기는 권력의 독점체제와 권력의 반(反)독점 체제의 상호 충돌이었고, 그 전쟁에서 후자가 승리함으로써 공화국의 시대가 열렸다. 지나친 자유 방임은 위험하지만, 세계적 공화국의 승계 조건은 결코 권력의 독점체제는 아니라는 것이 분명하다.

2. 한국, 중국, 일본의 승계 조건 비교

태평양 바다에 접하여 있는 동아시아의 3국 가운데 누가 베네치아, 암스테르담, 런던, 그리고 뉴욕에 이은 승계자가 될 수 있을까? 경제적 측면에서만 비교하면, 양적으로 가장 중심국에 가까운 중국의 상하이가 될 수 있으며 질적으로는 일본의 도쿄가 될 수 있다. 그렇지만 세계적인 해양공화국의 3대 조건을 기준으로 보면 다른 평가가 나올 수도 있다.

민주적 보편주의의 조건

먼저 민주적 보편주의라는 측면에서 한국, 중국, 일본을 비교한다면 다음과 같은 질문에서 답을 찾아야 할 것이다. "특권계급이 없고, 민주적 자유를 존중하며 실력 우선주의가 적용되는 나라는 어디인가?" 이러한 질문에 대하여, 중국에는 공산당이라는 정치적 특권계급이 분명 있는데 그들의 실력 여부는 정확히 평가할 수 없지만 분명한 것은 민주적 자유를 존중하는 국가라고는 평가할 수 없다는 답을 얻게 된다. 중국에 비교하여 일본은 공산당 계급과 같은 눈에 보이는 명백한 특권계급은 없지만, 눈에 보이지 않는 위계질서가 철저한 나라라고 할 수 있다. 아직도 실권은 없지만 신성시되는 왕이 존재하며 실력과 학벌을 중요하게 평가하지만, 미국의 뉴욕처럼 민주적이거나 자유롭다고 말하기는 어렵다.

중국과 일본에 비교하여 한국은 어떠한 평가를 받을 수 있을까? 한국에도 재벌과 같은 특별한 경제집단이 있고 개인 경쟁에서도 실력보다는 온갖 스펙과 배경이 판을 친다. 그럼에도 불구하고, 한국을 중국과 일본의 그것에 비교하여 볼 때, 공산당 같은 특권계급은 없으며 일본과 같은 신성한 왕도 없다. 한국의 재벌은 특별하지만, 그들은 교도소를 빈번히 드나드는 처지이고, 스펙과 배경이 판을 쳐도 실력이 없으면 곤란하다. 만일, 실력도 없으면서 배경과 스펙으로 대학을 진학했다면, 그런 배경을 제공한 자가 최고 권력을 쥔 대통령이라 해도 탄핵받아 쫓겨나는 나라가 한국이다. 매우 불완전하고 아직 부족한 측면이 많지만, 상대적 측면에서 비교한다면, 한국은 중국과 일본에 비교하여 민주적 보편주의가 잘 적용될 수 있는 나라로 평가할 수 있다.

경제적 측면에서 양적으로는 중국에 밀리고 질적으로는 일본에 밀리는 한국이지만, 민주적 보편주의라는 측면에서 한국은 중국보다 훨씬 민주적이고, 일본보다 매우 보편적이다. 한국은 왕권 중심 체제에서도 의병을 일으켜 외세에 대항한 사람들이 사는 나라이고, 일본 제국주의와 치열하게 투쟁하면서 독립을 쟁취했고, 독립 이후에도 민주정치와 공화국의 발전을 위하여 열심히 살아온 나라이다. 어찌 보면, 동아시아의 어느 나라보다 민주화 과정과 공화국 시민으로서의 훈련을 잘 받으면서 성장한 나라라고 할 수 있다. 물론, 경제적 측면에서 양적으로 성장하고 질적으로 더욱 발전해야만 한다는 기본 과제는 풀어야 한다. 최소한 양적으로나 질적으로 일본 정도의 경제 규모는 되어야 세계적 공화국의 승계 요건을 갖춘다고 볼 수 있기 때문이다. 동아시아의 중심국이 되는데 경제조건만 갖춘다고 충분할 수는 없겠지만, 경제적 조건도 갖추지 못한 상태에서는 결코 중심지가 될 수 없기 때문이다.

정부의 효율적 관리 조건

정부의 효율적 관리라는 측면에서 한국과 중국 그리고 일본을 비교한다면 시기적으로 차이는 있을 수 있지만, 다음과 같은 질문으로 평가할 수 있다. "정권의 변동과 관계없이, 정부의 효율적 운영이 지속적이고 안정적으로 이루어지는가?" 정부의 효율적 관리에는 민주적 기준에서 충돌되는 조건이 있다. 정부의 효율적 관리주의를 성공적으로 달성했다고 해서 반드시 민주적 정부라고 볼 수는 없기 때문이다. 고대의 아테네에서처럼 민주적 정부가 항시 효율적인 정부의 역량을 보여준 것은 아니었기 때문이다. 이상과 현실이라는 측면에서 정부의 효율적 관리를 위하여 베네치아공화국은 종신직 도제(Doge)제도를 운용한 바 있다. 민주적 시각에서 보면 이는 특정인의 특권을 인정하는 것 아니냐는 의구심을 받을 수 있다. 그렇지만 실제의 역사적 사례를 통하여 살펴본 것처럼 베네치아공화국 천년 역사 동안 부침은 있지만, 수많은 도제를 통하여 베네치아공화국 정부의 효율적 집행력은 타의 추종을 불허했다. 물론 도제의 지나친 권력집중을 막고 공정하게 운용되도록 도제 선출과정, 도제 권력에 대한 견제 등에서 대국회의 역할이 매우 중요했다는 것도 확인한 바 있다.

특히, 17세기 네덜란드공화국에서 프랑스의 침공위기에 직면한 공화국 정부가 빌럼 3세의 등장을 허용했고, 그가 공화국을 지키며 번영시키는 과정도 살펴본 바 있다. 오늘날 현대공화국의 대표 격인 미국도 대통령중심제를 통하여 정부의 효율적 집행력을 극대화했던 측면을 부정할 수 없다. 만약 미국의 효율적인 대통령중심제가 제대로 작동하지 못했다면 제1차 세계대전과 제2차 세계대전에서 미국이 승전할 수는 없었을 것이다. 1990년대와 2000년대, 정부의 효율적 관리주의라는 측면에서 가장 많은 사례를 보여주었던 나라로 싱가포르가 있다. 만연했던 부정과 부패를 없애고 어려운 경제 상황을 빠르게 극복하면서 모두를 깜짝 놀라게 하는 효율적 정부의 교과서로 불렸기 때문이다. 이와 같은 싱가포르 정부도 베네치아의 도제 정부, 네덜란드의 스타트하우더 정부와 비슷한 강력한 집행력을 지닌 정부체제로 운용되었다.

그러나 반드시 주의를 기울이지 않으면 안 되는 부분도 있다. 그것은 권력의 집중이 곧 효율적 정부로 연결되지는 않는다는 것이다. 강력한 도제와 스타트하우더 그리고 대통령이나 수상의 역할이 효율적 정부 기능으로 연결되기 위해서는 그 강력한 지도력이 반드시 일반 시민들의 활력으로 이어져야 하기 때문이다. 강력한 지도자로 인하여 시장이 위축되고, 시민의 역량이 줄어든다면, 그것은 정부의 비효율성을 드러내는 것일 뿐이다. 따라서 효율적 정부라는 측면에서 어느 한 시점을 기준으로 일률적인 평가를 하는 것은 어렵지만, 지속적으로 효율적인 행정을 펼칠 수 있는 정부가 세계적인 공화국의 미래 승계 조건에 맞는다고 할 수 있다.

정치적 반독점주의의 조건

정치적 반독점주의는 세계적 공화국이 될 수 있는 성공적인 승계 조건이고, 이는 절대 권력과 상반되며 정치 권력에 대한 경제의 우월적 관계를 형성할 수 있게 된다. 상황에 따라서 일시적으로 경제발전을 위한 효율적 정부관리를 위하여 정치 권력이 집중화될 수는 있다. 그러나 절대왕권과 전체주의와 같이 시장의 요소를 배제하는 정치적 독점은 결코 승계 조건을 만족시킬 수 없다. 만일, 권력의 독점으로 자유롭고 평등한 상거래를 위축시킨다면, 자본은 권력독점체제에서 이탈할 수밖에 없고 그 결과는 경제적 쇠퇴를 초래하게 된다. 물론 반대로 무정부 상태에 의한 시장의 불안성도 후퇴를 가져올 수밖에 없으므로 적절한 정치와 경제의 균형성은 매우 중요한 조건이라고 할 수 있다.

이와 같은 정치적 반독점주의의 측면에서 한국과 중국 그리고 일본을 비교한다면 어떤 평가를 할 것인가. 먼저 중국은 정치적 반독점주의에서 가장 취약한 국가라는 평가를 받을 수밖에 없다. 양적인 측면에서 경제적 규모가 막강한 중국이지만 중국이 세계의 중심이 되기 어려운 부분은 정치적 독점주의에 해당하는 국가이기 때문이다. 중국의 국민은 그 누구도 자신의 토지를 소유하지 못하고 재산권도 보호받기 어렵지만, 중국의 정부는 어떤 토지도 누구의 재산도 자신들의 의지에 따라서 쉽사리 취득하고 몰수할 수 있다. 이를 거꾸로 표현하면 중국의 시장은 언제나 중국의 정부에 의하여 폐쇄될 수 있다는 것을 의미한다. 결국, 중국에 들어와 있는 자본은 언제든지 빠져나갈 수 있기에 지속적 번영은 어려울 수밖에 없다. 중국에 비교하여 일본의 경우, 정치적 독점주의는 약하고 시장과의 균형을 상대적으로 잘 맞추고 있다는 측면에서 지속적인 자본의 안정적 국내유입이 가능하다. 중국과 달리 일본의 자본은 세계적 경제위기에서도 자본이 유입되는 몇 안 되는 나라에 속할 정도이다. 미국과 같은 세계중심의 기축통화국은 아니지만, 일본은 달러만큼 안전한 엔화를 발권하고 있는 셈이기 때문이다.

　정치적 반독점주의 측면에서 볼 때, 한국은 일본과 중국의 중간 정도로 평가될 수 있다. 한국은 정부 권력과 시장 권력의 중간 지점에 있어서 외국자본이 선호하는 신생국가이면서 동시에 세계 경제의 위기상황에서 가장 먼저 자본이 빠져나갈 수 있는 대상으로서 일명, 국제자본의 ATM국가이기도 하다. 일찍이 1997년의 국제적 금융위기 상황에서 치명적인 손해를 보았던 한국의 경제이지만 다행스럽게도 한국은 정부 권력에 의한 국유화 조치는 최소로 하였다. 만약 한국이 국가 부도를 선언하고 국제부채를 갚지 않았거나 부도 기업의 국유화로 부실기업을 매각하지 않고 좀비기업을 만들었다면 한국도 중국과 다를 바 없었을 것이다. 그렇지만 일본의 경제체제와 비교할 때, 한국의 경제체제는 여전히 정치적 영향권에서 자유롭게 벗어나 있지 못한 것도 사실이다. 법적 기준에 맞지 않는 정치적 영향이 아직도 존재하고 있음이다. 이와 같은 평가결과를 요약하면 다음과 같다.

			미국 (중심국)	한국	중국	일본
베네치아 공화국의 승계조건 평가	경제적 기준	경제적 양적기준	100	11(×)	119(○)	28(△)
		경제적 질적기준	100	66(△)	28(×)	71(○)
	공화국 조건	민주적 보편주의	○	○	×	△
		효율적 관리주의	○	△	△	△
		정치적 반독점주의	○	△	×	○

3. 한국의 세계적 공화국 승계 조건

미국과 같이 경제적 패권을 갖고 공화국의 조건을 갖추면 세계의 중심적 역할을 맡을 가능성이 매우 크다는 것을 역사적 사례를 통하여 살펴보았다. 베네치아에 이어서 17세기의 네덜란드, 18.5세기의 영국, 그리고 20세기의 미국은 해양공화국의 승계자로서 대서양의 중심국가 역할을 담당했다. 이제 동아시아 연안이 태평양 시대의 새로운 중심지역으로 부상한 21세기의 상황에서, 한국과 일본 그리고 중국을 평가했으나 한국의 성적표는 상대적으로 초라했다.

한국의 취약점

한국은 중국과 일본에 비교하여 상대적으로 경제적 규모, 특히 양적인 측면(국가 GDP)에서 매우 취약했다. 현재의 중심국가(미국=100점)와 비교하여 볼 때, 양적인 규모에서 중국의 경제 규모(119점)는 이미 미국을 넘어선 수준이고 일본의 경제 규모(28)의 거의 4배에 가깝지만, 한국의 경제 규모(11점)는 최하위이다. 한국은 동아시아 경제권에서 약소국에 불과한 것이다. 그렇지만 아직, 중국이 중심국가(미국)를 경제적으로 대체할 지위에는 이르지 못했다고 평가된다. 경제의 질적 측면(1인당 GDP)에서 중국은 중심국가(미국=100점)의 1/3이 안 되는 28점으로 나타나고 있기 때문이다.

양적으로는 크지만, 질적으로는 매우 취약하다는 것은 중국에 큰 위험부담이고 중국은 세계적 공화국을 승계할 3대 조건을 맞추기 어렵다고 평가된다. 경제 규모는 크지만, 경제의 질적 수준은 낮다는 것은 빈부격차가 심각하다는 것을 의미한다. 이와 같은 상황에서는 결코 민주주의와 공화주의가 발전할 수 있는 토양이 마련될 수 없다. 그래서 당분간 중국의 양적 규모가 미국의 경제 규모를 넘어서더라도 미국을 대체하여 동아시아의 중심국가로 부상하기는 어렵다고 하겠다. 경제적 측면에서만 본다면 동아시아의 중심국 지위는 중국보다는 일본으로 이어질 가능성이 크다. 일본은 양적 측면에서 미국보다 작은 규모지만 질적 측면에서 미국에 크게 떨어지지 않고 있다. 만약 일본이 경제적 활력을 되찾는다면 오히려 중국보다 일본이 동아시아의 중심국가 역할을 맡을 수 있다고 평가된다.

그러나 일본은 세계적 공화국을 승계할 수 있는 3대 조건을 의식적으로 맞추지 않을 가능성도 크다. 일본은 외견상 민주적인 해양국가이지만, 사실은 천황에 대한 신성성을 강조하는 제국주의적 성향이 무척이나 강하기 때문이다. 민주적 보편주의가 더 높을 수 있는 경제적 여건이 조성되었지만, 일본은 이를 암암리에 배척하는 측면이 있다. 정부의 관료뿐만 아니라 국민 상호 간에도 계층적 위계의식이 강하고 전통적인 귀족의식이 사회 전반에 뿌리 깊게 내려있는 결과이다. 일본은 17세기의 네덜란드공화국에서 영향을 많이 받았지만 결국, 19세기의 전제군주국이었던 프로이센, 20세기의 독일제국(나치즘)과 함께 하였다. 베네치아와 미국과 같은 공화국과 전혀 다른 성향을 지닌 일본은 내부적으로 여전히 반(反)공화주의적 성향이 강한 국가이다.

한국-북한 협력에 의한 조건변화

앞서 브로델이 언급했던 것처럼 중심지역의 변동은 그 어떤 혁신보다 강력한 영향력과 파급력을 가져온다. 개별적 국가들의 정부가 기울이는 노력이 효과는 있지만, 중심지역의 변동과 같은 메가트렌드와는 비교조차 무의미하다. 이런 맥락에서 15세기 말의 상황을 되짚어 볼 수 있다. 베네치아공화국이 직면했던 새로운 중심지역의 이동은 신대륙의 발견과 함께 인도로 향하는 새로운 신항로가 개척되면서 시작되었다. 더 이상 베네치아가 있는 지중해가 중심지역이 아니었고 외곽지대에 불과했던 대서양과 서유럽이 접해있던 지역이 중심지역이 되었던 상황에 비견하여 볼 수 있다. 그런데 이번에는 산업사회가 마무리되고 새로운 정보사회로 진입하면서 대서양 건너편의 미국 동부지역이 쇠퇴하고 다시금 미국의 서부 연안과 함께 유라시아대륙과 태평양이 접한 동아시아 지역이 가장 높은 생산력을 지닌 지역으로 부상한 것이다.

이와 같은 중심지역의 이동과 변화는 한반도에도 변화를 낳고 있다. 20세기의 냉전 시대 산물인 한반도의 분단이 더는 중심지역의 메가트렌드를 막아설 수 없는 상황에 직면한 것이다. 한반도와 일본열도 그리고 중국대륙이 세계의 중심지역으로 부상하면서 한반도를 가로막은 휴전선이 약화하고 희미해질 수밖에 없는 상황이라는 것이다. 해양과 대륙을 막고 있는 휴전선이 한반도의 판문점에서부터 해빙되면서 한국과 북한의 상호협력 관계조성이 가져올 새로운 조건표는 엄청난 효과를 낳을 것으로 예상할 수 있다.

미국(중심국) 대비 동아시아 4국(한반도 협력)의 비교표

베네치아공화국의 승계조건 평가			미국 (중심국)	한반도 협력	중국	일본
	경제적 기준	경제적 양적기준	100	11+@ (△)	119(○)	28(△)
		경제적 질적기준	100	66+@ (○)	28(×)	71(○)
	공화국 조건	민주적 보편주의	○	○	×	△
		효율적 관리주의	○	○	△	△
		정치적 반독점주의	○	○	×	○

향후 중국과 일본에서는 근본적 변화가 일어날 가능성이 크지 않다는 가정하에서 한반도의 협력이 가져올 지각변동은 경제적 기준에서의 변화이다. (물론, 중국의 정치적 불안정이 중국의 경제 불안정으로 이어질 경우, 그 효과의 진동 폭은 더 커질 가능성도 있다) 한반도에서 남북한이 상호 간 경제적 협력관계를 증진할 경우, 한반도의 경제적 양적 기준은 20~30년 사이에 일본의 그것에 근접할 수 있다.[1] 한국의 양적 기준(11점)에서 일본의 양적 기준(28점)에 근접하였을 때, 동아시아의 판세에도 큰 변화가 나타날 수밖에 없다. 동아시아가 세계의 중심지역으로 부상하는 상황에서 한반도의 경제적 측면이 일본 수준으로 확장될 경우, 한반도의 공화국 조건도 새롭게 조명될 수 있다. 한국은 중국과 일본보다 민주적 보편성, 효율적 관리주의, 정치적 반독점주의가 상대적으로 높은 평가를 받고 있으며 북한도 빠르게 세계적 공화국의 조건에 맞추어 정상화될 수 있기 때문이다.

한반도의 신(新) 베네치아 가능성

한반도의 두 개 국가, 대한민국과 조선민주주의인민공화국은 모두 공화국이다. 독재와 제국에 항거하여 세워진 한반도의 공화국 사람들은 부지불식간에 일본보다 공화주의를 선호하고 중국보다 민주적(독립적) 성향이 강했다. 물론, 북한의 경우, 오래된 비정상적 폐쇄상황에서 생활하여 의식변화에 어려움이 있고, 이를 정상화하기까지 상당한 시간이 소요될 수 있다. 그렇지만 북한의 효율적 정부 집행력에 기반을 둔 북한교육시스템은 빠른 성과를 올릴 수 있고, 자본의 대량유입으로 산업

---

[1] 한반도에서 남북한이 상호 경제적 협력을 원활히 하여 효율적인 경제공동체로 거듭날 수 있다면 산업구조와 생산요소 배분의 최적화, 국토이용의 효율화, 중국과 유라시아 국가들과의 교역 증대를 가져올 수 있다. 이러한 맥락에서 세계적 투자은행인 골드만 삭스(Goldman Sachs)는 2009년 9월 발표한 보고서 <통일한국, 북한 리스크에 대한 재평가(A United Korea? Reassessing North Korea Risks)>에서 "남한과 북한이 통일되면, 30~40년 이내에 국내총생산(GDP) 규모가 프랑스와 독일을 넘어서 일본도 추월할 수 있다"고 예상한 바 있다.

화를 급속히 촉진하면서 공화국 사람들의 가치관은 중국이나 일본 사람들보다 더 빨리 공화주의에 가까워질 수 있을 것으로 판단한다. 특히, 핵무기를 개발하고 그것을 주도적으로 해체한 이후, 세계의 개방사회에 데뷔한다면 그들 스스로 가진 자긍심을 갖고 바람직한 공화국의 시민의식을 갖게 될 것으로 기대되기 때문이다. 마치 한국의 시민들이 1980년대 군부독재 정부를 평화적으로 교체하고 세계적인 올림픽을 성공적으로 개최하면서 민주화를 달성했던 것처럼 말이다.

세계중심지역의 이동이 북미대륙에서 동아시아로 오면서 한반도의 발전은 한국뿐만 아니라 북한에서 더욱 빨리 나타날 수 있고 그 효과도 클 수밖에 없다. 또한, 경제적 측면에서 양적으로 확대되는 성장지역이 북한이기에 더 큰 기회를 모색하는 세계인재들이 한반도로 몰려올 수 있다. 만일, 한반도가 반(反)공화국의 성향을 갖고 있어서 인종차별과 종교 갈등 같은 요소를 일으킨다면, 인재유입은 차단될 것이다. 그러므로 한반도 남쪽뿐만 아니라 북쪽도 인종이나 종교로 인재유입을 막는 일은 최소화해야 한다. 이는 마치 베네치아의 세계인재들이 북대서양 방향으로 오면서 암스테르담에 모였듯 뉴욕과 실리콘밸리에 있던 세계인재들이 한반도의 중심지로 이동하여 올 수 있기 때문이다. 만약에 어느 순간, 세계인재의 이동이 본격화된다면, 이는 동시에 자본의 이동도 일으킬 것이며 그 결과로써 한반도는 엄청난 변화를 경험하게 될 수 있다. 쉽사리 예단하기 어렵지만, 그 변화는 단순한 산업화의 연장이 아니며 정보사회의 새로운 장(場)으로 열릴 수 있다.

물론, 객관적 시각에서 한반도의 새로운 경제지형변화가 어떻게 그렇게 큰 변화를 일으킬 수 있느냐고 의문을 제기할 수 있다. 그런데 앞서의 미국(중심국) 대비 동아시아 4국(한반도 협력)의 비교표에서 살펴본 것처럼 한반도의 남북한 협력으로 경제적 양적 측면이 변화한다면 지렛대 효과가 발생할 수 있다. 이는 동아시아의 중심을 상하이와 도쿄가 아닌 한반도의 중심지로 이동시키는 결과를 가져올 수 있음이다. 중국의 상하이가 중심인가, 아니면 일본의 도쿄가 중심인가에서 약간의 무계중심이 그 중간 지점으로 쏠리면서 한반도에 중심지가 등장한다는 것이다. 이는 마치 17세기의 안트베르펜이 스페인의 광기에 의하여 초토화되면서 안트베르펜의 인재들이 암스테르담으로 이동했던 상황으로 비견할 수 있다. 한반도의 남쪽에서 섬나라 한국만으로도 동아시아의 3개국에 순위를 올렸는데 소외되었던 북한까지 포함된다면 태평양과 유라시아를 연결하면서 동아시아의 중심지역이 될 수밖에 없다는 논거이다. 본 연구 <평양과 베네치아>가 지향했던 목적지는 그래서 새로운 동아시아의 중심지, 신(新) 베네치아로 향하는 길목에서 한반도를 재발견할 수 있는 좌표에 있다고 하겠다.

제15장

한반도 공화국의 재발견

1. 한반도의 공화국

지금까지 베네치아공화국의 천년 역사를 통하여 공화국이란 무엇인가를 파악하고자 하였다. 베네치아를 통하여 이해했던 공화국의 역사는 지중해에서 시작된 해양역사였고 이는 대서양의 암스테르담, 런던, 뉴욕으로 이어지면서 태평양으로 향하고 있었다. 그리고 해양공화국의 역사 초점은 어느 순간, 태평양과 유라시아의 접점인 한반도의 공화국 인근으로 모여지고 있음도 발견한다.

(1) 제국을 향한 독립전쟁 : 오랜 해양공화국의 역사 가운데 빠뜨릴 수 없는 것은 제국과 벌인 그들의 독립전쟁이었다. 베네치아의 공화국 역사는 서기 9세기, 프랑크제국과 벌인 독립전쟁에서 시작되었고, 암스테르담의 공화국 역사도 스페인제국과의 독립전쟁에서 비롯되었다. 우리가 잘 알고 있는 세계적 공화국의 중심지 미국도 그 시작은 대영제국과의 독립전쟁에서 시작되었다. 돌이켜보면, 해양공화국의 역사는 제국에 대한 저항과 독립정신에서 비롯되고 이러한 부분에서 한반도의 공

화국 역사도 일맥상통하는 공통점을 지녔다.

고려에서 조선으로 이어지는 단일한 천년왕국(서기 918~1910)의 역사를 지닌 한반도이지만, 20세기의 한반도는 30여 년 이상 단절된 역사를 경험했다. 동부 유라시아를 장악했던 일본의 제국주의에 항거했던 한반도의 독립전쟁은 치열하게 계속되었고, 수많은 의병과 투사들이 저항의 역사를 써 내려갔다. 한반도는 일제에 저항했으나 중국을 정복했던 청나라의 만주족은 역사에서 완전히 사라졌다. 한반도는 독립 만세운동을 주도하면서 억눌려있던 중국의 한족들에게 민족의식을 일깨우기도 했다. 한반도는 임시정부를 세우고 국권 회복을 위한 피의 투쟁을 계속했으며, 전 세계의 주요열강에 한반도 독립의 당위성을 알렸다. 제 2차 세계대전에서 연합군이 승리하고 일본제국이 패망하면서 한반도는 독립할 수 있었지만, 연합군의 이해관계 충돌과 미국과 소련의 치열한 갈등은 한반도를 냉전 구도로 나누었다.

소련군이 진입한 북한지역에는 조선민주주의인민공화국이, 미국군이 진입한 남한에는 대한민국이 세워졌고 민족 간의 이데올로기 갈등도 해소되지 못했다. 그럼에도 불구하고 분단된 한반도의 그 누구도 왕국을 세우는 것에는 동의하지 않았다.[1] 하나가 되어야 한다는 당위성은 있었지만, 한민족이 경험한 동족상잔의 비극은 서로를 완전히 갈라서게 했으며 북한은 무력에 의한 통일을, 남한은 경제적 번영을 추구하면서 오랜 기간 경쟁하였다. 그 결과, 북한은 핵무기를 개발했고 남한은 세계적 상품과 최고의 반도체를 개발했다. 소련은 사라지고 북한도 동유럽의 체코공화국과 같이 공산체제에서 탈피할 수 있었지만, 새로운 공산제국으로 부상한 중국의 간섭으로 계속된 고립과 가난의 굴레를 벗어나지 못했다. 그러나 최악의 조건에서도 북한은 21세기 초, 고도의 핵무기와

---

1) 제2차 세계대전에서 무조건 항복했던 일본이지만, 미국의 점령군 사령관인 맥아더에게 자신들의 일왕 제도만은 반드시 지킬 수 있도록 간청했던 것은 잘 알려진 사실이다. 만일, 일본에서 일왕 제도가 폐지되고 미국식 공화제처럼 바뀐다면, 평범한 일본인조차 미국인에 대하여 어떤 치명적인 테러를 감행할지 모른다고 위협했을 정도였다. 결국, 미국은 일본에 대한 안정적인 통치를 위하여 일본의 왕국체제를 그대로 유지할 수 있게 허용했다.

대륙간탄도유도탄(ICBM)을 제작하였고, 이로써 북한은 자유로운 공화국으로서 중국의 공산제국에서 탈피할 가능성을 확보할 수 있었다.

(2) 복종을 거부한 한반도의 역사 : 한반도의 공화국은 하나가 아닌 두 개다. 20세기 미국과 소련의 냉전체제 산물이 동아시아에는 그대로 남아 있고, 소련은 해체되었지만, 중국의 공산당은 그대로 남아있다. 중국은 덩샤오핑(鄧小平)의 적극적인 개방정책으로 중국의 국부론을 추구했지만, 정치적으로는 공산당 독재체제를 고수하면서 북한의 개혁과 개방을 은밀히 반대하였다. 북한의 최고지도자였던 김일성이 적극적인 대외개방정책을 추진하고 대한민국과 미국과의 관계개선을 시도하였을 때, 중국 공산당의 입장은 분명하게 드러났다. 중국의 자유화를 요구하면서 시위했던 자국의 국민 수천 명을 천안문에서 사살했던 중국의 공산당이 북한의 자유화를 결코 방관할 수 없었기 때문이다.

중국의 공산당 정부는 한반도의 자유화가 중국으로 밀려드는 것을 적극적으로 막아섰고 북한의 고립을 유도했지만, 북한은 그런 복종을 거부했다. 북한의 공화국 정부는 중국 공산당의 은밀한 방해와 고립화정책에도 불구하고 자력갱생을 외쳤고, 고난의 행군을 강행했으며 마침내 핵무기와 대륙간탄도유도탄을 자력으로 개발했다. 이와 같은 북한의 핵무장은 외견상 미국이나 대한민국에 위협을 주는 것 같지만, 사실은 중국의 공산당 정부를 가장 위협하는 것이고 실제로 중국을 가장 난처한 상황으로 몰고 갔다. 중국은 시진핑 정부가 출범한 이후 수년이 지난 2017년까지도 북한정부의 최고지도자를 단 한 번도 만나지 않았다. 남북한이 2018년 동계올림픽을 계기로 친밀한 관계로 전환하고 2018년 4월 27일, 판문점에서 대한민국의 문재인 대통령과 양국 수뇌가 만나고 곧이어 미국의 트럼프 대통령을 만날 계획이 나오자 시진핑은 급작스럽게 불과 몇 달 사이에 북한의 최고지도자를 수차례 만났다. 북한의 공화국 정부와 중국의 공산당 정부가 지닌 민낯과 묘한 관계성을 암묵적으로 설명해주는 부분이다.

시진핑은 북한을 계속 자신들의 공산제국 내에 묶어 놓으려 하지만,

북한의 공화국 정부는 핵무장을 기반으로 중국 공산제국에서 벗어나려 하고 있다. 시진핑은 북한의 독립적 공화국의 지위를 인정하고 싶지 않지만, 핵무기를 독자 개발한 북한은 자유로운 공화국으로서 번영을 추구할 수 있는 권리를 획득했다. 만일 중국의 공산제국이 계속하여 북한의 공화국을 통제하려 한다면, 중국은 미국과의 심각한 무역 전쟁뿐만 아니라 군사적 공격 가능성과 함께 일본의 핵무장까지도 견뎌야 할 상황이다. 이는 자칫 제2의 천안문 사태로 이어질 수 있고 중국 공산당 정부의 붕괴를 촉진할 수 있기에 중국의 시진핑도 그렇게 무모한 시도는 하지 않기를 기대한다. 따라서 만일, 북한의 공화국 정부가 중국의 공산제국을 탈피하여 진정한 독립을 쟁취한다면, 자유로운 국제사회에서 새로운 한반도의 공화국 역사를 만들어 나갈 준비를 적극적으로 해야 한다고 할 수 있다.

(3) **공화국의 정상화 :** 북한을 공화국이라고 하지만 정상적일 수 없었던 배경에는 여러 원인이 있겠지만, 소련과 중국 공산당 정부의 억압적 통제 부분이 컸다. 그런데 중국 공산당 정부의 통제에서 벗어난다면, 북한은 본격적으로 비정상적인 공화국 체제를 탈피하여 정상적으로 공화국을 개선할 준비(Normalization of DPRK)를 해야 한다. 이를 위해서는 빠른 진행 과정이 요구되지만, 시행착오를 최소화하기 위하여 관련 사례를 연구하여 치밀하게 준비할 필요도 분명히 있다. 특히, 앞서 언급된 아테네의 해양 민주주의와 로마의 보편적 공화주의 사례에서는 민주정치와 공화국의 기본적 특성에 주목하여야 한다. 인민들은 신분과 태생에 구애받지 않고 자신의 노력 여하에 의하여 공정하게 대우받고 잘 살 수 있도록 공화국은 제도를 정비해야 하기 때문이다. 또한, 공화국은 그 인민들이 하나의 단결된 공동체로서 공화국을 공동으로 소유하지만, 그 공동체가 공화국의 올바른 주인 역할을 할 수 있도록 체제를 정비하여야 한다.

이를 위해서는 베네치아공화국이 보여주었던 사례 가운데 민주제 공화국에서 귀족제 공화국으로 전환된 사례를 참고할 수 있다. 조선민주주의인민공화국은 비정상적인 상황에서 오랜 기간 폐쇄되고 고립된 상황에 있었기 때문에 일정 기간의 공화국 정상화 기간은 필수적으로 요구되기 때문이다. 북한이 더 빨리 잘 살 수 있도록 이상적인 민주제 방식의 빠른 개혁과 개방도 필요하지만, 정치적 측면에서 아테네식 민주정치는 위험할 수도 있다. 이와 같은 맥락에서 베네치아공화국이 보여준 이상과 현실 사이의 그라데니고 정치개혁은 분명 참고할 부분이 있다. 본래 왕이나 귀족이 없었고 신분 차별도 거의 없었던 베네치아였지만, 공화국의 안전한 유지를 위하여 인위적으로 정치 귀족을 만들어 급격한 정치적 변동을 막을 수 있도록 정치체제를 개혁했기 때문이었다. 물론, 베네치아의 정치 귀족은 정치적 귀족일 뿐 경제적 이익을 취하는 데 결코 특권을 누릴 수 없었고 권한을 남용할 경우, 더욱 심각한 처벌을 받았다.

북한은 공화국의 정상화를 위하여 개혁과 개방을 추진하지만, 불가피하게 정치적 안정세력인 전통적인 엘리트집단의 존재는 필요할 수 있다. 북한의 보수적인 정치적 엘리트집단은 공화국의 주요 정책 결정 과정에 직-간접적으로 개입하면서 정치적 안정화를 추구할 수 있기 때문이다. 이는 이상적인 민주제 공화국에서 빈번히 나타날 수 있는 정치적 불안정 요소를 사전예방하기 위함이라고 하겠다. 예컨대, 공화국의 최고인민회의에 참석하는 대의원의 수(약 600~700명)를 몇 배(약 2,000~3,000명)로 증가시키고 승계를 가능할 수 있게 함으로써 베네치아공화국의 대국회와 같은 역할을 할 수 있도록 조정할 필요가 있다. 미국의 상원의원과 영국의 상원의원 성격을 혼합한 역할기능으로 이해할 수 있는데 공화국의 하원의원 역할과는 분명히 구분될 수 있는 기능이 있다. 북한은 공화국의 정상화를 위해서 선거구별로 자유롭게 하원의원을 선출하는 제도를 마련하지만, 동시에 대규모의 상원의원 회의체를 상설화하여 국정의 연속성과 안정성을 확보할 수 있도록 하여야 한다. 공화국의 정상화를 위하여 공화국 인민의 의사를 적극적 반영할 수 있는 민주적 선출절차에 의하여 하원을 구성하지만, 공화국의 안정화를 위하여 보수적 정치 엘리트집단의 성격을 지닌 대규모의 상원의원 회의체도 동시에 설치하여 균형감 있게 운영될 필요가 있다는 것이다.

2. 공화국의 소유권과 운영권

북한은 형식적으로 공화국이지만 북한의 일반 주민들은 공화국에 대한 소유권도 운영권도 갖지 못한 채, 비정상적인 공화국 상태에서 생활하였다. 이와 같은 상황에서 개혁과 개방이 준비 없이 추진된다면 공화국은 매우 위험한 상황에 직면할 수도 있다. 따라서 이와 관련된 공화국의 소유권과 운영권의 정상화를 위하여 다음의 주요 사항을 기본적으로 준비할 필요가 있다.

(1) 공화국의 정치적 행위 제한 : 공화국의 정치적 행위는 공화국에 대한 소유권을 행사하는 부분과 밀접한 관련성을 지니고 있다. 이상적 측면에서 공화국의 소유권은 인민에게 있고 인민은 공화국을 직접 통치하여야 하겠으나 공화국의 정상화를 위하여 인민 다수의 정치적 행위가 어느 쪽에 편향되지 않도록 현실적인 제한이 필요할 수 있다. 그러나 공화국의 소유권과 반대로 공화국의 운영권에 대한 부분은 적극적으로 개선할 필요가 있다. 공화국의 소유권과 관련된 부분이 공화국의 정치적 행위와 관련이 있다면, 공화국의 운영권과 관련된 부분은 공화국의 경제적 행위와 관련이 많기 때문이다.

공화국의 정상화를 위하여 북한은 공화국의 소유권이 아닌 공화국의 운영권에 초점을 맞추어 개혁과 개방을 추진하는 근거를 만들어 나가야 한다. 북한은 오랜 기간 폐쇄된 상황에서 고립되어서 자칫 공화국의 소유권과 운영권을 혼동할 수도 있다. 특히 주식회사와 같은 사기업의 운영과 관련하여 생소한 부분도 많기에 공화국의 운영권이라는 것이 정확히 와닿지 않을 수도 있다. 그렇지만 경제적 측면에서 공화국의 운영권을 공화국의 다음과 같은 정부 역할로 예시한다면 좀 더 쉽게 이해할 수 있다. 본래 공화국은 "자유로운 인민이 자신의 재산을 소유하고, 그의 생명과 재산을 안전하게 지키고 번영하기 위한, 공동의 목적을 위해서 모인 공동체"라는 것을 베네치아, 암스테르담, 런던 그리고 뉴욕의 사례를 통하여 이해할 수 있었다. 공화국의 정부는 인민이 자유롭게 행동할 수 있는 자유권을 보장하며 동시에 그들의 재산을 안전하게 지켜줄 수 있어야 한다는 것이다.

이와 같은 이유에서 공화국은 특정인이나 특정 집단이 소유한 사유물도 아니지만, 그렇다고 인민 전체를 합쳐서 단순하게 공화국이라고 치부할 수도 없다. 공화국에서는 개인과 공동체의 가치가 모두 소중한 것이기 때문이다. 공화국의 어떤 것도 소유하지 못한 인민들이라면 그런 인민은 사실상 공화국의 주권과 관련이 없는 공화국의 노예에 불과하다. 따라서 공화국의 정상화를 위해서 공화국의 정부는 공화국의 전체이익을 크게 훼손하지 않는 일정 범위 내에서 인민들 각 세대에게 공화국의 일정 토지를 소유할 수 있도록 분배하는 정책을 실행할 수 있도록 운영되어야 한다.

(2) 공화국의 자산에 대한 재분배 : 공화국에는 주권이 행사되는 영공과 영해 그리고 영토가 있다. 공화국의 1인이 그 모든 것을 소유하고 있다면 그것은 전제군주국이라고 할 것이며 소수의 귀족만이 소유하고 있다면 봉건적 귀족국가라고 할 것이다. 공화국은 전제군주국도 봉건적 귀족국가도 아니다. 로마공화국에서부터 베네치아공화국과 네덜란드공화국 그리고 미국의 현대공화국에 이르기까지 공화국의 인민들은 자신의 토지를 소유하고 있었다. 만일, 인민들이 토지를 소유하지 못하고 있다면 그것은 공화국이 아니다. 어떤 명분과 이데올로기로 포장하여도 공화국의 주권이 행사되는 영토에 자신의 소유권을 영구히 주장할 수 없는 체제라면 공화국과 인민은 하등의 관련성이 없기 때문이다. 공화국의 인민들은 자신의 소유물을 지키기 위해서 단결했고, 모든 것을 강점하고자 하는 제국의 왕과 투쟁하였으며, 아무것도 소유하지 못한 제국의 노예들을 상대로 승리를 쟁취했기 때문이다.

공화국의 정상화를 위하여 공화국의 인민은 공화국의 토지를 소유할 수 있어야 한다. 전 세계의 많은 나라가 자신의 나라를 공화국으로 칭하지만, 어떤 이유에서든 인민들이 그 나라의 토지를 소유할 수 없고 특정인과 특정 집단만이 소유할 수 있다면, 그 나라는 분명 정상적인 공화국이 아니다. 사실상의 군주국이나 봉건적 귀족국가에 불과할 뿐이다. 공화국의 주권이 미치는 영토에 돈이 있어도 자신의 토지를 소유할 수 없는 공화국의 인민이라면 그는 사실상 노예에 불과하다. 노예는 일시적으로 돈을 가질 수 있지만, 법적으로 자신의 토지를 소유할 수는 없기 때문이다. 자신의 것을 소유한 것이 없고 그래서 자신의 것을 지킬 것도 없는 나라에서 그 나라의 번영을 위하여 함께 공동으로 노력할 이유는 없다. 나의 것이 없는 나라에서는 나의 번영과 나라의 번영이 상관없는 것이고, 그것은 결코 공화국의 가치가 될 수 없다. 공화국에서는 나의 소유물이 있기에 빈부의 격차가 생길 수 있고 그런 사회적 문제들을 풀기 위하여 공화국 정부의 바람직한 개입과 국가운영이 필요할 뿐이다. 모두가 노예라면 빈부의 격차도 없고 사회적 불평등이 일어날 필요도 없으며 정부도 존재할 이유가 없다.

따라서 북한의 공화국이 정상화되기 위해서는 북한 전체의 공동체 이익을 훼손하지 않는 범위 내에서 인민들에게 자신의 토지소유권을 가질 수 있게 권리를 부여하여야 한다. 오랜 기간에 걸쳐, 대부분의 북한 인민은 토지를 개인적으로 소유할 수 없었고 그 결과, 공화국의 토지는 공화국의 소유였을 뿐, 공화국의 인민과는 전혀 관계가 없는 것이었다. 이는 공화국의 인민들이 공화국과 관련 없는 인민이거나 공화국이 아닌 곳에 사는 비정상적 상황이었음을 반증한다. 이와 같은 맥락에서 수십 년 동안 공화국에서 자신의 토지를 소유할 수 없었던 북한의 인민들에게 공화국 정부는 각 세대 단위로 인민들이 자신의 집을 짓거나 지을 수 있는 최소한의 토지를 소유할 수 있도록 공화국 자산의 재분배를 시행하여야 한다. 자신의 토지를 소유한 인민이 보편적으로 더 많을수록 그 공화국의 장기적 발전 가능성도 더 커지기 때문이기도 하다.

(3) 공화국 인민에 대한 기본소득 제공 : 북한의 공화국이 일정 기간, 정상화되는 과정에서 앞서 언급한 토지소유권의 재분배가 공화국 자산

의 부동산(不動産)과 관련된 것이라면, 기본소득은 공화국 자산의 유동자산(流動資産)과 관련된 것이다. 북한의 인민들은 오랜 공화국의 비정상적 상태에서 국가적 배급체제가 원활하지 못했고, 아직은 개방화된 시장체제에 적응하지 못한 상황이므로 이를 보완하기 위한 공화국 정부의 역할은 매우 절실하다. 공화국이 정상화되는 진행과정에서 자연스럽게 토지소유권의 재분배와 기본소득의 필요성이 줄겠지만, 초기의 일정 기간까지 공화국 정부는 공화국의 운영권 차원에서 강력한 역할을 해야 한다. 즉, 인민들이 세대별로 자신의 주택을 지을 수 있는 최소의 토지를 소유할 수 있도록 하는 한편, 모든 인민이 개방된 세계에서 안전한 생활을 할 수 있도록 최소의 기본소득을 인민들에게 제공할 필요가 있다는 것이다.[2]

이를 위하여 공화국의 정부는 방치된 공화국의 영토에 대하여 기본적인 토지조사를 실행하고 공화국의 효율적 토지관리를 위한 국토계획을 수립하여야 한다. 이와 관련해서는 공화국의 민주적 보편주의, 효율적 관리주의, 정치적 반독점주의라는 차원에서 논의될 부분이지만, 현재의 북한의 인적 자원 수준에서 충분히 실행할 수 있는 내용이다. 그럼에도 불구하고 토지 재분배와는 달리 북한의 2천 5백만 인민들에게 기본소득을 공급한다는 것은 현재의 공화국 형편에서 결코 쉬운 과제가 아니다. 주민에게 기본소득을 제공하는 미국의 알래스카는 지역 인구수에 비교하여 천연자원 판매 수입이 많기에 기본소득 제공이 가능하지만, 북한의 상황은 전혀 다르기 때문일 것이다. 이와 관련한 구체적 연

---

2) 미국의 독립을 주장했던 18세기의 영국인, 토머스 페인은 1797년에 출간된 <토지분배의 정의>를 통하여 자신의 공화주의적 주장을 피력한 바 있다(네 번째 대화 참조). 그것은 21세기의 화두로 떠오른 '기본소득'에 대한 앞선 주장이었는데 문명화된 공화국에서는 최소한 어떤 인민도 극빈 상태에서 벗어날 수 있도록 공화국 정부가 책임을 져야 한다는 내용이었다. 기본소득제는 재산, 노동의 정도와 관계없이 모든 국민에게 최소의 생활비를 지급하는 제도이다. 1982년, 기본소득제를 도입한 지역은 미국의 알래스카인데 주민 복지를 위한 기금을 만들어 기본소득으로 제공하고 있다. 성별 및 나이와 관계없이 모든 주민에게 1년에 한 번, 어떤 조건도 달지 않고 배당금을 지급하는 방식이다. 토머스 페인이 주장한 기본소득제가 약 200여 년이 지난 오늘날, 미국의 연방공화국 일부 지역에서 실행되고 있는 셈이다.

구는 별도로 진행되고 있지만, 간략한 개념만 살펴보면 앞서 소개된 공화국 자산의 재분배와 깊은 관련성이 있다.

예컨대, 북한의 모든 세대(약 600만 세대)에게 주택을 소유할 수 있는 택지를 공급하기 위해서는 평양 규모의 대도시가 북한 전역에 약 5개~6개 정도 세워져야 한다. 북한이 폐쇄되고 고립된 상황에서는 이러한 도시건설 계획은 불가능하며 무의미하지만, 북한의 개혁과 개방이 성공적으로 진행된다면 막대한 확산 효과(spill-over effect)가 일어날 수 있다. 개혁과 개방으로 개발자금이 투입되어 북한 전역에 도로와 철도 그리고 항만설치(기본 인프라)가 완비되고, 그 중심에 대도시가 세워지면 공화국 인민의 작은 택지뿐만 아니라 공화국이 소유한 막대한 국공유지의 가치도 급상승할 수 있기 때문이다. 공화국이 소유한 국공유지는 지속적인 수익을 낼 수 있는 구조로 운영될 수 있으므로 그 재원을 기금화하여 북한 인민 모두에게 기본소득을 제공할 수 있다.

3. 세계적 공화국의 승계 조건

지중해의 베네치아공화국에 이어서 대서양 시대를 맞이했던 17세기의 암스테르담, 18.5세기의 런던, 그리고 20세기의 뉴욕은 세계적 공화국의 중심지가 되었다. 이곳에는 당대 최고의 세계인재들이 모였고 세상의 재화가 몰려들면서 번영의 중심지가 되었다. 그렇다면 21.5세기의 태평양지역에 등장할 세계적 공화국의 중심지는 과연 어떤 조건을 갖추어야 할까?

(1) **민주적 보편주의** : 태평양에 인접한 동북아시아 쪽으로 세계적 공화국의 이동 경로가 형성된다고 하여도 한반도가 분단된 상황에서는 큰 가능성이 없었다. 오히려 일본의 도쿄, 중국의 상하이가 동북아시아에서 훨씬 우월한 지위를 지니고 있고 이는 앞서의 13장에서도 실증적 측면에서 살펴보았다. 일본왕국의 수도인 도쿄, 중국 공산당 정부의 경제중심지 상하이가 공화국이 아니면서도 태평양-동아시아 시대를 맞이하여 중심이 될 가능성이 크다. 그런데 한반도의 분단된 두 개의 공

화국이 긴밀하게 협력한다면, 그것도 상호 간의 긍정적 시너지를 발휘할 수 있을 정도로 융합할 수 있다면, 동북아시아의 중심은 한반도가 될 수 있고 세계적 공화국 지위를 승계할 가능성도 매우 높다.

물론 이러한 평가에는 세 가지 중요한 전제조건을 충족하여야 한다. 첫 번째는 한반도 양쪽 모두의 공화국에 민주적 보편주의가 확고하게 자리 잡고 있어야 한다는 것이다. 어떤 이데올로기적 편견에서도 자유로울 수 있어야 하며 자유와 번영을 위해서 자발적으로 모인 공화국에서 국적이나 인종 그리고 종교에 관계하지 않고 각 개인의 실력을 최상위의 평가 기준으로 하여야 하고, 차별에 따른 억울함이 있어서는 안 된다. 사람 사는 세상에서 약간의 불이익과 이익은 있을 수 있지만, 가장 중요한 것은 실력이고, 공정함에 의하여 갈등과 분쟁이 해소되며 객관적으로 평가받는 자연법적 원칙이 적용되어야 한다. 매우 단순한 기준이지만, 자연법적 원칙은 민주적 보편주의의 기본이면서 동시에 베네치아, 암스테르담, 뉴욕의 전성기에 가장 잘 통용된 원칙이기도 하였다.

이와 같은 맥락에서 보면, 한반도의 통합적 공화국 시대가 활짝 열리기 위해서는 기존의 기득권에서 벗어난 새로운 공화주의적 가치를 형성할 수 있는 새로운 해양도시가 필요하다는 판단에 이르게 된다. 서울이나 평양보다 한반도의 중심에 있고 동시에 바다에 인접한 개성공업지역이 있는 주변에 그것의 잠재적 개발 가능성이 더 높다고 할 수 있다. 한반도의 중심지역에 민주적 보편주의가 잘 적용될 수 있는 새로운 도시, 세계적 공화국의 뉴욕과 같은 해양도시를 만들 수 있다는 것이다.

(2) **효율적 관리주의** : 정부조직의 효율적 관리 측면은 세계적 공화국이 되기 위한 중요한 승계조건이었다. 베네치아공화국에서는 도제(Doge)와 대국회를 중심으로 공화국의 효율적 관리가 가능했고 암스테르담에서는 스타트하우더와 연방의회, 그리고 미국에서는 대통령과 상하원제의 의회를 중심으로 정부의 효율적 관리주의를 실행했다. 베네치아 해양공화국의 승계자로서 정부의 효율적 관리주의는 중요한 조건이었으며 전성기를 누리던 시절, 그들의 정부가 보여주었던 효율적 관리

주의는 빛이 났었다.

앞서 설명한 바와 같이 네덜란드공화국의 전성기를 이끌었던 빌럼 (윌리엄) 3세는 위기의 공화국을 전쟁에서 구하였을 뿐만 아니라 암스테르담의 상인과 금융가의 지원을 받아서 명예혁명을 일으켰고 영국의 국왕에 등극한 바 있었다. 위기를 기회로 만든 빌럼 3세의 암스테르담 정부는 효율적 관리의 대명사라고 할 정도였다. 그렇지만 빌럼 3세와 세계인재들이 런던으로 떠난 이후 암스테르담 정부는 급속히 비효율적으로 쇠퇴하였다. 영국의 런던 정부는 근대적으로 제도화되어 의회정치가 안정화되고 입헌군주제의 모범을 보였지만, 핵심세력이 떠난 암스테르담의 정부는 우왕좌왕하면서 비효율적 정부로 전락했다. 그 결과, 17세기 최고의 황금시대를 열었던 네덜란드는 중심국가의 지위를 18세기의 영국에 넘겨주어야 했고 얼마 지나지 않아서 영국은 산업혁명을 주도하면서 세계의 해양제국으로 발전하였다.

최근의 상황에서도 세계적 공화국, 미국의 연방정부가 효율적 관리를 실행하지 못한다면 미국도 중심국가의 지위를 타국에 넘겨줄 수 있다. 물론, 미국의 연방공화국이 어떤 정부보다 효율적인 정부로서 국가관리를 잘한다면 미국은 계속 중심국가의 지위를 유지할 것이고 뉴욕도 세계적 공화국의 중심도시로 번영을 지속할 수 있을 것이다. 그렇지만 앞서 브로델이 언급했던 것처럼 정부의 효율적 혁신작업이 크게 일어난다고 하여도 시대적 상황이 바뀐다면 즉, 대서양 시대에서 태평양 시대로 중심지가 이동한다면 미국 정부에 의한 효율적 혁신만으로는 중심지의 변동을 막아설 수 없다는 주장도 설득력이 있다.

(3) **정치적 반독점주의** : 공화국은 군주제와 귀족제 그리고 민주제의 요소를 혼합한 정체로 미국의 연방공화국 헌법이 지닌 삼권분립체제도 비슷한 맥락에서 이해될 수 있다. 만일 공화국을 추구하면서 정치 권력의 독점을 향한다면 이는 공화국의 변질로 이어질 수밖에 없고 일종의 형식적 공화국이 되면서 번영과는 거리가 멀어질 수 있다. 베네치아는 로마공화국이 로마제국으로 변질되는 과정을 경험하면서 권력의 집중을

지속해서 견제하였다. 17세기의 네덜란드공화국도 최고지도자인 스타트하우더와 연방의회 사이에 권력균형을 이루면서 상거래를 활성화하고 자본시장을 뜨겁게 달아오를 수 있게 만들었다.

한반도의 공화국이 하나의 권력체제로 통일되는 것이 반드시 바람직하지만은 않다는 것은 일종의 정치적 반독점주의와 관련하여 이해할 수 있다. 한반도의 두 개 공화국은 상대적으로 서로 다른 정치체제로 운영되어야 하고, 그렇게 하여야 상호 간의 긍정적인 시너지 효과가 발생할 수 있기 때문이다. 상대적으로 북한의 공화국은 베네치아공화국과 비슷한 정치적 엘리트 중심의 공화국 특성을 가질 필요성에 대하여 앞서 언급한 바 있다. 만일 북한의 공화국이 남한의 공화국과 비슷하게 민주적 성향이 강한 공화국으로 간다면 그것은 상당 기간 정치적 혼란에 빠질 가능성이 크다. 반대로 북한의 공화국이 현재처럼 고립되고 폐쇄된 상태에서 공화국의 정상화를 계속 늦춘다면 그 또한 심각한 혼란을 자초할 수 있다.

한반도의 공화국은 서로 다른 것을 장점으로 살려내야 하며 이를 위해서는 북한의 공화국도 정치적 권력을 계속 유지하고, 남한의 공화국도 정치체제를 안정적으로 운용하여야 한다. 기계적인 정치 체제적 통일은 해묵은 생각에 불과하며 이는 한반도의 공화국을 오히려 약하게 만들 수 있다. 남북한이 서로를 보완대상으로 삼고 상호 활용할 수 있는 협력적 융합체제가 한반도에 필요한 것이고 이를 위해서는 남북한의 정치체제가 어느 쪽으로 쏠리는 현상도 막아야 한다. 한반도의 두 공화국이 언젠가는 하나의 정치체제로 자연스럽게 통합되는 순간이 오겠지만, 그것은 급할 것도 없고 시급한 과제도 아니다. 오히려 태평양－동아시아 시대를 맞이하면서 한반도의 서로 다른 공화국은 각자의 차이를 보완하고 상호 효율적으로 협력할 수 있도록 노력함으로써 공동 번영할 수 있는 것이 더 큰 가능성으로 이어지는 길이라 하겠다.

현대적 공화주의자, 한나 아렌트

사회자 : 키케로, 마키아벨리, 스피노자, 토머스 페인에 이어서 끝으로 모실 다
섯 번째 초대 손님은 현대적 공화주의자 한나 아렌트입니다. 대표작은
<전체주의의 기원>이며 유대계 여성 정치철학자이십니다. 제2차 세계
대전의 전범 재판을 참관한 후에 저술한 <예루살렘의 아이히만: 악의 평
범성에 대한 보고서>로 대중적으로도 유명해지신 분이지요. 오늘은 특히
갑작스럽게 병환으로 세상을 떠나시기 전, 생애 마지막으로 출간된 역작
<공화국의 위기>를 통하여 20세기를 대표하는 공화주의자로 모시게 되
었습니다. 초대 손님의 약력을 간략히 소개하겠습니다.

Who is …

한나 아렌트

☑ 본명은 Hannah Arendt, 서기 1906년 태어나서 1975
년에 세상을 떠남(69세).
☑ 독일 하노버에서 태어났으며 실존주의 철학자. 야스퍼
스로부터 지도를 받고 박사학위를 취득했으나 유대인
차별로 독일에서는 교수가 될 수 없었음.
☑ 독일 나치 정부의 탄압을 피하여 프랑스로 망명, 유대
인을 도왔지만 프랑스마저 독일에 점령되어 유대인수
용소에 감금되었음.
☑ 수용소에서 극적으로 탈출하여 미국으로 망명했고 정
착하게 됨.
☑ 행동하는 지식인으로서 프린스턴 대학 등에서 교수로
강의했으며 현대적 시각에서 공화주의를 이해할 수 있
는 연구서를 다수 출간.

한나 아렌트 : 세상을 떠난 지 오래되지 않았다고 생각했는데 어느새 상당한
시간이 흘렀네요. 제가 살았던 20세기는 이전에 초대받고 나오셨던 공화
주의자 분들이 살았던 고대와 중세 그리고 근대에서는 상상조차 할 수
없었던 엄청난 규모의 세계대전을 두 번이나 치렀던 시대입니다. 그런데
전쟁의 시대에 독일에서 그것도 유대인 가정에서 태어났다면 대충 상상이

가시겠지요. 많은 상처와 아픔을 받았던 독일에서의 젊은 시절, 저는 철학자 칸트와 하이데거를 사랑했던 평범한 여성이었습니다.

사회자 : 칸트의 고향 마을에서 어린 시절 당신이 성장하면서 자연스럽게 철학자 칸트를 흠모했고 그래서 철학 소녀로 성장했다는 것은 알고 있습니다. 그렇지만 당신과 나이 차이도 크지 않은 현상학의 대가, 하이데거를 사랑했다는 것은 좀 의외네요.

한나 아렌트 : 저와 하이데거 사이의 학문적-애정적 관계를 잘 모르시는군요. 꽤 유명한 러브스토리인데⋯⋯. 저에게 하이데거는 젊은 선생님이셨지만 저를 보았던 하이데거의 눈에 아렌트는 아름다운 아가씨였을 것입니다. 충분히 사랑할 수 있는 관계이지요. 물론 하이데거가 히틀러의 나치 정부에 협조하면서 우리의 연애감정은 끝이 났고 결별을 하게 되었지만 제2차 세계대전이 끝나고 전범 재판에 처했을 때, 저는 하이데거를 변론하고 옹호하는 데 조금도 주저하지 않았답니다.

사회자 : 아, 제가 미처 그 부분을 잘 몰랐습니다. 저는 나치 정부에 저항하며 유대인들을 구출해내는 당신의 강인한 모습만 기억하고 있었네요. 알고 보니 당신의 젊은 시절은 대단한 로맨스로 장식되어 있군요. 나치 정부를 옹호한 하이데거와 나치 정부를 증오한 한나 아렌트의 사랑이라니 말입니다.

한나 아렌트 : 젊은 시절 사진을 보시면 아시겠지만, 저 스스로가 보아도 한나 아렌트는 너무도 아름다웠답니다. 선생님이면서 연인이었던 하이데거와의 사랑도 연애소설에나 나올 정도였지요. 그렇지만 전체주의를 표방하며 민족적 순혈주의를 외쳐대면서 독일 정부를 유대인 학살을 위한 살인 도구로 만들었던 나치즘은 저의 인생을 완전히 뒤바꿔 버렸습니다. 인간 사냥꾼 같았던 나치의 비밀경찰에 쫓기며 도망쳤던 유대인 여성으로 수용소에 끌려가 죽음의 목전에 이르렀다가 기적적으로 탈출하면서 역사의 산증인으로 살았고, 이후의 저의 삶은 아름다운 여인으로만 살 수 없었습니다. 자 이제 본격적으로 저의 이야기를 시작하도록 하지요. 저는 독일에서 태어나 프랑스로 망명했고 다시금 미국으로 망명해서도 10년 가까이 무국적자로 살았던 유대인이기에 미국이라는 공화국의 의미는 특별했습니다. 제2차 세계대전이 끝나고 한국전쟁이 시작된 직후에 발간했던 <전체주의의 기원>은 그런 저의 인생역정에서 경험적으로 체득된 대표적 연구 결과물이었습니다. 특정 이념에 매몰되어 광란적으로 표출되었던 전체주의 틀 속에서 나치주의와 공산주의의 공통적 모순을 파헤쳤고 이에 대항

할 자유주의와 공화적 가치를 재인식하고자 했던 것입니다.

사회자: 당신은 정말 20세기를 뜨겁게 사셨던 분이군요. 특히 나치주의와 공산주의의 극단성을 공통된 전체주의로 지목한 부분은 당신을 더욱 특별한 학자로 주목하게 합니다. 어쩌면 당신은 세계전쟁이라는 광기의 시대를 살았기에 그래서 평온한 인생이 송두리째 바뀌면서 20세기의 공화주의자로 거듭날 수 있었던 것 같습니다. 유럽에서 미국으로 망명해서 처음 출간했던 1951년의 <전체주의의 기원>과 대비하여 볼 때, 미국이라는 공화국에서 20여 년을 살면서 생을 마치기 직전인 1972년, 발간된 <공화국의 위기>는 그래서 더욱 특별한 의미를 지닌 것 같습니다. 어떤 내용인지 소개해주시기 바랍니다.

한나 아렌트: 저는 제2차 세계대전 중에 미국으로 망명했고 그 순간에도 나치 정부에 의하여 목숨을 잃고 있는 유럽의 유대인들을 돕기 위한 활동에 전념했습니다. 미국에 망명했지만 저는 상당 기간 무국적자로 지내지 않으면 안 되었고 그 과정에서 이방인의 객관적 시각에서 미국이라는 공화국을 관찰할 수 있었습니다. 특히 1970년대의 미국은 위기의 시대를 맞고 있는 공화국이었습니다. 전쟁의 정당성을 찾기 힘든 월남전에 참전했다가 패배한 미국 정부는 신뢰할 수 없는 거짓말로 가득 차 있었고 시민들은 '공화국의 법'에 대한 불복종에 대해서 혼미한 상태에 빠져 있었습니다. 한마디로 <공화국의 위기>였던 것입니다. 그렇지만 그런 혼미함 속에서 저는 20세기 공화주의의 한계점과 그것을 극복할 미래지향적 과제를 동시에 생각하여 볼 수 있었습니다.

사회자: 과연 그것은 무엇일까요. 알기 쉽게 말씀해 주시면 좋겠습니다.

한나 아렌트: 저는 정부에 대한 '시민 불복종'과 관련하여 이런 주장을 한 바 있습니다. 시민들이 합법적인 정부에 대하여 불복종하는 것은 상당수 시민이 변화를 이루어낼 정상적 통로가 더는 기능하지 못하고 불만이 더는 청취 되지 않거나 처리되지 않는다는 확신이 들면서 시작된다는 것입니다. 정부가 적법하지 않은 또는 헌법에도 합당하지 않은 심각하게 우려스러운 방식으로 상황을 왜곡시키고 그런 이해할 수 없는 정책이 실제로 추진되고 있다는 확신이 들 때 시민들은 정부에 대한 불복종을 시작할 수밖에 없다고 주장한 것이지요.

사회자: 그렇지요. 그럴 수 있겠네요. 그렇지만 합법적으로 국민이 선택한 정부에 대하여 불신한다고 해서 그때마다 시민들이 정부의 정책이나 법의 집행에 저항한다면 결국 시민 불복종은 국가의 안전성에 심각한 침해를

가져올 수 있지 않을까요. 저는 그런 부분이 상당히 염려스럽다고 생각됩니다.

한나 아렌트 : 물론 그런 우려감도 충분히 이해될 수 있는 부분입니다. 지극히 홉스적인 시각에서라면 시민은 국가의 안전과 안보를 위하여 정부라는 리바이어던에 저항하거나 불복종할 수 없을 것입니다. 그러나 미국이라는 공화국은 그런 홉스 시각에 기초하지 않았습니다. 만일 홉스에 기초하여 있었다면 미국의 13개 식민지 주들은 영국 왕실에 대한 독립전쟁을 시도조차 하지 않았을 것입니다. 일찍이 홉스의 주장에 반감을 표했던 암스테르담의 스피노자처럼, 런던의 명예혁명에 대한 당위성을 주창한 로크처럼, 정부의 부정의함에 대한 인내심이 극단적 수준에 이르렀을 때, 시민적 불복종은 시작될 수 있다는 것입니다. 이와 관련해서 토머스 페인이 주장했던 공화주의적 주장은 가장 직설적인 것일 수도 있습니다. 독립을 주저하고 있던 식민지 시민들에게 시민적 불복종을 외쳤고 영국의 왕으로부터 미국이 완전히 독립할 것을 촉구하였으니 말입니다.

사회자 : 그렇다면 스피노자와 로크 그리고 페인으로 이어지는 공화주의적 주장과 시민 불복종이라는 시각이 일치하니 당신이 고민할 부분이 크지는 않겠네요.

한나 아렌트 : 아니지요. 저는 시민 불복종이 어떤 경우에도 범죄적 불복종과 동등시되어서는 결코 안 된다고 생각하기에 심각하게 고민할 수밖에 없었습니다. 미국이라는 공화국은 18세기, 부당한 영국 왕의 정부에 대하여 근본적인 변화를 요구했고 정상적인 통로로 개선을 요망했지만 더는 청취되지도 처리되지도 않은 채, 식민지 시민들의 인내를 한계상황에까지 몰고 갔습니다. 결국, 미국의 13개 식민지 시민들은 전쟁이라는 극단적 방법을 선택할 수밖에 없었던 것이지요. 그렇지만 제가 살았던 1970년대의 미국 정부에 대하여 시민들이 혁명을 제기할 상황은 분명 아니었던 것입니다. 저는 시민 불복종이 반드시 전쟁과 혁명으로 이어지는 것은 아니라고 판단했습니다. 불복종시민들도 기존 권위의 틀과 법체계의 일반적 적법성을 받아들여야 한다고 보았기 때문입니다. 그러나 1970년대의 시민 불복종은 폭력적 행위로 인하여 극단적 상황을 초래하곤 했습니다. 물론 혁명가라면 폭력적 방법까지도 당연하다고 하겠지만 저와 같은 공화주의자는 그런 시각과 달랐기 때문에 고민이 컸던 것이지요. 그런데 최근 2017년을 전후로 일어났던 한국의 상황은 저의 공화주의적 딜레마를 풀어주는 중요한 실마리를 제공해주었습니다.

사회자 : 아니 의외네요. 대체 한국에서 무엇을 보았기에 그런 말을 하는지 과연 그것은 무엇일까요?

한나 아렌트 : 지난 박근혜 정부를 예로 들어보지요. 세월호 사건과 메르스 사태 등을 겪으면서 많은 시민은 정부의 조치에 대하여 잘 이해가 가지 않았습니다. 정부의 적극적 대응과 빠른 시정조치를 요구했지만, 허사였던 것입니다. 대통령의 청와대 핵심 참모들에게서조차 문제 제기가 있었지만, 대통령의 결정은 미온적이었고 임시방편적이었습니다. 결국, 정부에 대한 국민의 실망감과 한계의식이 극단적 상황에까지 이르렀던 것입니다. 그렇다고 정부에 대한 실망감과 한계상황이 혁명을 촉구할 정도는 결코 아니었으니 국민으로서는 좀 더 참고 기다릴 수밖에 없었던 것이지요. 그런데 전혀 예상하지 못했던 상황이 벌어졌습니다. 최순실 사건의 문제점이 대학가에서 터져 나온 것입니다. 대학에서의 입시부정과 계속된 편법과 불법적 조치로 학생들은 분노했고 시정조치를 요구했지만, 오히려 학교 당국은 경찰력을 동원하여 막고자 했습니다. 대학 총장의 비이성적 판단의 원인은 최순실과 박근혜 정부와 관련된 부분들이 왜곡된 문제점으로 곪아 터지면서 이런 상황이 밝혀진 것입니다. 더욱이 봇물 터지듯 최순실과 관련된 각종 의혹과 믿기 어려운 실제 자료들이 언론에 공개되면서 정부에 대한 시민의 불복종운동은 폭발적인 결집력을 갖게 되었고 매주 토요일 저녁, 광화문광장에서 다양한 시민집회가 이루어지면서 전국적 촛불집회로 확산하였습니다. 그런데 주의 깊게 살펴볼 부분은 이와 같은 대규모의 시민집회에서 반정부적 구호는 분명 크게 외쳐졌지만, 시민들의 정부에 대한 불복종운동은 폭력적 행동으로 이어지지 않았고 시민 스스로 상당 부분 조심하고 자제하는 모습을 보여주었다는 것입니다. 촛불 축제처럼 이루어진 시민 불복종운동은 국회를 움직였고 대통령에 대한 탄핵소추안을 통과시켰으며 헌법재판소는 심리과정을 거쳐 소추안을 인용함으로써 박근혜 정부의 퇴진을 결정했습니다. 정부에 대한 시민 불복종운동이 정권교체를 가져 왔지만, 혁명이 아닌 매우 평화롭고 순조로운 합법적 절차에 의하여 진행되었다는 것은 많은 것을 시사해주는 부분입니다.

사회자 : 현대적 공화주의자로부터 한국의 촛불집회 사례가 그런 중요한 의미를 지니고 있다고 설명을 들으니 정말 감동적입니다.

한나 아렌트 : 그렇지요. 우리는 현대적 공화주의를 통하여 20세기적 전체주의가 지녔던 왜곡성과 극단성을 막아서고자 했습니다. 그럼에도 불구하고 반공화주의에 대응한 극단적인 전쟁과 달리 시민 불복종은 혁명일 수 없

고, 따라서 불복종시민도 기존 법체계의 일반적 적법성을 수용해야 한다고 봅니다. 안타깝게도 서구의 시민 불복종운동은 흔히 폭력적 행위로 극단화되는 상황에 직면했고 그래서 딜레마에 빠졌던 것입니다. 그런데 한국의 2017년도 촛불집회는 그러한 극단적 폭력성을 매우 현명하게 탈피했습니다. 시민 불복종이 지닌 당위성에도 불구하고 발생할 수 있는 폭력성이라는 딜레마를 풀어준 성공적 사례이기 때문입니다. 물론 촛불집회에 의한 평화적이고 합법적인 정부 교체가 완결편은 아니라고 봅니다. 새로운 정부도 공화주의적 가치 기준에서 촛불집회 당시 보여주었던 시민들의 불복종과 그것의 절제의식을 정책에 적극적으로 반영해야 할 것입니다. 만일 언제라도 어떤 정부도 그 정부가 편협한 가치에 매몰되어 반공화주의적으로 흐른다면 시민들의 불복종운동은 또 다른 형태의 촛불로 이어질 수 있기 때문이겠지요.

사회자 : 현대적 공화주의에 대하여 여러 생각을 할 수 있었던 시간이었습니다. 초대에 응해주신 한나 아렌트께 깊은 감사의 마음을 전하고 싶습니다.

베네치아, 암스테르담, 그리고 뉴욕

중세의 베네치아공화국(베네치아), 근대의 네덜란드공화국(암스테르담), 현대의 미국연방공화국(뉴욕)에는 과거 어떤 왕국에서도 찾아볼 수 없는 독특한 공통점이 있다. 프랑크제국과 독립전쟁을 벌였던 베네치아공화국, 스페인제국과 독립전쟁을 벌였던 네덜란드공화국, 그리고 대영제국과 독립전쟁을 벌였던 미국연방공화국은 매우 비슷한 국가적 DNA를 지녔지만, 그렇다고 그것이 동일한 민족이나 인종에서 비롯된 것은 아니었다. 베네치아와 암스테르담 그리고 뉴욕은 바다와 친숙했고, 농업보다 상업을 중요시하였으며, 개인의 자유권과 소유권을 존중했다. 서로 다른 시대를 대표했던 공화국의 중심지였지만, 그곳의 시민들은 자신의 도시를 열렬히 사랑했고, 함께 번영하기를 열망했던 공화국의 시민들이었다는 분명한 공통점은 있다.

■ 베네치아공화국 팔라초 두칼레(대통령궁)의 황금계단을 지키는 아틀라스

■ 네덜란드공화국의 암스테르담 시청사를 지키는 아틀라스

■ 베네치아공화국 팔라초 두칼레(대통령궁), 사자가 지키는 솔로몬의 왕좌
에 앉은 '정의로운 여인'

■ 네덜란드공화국 암스테르담 시청사, 솔로몬의 왕좌에 앉은 '정의로운 여인'

■ 지중해 바다에서 본 베네치아 본섬

■ 대서양 바다에서 본 뉴욕의 맨하튼

■■ 베네치아의 아틀라스

■■ 뉴욕의 아틀라스

〈베네치아 갤러리 5〉 베네치아, 암스테르담, 그리고 뉴욕 ● **313**

■■ 베네치아공화국 77대 도제(대통령)의 취임선서(베네치아의 팔라초 두칼레)

로마의 판테온 신전을 연상시키는 뉴욕의 페더럴 홀(Federal Hall)에서 1789년 미국 연방공화국의 초대 대통령으로 조지 워싱턴이 취임했다. 그 장면은 베네치아의 팔라초 두칼레에서 1523년 베네치아공화국의 도제(Doge)로 취임했던 안드레아 그리티의 취임식을 연상시킨다. 베네치아와 뉴욕은 시대적으로 공간적으로 떨어져 있지만 공화국(Republic)이라는 비슷한 공통분모를 지니고 있다. 안드레아 그리티의 초상화(티치아노의 1540년 작품)는 현재, 미국의 워싱턴 D.C.에 있는 National Gallery of Art에서 만나 볼 수 있다.

■ 미국 연방공화국 초대대통령의 취임선서(뉴욕의 페더럴 홀)

강동일. 유럽의 중립문화가 남북에 주는 함의와 교훈. 남북문화예술연구. 통권 2호. 2008.

강승문. 싱가포르에 길을 묻다. 매일경제신문사. 2014.

강재언. 한국 근대사 연구. 한울사. 1982.

고든 털럭. 김행범 외(역). 사적 욕망과 공공수단. 대영문화사. 2005.

구영록 외. 정치학 개론. 서울: 박영사. 1992.

권영성. 비교헌법학. 서울: 법문사. 1981.

권태영 외. 북한 핵-미사일: 위협과 대응. 한국안보문제연구소. 2014.

곽동기. 북한의 경제발전 전략. 도서출판 615. 2008.

곽준혁. 키케로의 공화주의. 정치사상연구. 제13집 2호. 2007. 가을.

괴테. 박찬기 외(역). 이탈리아기행. 민음사. 2015.

김경희. 공화주의. 책세상. 2014.

김동명. 독일통일, 그리고 한반도의 선택. 한울. 2010.

김득주. 오스트리아식 중립화 통일과정에 관한 평가. 한국정치외교사논총. 제7권. 1990.

김상용. 북한의 사회주의 토지제도의 형성 및 변천과 통일 후의 처리 방향. 부동산 포커스. vol. 53. 2012.

김영웅 외. 베트남 이코노믹스. 한국경제신문사. 2008.

김용환. 리바이어던: 국가라는 이름의 괴물. 살림. 2008.

김유향 외. 튀니지의 재스민 혁명과 SNS의 역할. 국회입법조사처. 2011.1.31.

김은영. 통일비용 관련 기존연구 자료. 나라 경제. 제12권 제8호. 한국개발연구원. 2010.

김이한. 송인창 외. 화폐 이야기. 부키. 2014.

김정훈. 시민의 정부혁신론. 대영문화사. 1997.

김정훈. 북한의 정부혁신론. 한국학술정보. 2012.

김정훈. 평양과 프라하. 한국학술정보. 2013.

김정훈. 남북한의 경제적 낙차효과를 활용한 '개성자유도시' 건설사업. 한국정책학회 춘계학술대회. 2014.

김정훈. 평양과 강남. 대영문화사. 2015.

김정훈. 북한의 영세중립국화와 UN아시아본부 설립방안. 한국정책학회 추계학술대회. 2015.

김정훈. 평양과 비엔나. 법문사. 2016.

김호동. 몽골제국과 세계사의 탄생. 돌베개. 2016.

김호동. 아틀라스 중앙유라시아사. 사계절. 2016.

남종국. 13-14세기 지중해 해전: 베네치아와 제노바를 중심으로. 서양사연구. 36집. 2007.

남종국. 중세 해상 제국 베네치아. 인문논총 제72권. 제3호. 2015.

대런 애쓰모글루. 최완규(역). 국가는 왜 실패하는가. 시공사. 2012.

데이비드 S. 랜즈. 안진환외(역). 국가의 부와 빈곤. 한국경제신문. 2009.

데이비드 프리스틀랜드. 이유역(역). 왜 상인들이 지배하는가. 원더박스. 2016.

도메 다쿠오. 우경봉(역). 지금 애덤 스미스를 다시 읽는다. 동아시아. 2010.

러셀 쇼토. 허형은(역). 암스테르담: 세상에서 가장 자유로운 도시. 책세상. 2016.

로데베니크 페트람. 조진서(역). 세계최초의 증권거래소. 이콘. 2016.

로버트 램. 이희재(역). 서양문화의 역사 II 중세, 르네상스 (편). 사군자. 2007.

로저 크롤리. 우태영(역). 부(富)의 도시 베네치아. 다른세상. 2012

린다 파술로. 김형준 외(역). 유엔리포트. 21세기북스. 2014.

마르크스, 엥겔스. 남상일(역). 공산당 선언. 백산서당. 1989.

마르코 폴로. 채희순(역). 동방견문록. 동서문화사. 2016.

마키아벨리. 임명방(역). 군주론. 삼성출판사. 1982.

마키아벨리. 고산(역). 마키아벨리의 로마사이야기. 동서문화사. 2013.

마키아벨리. 박상훈(역). 군주론. 후마니타스. 2015.

문지영. 홉스와 로크, 국가를 계약하라. 김영사. 2007.

모리치오 비롤리. 김경희 외(역). 공화주의. 인간사랑. 2012.

몽테스키외. 하재홍(역). 법의 정신. 동서문화사. 2016.

미야자키 마사카츠. 이영주(역). 세계사1. 2015.

민족통일연구원. 1993년도 통일문제 국민여론조사 결과. 민족통일연구원. 1993.

민족통일연구원. 남북한 국력추세 비교연구. 민족통일연구원. 1992.

민족통일연구원. 북한체제의 실상과 변화전망. 민족통일연구원. 1991.

박갑동. 박헌영. 인간사. 1983.

박규식. 김정일 평전. 양문각. 1992.

박순성·최진욱. 통일논의의 변천 과정 1945~1993. 민족통일연구원. 1993.

박명림. 한국전쟁의 발발과 기원. 전2권, 서울: 나남. 1996.

박영호·박종철. 남북한 정치공동체 형성방안 연구. 민족통일연구원. 1993.

박재영. 국제기구정치론. 법문사. 2004.

박흥순. "한반도 평화정착을 위한 국제기구 유치, 조성 방안" 남북통일운동국민연합 주관 국회심포지엄 발표자료. 2015.3.2.

방인후. 북한 '조선노동당'의 형성과 발전. 고려대학교 아세아 문제연구소, 1967.

배영수(편). 서양사 강의. 한울. 2007.

배원달. 북한권력투쟁론. 학문사. 1990.

백기완. 통일이냐 반통일이냐. 형성사. 1987.

베네딕트 데 스피노자. 최형익(역). 신학정치론, 정치학논고. 비르투. 2011.

베르너 좀바르트. 이상률(역). 사치와 자본주의. 문예출판사. 2017.

벤 코츠. 임소연(역). 네덜란드 이야기. 미래의 창. 2016.

북한연구소(편). 북한총람. 서울: 북한연구소, 1983.

비슬리 W.G. 정영진(역). 일본제국주의: 1894-1945. 한국외대출판부. 2013.

새뮤엘 헌팅톤. 이희재(역). 문명의 충돌. 김영사. 1997.

서긍. 조동원 외(역). 고려도경. 황소자리. 2013.

서대숙. 서주석 (역). 북한의 지도자 김일성. 청계연구소, 1989.

서동만. 북조선사회주의체제성립사 1945-1961. 선인. 2011.

성대석. 한반도UN본부. 한국언론인협회. 2014.

세종연구소 북한연구센타(편). 북한의 당·국가기구·군대. 한울. 2011

손기태. 고요한 폭풍, 스피노자: 자유를 향한 철학적 여정. 글항아리. 2016.

손세관. 주거로 읽는 역사 도시의 기억들: 베네치아. 열화당. 2007

손정목. 서울도시계획이야기: 서울 격동의 50년과 나의 증언. 한울. 2002.

송건호, 강만길(편). 한국민족주의론 I. 창작과 비평사. 1982.

송남헌. 해방 삼년사 I·II 1945~1948. 도서출판 까치. 1985.

손호철, 김원(편). 세계화와 한국의 국가-시민사회. 이매진. 2009.

스즈키 마사유키. 유영구(역). 김정일과 수령제 사회주의. 중앙일보사, 1994.

스칼라피노·이정식. 한홍구(역). 한국공산주의 운동사 I, II, III. 돌베개. 1987.

시오노 나나미. 정도영(역). 베네치아공화국 1천년의 메시지. 한길사. 2014.

신창민. 통일비용 및 통일편익. 통일연구원 학술회의 총서 10-03. 2010.12.

심지연. 미·소공동위원회 연구. 청계연구소. 1989.

아널드 J. 토인비. 홍사중(역). 역사의 연구. 동서문화사. 2015.

아시다 미노루. 이하준(역). 동인도회사: 거대 상업제국의 흥망사. 파피에.
    2004.

안병만. 한국정부론. 다산출판사. 2014.

안보길. 이승만 다시보기. 기파랑. 2011.

알레산드로 마르초 마뇨. 김정하(역). 책공장 베네치아. 책세상. 2015.

알레산드로 마르초 마뇨. 김희정(역). 돈의 발명. 책세상. 2015.

알렉산더 해밀턴 외. 김동영(역). 페더랄리스트 페이퍼. 한울. 2013.

애덤 스미스. 유인호(역). 국부론 I, II. 동서문화사. 2016.

엘리너 오스트롬. 윤홍근(역). 공유의 비극을 넘어. 랜덤하우스. 2010.

오마에 겐이치. 안진환(역). 보이지 않는 대륙. 청림출판. 2001.

오무라 오지로. 신정원(역). 돈의 흐름으로 읽는 세계사. 위즈덤하우스. 2018.

오원철. 박정희는 어떻게 경제강국을 만들었나. 동서문화사. 2006.

위르겐 코카. 나종석 외(역). 자본주의의 역사. 북캠퍼스. 2017.

윌리엄 셰익스피어. 최종철(역). 베니스의 상인. 민음사. 2015.

유시민. 국가란 무엇인가. 돌베개. 2011.

유지호. 예멘의 남북통일. 서문당. 1997.

윤대규, 임을출. 북한 경제개혁을 위한 새로운 패러다임. 한울. 2006.

윤명선. 미국 기본권 연구. 경희대 출판국. 2004.

윤병수. 북한의 인적자원개발 현황과 향후 과제. 한국개발연구원. 2005.

이계만. 북한국가 기관론. 대영문화사. 1992.

이극찬. 정치학. 법문사. 1982.

이병조. 이중범. 국제법 신강. 일조각. 1984.

이상환. 동유럽의 민주화. 한국외대 출판부. 2004.

이석용. 국제인권법. 세창출판사. 2005.

이승종, 김혜정. 시민참여론. 박영사. 2011.

이승현. 김갑식. 통일비용: 논의의 현황과 쟁점. 국회입법조사처. 2010.

이애주. 가자! 민중의 시대로. 민족통일. 1988.

이용필(편). 북한정치체계. 교육과학사. 1985.

이일영(편). 경제특구 선전(深圳)의 복합성. 한신대학교 출판부. 2008.

이장훈. 네오콘: 팍스 아메리카나의 전사들. 미래 M&B. 2003.

이종석. 조선로동당연구: 지도사상과 구조 변화를 중심으로. 역사비평사. 1995.

이종석. 현대북한의 이해: 사상·체제·지도자. 역사비평사. 1995.

이종원. 통일에 대비한 경제정책. 해남. 2011.

이종원외. 통일 경제론. 해남. 1997.

이중원. 건축으로 본 뉴욕 이야기. 성균관대학교 출판부. 2015.

이한(편). 북한의 통일정책변천사 1948~1985년 주요문건 상·하. 온누리. 1989.

이항구. 김정일과 그의 참모들. 신태양사. 1995.

임진석(편). 마르크스 사상사전. 청아출판사. 1988.

정대철. 북한의 통일전략 연구. 백산서당. 1986.

정세현. 남·북한관계와 통일문제: 연구현황과 방향. 세종연구소. 1988.

정용길. 분단국 통일론. 고려원. 1990.

정욱식. 2003년 한반도의 전쟁과 평화. 이후. 2003.

정인흥. 서구정치사상사. 박영사. 1991.

정종섭. 대한민국 헌법을 읽자. 일빛. 2002.

정흥모. 동유럽 국가연구. 성대 출판부. 2012.

제프리 D. 삭스. 김현구(역) 빈곤의 종말. 21세기 북스. 2006.

조길태외. 세계문화사. 학문사. 1981.

조민 외. 통일비전 개발. 늘품. 2011.

조반니 아리기. 백승욱(역). 장기 20세기: 화폐, 권력, 그리고 우리 시대의 기원. 그린비. 2008.

조승래. 공화국을 위하여: 공화주의의 형성과정과 핵심사상. 길. 2010.

조승래. 공화국을 위하여: 공화주의의 형성과정과 핵심사상. 길. 2010.

조앤 티트마시. 정현진(역). 베네치아 걷기 여행. 2012.

조용중. 미군정하의 한국정치현장. 나남. 1990.

조지 오웰. 박지은(역). 1984년/동물농장. 동서문화사. 2009.

조지프 슘페터. 변상진(역). 자본주의. 사회주의. 민주주의. 한길사. 2012.

조지프 슘페터. 변상진(역). 자본주의·사회주의·민주주의. 한길사. 2012.

존 로크. 이극찬(역). 시민정부론. 연세대 출판부. 1970.

존 로크. 조현수(편). 통치론. 타임기획. 2005.

존 롤즈. 황경식(역). 정의론. 이학사. 2003.

존 스틸 고든. 강남규(역). 월스트리크 제국: 금융자본 권력의 역사 350년. 참
솔. 2009.

주경철. 네덜란드: 튤립의 땅, 모든 자유가 당당한 나라. 산처럼. 2003.

주경철. 대항해 시대: 해상팽창과 근대세계의 형성. 서울대학교 출판문화원.
2017.

진승권. 동유럽 탈사회주의 체제개혁의 정치경제학. 서울대 출판부. 2003.

짐 로저스. 이건(역). 세계 경제의 메가트렌드에 주목하라. 이레미디어. 2013.

찰스 킨들버거. 주경철(역). 경제강대국 흥망사: 1500-1990. 2014.

천위루 외. 하진이(역). 금융으로 본 세계사. 시그마북스. 2015.

최갑수. 제국에서 근대국가로. 세계정치. 제26집. 2005.

최병삼 외. 플랫폼, 경영을 바꾸다. 삼성경제연구소. 2014.

최영진. 동양과 서양. 지식산업사. 1993.

최윤식. 2030 대담한 미래. 지식노마드. 2014.

최원엽. 정대진. 국제법의 이해. 책마루. 2015.

최장집. 박상훈. (개정) 민주화 이후의 민주주의. 후마니타스. 2016.

최진욱. 김정일 정권과 한반도 장래. 한국외국어대학교 출판부. 2005.

최형익. 실질적 민주주의. 한신대 출판부. 2009.

폴 케네디. 이완수 등(역). 강대국의 흥망. 한국경제신문. 1996

패트리샤 P. 브라운. 김미정(역). 베네치아의 르네상스. 예경. 2001.

카를 마르크스. 김수행(역). 자본론: 정치경제학비판 I, II. 비봉출판사. 2017.

하영선(편). 한국전쟁의 새로운 접근: 전통주의와 수정주의를 넘어서. 나남.
1990.

한국기독교사회문제연구원(편). 한반도 주변정세와 남북관계의 전망. 민중새.
1985.

한국수출입은행(편). 북한개발과 국제협력. 2014.

한국역사연구회. 고려의 황도 개경. 창비. 2009.

한국의 역사연구회. 고려의 황도, 개경. 창비. 2009.

한나 아렌트. 김선욱(역). 공화국의 위기. 한길사. 2016.

한나 아렌트. 홍원표(역). 혁명론. 한길사. 2015.

한성철. 1200년 공화국의 영광 베네치아: 통사적 접근. 이탈리아어문학. vol.6.
2000.

한태연. 헌법과 정치체제. 법문사. 1987.

함규진. 조약의 세계사. 미래의 창. 2014.

허문영 외. 김정일 정권의 등장과 정책 전망. 민족통일연구원. 1994.

헤로도투스. 김봉철(역). 역사. 길. 2016

홉스. 한승조(역). 리바이어던. 삼성출판사. 1982.

홍기빈. 자본주의. 책세상. 2014.

홍익희. 유대인 이야기: 그들은 어떻게 부의 역사를 만들었는가. 행성비. 2015.

히라노 아쓰시 칼. 천재정(역). 플랫폼 전략. 더숲. 2011.

KBS제작팀. 부국의 조건: 국가의 운명과 국민의 행복을 결정하는 제도의 힘. 가나출판사. 2016.

동아일보 1939.3.17.; 1940.7.25.; 1970.3.26.; 1989.11.24.; 1993.1.27.

조선일보 2012.5.22. (김일주. 1949년 농지개혁안에 대한 글).

TV조선 2013.5.22. (북한의 최룡해 중국특사 파견에 관한 대담).

중앙일보. 2012.5.22. (김수정 외. 개성공단에 대한 글) .

중앙일보 2015.10.20. (한민구 국방장관, 나카타니 겐(中谷元) 일본 방위상 회담).

한겨레신문 1989.12.6.

구글 지도자료(https://maps.google.co.kr/map).

대한민국 법제처 자료(http://www.moleg.go.kr).

대한민국 외교부 자료(http://www.mofa.go.kr).

브리타니카 자료(http://www.britannica.com/biography/Bashar-al-Assad) (http://www.britannica.com/event/Kosovo-conflict).

서울특별시 자료(www.seoul.go.kr).

영국 BBC방송자료. (www.bbc.com/news/world-asia-pacific-137483490) (www.bbc.com/news/world-middle-east-16047709).

유엔자료 (www.un.org): United Nations, Treaty Series.

미국정보부자료. (https://www.cia.gov/library/).

현대아산 자료. (http://www.hyundai-asan.com).

Foreign Affairs 관련 자료(https://www.foreignaffairs.com/).

Acemoglu, Daron: "Politics and Economics in Weak and Strong States." Journal of Monetary Economics. 52. 2005.

Annemarie M-B (ed.): UNO inside: The United Nations in Austria-Facts,

Adventures and Anecdotes. omninum. 2014.

Aristotle: The Complete Works of Aristotle: The Revised Oxford Translation, edited by Jonathan Barnes. 2 vols. Princeton University Press. 1984.

Arrighi, Giovanni: The Geometry of Imperialism. Verso. 1983.

Arrighi, Giovanni: "World Income Inegnalities and the Future of Socialism." New Left Review. 1991.

Arrighi, Giovanni, Satoshi Ikeda, and Alex Irwan: "The Rise Of East Asia: One Miracle or Many? in Ravi A. Palat (ed.). Pacific-Asia and the Future of the World-System. Greenwood Press. 1993.

Ashcraft, Richard: Revolutionary Politics and Locke's "Two Treatises of Government". NJ: Princeton University Press. 1986.

Bailey, Sydney: The Korean Armistice, St. Martin's Press. 1992.

Becker, Jasper: Rogue Regime: Kim Jong Il and the Looming Threat of North Korea. Oxford University Press. 2005.

Beloff, Max: Soviet Policy in the Far East, 1944-1951. Oxford Univ. Press. 1953.

Bennett, Bruce: Preparing for the Possibility of a North Korean Collapse. RAND Corporation. 2013.

Boczek, Boleslaw A.: International Law. Scarecrow Press. 2005.

Braudel, F.: The Mediterranean and Mediterranean World in the Age of Philip II, 2 vols. Harper & Row. 1976.

Braudel, F.: Afterthoughts on Material Civilization and Capitalism, Johns Hopkins University Press. 1977.

Braudel, F.: The Perspective of the World, New York: Harper & Row. 1984.

Brown, J. F.: Hopes and Shadows. Eastern Europe After Communism. Durham, Duke University Press. 1994.

Cicero, Marcus Tullius: On Duties, edited by M.T. Griffin and E.M. Atkins. Cambridge University Press. 1991.

Cicero, Marcus Tullius: 'On the Commonwealth' and 'On the Laws'. edited by James E.G. Zetel. Cambridge University Press. 1999.

Cumings, Bruce: North Korea: Another Country. New Press. 2004.

Faure, David: China and Capitalism: A history of Business Enterprise in Modern China. Hong Kong University Press. 2006.

Gareis, Sven & J. Varwick: The United Nations. palgrave. 2003.

Giandomenico Romanelli: The Doge's Palace in Venice. SKIRA. 2011.

Goldman Sachs: "A United Korea? Reassessing North Korea Risks." Global Economic Paper NO:188. 2009.

Harrold, Michael: Comrades and Strangers: Behind the Closed Doors of North Korea. Wiley Publishing. 2004.

Hunt, Tristran: Marx's General, The Revolutionary Life of Friedrich Engels. Metropolitan Books. 2009.

Hungtington, Samuel: "The U.S.: Decline or Renewal?" Foreign Affairs, Vol.69, No.1. 1989~1990.

Kagan, Robert: Of Paradise and Power, American and Europe in the New World Order. Alfred A. Knopf. 2003.

Kaplan, Robert: "The Geography of Chinese Power: How Far Can Beijing Reach on Land and at Sea?" Foreign Affairs. May/June 2010.

Keane, John: The Life and the Death of Democracy. London: Simon & Schuster. 2009.

Kitchen, Martin: A History of Modern Germany. Wiley-Blackwell. 2012.

Kraut, Richard: Socrates and the State. Princeton University Press. 1984.

Lane, Frederic C.: Venice: A Maritime Republic. The Johns Hopkins University Press. 1973.

Lane, Melisa: "Argument and Agreement in Plato's Crito." History of Political Thought. vol. 19. 1998.

Lane, Melisa: The Birth of Politics. Princeton University Press. 2014.

Laslett, Peter: "Introduction." Two Treatises of Government. Cambridge: Cambridge University Press. 1988.

Locke, John: Two Treatises of Government. 1680.

Lord, Christopher(ed.): Questions in Contemporary International Relations, Praha: Karolinum Press. 1997.

Macpherson, C. B.(ed.): John Locke: Second Treatise of Government. Hackett Publishing Company. 1980.

Madden, Thomas F.: Venice, A New History. Viking. 2012.

Madison, James and Alexander Hamilton and John Jay: Federalist papers. Penguin. 1987.

Marx, Karl and Friedrich Engels: Manifesto of the Communist Party. 1848.

Marx, Karl: Capital. Vol. I Moscow: Foreign Language Publishing House. 1959.

Marx, Karl: Capital. Vol. III Moscow: Foreign Language Publishing House. 1962.

Morgenthau, Hans J.: Politics Among Nations, 5th ed. Alfres A. Knopf. 1973.

Morris, Jan: The Venetian Empire, A Sea Voyage. Penguin. 1990.

Norwich, J. Julius. A History of Venice. Penguin. 2003.

Nye, Joseph: Bound to Lead. Basic Books. 1990.

O'Connell, Monique: Men of Empire: Power and Negotiation in Venice's Maritime State. The John Hopkins University Press. 2009.

Pangle, Thomas: The Spirit of Modern Republicanism. Chicago: University of Chicago Press. 1988.

Rawls, John: A Theory of Justice. Harvard University Press. 1971.

Romanelli, Giandomenico: The Doge's Palace in Venice. SKIRA. 2011.

Sebestyen, V.: Revolution 1989, The Fall of the Soviet Empire. Orion Books. 2010.

Sherman, Gordon E.: "The Permanent Neutrality Treaties." Faculty Scholarship Series, Paper 4731. (http://digitalcommons.law.yale.edu/fss_papers/4731).

Sked, Alan: The Decline and Fall of the Habsburg Empire 1815-1918. Routledge. 2001.

Strauss, Leo: Natural Right and History. University of Chicago Press. 1953.

United Nations: The Essential UN. United Nations Publications. 2018.

Waldron, Jeremy: God, Locke, and Equality. Cambridge University Press. 2002.

Walter, C and Howie, F.: Red Capitalism, The Fragile Financial Foundation of China's Extraordinary Rise. Wiley Publishing. 2012.

Winder, Simon: A Personal History of Habsburg Europe: DANUBIA. Picador. 2014.

Wolf, Charles & Akramov Kamil: North Korean Paradoxes: Circumstances, Costs, and Consequences of Korean Unification. Rand National Defense Research Institute. 2005.

Wolf, Charles: "The Cost of Reuniting Korea." Forbes. 2010.3.15.

Zuckert, Michael P.: Launching Liberalism. University Press of Kansas. 2002.

저자 약력

■ 김 정 훈

>>> 약 력

사단법인 한국행정학회, 한국정책학회 이사
미국 국무성 초청 Fulbright Scholar at Harvard Law School
미국 MIT 국제인권연구소 연구위원(비상근)
청와대 정책위원(비상근)
국민고충처리위원회 전문위원(비상근)
현) 서경대학교 공공인적자원학부 교수
    중앙환경정책위원

>>> 주요저서

시민의 정부혁신론(1997)
변화의 시대, 경제주체의 선택(공저, 1998)
정부조직의 혁신(공저, 1998)
서울시정의 바른길(공저, 2002)
자원순환사회와 NGO(2006)
북한의 정부혁신론(2012)
평양과 프라하(2013)
평양과 강남(2015)
평양과 비엔나(2016)

평양과 베네치아, 공화국의 재발견

2018년 12월 24일 초판 인쇄
2018년 12월 28일 초판 1쇄 발행

저 자 김 정 훈
발행인 배 효 선

발행처   도서   法 文 社
         출판

주 소 10881 경기도 파주시 회동길 37-29
등 록 1957년 12월 12일/제2-76호(윤)
전 화 (031)955-6500~6 FAX (031)955-6525
E-mail (영업) bms@bobmunsa.co.kr
      (편집) edit66@bobmunsa.co.kr
홈페이지 http://www.bobmunsa.co.kr
조 판 법 문 사 전 산 실

정가 17,000원   ISBN 978-89-18-03263-4